举旗帜　聚民心　育新人　兴文化　展形象

——习近平

广电全媒体蓝皮书

BLUE BOOK OF CHINA'S RADIO AND TELEVISION ALL-MEDIA

中国广播电视全媒体发展报告（2022）

ANNUAL REPORT ON DEVELOPMENT OF CHINA'S RADIO AND TELEVISION ALL-MEDIA（2022）

国家广播电视总局发展研究中心　编著

主　编　祝燕南

副主编　杨明品（常务）　崔承浩

中国广播影视出版社

图书在版编目（CIP）数据

中国广播电视全媒体发展报告 . 2022 / 国家广播电视总局发展研究中心编著 . -- 北京 : 中国广播影视出版社 , 2022.8

ISBN 978-7-5043-8887-2

Ⅰ . ①中… Ⅱ . ①国… Ⅲ . ①广播事业－研究报告－中国－ 2022 ②电视事业－研究报告－中国－ 2022 ③互联网络－视听传播－研究报告－中国－ 2022 Ⅳ . ① G229.2 ② G206.2

中国版本图书馆 CIP 数据核字 (2022) 第 124214 号

中国广播电视全媒体发展报告（2022）

国家广播电视总局发展研究中心　编著

责任编辑	王　佳
封面设计	嘉信一丁
责任校对	张　哲
出版发行	中国广播影视出版社
电　　话	010-86093580　010-86093583
社　　址	北京市西城区真武庙二条 9 号
邮　　编	100045
网　　址	www.crtp.com.cn
电子信箱	crtp8@sina.com
经　　销	全国各地新华书店
印　　刷	河北鑫兆源印刷有限公司
开　　本	710 毫米 ×1000 毫米　1/16
字　　数	400（千）字
印　　张	30.25
版　　次	2022 年 8 月第 1 版　2022 年 8 月第 1 次印刷
书　　号	ISBN 978-7-5043-8887-2
定　　价	108.00 元

《中国广播电视全媒体发展报告（2022）》编辑委员会

目　录

第一章　专题报告

第二章　新闻宣传

第三章　内容创作与生产

第四章　媒体融合和媒体建设

第五章　广播电视公共服务

第六章　智慧广电和科技创新应用

第七章 产业建设与发展

第八章 国际传播与交流

第九章 行业治理与安全

第十章 党的建设与人才队伍建设

第十一章 发展亮点报告

附　录

CONTENTS

Chapter II　News Publicity

Chapter III　Creation and Production of Radio And Television All-Media

Chapter IV　Media Convergence and Media Construction

Chapter V Radio and Television Public Services

Chapter VI Intelligent Radio and Television and Technology Innovation and Application

Chapter VII Construction and Development of Radio and Television Industry

Chapter VIII International Communication

Chapter IX　Industry Governance and Security

Chapter X　Party Construction and Talent Team Construction

Chapter XI　Development Highlights Report

总报告

国家广播电视总局发展研究中心课题组

2021年是中国共产党成立100周年，也是“十四五”规划开局和向2035年建成社会主义文化强国远景目标蹄疾步稳迈进之年。这一年，于党和国家事业具有里程碑意义，对全国广播电视行业，也是足以载入史册的不平凡一年。

本书第一章刊载了时任中共中央宣传部副部长，国家广播电视总局局长、党组书记聂辰席同志的专题文章，文章提纲挈领总结了2021年广播电视和网络视听工作在各方面取得的新成效，深刻分析新阶段新形势新要求，对进一步工作作出全面部署。以此为纲，我们简要回顾2021年以来全行业创新发展、团结奋进的高光时刻，并重点面向未来，研判形势与挑战、提出对策思考。

一、2021年以来广播电视行业的创新实践

2021年，全行业以习近平新时代中国特色社会主义思想为指导，深入贯彻落实党的十九大和十九届历次全会精神，坚决贯彻落实习近平总书记关于广电工作的重要指示批示精神，及时把部署要求转化为广播电视和网络视听工作思路、具体项目和具体措施，把党史学习教育成果转化为政治

判断力、政治领悟力、政治执行力。智慧广电等战略性支撑性工程写入国家规划、区域发展政策文件和地方政府工作报告、发展规划，纳入乡村振兴、公共服务、应急体系建设等国家发展顶层设计。广电工作进一步融入国家发展大局，在服务国家战略中进一步找准定位目标、发挥独特作用、实现更好发展。国家广播电视总局[①]持续深入实施“六大工程”，坚持“五式工作法”，各级广电部门引领行业奋力奔跑，全行业展现履行使命任务的主动精神、强大动力，有效的政策举措和积极的创新实践共同推动高质量创新性发展取得重大进展。

主题主线宣传取得突出成绩。核心宣传与庆祝建党百年主题宣传有机结合，唱响新时代主旋律最强音。广播电视媒体深化“头条”建设、网络视听媒体深化“首页首屏首条”建设，用心用情用功展现习近平总书记的思想风范和人格魅力。创新理论节目载体形态，大众化、通俗化宣传阐释习近平新时代中国特色社会主义思想，让党的创新理论“飞入寻常百姓家”。开展“奋斗百年路 启航新征程”重大主题宣传，开设专栏专区，精心策划推出系列品牌宣传活动，记载百年伟业、展示世纪辉煌，营造知史爱党、知史爱国的浓厚氛围。强化网上网下协同、全国卫视协同、重大宣传与文艺作品协同，把握重点节点，贯穿全年精心策划推出新闻专题专栏、理论节目等各类节目和融合传播作品，语态、形式、载体持续创新，全媒体宣传广度、深度、精度全面提高，安全播出、网络安全保障和设施保护有力有效，主旋律成为最强音，正能量拥有大流量，形成了同庆百年华诞、共铸历史伟业的浓厚氛围。

视听文艺创作从高原迈向高峰。按照“找准选题、讲好故事、拍出精品”的要求和方法，政府组织力进一步发挥作用，抓好规划引导、做好全流程管理和服务，汇聚行业优势资源力量，一批穿透年龄和偏好圈层的

---

① 全书除特别标注外，国家广播电视总局简称国家广电总局或广电总局。各省（自治区、直辖市）广播电视局等广播电视行政管理部门，简称省（区、市）局。各省（自治区、直辖市）广播电视台（集团），简称省（区、市）台。

精品力作接续推出。“三重”题材精品创作机制不断健全，“纵横坐标法”、片库动态管理、全流程孵化、保姆式服务、绿色通道等成效显著，深挖本地特色，把好资源转化为好作品。总台[①]品牌、“北京模式”、苏剧、闽派、“浙派记录”、“皖美呈现”、广电湘军、影视川军、辽字号等地方品牌“群星”璀璨，汇成讲好中国故事的大合唱。艺术与技术有机融合，突破时空限制、场域边界，各类广播电视和网络视听节目出新出彩，“中国节日”系列、“中国节气”等文化类节目霸屏出圈。

公共服务发展彰显高质量。以智慧广电为牵引，智慧广电媒体、智慧广电网络、智慧广电生态建设等取得阶段性突破；以制订和实施广电媒体融合深度发展三年行动计划为抓手，化学反应加快释放一体效能；公共服务提档升级，智慧广电与公共服务深度融合，新模式全面赋能。新增老少边及欠发达地区县级应急广播体系建设、民族地区有线高清交互数字电视机顶盒推广普及、智慧广电固边工程和“三区三州”市级广电融合提升等重点惠民工程项目，开展智慧广电服务乡村振兴专项行动，多个省份建设完善公共服务内容共享平台，推动基本公共服务资源持续向基层、农村、边远地区和困难群众倾斜，公共服务标准化均等化水平稳步提高。行业聚焦特色发挥专长，“广电＋政用民用商用”运营模式不断发挥实效，数字化、网络化、智能化、多元化、协同化服务能力持续提升，应急广播、新时代文明实践中心等平台与融媒体中心技术平台一体化建设、集约化服务，地方广电机构日益成为“城市服务运营商”“全周期全场景本地服务总平台”，在助力打赢脱贫攻坚战、全面建成小康社会，在党史学习教育、共同富裕、乡村振兴、区域协调发展、疫情防控、防汛抗灾、基层治理等工作中高质量发挥了综合性独特作用。由此，行业也获得事业产业协同发展的强劲增长动能，总收入首破万亿元，创收收入结构持续优化，双双实现同比两位数增长。

---

① 全书除特别标注外，中央广播电视总台简称总台；中央广播电视总台中央电视台、中央人民广播电台、中国国际广播电台，分别简称总台央视、总台央广、总台国广。

全媒体国际传播效能快速提升。互联网主渠道全面发力，短视频大赛、展播播映、线上对话会、云端研修参访交流等活动创新开展；“中国联合展台”线上平台整体升级，以互联网思维促进国际内容供给和系列活动举办；自主可控新型传播平台内容供给持续丰富优化，汇集国内外融媒体的全网国际传播矩阵加快构建，中外联合“云端”制播节目、“DTMB+5G+OTT”新型媒体融合传播模式等逐步探索应用。国际传播品牌矩阵不断壮大，在“电视中国剧场”之外，又形成了“福建时间”“美丽浙江”“湖北传媒周”“壮美广西”“岗日杂塘”“丝路春晚”“陕西时间”“新疆走出去”等一批地方品牌，中央和地方、国有和民营、网上和网下同向发力的工作格局进一步巩固。多元化视听服务、多形态视听内容一体化服务国家外交大局，对“一带一路”、全面小康、联合抗疫、生物多样性、冬奥会、新疆棉等重大主题、国际关切、舆论热点的及时回应和主动引导能力显著增强，不断夯实民心相通的人文基础，营造有利的外部舆论环境。

阵地管理、队伍建设、综合治理有力有效。党建引领和提质铸魂作用进一步发挥，基础性关键性工作的质量和水平整体提升。广电总局和各地广电行政部门深入开展“我为群众办实事”实践活动，坚持问题导向，优化政策供给，提升治理能力水平，实行“减证便民”、试点“三不审批”、送服务上门、搭建供需服务平台等，营商环境持续优化，一批急难愁盼问题得到解决。广电总局围绕行业所需、基层所盼、人才所想，做好高层次人才和重点领域人才选拔培养，搭建交流实践平台，组织送教上门服务，将媒体融合、智慧广电优秀案例等转化为培训课程，促进交流互鉴。各地广电机构与行政部门，主动争取并用足当地人才政策，激发内生活力，培养、引进、用好人才。落实文娱领域综合治理工作有关部署要求，从加强意识形态阵地管理的高度，针对违法失德艺人、追星炒星等突出问题，系统发力、靶向施策、高压严管，把好节目导向关、内容关、人员关、片酬关、宣传关，持续净化行业生态、营造清朗空间、引领社会风气。

习近平总书记指出，创新是第一动力。回顾2021年，创新已成为行业发展的进行曲、主旋律，广播电视和网络视听事业正是在各领域、全链条的创新实践中，又向前迈进了一大步。

二、当前广播电视行业面临的形势与挑战

当前，我国发展的外部环境和内部条件正在发生复杂而深刻的重大变化，科学研判形势，对我们准确把握新发展阶段，深入贯彻新发展理念，加快构建新发展格局，以行业的高质量发展实现更高质量服务党和国家大局，具有重要意义。

目前，和平与发展的时代主题面临严峻挑战，俄乌冲突搅动世界，百年变局加速演变，国际形势发生了新的重大变化；全球疫情仍处高位，疫情最终走向存在很大不确定性；同时，经济全球化遭遇逆流，大国博弈日趋激烈，地缘政治格局更加复杂，气候变化等全球性挑战的治理赤字有待填补，世界经济出现大萧条以来最严重衰退，复苏脆弱乏力。从国内看，我们正在经历人类历史上最为宏大而独特的发展创新，改革发展稳定任务之重、矛盾风险挑战之多、治国理政考验之大前所未有。疫情要防住、经济要稳住、发展要安全，这是党中央的明确要求。从行业看，广电工作是政治工作，是意识形态工作，发展环境不稳定不确定性上升带来的影响深广，提出的要求任务更艰巨，既要做好主责主业，发挥全媒体新闻宣传和文艺宣传特长，为改革发展稳定全力做好预期引导、舆论引导，巩固壮大主流思想舆论，激发全社会团结奋进的强大力量；又要应对自身面临的巨大生存发展压力和供给侧结构性改革，加快走出转型升级过渡期的调整阵痛。具体主要包括以下四方面。

（一）广电工作的战略性、全局性更加凸显

习近平总书记明确指出，“历史和现实都告诉我们，舆论的力量绝不能小觑”“历史和现实都警示我们，一个政权的瓦解往往是从思想领域开始的，思想防线被攻破了，其他防线就很难守住”。当前的俄乌冲突和新冠肺炎疫情让我们深切认识到，意识形态工作的极端重要性，认识到信息

战、舆论战在现代战争中的独特重要性。特别在互联网主战场，一方面全球化的广泛接入、开放的技术规则以及智能技术的深入应用，实质上贯通了国内国际舆论场，让信息传播成本、造假造谣成本极低，看似相关度不高的国际事件和意见也会迅速向国内流动，而国内事件经过互联网的传播或者放大，也很容易成为全球瞩目的国际事件①，舆论斗争的战线更广更隐蔽，复杂性和工作量都指数级增大；另一方面，网络战、经济战向舆论场的施压干预日益明显，对网络基础设施、全球性信息服务平台的"硬切断"，以及"星链"的军事用途等，都让我们进一步感觉到舆论斗争面临空前的全新的挑战。

广播电视和网络视听是最喜闻乐见、渗透面最广的信息载体，拥有最广泛的群众基础，是舆论斗争的绝对主力，更是凝聚人心、凝聚力量的利器，在党和国家事业发展的战略全局中有着日益重要的地位和作用。然而，目前我们的行业力量还没有完全形成合力，距离构建网上网下一体、内宣外宣联动的主流舆论格局要求，距离"两个巩固"要求都还有一定差距。行业主体的政治站位、认知水平、作战能力总体不足，存在诸多问题，比如宣传工作简单机械执行，片面追求流量迷失初心，舆情处置能力不足频频"翻车"，政治判断力、敏锐性不足导致"低级红高级黑"，国际传播实效性不强，议程设置和热点应对能力不足等，这些问题制约着广播电视和网络视听更好地履职尽责。

（二）供给侧结构性改革仍需持续深化

以供给侧结构性改革为经济社会发展主线，是一项具有全局性、长远性的重大决策部署，是推动我国供给体系更好适配人民群众日益增长、不断升级和个性化的美好生活需要的基本路径。持续深入推进供给侧结构性改革，也是广电媒体向新型主流媒体转型升级、行业向高质量发展迈进的重要突破口和着力点。

---

① 《如何理解"互联网已经成为舆论斗争的主战场"？》，中国记协网，2020 年 4 月 8 日。

目前，供需错配现象在广电行业依然明显。一是高质量供给总体短缺。经济越发展，物质生活水平越高，人们对精神文化生活的需求就会越迫切、越旺盛。近年来，我们深入实施“新时代精品工程”，创作推出《山海情》《觉醒年代》《功勋》等一批标杆作品，但总量依然不足，无法贯穿全年、压茬推出，无法充分满足人民文化需求和增强人民精神力量的要求。同时，部分地方广电媒体融合实效不明显，“一次采集、多元发布”缺少针对不同渠道平台的差异化供给，利用用户画像和主流价值算法进行精准传播和提供个性化服务的能力不强，导致供给不完全对焦，整体成效不高。二是对需求侧的人口老龄化和“触网”低龄化新特征响应迟滞。从我国人口结构变化趋势看，“十四五”时期，我国社会将迈入中度老龄化阶段，60周岁及以上人口可能突破3亿人，人口老龄化将是今后较长一段时间我国的基本国情。从网民结构变化趋势看，老年人和低龄儿童的在线文娱参与度显著提升。截至2021年年底，60岁及以上老年网民规模已达1.19亿，互联网普及率达43.2%，短视频是主要“拉新”工具；未成年网民已达1.83亿，互联网普及率为94.9%，城乡未成年人互联网普及率基本拉平，远高于成年群体的普及率，学龄前“触网”的比例已快速提升至33.7%，新闻、社交媒体、短视频、动画或漫画等都是未成年人常用的网络应用。从内容供给来看，广电行业的关注焦点仍然是面向青年人群的“年轻向”内容居多，导致老年人产生较强疏离感，针对未成年群体的内容，总量不足的同时，还存在年龄范围相对模糊等问题。2022年5月，湖南公共频道获批转型升级为“爱晚频道”，打造全国首个省级老年主题电视频道、融媒体平台和泛视频晚年生活矩阵。在更好回应和引领“一老一小”需求方面，广电行业未来还有很多苦功要下。

（三）技术演进路径的不确定性增强

回顾媒体格局演变的发展轨迹，先进技术一直是媒体发展的重要驱动力，每一次技术革命都会相应引发媒体行业的变革，而媒体也一直是先进技术率先落地应用的重要场景。当前，全球新一轮科技革命呈现智能化主导、融合式“聚变”、多点突破的态势，从量变向质变飞跃、从点的突破向系统能力提升的临界点出现前，依然存在一定的不确定性。

苹果、谷歌、微软、英特尔、SpaceX 等美西方跨国科技公司主动或被动卷入俄乌冲突的程度之深，再次印证“技术不中立”，国家政治安全与信息技术的发展日益形成“共生”关系，技术霸权可直接转化为舆论话语权、传播霸权，出于经济战、舆论战等关乎国家根本利益，一些国家不顾科技的全球性特征，硬性的“熔断”“脱钩”“制裁”可能一触即发，这对广电领域的技术演进、供应链完整、自主可控要求等都带来较大不确定因素，甚至有出现关键技术“卡脖子”的风险。

此外，伴随支撑性软硬件技术和产品日益成熟，元宇宙、Web3.0 等技术理念、技术集合层出不穷，受到全球关注。一方面这是科技巨头、互联网巨头在蓄积势能，试图一“词”定音，提前布局竞争新赛道，以先发优势掌握引领未来技术走向的话语权、主导权；另一方面这背后也“隐藏”了诸如迎合资本市场、规避反垄断监管和缓解舆论压力等真实动机。为此，广电行业一定要保持战略上的高度清醒，看到技术本质，找准根本趋势，坚持适合管用原则，避免盲目跟随，落入技术路线的“陷阱”。同时，必须充分注意到，伴随信息技术革命的不断深入发展，信息的生产、传播和接收方式都已发生革命性变化，“媒体”由具有特定功能的特指对象逐渐演变成一种泛在的“属性”，对广电媒体如何在全媒体时代继续占据主流地位、发挥主流作用，提出了严峻挑战。相比消费端，广电行业的数字化程度存在“不对称”特征，历史媒资的数字化智能化、增量数据的沉淀收集和保护使用都存在短板，已明显掣肘行业技术迭代、整体转型、作用发挥和参与竞争。

（四）发展动能转换、发展模式转型遭遇多重困难

意识形态阵地是发出党和人民声音、弘扬社会主义核心价值观、传播中华优秀传统文化的基本依托，守好阵地，就稳住了宣传思想工作的基本盘。抢占、建设并用好阵地，归根到底要靠发展这把“总钥匙”，没有发展，

一切都无从谈起。然而，不可否认的是，目前广播电视和网络视听阵地都遇到了前所未有的发展危机。

从外部环境看，新冠肺炎疫情带来全球性冲击。联合国教科文组织报告称，疫情导致2020年全球文化创意产业总增加值同比减少7500亿美元，大约相当于2019年全球名义GDP的1%，超过一些国家2019年的名义GDP。[①] 此外，世界局势复杂演变，国内疫情近期多变，有些突发因素超出预期，需求收缩、供给冲击、预期转弱三重压力叠加，经济运行面临较大下行压力，还将继续对运营收入产生较强冲击。

从内部形势看，对于广播电视机构，通过分析行业实际创收收入结构变化发现，一方面依靠广告收入和有线收视费反哺事业发展的传统发展模式已基本失效，传统广播电视广告收入和有线电视网络收入的占比已从2010年的69%下降至2021年16%，若只按传统广播电视广告收入与收视维护费、付费数字电视、落地费等传统有线电视网络收入计算，两项传统业务板块的收入比重从2018年的31%下降至2021年的13%。另一方面，新的发展动能还没有形成。近年来，各级各类广电机构积极建立“新闻+政务服务商务”“广电+政用民用商用”等运营模式，聚焦不同用户不同场景多元需求的新产品、新业态、新模式不断涌现，推动广播电视机构智慧广电及融合发展业务收入保持连续高速增长，但从比重看，该项业务收入在2021年仅占创收收入的11%。其原因主要是聚合服务的丰富性、精准提供服务的有效性不足，导致业务吸引力竞争力不强，用户黏性不高，留存、转化和变现效果不佳，还无法成为新的增长极，有力支撑事业发展。

对于网络视听机构，2021年，持证和备案机构的网络视听收入和通过互联网取得的新媒体广告收入达4997亿元，在行业创收收入中的比重从2020年的44%提升至52%，占据半壁江山，但增长率从52%放缓至48%。具体到主要收入来源，从主要网络视听平台的情况看，多家企业的

① 王悠然，《文化产业数字化转型势在必行》，中国社会科学网，2022年4月8日。

会员数、广告收入、版权收入都出现增长停滞或下行，有的还出现年底大规模裁员、整业务线调整、多个项目终止等降本情况。以上综合说明，广电行业的新旧动能转换、发展模式转型都还没有到位，掣肘了行业主体的影响力竞争力“转场”，一些地方广电机构陷入经营运转困难，一些网络视听机构陷入缺少资金持续注入、扭亏难度更大的局面。

越是困难时刻，越要坚定信心。当前，广电改革创新发展正处于最吃劲的滚石上山阶段，必须把握战略性有利条件，乘势而起、一鼓作气。第一，中国共产党的全面领导，习近平新时代中国特色社会主义思想的指导，为我们沉着应对各种重大风险挑战提供了根本政治保证、重要行动指南和完整工作方法。第二，我国经济韧性强、潜力足、回旋余地广、长期向好的基本面不会改变。与此同时，国家正在实施的系列战略举措和正在加紧构建的全国统一大市场，将加快推进国家现代化建设，夯实国内市场由大到强和经济高质量发展的基础。第三，我国已具备实现科技高水平自立自强的坚实基础和制度保障。2021 年，我国在国家创新指数全球排名已上升至第 12 位，科技整体水平大幅提升，体制机制改革不断深化，关键核心技术攻关的新型举国体制不断健全，创新活力和整体效能持续提升。在视听传播技术创新方面，某些领域我们已领先全球。我们完全有基础、有底气、有信心、有能力抓住新一轮科技革命和产业变革的机遇，把技术创新的自主权牢牢掌握在自己手中。第四，我国 TMT 领域的法治建设加快完善，《个人信息保护法》《数据安全法》《未成年人保护法》等一系列法律法规出台实施，电信法、广播电视法的立法工作加快推进，工信部、网信办、广电总局等相关部委还出台了一系列部门规章、政策性文件和国家标准。不断健全的法律体系、明朗的政策环境、清晰的发展指向，有利于稳定市场预期，提振主体信心，激发主体活力，将为行业的安全、健康、可持续发展，以及合法合规参与国际市场竞争全程领航、全力护航。第五，经过智慧广电和媒体融合等牵引性工程的持续深入推进，融媒体传播矩阵、技术平台、自主可控新型传播平台等搭建取得重要进展，为行业高质量、可持续发展积累了良好基础。同时，经过几场大战大考，我们的主战场作战能力显著提升，形成了符合要求、符合实际、符合行业特色的独特战术打法。接下来，要保持战略定力，激发内部活力，提升专业能力，形成强大合力，准确识变、科学应变、主动求变，抓住机遇，应对挑战。

三、广播电视行业未来发展的对策思考

2022年是新时代新征程中具有特殊重要性的一年，我们党将召开第二十次全国代表大会。全国广电行业要坚持以习近平新时代中国特色社会主义思想为指导，全面贯彻落实党的十九大和十九届历次全会精神，增强“四个意识”、坚定“四个自信”、做到“两个维护”，深刻认识“两个确立”的决定性意义，紧紧围绕迎接宣传贯彻党的二十大这条工作主线，牢记“国之大者”，在大局下思考、在大局下行动，高质量履行新时代使命任务，为党和国家事业发展作出新的更大贡献。

2022年年初，广电总局作出总体部署，引领全行业聚焦聚力，深化拓展“六大工程”，带动提升舆论引导、精品创作、智慧广电发展、国际传播、安全防护、行业治理等“六个能力”，强化党的建设和队伍建设“两大保障”，促进行业发展。这是“六大工程”政策组合拳叠加优势日益显现后作出的工作理念升级，更强调战略性全局性、更注重工程实施的实效长效，追求问题导向、目标导向和结果导向的统一。全行业要将行之有效的工作经验内化为综合素质、自觉行动，外化为常态化、长效化的工作机制，创造性做好工作部署的落实，形成服务大局的强劲系统合力和向心力。聚焦“深化拓展”，我们提出以下对策思考。

（一）全面提升思想舆论引导效能

习近平总书记指出，做好党的新闻舆论工作，事关旗帜和道路，事关贯彻落实党的理论和路线方针政策，事关顺利推进党和国家各项事业，事关全党全国各族人民凝聚力和向心力，事关党和国家前途命运。面对复杂严峻的国内外形势和诸多风险挑战，我们要提高思想认识和政治站位，加

快构建网上网下一体、内宣外宣联动的主流舆论格局，创新做好思想舆论引导，“台前幕后”共同发力，更好凝聚人心、凝聚力量，营造良好舆论氛围。

一是全面提升引导效果。聚焦学习宣传贯彻习近平新时代中国特色社会主义思想首要政治任务，加强用日常话语、习惯表达、生动实例、多样手段做好思想传播和理论解读，把彻底的理论讲彻底，把鲜活的思想讲鲜活，让制度的优越性、思想的先进性可见可感，更具现实活力，推动党的创新理论走进生活，成为行动指南。突出重点、踩准节点、发掘特点、用好优点，统筹网上网下、国内国际、新闻报道与文艺作品，同部署、同落实、同推进，超前谋划做好主题宣传，形成有梯度、有层次、有力度、贯穿全年的宣传声势。在传播精度、影响力度上下功夫，根据用户画像、社群特质精准感知不同用户群体的偏好，定制化、个性化、生活化开展宣传引导，增强传播实效、提高用户黏性。加强形式创新，用好微时评、短视频、数据新闻、互动评论区等“轻骑兵”，及时回应人民关切、合理引导社会预期，主动回应国际关切、有效影响国际舆论，敢于善于斗争，赢得主动权主导权，广泛凝聚共识，激发向上向善的精神力量。

二是在基础处持续发力。要发挥媒体融合整体优势，用好各类渠道平台，发挥舆论引导专长，把工作从“台前”拓展延伸至“幕后”，扩大主流价值影响力版图。利用贯通省市县的技术平台，把“触角”深入乡村、社区、个人，通过社会实践基地、云课堂等形式，开展数字素养、网络素养、媒介素养等教育培训，特别是聚焦“一老一小”重点人群，针对性设置课程内容，提高其对错误舆论的甄别、免疫能力。立足优势，为政府部门、事企单位提供新媒体等平台账号托管运营、内容审核、应急处置、能力培训等专业化服务，实现能力传导，广泛汇聚力量，营造良好舆论环境。

（二）推出更多标杆性的时代精品

习近平总书记明确指出，新时代新征程是当代中国文艺的历史方位，广大文艺工作者把文艺创造写到民族复兴的历史上、写在人民奋斗的征程中。视听文艺创作要坚持与时代同步伐，与人民同呼吸、共命运、心连心，用心用情用功打磨出更多现象级、标杆性的优秀作品，大力弘扬和培育社会主义核心价值观，不断满足人民文化需求和增强人民精神力量。

第一，反映时代新气象、讴歌人民新创造。新时代为精品创作提供了前所未有的广阔舞台，要善于从时代之变、中国之进、人民之呼中提炼主题、萃取题材，选好视角和切入点，为时代和人民放歌。以重点节目、重大题材作品为龙头，带动提升整体供给质量，更好发挥视听文艺的价值引导、精神引领、文化传承、审美启迪作用。以继续开展“中华文化广播电视传播工程”重点项目扶持为契机，推动文化节目系列化、品牌化，进一步提炼展示中华优秀传统文化的精神标识和文化精髓，传承和弘扬中华美学精神。发挥技术对思想表达和艺术表达的支撑作用，开发竖屏节目、互动剧、短剧、VR/AR 等新业态，用更有想象力、更有内涵、更贴合喜好的方式拓宽视听文艺空间。

第二，完善新时代精品创作引导机制。近年来，各级广电行政部门探索精品创作规律，优化角色定位，从单纯的内容把关拓展到品质攻关，将科学有效的组织引导与充分调动创作主体积极性主动性有机结合，逐步实践形成了诸多有益经验。要进一步提炼总结，建立完善创作引导机制，做好选题规划、动态管理，加强全链条全流程全周期的跟踪指导、孵化宣推、保障服务，调动和集聚国有民营机构、播出制作机构的更多优质资源、人才力量，协调推动好内容进入好时段好平台占据好位置，播出好效果、形成好口碑，形成精品力作竞相涌现、市场主体充满活力、行业可持续发展的生动局面，不断铸就视听文艺新高峰。

（三）以智慧广电发展引领行业变革

勇于自我革命是保证党长盛不衰、不断发展壮大的成功路径。智慧广电是涉及内容制作、分发传播、用户服务、技术支撑、生态建设以及运行管理等全链条革新与重构的系统工程。我们要以构建智慧广电发展格局为引领，深入贯彻习近平总书记“推动媒体融合发展，打造智慧广电媒体，发展智慧广电网络”的重要要求，展开一场全方位全局性的深刻自我革命，完成整体转型升级，实现高质量、可持续发展，以新载体新方式新面貌更好融入并服务国家战略。

一要加快实现行业数字化转型。数字化转型意味行业的跨国和跨文化趋向更明显、市场集中度更高，是必须面对的一场争分夺秒的话语权之争、生产力之争。我们当务之急是要尽快完成全流程全要素的数字化，补齐短板，以信息通信技术融合应用为重要推动力，激活“沉睡”的数据资源潜能，构建以数据、算法为基础的核心能力体系，实现各环节高效贯通、全链条数字化转型，提高生产率，高效精准服务不同需求场景。同时，要以数字化转型为杠杆，基于海量数据资源加强创新协同，政产学研用形成合力，集中解决关键核心技术攻坚，解决数据确权、定价、使用、交易等关键问题，在多模态智能检索、视频知识图谱、主流价值观算法等前瞻性、战略性技术研发上提前布局，深度融入数字经济、数字社会、数字政府建设。

二要用改革的办法解决发展中的问题。智慧广电是系统工程，媒体融合是化学反应，涉及资源重组、流程重造、架构重塑、体系重建的整体变革，必须以更高的政治站位、更大的改革力度，配套推进深化改革，系统性解决历史遗留问题和共性问题，化解体制机制制约，加快推动质量变革、效率变革、动力变革。要加快因地制宜推进市级广电媒体深度融合发展，防止腰部塌陷，支持各地一体化构建省市县阵地体系，“分兵合击”发挥各自优势和积极性主动性，展开横向交流共享、纵向协同联动，在内容生态、技术平台、流程机制、运营模式、转型路径探索等方面取得系统性进展和突破。加快推进全国有线电视网络整合和广电 5G 建设一体化发展，做强做优新一代广电网络。尊重广电工作规律，创新推出更符合创造性工作特点的人才管理和发展机制，用活用好专业人才、骨干人才、高端人才，激发内生活力。

（四）在创新服务中壮大发展新动能

不断满足人民群众日益增长的美好生活需要，是视听行业的使命所在。在《“十四五”公共服务规划》中，首次明确公共服务分为基本公共服务和普惠性非基本公共服务两大类。此外，为满足公民多样化、个性化、高品质服务需求，一些完全由市场供给、居民付费享有的生活服务，可以作为公共服务体系的有益补充。生活服务在增加国内消费、扩大有效需求的同时，为今后公共服务提质升级蓄势储能。这为我们更好贴近群众、服务群众提供了重要遵循和启示。要坚持政府与行业协同发力，推动媒体网络协同，建构群众离不开的平台和渠道，广泛链接聚合各类资源，形成公共服务与生活服务相互衔接配合的供给体系，以高质量、全场景的创新服务模式，促进人民精神生活共同富裕，促进城乡经济社会协调发展，培育和壮大发展新动能，实现事业产业互促共进，行业规范可持续发展。

一是不断提升广播电视公共服务的内涵和品质。持续增加具有地方特色、适应不同群体需求、人民群众喜闻乐见的广播电视公共服务供给，特别是统筹做好特殊群体、特殊类型地区的服务有效供给，不断迭代优化，满足实际需求。发挥科技助推作用，用好“智慧广电＋公共服务”新模式，提供更多跨领域、跨行业优质融合产品和服务，深度参与数字化发展。持续推进优质内容和服务向基层下沉、向乡村覆盖，支持各地搭建基层广播电视和网络视听节目优质内容供给平台，以及推动智慧广电乡村（城镇）建设，更便捷有效满足基层群众精神文化生活。加快应急广播与应急管理信息系统、智慧广电公共服务平台等的对接融合，充分发挥应急广播在防灾减灾、应急救援、公共服务、舆论引导等方面的独特优势。建立完善公共服务长效机制，探索企业提供、用户购买、政府补贴等运维服务模式，确保工程设备长期运转、长期服务，进一步增强人民群众的获得感、幸福感、安全感。

二是激发“广电＋”生态体系的活力潜能。有分析表明，中国经济未来的主要增长动能将是来自于区域协调发展。建设全国统一大市场的重大举措再次释放了明确的政策指向和利好信号。我们要发挥行业专业能力和在地影响力公信力优势，搭建开放的“广电 +”生态体系，围绕 2G/2B/2C 服务的一体化高效供需匹配，融入和服务国家重大区域战略。探索小切口破局、由点及面突破，从内容联合制播向公共服务一体供给、产业项目联合运营等逐步拓展，加强广电区域产业带建设，支持区域产业联盟、协作体的探索实践，促进区域内平衡化、均等化发展，区域间融合互动、融通补充。增强统筹发挥产业基地（园区）、重点实验室、广电媒体融合发展创新中心的示范带动作用，促进新技术新应用新业态新模式的场景孵化和裂变，创造发展新动能。

（五）大力提升国际传播的实效

习近平总书记指出，要深刻认识新形势下加强和改进国际传播工作的重要性和必要性，下大气力加强国际传播能力建设，形成同我国综合国力和国际地位相匹配的国际话语权，为我国改革发展稳定营造有利外部舆论环境，为推动构建人类命运共同体作出积极贡献。当前“两个大局”交织激荡，国际力量对比深刻调整，我们要把握关键时期，不断提升国际传播效果，塑造和树立可信、可爱、可敬的中国形象。

第一，战略重心加快向主战场转移。我们要不断优化和创新国际传播战略布局，把握国际传播领域移动化、社交化、可视化、智能化的趋势，加快把优质资源力量向互联网倾斜，创新对外话语体系，增强中华文化亲和力吸引力辐射力，在乐于接受和易于理解上下功夫，绵绵用力与快速靶向相结合，统筹用好剧集、综艺等长周期文艺作品，短视频、动漫等短平快的网络视听形式，先进技术支持的新型交互传播方式，做好重大主题的主动生动传播、国际热点焦点的及时回应引导，帮助国际社会加深对中国发展道路和中国声音、中国方案、国际贡献的理性认识，用全人类共同价值、人类命运共同体理念的实践故事引发心灵共振和情感共鸣，协力营造有利舆论氛围。在传播精准性和有效性上重点发力，加强账号平台的互动和运营，利用推荐算法、用户画像、舆情研判等技术手段巧妙用力，形成传播效果反馈闭环，指导定制化、分众化生产传播，提高到达率、好感度。

第二，建强适应新时代国际传播需要的专门人才队伍。全媒体时代的国际传播，主战场是容量无限、时空无界的网上舆论场，任务更艰巨、形势更复杂，既有队伍、能力和工作方式都不足以应对。必须组织协同更广泛的资源力量，形成多主体、多层次、全方位的国际传播能力建设。组织更多地方广电机构和民营机构常态化、持续性参与国际传播工作，挖掘本地鲜活故事，发挥视听专业优势，让真实立体全面的中国形象更鲜亮、饱满、突出，培育国际传播新动能、新品牌、新高地。加强统筹谋划，抓源头、打基础，积极拓展对外交流平台，搭建线上线下展播平台、促进中外合作合拍、举办各类主题创作采风比赛，定制化生产、客制化剪辑、本土化译配，形成更多国际化、区域化、分众化的公共视听产品，扩大国际舆论朋友圈，汇聚专业人才和传播资源，不断提高国际传播影响力、中华文化感召力、中国形象亲和力、中国话语说服力和国际舆论引导力。

（六）统筹发展和安全两件大事

习近平总书记指出，安全是发展的前提，发展是安全的保障，安全和发展要同步推进。当前和今后一个时期是我国各类矛盾和风险易发期，各种可以预见和难以预见的风险因素明显增多。我们必须提升保障和管理的能力水平，统筹发展和安全，推动行业始终保持健康可持续发展。

一是持续完善安全防护体系。针对各种威胁和挑战联动效应明显的特点，统筹做好广播电视和网络视听安全播出、网络安全、设施保护工作。通过开展全行业安全播出大检查、安全播出应急演练、网络安全攻防实战演习，充分感知安全态势，判风险、堵漏洞、强弱项、练队伍，全面提高对突发事件、极端条件的监测预警、安全防护、应急处置能力，下好先手棋、打好主动仗。加强人防、物防、技防体系建设，持续提升对广播电视设施、传输线路的防灾、保护能力。

二是加强智慧监管和数据服务。加强广播电视和视听新媒体的现代化监测监管，统筹监测监管系统平台，形成覆盖全链条、全过程、全天候的监管体系。探索运用区块链、人工智能等技术实施多模态智能审核、智能治理，加快跟进对新业态新模式的监管。提高数据使用的深度和广度，加快推进中央和地方监测监管系统互联互通和数据资源共享试点，提高监测监管整体效能。拓展数据服务能力，推动广播电视和网络视听节目收视综合评价大数据系统扩容建设，推进广电视听融合传播基础信息平台项目建设，鼓励各地广电行政部门创新开展针对“村村响”系统、移动客户端等的监测监管平台建设，加强评估结果应用，压紧压实主体责任，同时帮助行业主体提升数字技能，为全媒体传播效果跟踪、用户行为分析、版权保护开发交易等提供有力支撑。

三是完善符合高质量发展的营商环境。在政策体系、指标体系、标准体系、统计体系、评价考核等方面综合发力，创新和完善符合高质量发展要求的营商环境。加快推进广播电视法立法工作进度，不断健全完善广播电视和网络视听法律体系，不断提高国际条约、国际标准的制定能力。延续“我为群众办实事”实践活动形成的良好机制，建立台账细化目标任务，用好政策工具箱，出实招新招，项目化、节点式推动解决问题，提供精准服务。持续抓好文娱领域综合治理工作，防止隐匿反弹、变异，通过制定信用档案、发布行业规范、人员准入管理等方式完善长效机制，营造风清气正、健康向上的行业风气。推广全程网办、一网通办、秒办随办等智慧审批形式，持续优化提高政务服务的效率和质量。

思深方益远，谋定而后动。我们要保持战略定力，把握历史主动，凝聚行业力量，以奋进的姿态和优异的成绩迎接党的二十大胜利召开，为不断开创党和国家事业发展新局面提供强大的价值引导力、文化凝聚力、精神推动力、综合服务力。

第一章

专题报告

第一节　牢牢把握正确方向，稳中求进、守正创新，加快广播电视和网络视听高质量创新性发展

时任中共中央宣传部副部长，国家广播电视总局局长、党组书记　聂辰席

2021 年是党和国家事业载入史册、具有里程碑意义的一年，也是广播电视和网络视听工作不平凡的一年。全行业在以习近平同志为核心的党中央坚强领导下，深入学习贯彻习近平新时代中国特色社会主义思想，坚决贯彻落实习近平总书记关于广电工作的重要指示批示精神，增强“四个意识”、坚定“四个自信”、做到“两个维护”，围绕中心、服务大局，深入实施“六大工程”，落实“一五一”工作格局，各方面工作取得新成效，实现“十四五”良好开局。一是聚焦学习宣传贯彻习近平新时代中国特色社会主义思想这一首要政治任务，聚焦庆祝中国共产党成立 100 周年这一工作主线，勇于担当、主动作为，唱响新时代主旋律最强音。二是围绕立足新发展阶段、贯彻新发展理念、构建新发展格局，突出重点、攻坚克难、开拓进取，事业产业高质量发展迈出新步伐。三是落实意识形态工作责任制，敢抓敢管、敢于亮剑，阵地管理更加坚强有力，治理体系和治理能力现代化水平进一步提升。四是坚持政治统领，强化理论武装、坚定理想信念、着力强基固本，党的建设和队伍建设有力有效，有力服务了党和国家工作大局。

2022 年是进入全面建设社会主义现代化国家、向第二个百年奋斗目

标进军新征程的重要一年，是党的二十大召开之年。根据中央部署和全国宣传部长会议精神，2022年广播电视和网络视听工作总的要求是：坚持以习近平新时代中国特色社会主义思想为指导，全面贯彻落实党的十九大和十九届历次全会精神，深入贯彻落实习近平总书记关于宣传思想工作的重要思想和关于广电工作的重要指示批示精神，弘扬伟大建党精神，增强“四个意识”、坚定“四个自信”、做到“两个维护”，聚焦“举旗帜、聚民心、育新人、兴文化、展形象”的使命任务，突出学习宣传贯彻习近平新时代中国特色社会主义思想首要政治任务，突出迎接宣传贯彻党的二十大工作主线，围绕立足新发展阶段、贯彻新发展理念、构建新发展格局，坚持稳中求进、守正创新、敢于斗争，弘扬主旋律、唱响最强音、守好主阵地、打好主动仗，加快广播电视和网络视听高质量创新性发展，为党和国家工作大局提供有力舆论支持和强大精神力量，作出新的更大贡献。全行业要聚焦聚力，紧扣“一条主线”，进一步提升“六个能力”，强化“两个保障”，即紧扣迎接宣传贯彻党的二十大这条主线，进一步在提升舆论引导、精品创作、智慧广电发展、国际传播、安全防护、行业治理等能力上下功夫，强化党的建设和队伍建设两大保障，努力展现新气象、实现新作为。

一、深刻认识新阶段新形势新要求，牢牢把握广播电视工作的正确方向

立足百年历史新起点，踏上新的赶考之路，如何回答好“过去我们为什么能够成功、未来我们怎样才能继续成功”这一时代课题，对广电行业提出了新的更高要求。我们必须胸怀“两个大局”，心系“国之大者”，主动把广电工作放在党和国家事业全局中，摆在新的历史进程中去考量、去谋划、去推进，脚踏实地走好新时代的广电长征路。

要深刻把握奋进新征程的根本要求和根本遵循。2021年，以习近平同志为核心的党中央举旗定向，谋篇布局。党的十九届六中全会作出《中共中央关于党的百年奋斗重大成就和历史经验的决议》（以下简称《决议》），

深刻阐明一系列方向性、原则性、战略性问题。中央经济工作会议提出要稳字当头、稳中求进，保持平稳健康的经济环境、国泰民安的社会环境、风清气正的政治环境，为我们把握2022年工作明确了主基调和着力点。习近平总书记在中国文联十一大、中国作协十大开幕式上发表重要讲话，对做好新时代文艺工作提出一系列新要求。我们要深入学习贯彻习近平总书记一系列重要讲话精神，深入贯彻落实党中央决策部署，增强奋进新征程、建功新时代的政治自觉、历史自觉、行动自觉，不断提高做好工作的能力和水平。

要深刻把握广电行业面临的机遇和挑战。从国际看，世纪疫情和百年变局交织叠加，不稳定不确定性因素明显增多。从国内看，在党中央坚强领导下，隆重庆祝建党百年，深入开展党史学习教育，继续书写经济社会“两大奇迹”，党心军心民心极大凝聚，为我们提供了极为有利的政治、社会和文化环境。从行业发展看，新一轮科技革命和产业变革对广电行业的影响更加深远，同时行业发展压力依然巨大，比如，一些地方广电机构经营运转困难，部分地方广电媒体融合相对滞后，广电网络特别是广电5G业务发展任务艰巨，等等。我们要用发展的、辩证的眼光科学分析行业面临的机遇挑战，把握主流大势，努力开创新机。

新的历史阶段，广电行业要从党的百年奋斗历程和伟大成就中汲取智慧力量，坚定历史自信，筑牢思想基础，把牢方向导向，凝聚奋进力量，以史为鉴、开创未来。

一是始终坚持政治统领，坚定不移做到“两个维护”。走好新的赶考之路，必须紧跟领路人。党的十九届六中全会的《决议》鲜明作出“两个确立”的重大政治论断。我们要深刻认识“两个确立”的决定性意义，坚定践行“两个维护”，始终在思想上政治上行动上同以习近平同志为核心的党中央保持高度一致。要牢固树立政治工作意识，坚持用习近平新时代中国特色社会主义思想武装头脑、指导实践、推动工作，坚决贯彻落实习近平总书记关于广电工作的重要指示批示精神和党中央各项决策部署，从政治上观察和处理问题，把讲政治的要求转化为内在主动。

二是始终坚持党的全面领导，坚定不移守好意识形态阵地。党的领导是党和国家事业发展的根本政治保证。广电事业是党的事业重要组成部分，必须旗帜鲜明把党的全面领导落实到各领域各方面各环节。要坚持党性原则，坚持党管宣传、党管意识形态、党管媒体，坚持政治家办台办网，牢牢把握正确的政治方向、舆论导向、价值取向，所有的工作都要体现党的意志、反映党的主张。要严格落实意识形态工作责任制，坚持网上网下一个标准、一体管理，坚持守土有责、守土负责、守土尽责，把好关口、管好队伍、守好阵地，让党的旗帜在广电行业高高飘扬。

三是始终坚持人民至上，坚定不移践行初心使命。时代是出卷人，我们是答卷人，人民是阅卷人。全行业要强化宗旨意识，把实现好、维护好、发展好最广大人民根本利益作为全部工作的出发点和落脚点。要坚持以人民为中心的创作导向，深入生活、扎根人民，书写生生不息的人民史诗，以源源不断的精品力作奉献人民。要坚持以人民为中心的发展思想，坚持为民惠民、服务民生，坚持把社会效益放在首位，以优质便捷的广电服务造福人民，不断增强人民群众的获得感、幸福感、安全感。

四是始终坚持守正创新，坚定不移推进高质量创新性发展。守正创新，是以习近平同志为核心的党中央领导宣传思想工作的重大方针原则、重要思想方法和工作方法，是新起点上保持战略定力、开创发展新局面的根本要求。广电行业要坚持守正更加坚定，创新更加坚决。要牢牢把握高质量发展这一主题，立足新发展阶段，贯彻新发展理念，构建新发展格局。要坚持一切从实际出发，保持锐意创新的勇气，加快理念创新、机制创新、科技创新、业态创新，推动质量变革、效率变革、动力变革，更好地服务党和国家事业全局。

二、紧紧围绕迎接宣传贯彻党的二十大这条主线，全力做好重大主题宣传和主题创作

召开党的二十大，是党和国家政治生活中的一件大事。我们要按照党

中央的总体部署和中宣部的工作要求，用心用情用功做好迎接宣传贯彻党的二十大工作，更好汇聚起奋斗新时代、奋进新征程的磅礴力量。

一是浓墨重彩推进主题宣传。统筹广播电视媒体和网络视听平台，深入开展“新时代的答卷”重大主题宣传，加强议题设置、选题策划，推出“我们的新时代”主题报道、“时代的召唤”“五分钟看五年”“国之大者”等系列报道、“复兴之路”融媒体报道、“中国发展成绩单”新闻专题、“二十大二十问”青少年网课等，做到多角度阐释、深层次解读。要做好与党的十九届六中全会精神宣传的有机融合，坚持二十大会前、会中、会后有序衔接，统筹布局各类形式，长短微视频相辅相成，报道节目和专题活动交相呼应，实现结构化编排、逻辑化链接、亮点化聚合，推进宣传报道递进升温、全面展开、掀起高潮。

二是精益求精推进主题创作。要落实习近平总书记“找准选题、讲好故事、拍出精品”的重要要求，突出“精”“气”“神”，即理念上牢固树立精品意识，题材上突出展现新时代气象，创作上充分彰显艺术神韵，努力做到思想精深、艺术精湛、制作精良。广电总局已启动“我们的新时代”主题作品创作展播活动，并作出一系列部署，调动全行业力量打造迎接二十大的精品力作。我们策划了一批重点作品，包括按照中宣部统一部署，总局与相关部门共同制作电视专题片《领航》；包括指导推进《我们这十年》《县委大院》《大考》等电视剧、《加油！新时代》《十年回响》等纪录片、《你好！辫子姑娘》《下姜村的绿水青山梦（第二季）》等动画片；包括组织爱奇艺、优酷、腾讯视频、芒果TV、抖音、快手、bilibili等平台精心创作主题作品，打造长短视频相结合的网络纪录片《幸福中国》等。各省局、各有关单位要把描绘新时代新征程恢宏气象的重大现实题材作为2022年主题创作的重点任务，集中精力抓龙头项目，也可以通过跨区域合作等方式，力争推出有亮点、有影响的作品。

服务北京冬奥会、冬残奥会，是2022年广电行业的一项重大综合性任务。一要精心做好冬奥主题宣传，推出“一起上冬奥”“冰雪奇迹”“2022

相约北京”等专题报道和系列节目。北京、河北等地要加强协作配合，营造同心共筑冬奥梦的良好氛围。二要精心组织主题精品创作播出，推出《超越》《冰雪之名》《冬梦之约》《冰雪中国》《冰球旋风》等作品和节目，激发全社会关心、热爱、参与冰雪运动的热情。三要精心提供高质量传输服务，做好冬奥会有线电视专网运营，确保广播电视信号制作传输服务优质高效。四要精心做好安全保障工作，严格责任落实，排查安全隐患，确保安全播出、安全运行。

三、进一步提升舆论引导、精品创作、智慧广电发展、国际传播、安全防护、行业治理等能力，加快广播电视和网络视听高质量创新性发展

要围绕建设社会主义文化强国的目标，着眼加快广播电视和网络视听转型升级，持之以恒深化“六大工程”，以工程实施带动能力提升，以能力提升促进行业发展。

（一）进一步提升舆论引导能力，做大做强广播电视和网络视听主流舆论

习近平总书记强调，必须坚持巩固壮大主流思想舆论，弘扬主旋律、传播正能量，激发全社会团结奋进的强大力量。要深化拓展“舆论引导能力提升工程”，在内容、形式、渠道、机制上求创新，在高效传播、入脑入心上下功夫，更好发挥广播电视和网络视听引导人、凝聚人、激励人的积极作用。

一是保持习近平总书记重要思想和领袖形象宣传的最强音。聚焦首要政治任务，深化广播电视媒体“头条”建设和网络视听平台“首页首屏首条”建设，策划推出“领航新时代”“总书记来信”等节目栏目、短视频等，深入宣传阐释“两个确立”的决定性意义，全方位、多角度、深层次展示习近平总书记领袖风范和人格魅力，充分展现习近平新时代中国特色社会主义思想的真理力量和实践伟力。深入实施创新理论传播工程，组织《思

想的田野》专题版制作播出，推动《这就是中国》《时代问答》《好好学习》等提质增效，进一步推出《中国共产党领导力密码》《自信中国说》《思想的旅程》等理论节目，努力让理论宣传更深入、更鲜活。

二是保持贯通全年的宣传声势。2022 年大事多、喜事多、要事多，要把握节点、聚焦重点、统筹策划，因时因势动态做好节目编播调控，始终唱响新时代主旋律最强音，切实服务党和国家工作大局。要围绕党和国家重要会议，围绕共青团成立 100 周年、建军 95 周年、香港回归 25 周年、全民族抗战爆发 85 周年等重要时间节点，围绕杭州亚运会等重大活动，围绕中国梦、共同富裕、乡村振兴、生态文明、社会主义核心价值观、中华优秀传统文化等主题，精心推出“我们都是追梦人”“圆梦新时代”“薪火相传”“在希望的田野上”“军旗从这里升起”“我在这里挺好的”“百年风华正扬帆”“国家公园”“考古中国”等主题报道、系列节目，营造良好氛围。要做好新冠肺炎疫情防控宣传和舆论引导，助力打赢疫情防控保卫战。

三是深入推进宣传理念和手段协同创新。做好舆论引导工作，必须紧跟时代步伐、勇于开拓进取。要增强系统观念，树牢“全国一盘棋”理念，强化网上网下协同、全国卫视协同、重大宣传与文艺作品协同，完善全系统协调联动、应急处置高效的舆论引导工作体系。要强化互联网思维，坚持分众化、差异化、精准化，综合运用微视频、短视频等多种形式和 VR、AR 等多种手段，策划推出生动鲜活的融媒体产品。要推进手段创新，特别是针对青少年群体，用青年人的视角思考谋划、创新表达，努力推出更接地气、充满灵气、能聚人气的节目栏目，提高宣传报道的到达率、观看率、点赞率。

（二）进一步提升精品创作能力，努力开拓广播电视和网络视听文艺新境界

习近平总书记强调，要增强文化自觉、坚定文化自信，用跟上时代的精品力作开拓文艺新境界。要深化拓展“新时代精品工程”，坚持规划引领，强化组织协调，努力创作推出更多满足人民文化需求和增强人民精神力量的优秀作品。

一是强化价值引领。繁荣精品创作，题材是关键，选题上要坚持弘业培元、立心铸魂，注重体现价值的引领、精神的支撑、文化的力量。要聚焦新时代新征程，推出《加油！中国式现代化》《乡村新发现》等作品和节目，反映时代新气象、人民新创造。要聚焦中国共产党人精神谱系，推出《时间的答卷（第二季）》《我为群众办实事》等作品和节目，更好地培养时代新人、弘扬时代新风。要聚焦中华优秀传统文化，以“中华文化广播电视传播工程”为抓手，挖掘中华文化的深邃内涵和时代价值，推出《文学中国》《国韵有新声》《出发吧！语文书》等文化类节目。在广播电视节目创新创优和“星光奖”等评奖评优中，将继续加大对弘扬中华优秀传统文化作品的表彰奖励。

二是坚持抓重点带整体。广电总局已制定“十四五”第一批电视剧、纪录片、动画片等重点选题规划，各省也在结合实际完善选题规划。要增强规划的执行力，开展常态化调度、动态化调整、台账式管理，提高选题的落实率、完成率、精品率。要深化“精心选题、主动出题、认真答题”的工作理念，以感知时代脉搏、倾听人民心声的主动，继续在新时代的伟大变革中、在人民群众的火热实践中深发掘、精提炼，做好主动出题的文章。要发扬“工匠精神”，在作品的思想内涵、艺术品质、制作水平上精雕细琢，在指导、管理、服务上做到精心细致，切实把精品创作之题答好。在推进重点选题项目的同时，鼓励多样化题材、多元化类型的作品创作，促进百花齐放、丰富多彩。

三是加强创作生产市场体系建设。市场主体是内容创作的活力源泉，繁荣精品创作，必须以培育主体为重要基础，以完善高标准高质量的市场体系为重要保障。要实施“内容创作市场主体培育计划”，通过政策引导、项目孵化、资金扶持、融资对接等多种方式，激励国有制作机构、支持民营制作机构，鼓励电视媒体参与电视剧制作，激发市场主体积极性和活力。要引导各类制作机构把资源力量用在提高作品质量上，努力打造无愧于新时代的精品力作。2022年，广电总局将推动筹建国家电视剧版本存储体系。

（三）进一步提升智慧广电发展能力，为广电行业壮筋骨、增动力、强底气

推动智慧广电发展，是实现行业高质量发展的必然路径。要深入贯彻习近平经济思想和习近平总书记“推动媒体融合发展，打造智慧广电媒体，发展智慧广电网络”的重要要求，深化拓展“智慧广电建设工程”，构建媒体网络协同发展、产品服务交相创新、事业产业互促共进的智慧广电发展格局。

一是推动智慧广电媒体做强做优。按照“资源集约、结构合理、差异发展、协同高效”的要求，大力建设新型主流媒体，扩大主流价值影响力。要在改革上求深。在优化广电媒体内部体制机制、加强人才激励等方面推进深层次改革、挖掘深层次潜力。综合考虑不同地域、不同层级广电媒体的融合发展现状进行分类指导、精准施策，继续以省级广电媒体为重点，加强科技创新、加深融合发展、加速转型升级，打造新型主流媒体平台。要进一步建好用好广播电视媒体融合发展创新中心，努力在重点领域、关键环节实现新的突破。要在发展上求质。加快高清、超高清电视发展，支持有条件的地方调整开办超高清电视频道，支持开展5G频道试验，发展高新视频业务。加快推动资源整合、结构优化和精简精办，进一步压缩、调整和规范专业频道，依法依规退出综合效益低或不具备继续开办条件的播出机构和频道频率，推动播出机构找准自身定位、打造专业优势和特色品牌。

二是推动智慧广电网络建设提速扩容。要以加快全国有线电视网络整合和广电5G建设一体化发展为重点，努力做强做优新一代广电网络。着力强机体，加快推进有线电视网络整合。着力强网络，实施有线电视IP骨干网贯通工程，推进有线电视网络升级改造，推进直播卫星云平台建设和技术扩容，完善有线、无线、卫星智能协同覆盖，继续推进广电5G网络“共建共享”，提高网络覆盖水平。着力强运营，推进广电5G差异化发展，建立统一市场体系和业务品牌，建设国家级5G视频内容和智能化服务平台，打造全融合业务，努力实现规模化发展。

三是推动智慧广电公共服务提质增效。紧紧围绕促进精神文化生活共同富裕，坚持标准引领、强化项目支撑、夯实基础建设，加快推动向智慧广电“人人通”升级发展。要抓住标准化这个关键点，全面落实《国家基本公共服务标准》，继续推进基本公共服务标准化试点工作，健全公共服务长效机制。要抓住实施“十四五”重点惠民工程这个着力点，全力落实智慧广电固边、“三区三州”市级广电融合提升、老少边及欠发达地区应急广播体系建设、民族地区有线高清交互数字电视机顶盒推广普及等重点工程项目建设任务，加强督办推进、规范管理和绩效考评，进一步补短板、强弱项。要抓住服务乡村振兴这个切入点，以智慧广电乡村建设为牵引，深入开展智慧广电服务乡村振兴专项行动，支持公共服务节目内容共享平台建设，加强智慧广电跨行业、跨领域融合应用，推动农村地区广电公共服务由功能型向智慧型升级。2022年，广电总局将研究制定推进智慧广电“人人通”升级发展的指导意见，进一步明确发展思路、完善政策措施，鼓励支持各地积极探索有效的路径和模式。

四是推动智慧广电生态创新繁荣。培育和繁荣智慧广电新生态是行业发展的活力之源和持续动能。要坚持科技创新驱动，深入研究新形势下行业发展技术政策和技术路径，完善新型广电技术体系和标准体系。调动产学研各方的科技创新资源，建好用好广电总局实验室，增强科技创新能力和支撑能力。完善“揭榜挂帅”等机制，开展“未来电视”关键技术研究攻关，加强国家应急广播体系研究和各级应急广播平台网络终端建设，推进高新视频、5G广播、云转播、终端云化、智能电视操作系统等技术应用转化，不断催生新业态新模式。要完善产业体系，打造新兴产业集群和发展高地。加强广电区域产业带建设，推动京津冀、沿黄省份等探索建立区域产业协作体或视听产业联盟。加强产业基地（园区）建设发展，完善政策举措，推动资源和要素向优势领域、优秀企业、优质项目聚集。广电总局产业项目库要探索建立动态调整和分类管理机制，加强成果转化和行业应用。广电总局编制印发了广播电视和网络视听“十四五”规划和“十四五”科技规划，各地也编制了地方广电“十四五”规划，要抓好规划落地实施，形成规划协同联动效应，推动事业产业发展。

（四）进一步提升国际传播能力，讲好中国故事、传播好中国声音

习近平总书记强调，要下大气力加强国际传播能力建设，形成同我国综合国力和国际地位相匹配的国际话语权。我们要准确把握习近平外交思想的丰富内涵和实践要求，坚决贯彻党中央关于对外工作的决策部署，深化拓展“视听中国播映工程”，发挥广电视听人文交流和内容产品价值传播优势，提升广播电视和网络视听国际传播效能。

一是讲好故事。精心策划打造“视听中国”品牌活动，深入实施“走出去内容扶持计划”“中外电视（网络视听）合拍项目”，举办“美美与共 视听共享”全球播映活动，围绕“一带一路”、人类命运共同体、生态文明、人权事业等主题，以广电视听精品展现中国实践、中国精神、中国价值、中华文化。围绕首届中阿峰会等重大外交活动，精心设计配套活动，讲好中国故事特别是中国共产党的故事，展现可信、可爱、可敬的中国形象，更好地服务中国特色大国外交。

二是优化布局。要整合行业资源力量，不断完善项目、品牌、活动、市场一体的国际传播格局，形成国际传播合力。项目方面，要推动丝绸之路视听工程、当代作品翻译工程等重点项目提质升级。品牌方面，要做强“中国联合展台”“电视中国剧场”“中外视听传播周”“上海电视节”“四川电视节”等优质品牌，不断增强竞争力和影响力。活动方面，加强项目策划，办好中俄视听周、第五届中非媒体合作论坛、中欧视听媒体合作对话等活动，提高中外人文交流合作水平。市场方面，实施“广播电视技术服务交流合作计划”，支持视听产业出口基地、试验区建设，加强走出去主体孵化培育，进一步完善多元融合营销体系，推进视听产品出口平台和海外营销渠道建设，扩大我国视听产品和服务贸易。

三是创新形式。适应世界疫情发展新形势，深化传播手段和模式创新，加强跨终端、跨渠道海外多元传播。实施“新媒体国际传播计划”，鼓励国内网络视听平台拓展海外市场，举办第二届国际短视频网红大赛等活动，打造“视听中国”海外新媒体账号矩阵。实施“中国政府广播电视高层次人才奖学金项目”“国际青年视听传播计划”，完善广电视听国际人脉数据库建设。

（五）进一步提升安全防护能力，筑牢守好广播电视和网络视听意识形态阵地

习近平总书记指出，统筹发展和安全，增强忧患意识，做到居安思危。要深化拓展“安全播出工程”，坚持安全为先、稳字当头，坚持“字字千钧、秒秒政治、天天考试”，严把导向关、内容关、人员关，下好先手棋、打好主动仗，切实防范化解风险、维护意识形态安全。要坚持严细深实，严格落实安全生产责任制，积极防范化解各种安全生产风险，以良好的安全生产态势迎接党的二十大胜利召开。

（六）进一步提升行业治理能力，推动行业持续健康发展

习近平总书记强调，要坚持守土有责、守土负责、守土尽责，阵地管理不松懈。要深化拓展“管理优化工程”，抓住关键问题、关键领域、关键环节，综合运用法律、行政、经济、科技等手段，推进依法治理、源头治理、系统治理、生态治理。

一是强化宏观调控。加强电视上星综合频道节目备案管理，坚持新闻立台、文化强台，突出公益属性、文化定位，确保体现新时代、新征程、新风尚的节目占据主流。要加强从业者引导管理，加强对播音员主持人职业行为和社会活动管理，严格持证上岗、严把选用标准。

二是持续抓好规范引导工作，不断优化市场秩序。加强行业准入和规范管理，进一步明确主流媒体、商业平台的业务边界，细分业务类型，实施分类准入、精准管理。

三是持续抓好法治建设工作，健全完善行业管理的制度体系。坚持立法先行，统筹立改废释，重点加快推进《广播电视法》立法进程，继续推进《互联网视听节目服务管理规定》《广播电视节目制作经营管理规定》《电视剧内容管理规定》等规章制度的制修订，因地制宜推进地方立法工作。继续深化“放管服”改革，在法治下推进改革，在改革中完善法治，形成良法善治的行业治理格局。

四、加强党的建设和人才队伍建设，为广电事业发展提供有力保障

党的十九届六中全会通过的《决议》强调，必须继续推进新时代党的建设新的伟大工程，必须抓好后继有人这个根本大计。全行业要全面贯彻新时代党的建设总要求，坚持以党的政治建设为统领，全面推进党的各方面建设，把队伍建设得更加坚强有力。

一是突出强化政治建设。深入实施党建“提质铸魂”工程，常态长效深化党史学习教育，推动党员干部职工深刻认识“两个确立”的决定性意义，提高政治判断力、政治领悟力、政治执行力，更加坚定自觉做到“两个维护”。要持续强化理论武装，深化党的十九届六中全会精神学习，党的二十大召开后深入开展二十大精神学习培训，推动全行业自觉做习近平新时代中国特色社会主义思想的坚定信仰者、忠实实践者。要强化政治机关意识，以增强党组织政治功能、提升组织力为重点，持续推进党建和业务工作深度融合，推动党的工作全覆盖。

二是全面深化从严治党。突出严的主基调，履行管党治党主体责任、监督责任和意识形态工作责任。强化监督执纪问责，严格落实中央八项规定及其实施细则精神，持之以恒纠“四风”、树新风，一体推进不敢腐、不能腐、不想腐，维护风清气正的良好政治生态。广电总局要继续完善“年初定责、年中督责、年底述责”机制，夯实“一书双卡”、党风廉政分析研判、“十四五”重点项目监督保障、监督贯通融合等具体工作机制，健全全面从严治党工作体系。

三是全面加强干部人才队伍建设。要深入贯彻落实新时代党的组织路线，深入实施领导干部素质结构优化工程，进一步加强领导班子和干部队伍建设。要突出政治标准，加大年轻干部“选育管用”力度，打造忠诚干净担当的年轻干部队伍。要贯彻落实中央人才工作会议精神，研究制定加强新时代广播电视和网络视听人才工作的意见。深入实施行业领军人才工程、青年创新人才工程，持续推进全媒体人才培养专项计划。要构建以创新价值、能力、贡献为导向的人才评价体系，完善符合专业人才成长规律的职称评价办法。扎实开展教育培训，强化政治赋能、专业赋能、实践赋能，不断优化队伍素质结构。

四是大力弘扬伟大建党精神。党的百年历程凝炼形成的伟大建党精神，是我们弥足珍贵的精神财富。奋进新征程，全行业要大力践行伟大建党精神，传承红色基因，赓续精神血脉。要发扬“特别能吃苦、特别能战斗、特别能奉献”的优良传统，以担当作为、锐意进取的精神状态迎难而上，啃硬骨头、打攻坚战。要咬定青山不放松，崇尚实干、求真务实、狠抓落实，努力把绘就的蓝图转化为工作的实效。要加强党外知识分子思想政治引领，统筹推进群团、统战、离退休干部等工作，凝聚团结奋进的强大力量。

迈步新的赶考之路，广电行业肩负新的光荣使命。让我们高举习近平新时代中国特色社会主义思想伟大旗帜，更加紧密地团结在以习近平同志为核心的党中央周围，以史为鉴、开创未来，埋头苦干、勇毅前行，以优异成绩迎接党的二十大胜利召开，为实现第二个百年奋斗目标、实现中华民族伟大复兴的中国梦作出新的更大贡献！

（本文系作者在2022年全国广播电视工作会议上的讲话摘编，刊发时补充了部分新材料）

第二节　在新的历史起点上推动中国电视剧事业高质量发展

国家广播电视总局副局长、党组成员　朱咏雷

习近平总书记在中国文联十一大、中国作协十大开幕式上指出，新时代新征程是当代中国文艺的历史方位。回顾中国特色社会主义进入新时代的这十年来，中国电视剧把自身发展融入全面建成小康社会奋斗历程，取得了历史性成就。踏上全面建设社会主义现代化国家新征程，“十四五”时期，中国电视剧事业要高举中国特色社会主义伟大旗帜，深入学习贯彻习近平新时代中国特色社会主义思想，把握新发展阶段，完整、准确、全面贯彻新发展理念，更好服务和融入新发展格局，以强烈的历史主动精神，在新的历史起点上推动中国电视剧事业高质量发展。

一、“十四五”开局之年，电视剧高质量发展起步稳健

2021 年是党和国家历史上具有里程碑意义的一年，也是中国电视剧发展史上意义非凡的一年。电视剧行业隆重庆祝中国共产党成立一百周年，深入落实文娱领域综合治理部署，在主题作品创作传播、精品生产供应、队伍和行风建设、制度和标准建设等方面取得重要进展和积极成效。

一是建党百年主题电视剧赢得口碑和收视双丰收。《山海情》《觉醒年代》《功勋》《理想照耀中国》《跨过鸭绿江》《精神的力量》《江山如此多娇》

《大浪淘沙》《绝密使命》《中流击水》《大决战》《光荣与梦想》《百炼成钢》《我们的新时代》《埃博拉前线》等建党百年主题电视剧播出贯穿全年，引发追剧热潮，被誉为“理想信念光耀荧屏”。人民日报、新华社、中央广播电视总台、解放军报、光明日报、文汇报等多家主流媒体关注报道；大量网民自发推荐，相关话题热度不断攀升；一些主题电视剧还走进校园、军营，成为党史学习教育和思想政治教育的生动教材，有力激发广大干部群众特别是青少年群体爱党、爱国、爱社会主义的情感。

二是精品创作视野更加广阔内容更接地气。《巡回检察组》《扫黑风暴》《突围》《大江大河2》《和平之舟》《逐梦蓝天》《问天》《红旗渠》《火红年华》《我在他乡挺好的》《小敏家》《理想之城》《对手》《夺金》《刑警之海外行动》《小舍得》《亲爱的爸妈》《八零九零》《叛逆者》《前行者》等电视剧广泛触及社会生活各领域，在千家万户的人间烟火故事中叙说中国共产党开新局于伟大社会革命、强体魄于伟大自我革命的奋斗历程，在千姿百态的生活图景中展示新时代人民群众的新风貌、新奋斗、新精神，讴歌真善美、传递正能量，给人带来温暖和感动、信心和希望。

三是行业管理既有力度也有温度。旗帜鲜明反对偷逃税、“阴阳合同”、“天价片酬”，坚持“零容忍”，坚决严肃追责处理违法违规人员和相关机构；认真落实文娱领域综合治理部署，围绕抵制流量至上、“饭圈”乱象、“耽改”之风、“娘炮”畸形审美等采取一系列有力措施，切实规范电视剧市场秩序，坚决抵制资本不良牟利。同时加强对从业人员的教育和引导，建立电视剧创作生产告知承诺制度，在电视剧备案立项后和开拍前两个阶段，广播电视主管部门将内容管理、演员管理、片酬管理、制作成本配置比例规定等要求告知制作机构，做好相关政策解读，寓管理于主动服务中。

四是队伍建设持续深入推进。围绕推动电视剧创作生产高质量发展举办全国精品电视剧创作经验交流培训班，并首次举办演员和经纪人培训班，把培训对象从编剧、导演、制片人拓展到演员、经纪人，组织演员和经纪人认真学习习近平总书记关于文艺工作的重要论述，学习党史、广播电视法规政策、税务政策，邀请观众认可喜爱的“老戏骨”讲授“影视表演艺术的敬业精神与品德素养”课程，参加活动的青年演员表示，演员作为公众人物必须担负起更多社会责任，严格自我约束，恪守职业道德，努力做德才兼备、德艺双馨的文艺工作者。

五是制度和标准建设迈出新步伐。研究编制“十四五”中国电视剧发展规划和“十四五”重点电视剧选题规划，对“十四五”时期加快推进中国电视剧高质量发展进行系统谋划和整体安排。认真落实“找准选题、讲好故事、拍出精品”重要要求，不断健全完善电视剧创作生产全流程质量管理体系，细化任务分解，强化落实执行，推动电视剧创作生产始终坚持正确方向，不断提升艺术质量。认真落实意识形态工作责任制，牢固树立正确党史观，坚决抵制历史虚无主义，强化电视剧内容和服装、道具、场景、音乐等细节把关，确保电视剧领域意识形态安全、文化安全。立足电视剧发展实际，着眼建设电视剧强国需求，回应社会和行业关切，制定发布《电视剧母版制作规范》行业标准，统一电视剧时长、署名规则，明确提升电视剧画面和声音质量的技术要求，为推动电视剧高质量发展提供有力技术支撑。

六是境外影响力、美誉度不断提升。中国电视剧特别是主题电视剧境外传播取得突破性进展，为加强中国共产党宣传阐释、彰显中国特色社会主义制度显著优势和独特魅力发挥了积极作用。《在一起》《山海情》《觉醒年代》《理想照耀中国》《功勋》等发行至全球多个国家和地区电视台，并在海外上线。其中，《山海情》译制为英语、印尼语、俄语、西语、葡语等多种版本，发行至全球 50 多个国家和地区。《觉醒年代》在香港播出后香港各界反响强烈，认为该剧真实反映了中国共产党历史和中华民族复兴历程，能够激发香港市民尤其是年轻人对国家的认同。

二、准确把握电视剧高质量发展的内涵要求

国民经济和社会发展“十四五”规划指出，“十四五”时期经济社会发展以推动高质量发展为主题，《“十四五”中国电视剧发展规划》明确推动高质量发展要求贯穿电视剧工作全流程、落实到电视剧事业产业各方面。做好“十四五”时期电视剧工作，要深化对高质量发展的规律性认识，尊重和遵循文艺规律，准确把握电视剧高质量发展内涵要求。

1. **电视剧高质量发展要求更加自觉地推出展现新时代精神气象的精品力作**。习近平总书记指出，广大文艺工作者要深刻把握民族复兴的时代主题，把人生追求、艺术生命同国家前途、民族命运、人民愿望紧密结合起来，把文艺创造写到民族复兴的历史上、写在人民奋斗的征程中。电视剧是重要的大众文艺形态，是人民群众精神文化生活的重要内容，要紧跟时代步伐，把握时代脉搏，用思想精深、艺术精湛、制作精良的精品力作弘扬以伟大建党精神为源头的党的精神谱系，传承中华优秀传统文化根脉，在平凡英雄拼搏奋斗的故事中唱响新时代中国昂扬奋进的强音，为战胜前进道路上可能遇到的考验和挑战，实现中华民族伟大复兴的中国梦提供强大的价值引导力、文化凝聚力、精神推动力。

2. **电视剧高质量发展要求坚守人民立场，坚持以人民为中心的创作导向**。习近平总书记指出，源于人民、为了人民、属于人民，是社会主义文艺的根本立场，也是社会主义文艺繁荣发展的动力所在。推动电视剧高质量发展，要牢牢坚持以人民为中心的创作导向，把满足人民文化需求、增强人民精神力量作为出发点和落脚点，把人民满意不满意作为检验作品质量的最高标准；要把“下生活”作为重要的工作方式，真正走进群众和生活，把思想倾向和情感同人民融为一体，反映群众生产生活的伟大实践和喜怒哀乐的真情实感，做到为人民抒写、为人民抒情、为人民抒怀。

3. **电视剧高质量发展要求打造有较强市场竞争力的电视剧企业**。企业是市场经济条件下文化产品创作生产的重要主体，推动电视剧高质量发展、

繁荣电视剧创作生产，必须重视培育壮大电视剧市场主体。要做大做强做优国有电视剧企业，关心支持民营电视剧企业，精心培育中小电视剧企业，特别是着力打造具有较强创作经营实力和市场竞争力，能够在建设文化强国、建设电视剧强国中发挥龙头示范作用和牵引带动作用的骨干企业，既有效满足人民群众个性化、多样化、不断升级的精神文化需求，又在国际舞台上积极参与文化交流和竞争。

4. **电视剧高质量发展要求培育有国际影响力的中国电视剧品牌**。电视剧是世界人民欢迎喜爱的文化产品，是讲好中国故事、传播中国声音、塑造中国形象的重要载体。推动电视剧高质量发展，要立足中国大地，择取最能代表中国变革和中国精神的题材，鲜明展现中国故事背后的思想力量和精神力量，要把中华优秀文化与电视剧艺术创新创造有机结合起来，提高中国故事的文化辨识度，彰显中国气派、中国风范，打造有国际影响力和竞争力的中国电视剧品牌，着力构建与我国综合国力和国际地位相匹配的电视剧传播格局。

5. **电视剧高质量发展要求营造清朗行业风气引领良好社会风尚**。习近平总书记指出，文艺工作者的自身修养不只是个人私事，文艺行风的好坏会影响整个文化领域乃至社会生活的生态。电视剧行业社会关注度高，社会影响力大，既是展示社会文明程度的重要窗口，又影响着人们的思想观念和价值选择。推动电视剧高质量发展，要大力弘扬新风正气，坚决抵制歪风邪气，在电视剧创作生产经营全过程贯穿体现社会主义核心价值观，坚持讲品位、讲格调、讲责任，抵制低俗、庸俗、媚俗，树立电视剧行业良好社会形象，切实肩负起成风化人的职责。

三、把握规律，稳中求进，开创中国电视剧高质量发展新局面

2022 年将召开党的二十大，这是党和国家政治生活中的一件大事。电视剧工作要紧紧围绕迎接、宣传、贯彻党的二十大主线，聚焦举旗帜、聚

民心、育新人、兴文化、展形象使命任务，坚持党的领导，尊重和遵循电视剧艺术规律，团结引导广大电视剧工作者投身伟大时代，潜心打造精品，持续激发电视剧行业活力和创造力，推动中国电视剧高质量发展，为发展社会主义先进文化、建设社会主义文化强国作出积极贡献。当前和今后一个时期，要着重从六个方面推进电视剧高质量发展体制机制建设。

1. **加强主题电视剧创作生产激励机制建设，攀登新时代文艺高峰**。“十四五”时期改革发展任务繁重，重要时间节点多，对主题电视剧创作提出了新的更高要求。要树立大历史观、大时代观，提高组织化程度，健全选题规划、创作指导、播出调控、组织保障机制，在政治方向、选题选材、艺术水准、主创团队等各方面都体现高标准，用心用情用力打造描绘新时代新征程恢宏气象、展现中国共产党百年奋斗重大成就和历史经验的史诗之作、传世之作、扛鼎之作，在先进的思想与非凡的事业彼此辉映中、在科学的理论与伟大的实践相互激荡中生动阐明“两个确立”的决定性意义，推动党的创新理论深入人心，大力弘扬以伟大建党精神为源头的党的精神谱系，源源不断推出讴歌党、讴歌祖国、讴歌人民、讴歌英雄、讴歌新时代的主题电视剧精品，鼓舞激励广大人民群众在中国共产党坚强领导下奋进新征程、建功新时代。

2. **加强精品供给能力建设，向人民群众献上丰富优质精神文化产品**。中华民族 5000 多年的文明史，中国人民近代以来 180 多年的斗争史，中国共产党的百年奋斗史，中华人民共和国 70 多年的发展史，新的赶考路上党团结带领人民创造的新历史伟业，为新时代电视剧精品创作提供了肥沃土壤和广阔空间。要强化系统观念，统筹电视剧创作生产全流程，使各项政策措施同向发力、相互促进，在出精品上形成总体效应。提高电视剧引导扶持专项资金使用效能，更好地发挥孵化作用，从源头提升原创力；推动主创人员“下生活”，走出“朋友圈”和“舒适区”，深入人民群众的生产生活和心灵世界，在多姿多彩的生活中汲取艺术养分、激活创新能量；提高质量管控水平，推动拍摄制作技术先进化、流程规范化、执行标准化，以“工匠精神”打磨精品；科学开展播出宏观调控，推动题材类型、风格样式多样化，推动好作品进入好平台、好时段，以播出端需求为牵引，撬动创作端的高质量供给。

3. **加强现代产业体系和市场体系建设，提高电视剧产业链韧性和竞争力**。坚持把社会效益放在首位、社会效益和经济效益相统一，健全完善电视剧产业全链条分工协作体系，推动大中小电视剧企业良性互动、协同发展，推动资金、版权、人才等要素有序流动、合理配置，促进优质资源向反映主流题材内容的作品集聚，不断提升我国电视剧产业活力和质量效益。坚持促进发展和监管规范并重，提高驾驭资本的能力，发挥资本的积极作用，推动资本与电视剧产业良性互动，做良好市场秩序的建设者、维护者，做电视剧高质量发展的推进器、助燃剂。加强常态化监管，善于透过现象看本质，发现导向、内容等问题背后的市场机制问题，采取精准有效的措施及时扭转不良倾向，坚决防止资本操控电视剧内容生产，防止资本无序扩张。

4. **加强电视剧治理体系和治理能力建设，促进电视剧发展环境迈向更高水平**。认真落实意识形态工作责任制，贯彻落实文娱领域综合治理和深化影视业综合改革部署，聚焦行业发展需求和从业人员关切，深入推进改革创新，做好整体规划和战略布局，不断完善以高质量发展为导向的电视剧政策和制度体系。结合实际创造性抓好落实，推进全链条优化审查、全过程公正监管、全周期提升服务，加强对电视剧企业和市场的预期引导和互动交流，把有效市场和有为政府更好地结合起来。建设国家电视剧版本存储体系，加强电视剧档案保护和档案资源开发利用，为中国电视剧事业留下发展足迹，为党和国家事业留下历史文化记忆。综合运用经济、行政、法治手段，密切与相关部门工作联动，发挥行业组织作用，坚决打击“天价片酬”、“阴阳合同”、偷逃税，坚决打击市场垄断和不正当竞争行为，构建良好行业生态。

5. **加强创作和产业人才队伍建设，为建设电视剧强国提供坚实人才支**

撑。坚持德才兼备、德艺双馨，坚持思想政治引领，健全电视剧人才培养体系，深入推进导演、编剧、制片人、演员、经纪人常态化培训，注重在实践中发现人才、锻炼人才、检验人才。重视凝聚和引领体制外从业人员，在档案管理、职称评定、申请入党等方面积极提供协助和服务，组织开展学习培训活动，深入推进剧组临时党支部建设，发挥基层党组织战斗堡垒作用和党员先锋模范作用，在思想和行为上引导演职人员明大德、守公德、严私德，提高修养修为。重视培养有国际视野，能创作、懂经营的高水平复合型人才，推动电视剧企业负责人弘扬企业家精神，增强爱国情怀，增强使命意识，带领电视剧企业奋力拼搏、力争一流，努力做构建电视剧高质量发展新格局的生力军。

6. **加强国际传播能力建设，打造中国电视剧参与国际合作和竞争新优势**。以战略思维谋划推动中国电视剧国际传播，统筹发挥电视剧企业和政府部门境外传播专项作用，面向不同国家和区域进行对象化、精准化营销，在创作生产和发行推广中积极开展国际合作，不断拓展中国电视剧境外传播版图，在全球范围提升影响力、竞争力。树立天下情怀，大力推进主题电视剧境外发行，把中国式现代化道路的经验智慧和当代中国文化建设发展成果贡献给全世界，以文化人、以艺通心，为推动人类文明进步、推动构建人类命运共同体彰显中国担当，为我国积极发展全球伙伴关系、参与全球治理体系改革和建设营造良好国际环境。

第三节 以人民为中心
大力推动广播电视公共服务提质增效

国家广播电视总局副局长、党组成员 孟 冬

在以习近平同志为核心的党中央坚强领导下，广播电视公共服务建设取得重大进展，重点惠民工程扎实推进，智慧广电服务乡村振兴专项行动全面开展，在满足人民精神文化生活、党史学习教育、新时代文明实践教育、疫情防控、防汛抗灾、提升基层治理体系、服务群众生产生活等方面日益发挥重要作用，服务国之大者取得显著成效。着眼更好满足人民日益增长的美好生活需要，对标对表党中央关于推动共同富裕和公共服务体系建设的战略部署，我们要扎实推进广播电视基本公共服务标准化均等化，创新实施广播电视惠民工程，着力扩大普惠性非基本公共服务供给，不断提高人民群众获得感、幸福感。

一、深入学习贯彻党中央国务院关于公共文化服务建设的新部署新要求

公共服务关乎民生，连接民心。以习近平同志为核心的党中央站在时代高度，对公共文化服务建设作出一系列决策部署，为新时代公共文化服务高质量创新性发展提供了根本遵循。

（一）深入学习贯彻习近平总书记关于公共文化服务建设的重要论述

一是要始终把以人民为中心作为广播电视公共服务建设的根本宗旨。习近平总书记强调，人民对美好生活的向往是我们的奋斗目标，增进民生福祉是坚持立党为公执政为民的本质要求，让老百姓过上好日子是一切工作的出发点和落脚点。广播电视公共服务建设是人民美好生活的重要支撑，是不断增进人民文化福祉、充分保障人民文化权益的基本途径。我们谋划推进广电公共服务一定要坚持全心全意为人民服务的根本宗旨，坚持以人民为中心的发展思想，坚持发展依靠人民、发展成果由人民共享，把“广电为民”的好事实事做到人民的心坎上。

二是始终要把促进人民精神生活共同富裕作为广电公共服务的根本目标。习近平总书记提出共同富裕六个方面的重大任务，其中一个方面就是“促进人民精神生活共同富裕”。我们谋划和推进广电公共服务要把这个目标作为长期任务，不断细化落实到加强社会主义核心价值观引领，增强广播电视精神文化产品供给上来。

三是始终要把基层特别是广大农村地区作为重点。习近平总书记指出：“要推动公共文化服务标准化、均等化，坚持政府主导、社会参与、重心下移、共建共享，完善公共文化服务体系，提高基本公共文化服务的覆盖面和适用性。”“要推进城乡公共文化服务体系建设，创新实施文化惠民工程。”习近平总书记的重要论述为广电公共服务建设提供了科学指引，我们谋划和推进广电公共服务要把建设的重点放在基层和农村，补短板、强弱项、提质量，促进基本公共文化服务标准化均等化，实现公共服务目标人群全覆盖、服务全达标，地区、城乡、人群间的基本公共服务供给差距缩小，实现均等享有、便利可及。

（二）深入学习贯彻公共服务相关规划、政策的总体要求和目标任务

一是要把国家规划关于公共服务建设的总体要求衔接落实到广电规划中。《中华人民共和国国民经济和社会发展第十四个五年规划和2035年远景目标纲要》从基本公共服务均等化、创新公共服务提供方式、完善公

共服务政策保障体系等多个方面，对公共服务建设提出总体目标要求，并从加强优秀文化作品创作生产传播、完善公共文化服务体系、提升中华文化影响力三个方面，指明公共文化服务建设的重点和发力方向。国家《“十四五”文化发展规划》，着重对公共文化服务进行专项部署，提出提高公共文化服务覆盖面和实效性，推进城乡公共文化服务一体建设，推动公共文化数字化建设，创新实施文化惠民工程，提升基本公共文化服务标准化均等化水平等重要要求。国家《“十四五”公共服务规划》立足公共服务发展全局，从基本公共服务均等化、普惠性非基本公共服务供给、生活服务提档升级等方面进行重点部署。《广播电视和网络视听“十四五”发展规划》进一步推动国家相关部署在广电领域落实落地，提出一系列详细的任务书、路线图，为广播电视公共服务建设提出具体任务、明确工作重点，做到有重点、分步骤、强协同、重实效，扎实推进各项部署顺利实施。

二是要把广电公共服务建设融入国家重大发展战略中。“十四五”期间，国家实施乡村振兴、区域协调发展、强边固边、新型城镇化等一系列重大战略部署，广播电视公共服务建设要聚焦服务国家重大战略，以标准化建设为引领，以均等化享有为基础，以提高覆盖面和适用性为关键，以推进转型升级为方向，以问题为导向，抓难点抓短板，从最突出、最急迫的环节入手，不断创新深化以重点项目补短板、促发展的思路举措，解决城乡文化发展不平衡、农村文化发展不充分的问题，实现广电重点惠民工程同乡村振兴、强边固边、新型城镇化建设等重大战略部署有效衔接。

三是要把广电公共服务建设与深入实施智慧广电战略结合起来。一方面要深刻认识推进基本公共服务均等化的重点任务，通过实施“补短板”工程促进基本公共服务均等化，加强智慧广电基础设施建设，推进实施智慧广电固边工程和“三区三州”市级广电融合发展提升工程，推动应急广播体系建设和有线高清交互数字电视机顶盒推广普及，推动省市级电视台开设手语节目或加配字幕等。这既是广电基本公共服务事项，也是广电公共服务的工作重点。另一方面要不断推进智慧广电创新发展，优化内容供给、提升制播能力、推动融媒体中心建设和有线网络整合、5G发展、推进智慧广电应用等，不断创新生活服务供给内容和方式，这是广电公共服务提质增效、创新升级的重要方面，是不断满足群众多样化、个性化、高品质服务需要的着力点。

二、准确把握广播电视公共服务建设面临的新形势新条件

进入新时代，人民群众日益增长的美好生活需要对公共服务体系提出了新的更高要求，对高质量的广电公共服务寄予了更高期待，广播电视制播生产、传输覆盖和服务方式的变革又为广电公共服务的创新发展提供了条件。

一是公共服务政策理念不断创新。国家《“十四五”公共服务规划》确定基本公共服务、非基本公共服务和生活服务的内涵及供给方式，这是我国社会治理理论的重大创新。其中，基本公共服务是保障全体人民生存和发展基本需要的公共服务，政府承担保障服务供给的主要责任。非基本公共服务是为满足公民更高层次需求、保障社会整体福利水平所必需，但市场自发供给不足的公共服务，政府通过给予一定的支持政策增加普惠性服务供给，实现大多数公民以可承受价格付费享有。生活服务则是为了满足公民多样化、个性化、高品质服务需求，完全由市场供给，政府主要负责营造公平竞争的市场环境，引导产业健康发展。这为广电公共服务的分类供给提供了科学的政策指引，也对广电公共服务发展提出了新的更高要求。党的十八大以来，广播电视在基本公共服务发展方面取得了历史性成就，基本解决了“缺不缺”“够不够”的问题，目前广电基本公共服务和非基本公共服务均需进一步夯实保供优供、提质增效的机制，推动传统公共服务向多层次、多主体、多选择的新型公共服务升级。

二是广播电视公共服务同社会服务融合发展日益深化。随着文化与科技、经济、民生、教育等领域融合发展不断推进，广播电视公共服务同社会服务的关联性越来越强，越来越成为经济社会发展的“基础设施”，比

如智慧广电固边工程、智慧广电乡村工程既是广播电视公共服务项目，具有文化权益保障属性，同时也为乡村和边境地区的社会服务、生产生活服务、社会治理等提供支撑，广电公共服务项目的溢出效应和复合效应日益突出，对经济社会发展的不可或缺性进一步凸显。因此，不仅要从文化发展角度，还应从社会发展角度去定位和实施广电公共服务重点项目，综合运用和不断拓展广电公共服务建设成果。

三是人民群众对公共文化服务的需求更高更具个性。国家统计局数据显示，2021 年全国教育文化娱乐人均消费支出 2599 元，占总支出的 10.8%。文化娱乐消费日益成为居民消费的重要方面，对广电公共文化服务创新供给、提档升级提出了新的更高要求。近年来互联网快速发展，用户加速向网络端转场，人民群众越来越多在网络上获取视听服务，广电公共服务要适应这一变化。《中国互联网络发展状况统计报告》数据显示，截至 2021 年 12 月，网民使用手机上网的比例达 99.7%，网络视频用户达 9.75 亿，占网民总体的 94.5%。人民群众在哪里，广电公共服务就要跟到哪里，全终端的公共服务供给正成为广电公共服务提质增效的新课题，对公共服务数字化、网络化、智慧化的要求日益提高，亟待加快发展“智慧广电人人通”公共服务新模式，强化个性化、多样化、精准化服务。

四是广电公共服务长效机制还需进一步健全完善。广电重点惠民工程实施力度加大，但长效化常态化的运作机制仍不健全，工程建设的着力点要进一步向长效机制转变，广电公共服务同社会服务的融合发展深度以及复合效应产出还不够。政府投入方式还需创新，需要不断完善投、建、管一体化模式，坚持“政府主导、社会参与、重心下移、共建共享”原则，引入社会力量、社会资源，增强政府投入的效果活力。

三、守正创新推动广播电视公共服务提质增效

面对新形势新任务新要求，广播电视公共服务建设要坚持政治统领，服务“国之大者”，聚焦关键环节、重点领域，加快补短板、强弱项、提

质量，深入推动基本公共服务标准化供给，切实提升基本公共服务均等化水平，着力扩大适度普惠非基本公共服务供给，积极发展多样化个性化生活服务，持续提升公共服务保障能力，不断增强人民群众在视听服务方面的获得感、幸福感。

一是着力推动基本公共服务标准化建设，以标准化促进均等化。建立健全基本公共服务标准体系，以标准化促进基本公共服务均等化、普惠化、便捷化，是新时期国家推进公共服务建设的基本思路。要深入落实《国家基本公共服务标准（2021）》要求，推动广播电视行业收听广播、观看电视、少数民族文化服务和残疾人文化体育服务四项基本公共服务标准落地落实。按照“服务标准化、标准定额化、定额预算化”思路，进一步扩大基本公共服务县级标准化试点，推动基层服务机构标准化管理。深入开展行业落实基本公共服务标准情况调研和监测，组织开展广播电视基本公共服务标准动态调整研究，不断提升标准化建设水平。

二是加快实施重点惠民工程，进一步推进城乡广播电视公共服务体系一体建设。以工程项目为抓手，全力实施智慧广电固边工程、智慧广电乡村（城镇）工程、“三区三州”广播电视播出机构融合发展能力提升工程、广播电视直播卫星公共服务智慧升级、老少边及欠发达地区应急广播体系建设等重点工程项目建设任务，提升基本公共服务均等化水平。强化组织领导，细化实施方案，加强与地方党委政府沟通，形成建设合力。健全完善工作机制，强化督办管理、绩效考评，探索以评促建，坚持建、管、用并重。加强民族地区广播电视传输覆盖保障及涉农节目译制传播，保障进城务工农民、少年儿童、老年人、残障人士等特殊人群的基本收视权益。推进智慧广电人人通，建设5G广播电视网络和业务系统，推动有线无线、大屏小屏协同发展，实现人人通、移动通、终端通。

三是统筹推进基本公共服务与普惠性非基本公共服务。大力推进基本公共文化服务均等化，以区域均等化、城乡均等化、人群均等化、应急广播服务均等化为重点，推动公共服务资源向农村地区、革命老区、民族地区、边疆地区倾斜，补齐贫困地区、民族地区、边疆地区、革命老区等公共服务短板。紧紧围绕供需矛盾突出的公共服务领域，发挥政府引导作用，引导非基本公共服务供给主体提供与当地城乡居民收入水平相适应的普惠性非基本公共服务，鼓励支持社会力量加强普惠性规范性服务供给，满足人民群众多样化需求。

四是加大高品质的广播电视内容建设。深化广电视听内容供给侧结构性改革，不断提高节目内容质量，加强高清超高清节目供给。各级广播电视机构要着力办好农业、科技、法治、医疗卫生等群众喜闻乐见的节目栏目，创作更多优质的公益广告，推动乡村振兴题材作品的创作生产，制播更多贴近农村生产生活的好节目，推进优质节目向基层下沉、向乡村覆盖，加强对少数民族地区及特殊群众收听收视内容供给。探索建立广播电视公共服务优质内容共享平台，积极对接重点群体需求，加快构建内容需求反馈机制，推动“菜单式”“订单式”服务，让内容供给更加精准。推动各种视听平台创新网络视听内容供给，发挥网络视听在公共服务中的重要作用。

五是不断增强广电公共服务的综合效益。充分发挥广播电视和网络视听行业优势，深化智慧广电消费帮扶，推广“公益广告、节目 + 消费帮扶”“短视频、直播 + 消费帮扶”等模式。利用直播卫星户户通村村通平台、有线电视网络和广电 5G 网络，为边远乡村地区在线教育提供内容和技术支持。扎实推动广播电视对口援疆、对口援藏工作，做好定点帮扶、对口支援工作。以智慧广电 + 公共服务 + 社会服务 + 城市管理 + 乡村治理为重点，提升智慧广电乡村（城镇）工程实施效果，加强智慧广电跨行业、跨领域融合应用，推动广电公共服务由功能型向智慧型升级。

六是进一步健全新时代广电公共服务保障体系。一方面要着力健全广电公共服务要素保障。完善财力保障制度，积极对接中央和地方各项预算内投资渠道，争取各级财政专项资金和一般性转移支付资金，保障重点工程项目顺利实施。优化财政支出结构，深入推进政府购买公共服务，充实细化政府购买服务指导性目录，扩大购买范围。强化人才队伍建设，围绕应急广播、广电 5G 等重点专题开展培训，既加强省级公共服务队伍建设，又向市级、县级延伸。另一方面要着力健全广电公共服务保障机制。逐步完善精准服务、主动响应的公共服务提供机制，实现从“人找服务”到“服务找人”的转变。不断强化长效化、常态化运维保障机制，完善基层公共服务网络，健全“县级有机构管理、乡镇有网点支撑、村组有专人负责”的基层广电公共服务运维保障体系。

广播电视公共服务建设是政治工程、民生工程、民心工程，是社会主义文化强国建设的重要任务。我们要始终坚持以人民为中心的发展思想，立足新发展阶段，完整、全面、准确贯彻新发展理念，推动广播电视公共服务内容创新、服务创新、机制创新，努力满足人民对美好文化生活的新期待，奋进新征程，建功新时代。

第四节 奋进新征程、建功新时代 用心用情用功做好党的二十大新闻宣传

国家广播电视总局宣传司

2022年是党的二十大召开之年。全国广播电视媒体坚持以习近平新时代中国特色社会主义思想为指导，深刻认识“两个确立”的决定性意义，牢固树立“四个意识”，坚定“四个自信”，坚决做到“两个维护”，深入贯彻落实党中央决策部署，按照中宣部和广电总局党组工作安排，紧扣迎接宣传贯彻党的二十大这条主线，牢牢把握正确方向导向，着力提升新闻宣传水平，切实增强宣传实效，更好服务党和国家工作大局，为党的二十大胜利召开提供有力舆论支持，营造良好舆论氛围。

一、深入贯彻落实习近平总书记关于新闻舆论工作的重要论述精神

党的十八大以来，习近平总书记从党和国家工作大局、意识形态工作全局出发，对加强和改进党的新闻舆论工作作出一系列重大部署，提出一系列重要论断，深刻阐述了新闻舆论工作面临的重大理论和实践问题，既对新情况、新趋势作出科学研判，又对推进创新发展作出明确指引，推动意识形态领域形势发生全局性、根本性转变，为广播电视新闻宣传工作提供了前进方向和根本遵循，必须贯彻落实到我们工作的全过程、各方面。

（一）始终坚持党性原则

党性原则是党的新闻舆论工作的根本原则，坚持党性原则，最根本的是坚持党对新闻舆论工作的领导。广播电视媒体是党的喉舌和重要的宣传思想文化阵地，必须姓党，必须充分体现党的意志、宣传党的主张、维护党中央权威、维护党的团结。坚持党性原则、坚持党管媒体，是坚持马克思主义新闻观的内在要求，是牢牢掌握新闻舆论主导权、占领意识形态主阵地的根本要求，无论时代如何发展、媒体格局如何变化，党管媒体的原则和制度不能变。

（二）始终胸怀国之大者

习近平总书记强调，党的新闻舆论工作是党的一项重要工作，是治国理政、定国安邦的大事。广播电视新闻宣传要从党和国家工作全局出发，在围绕中心、服务大局中找准坐标定位，始终紧紧围绕党和国家重大方针政策、重大发展战略、重要决策部署、重大会议活动策划选题、开展宣传，把立足新发展阶段、贯彻新发展理念、构建新发展格局，推动高质量发展的伟大实践宣传好、展示好，不断巩固壮大主流舆论。

（三）始终站稳人民立场

习近平总书记指出，党的新闻舆论工作要坚持党性和人民性相统一。广播电视新闻宣传要始终站稳人民立场，把实现好、维护好、发展好最广大人民根本利益作为出发点和落脚点。要用实际行动回答“为了谁、依靠谁、我是谁”这个根本问题，把镜头和话筒对准人民群众，深入基层、贴近人民，俯下身、沉下心，察实情、说实话、动真情，不断推出“沾泥土”“带露珠”“冒热气”的报道，增强人民精神力量，满足人民精神需求。

（四）始终坚持正面宣传为主

团结稳定鼓劲、正面宣传为主，是党的新闻舆论工作必须遵循的基本方针。这就要求广播电视新闻宣传要始终把握主导、占据主动、宣传主流，不断扩大正面宣传的覆盖面、影响力，增强正面宣传的吸引力、感染力。在理念、内容、形式、方法、手段上加强创新，抓住时机、把握节奏、讲究策略，体现时度效要求，增强新闻宣传的针对性和实效性。

二、推动新时代广播电视新闻宣传工作实现新作为

从党的十八大开始，中国特色社会主义进入新时代，这是我国发展新的历史方位，也赋予广播电视宣传工作新的使命任务。当前，国内外舆论环境更加纷繁复杂，做大做强主流舆论、守住守好意识形态阵地的任务更加艰巨，必须强化政治担当，增强使命感、责任感，把握新要求、实现新作为，更好地承担起“举旗帜、聚民心、育新人、兴文化、展形象”的使命任务。

一是在深入宣传党的创新理论成果上实现新作为。习近平新时代中国特色社会主义思想是当代中国马克思主义、21 世纪马克思主义，是统一全党意志的“定盘星”“指南针”“金钥匙”。广播电视作为宣传党的创新理论的主阵地，要把做好习近平新时代中国特色社会主义思想宣传作为首要政治任务，着力加强电视理论节目创作播出，深入总结《思想的田野》创作播出经验，推进实施“创新理论传播工程”，加强理论节目选题策划、扶持引导、播出推广等全流程管理，形成有序衔接、不断出新出彩的创作传播格局，持续扩大影响力、传播力，推动党的创新理论“飞入寻常百姓家”。

二是在巩固壮大主流思想舆论上实现新作为。伟大的时代呼唤昂扬奋进的精神，伟大的事业需要向上向善的舆论力量。广播电视新闻宣传在坚持“两个巩固”根本任务，不断壮大主流思想舆论上要实现新作为，充分发挥主流媒体主阵地作用，加强一体化统筹，网上网下同频共振，内宣外宣共同发力，使重大主题宣传形成全方位、立体化、多层次、多声部的宏大格局，主旋律更加突显、更加响亮。

三是在满足人民群众精神文化需求上实现新作为。新时代我国社会主要矛盾是人民日益增长的美好生活需要和不平衡不充分的发展之间的矛盾。广播电视新闻宣传要顺应时代呼唤和人民群众期待，把人民作为报道

主体和服务对象，把创作生产优秀作品作为中心环节，把服务群众同教育引导群众结合起来，提供更多有思想、有温度、有品质的新闻报道，满足人民文化需求，增强人民精神力量。

三、全力做好2022年广播电视新闻宣传工作

2022年，广播电视要认真落实中宣部和广电总局党组工作部署，在“两个大局”中思考和谋划新闻宣传工作，突出学习宣传贯彻习近平新时代中国特色社会主义思想首要政治任务，突出迎接宣传贯彻党的二十大工作主线，坚持稳中求进、守正创新，高质量完成全年工作任务。

（一）突出做好习近平新时代中国特色社会主义思想宣传阐释

进一步高光聚焦习近平总书记领袖形象宣传。持续深化广播电视媒体“头条”建设，聚焦习近平总书记重要活动、重要会议、重要讲话，推出“领航”“足迹”等专题专栏、“总书记来信”“领航新时代”等主题报道，充分展现习近平总书记的领袖风范、雄才大略、为民情怀和非凡魅力，实现习近平总书记相关报道“天天见、天天新、天天深”。

深入阐释习近平新时代中国特色社会主义思想的理论魅力和真理力量。深入实施“创新理论传播工程”，扎实推进重点理论节目《思想耀江山》联制联播，指导做好《中国共产党领导力密码》《这就是中国》《中国正在说》《时代问答》《开卷有理》《自信中国说》《中国共产党为什么能》《思想有力量》《思想的旅程》等理论节目创作播出，把习近平总书记思想理论、党和国家事业发展变化更广泛、更深入地推进人心、推进头脑、推向社会。

（二）唱响迎接学习宣传贯彻党的二十大最强音

强化宣传报道统筹策划。按照中宣部整体部署，紧扣迎接宣传贯彻党的二十大工作主线，主动出题、提前规划，浓墨重彩做好主题宣传和成就宣传。组织广播电视媒体按照统一部署，深入推进“奋进新征程 建功新时代”主题报道，持续推出“非凡十年”“我们的新时代”等专题报道、“时代的召唤”“五分钟看五年”等系列报道，充分展示各领域变革性实践、

突破性进展、标志性成果，展现人民群众的获得感幸福感安全感，营造高潮迭起的舆论氛围和宣传态势。

做优做精重大主题宣传报道。紧紧围绕重要活动、重大战略、重要时间节点，精心谋划、及时有序推出专题专栏、系列报道、融媒体产品等，持续做强中国梦、贯彻新发展理念、乡村振兴、构建人类命运共同体等重大主题宣传，挖掘展示各地打赢脱贫攻坚战、全面建成小康社会、推进乡村振兴、加快区域发展等方面的有力举措和生动事例，形成主题主线宣传强大声势。

全面推动精品创作出新出彩。充分发挥推优扶持等政策机制作用，持续引导新闻节目、理论节目、纪录片等提高质量。对重点作品加强组织引导和协调推动，统筹做好节目编排，多媒体、多渠道、多形式展示推介优秀作品，提升重点作品传播效果，扩大覆盖面和影响力。

全力奏响主题宣传融媒大合唱。坚持发挥全媒体传播优势，一体运用台、网、端、微、屏和账号，健全优化传播矩阵，发布形式多样的融媒体产品，以更丰富的内容、更新颖的视角、更多样的载体，形成规模和声势，形成线上线下一体推进，党心民意同频共振的良好局面。

（三）持续加强阵地和导向管理

严格落实意识形态工作责任制。增强政治意识、大局意识、责任意识、阵地意识，持续强化主管主办责任和属地管理责任，要求各级广播电视媒体严格落实三审制和重播重审制，切实把好导向关、内容关、人员关、播出关。各级广电行政部门和收听收看机构要加强节目监听监看工作，及时发现问题，准确研判、及时报告、及时处置。

严格落实新闻立台要求。强化“广电工作是政治工作”意识，要求广播电视媒体坚持新闻立台，严格落实广电总局关于电视上星综合频道节目管理的有关规定，在新闻类节目播出时长、时段等达标的基础上，进一步提升新闻节目品质，切实提高广播电视新闻宣传传播力、引导力、影响力和公信力，忠实履行主流媒体政治责任、社会责任。

严格落实网上网下一体管理。毫不松懈持续深化文娱领域综合治理，强化“一盘棋”思想，坚决执行网上网下一个标准、一体管理的要求，特别是加强广播电视所属新媒体及各类平台账号的管理，以最实举措保障广播电视安全播出。

迎接宣传贯彻党的二十大是2022年广播电视的工作主线，我们将进一步提高政治站位，深入贯彻落实习近平总书记关于新闻舆论工作的重要论述，坚决捍卫“两个确立”、坚定做到“两个维护”，切实肩负起巩固壮大主流意识形态的政治责任，以更好工作成效服务党和国家工作大局，以实际行动迎接党的二十大胜利召开。

第二章

新闻宣传

课题指导：

国家广播电视总局宣传司司长　　马　黎

国家广播电视总局网络视听节目管理司司长　　冯胜勇

第一节　庆祝建党百年主题新闻宣传

提要：做好庆祝建党百年主题宣传，是2021年广播电视和网络视听战线的重大政治任务，是贯穿全年工作的一条主线。全行业牢牢把握“党的盛典、人民的节日”主基调，全力推动建党百年重点新闻节目、理论节目、纪录片、动画片创作播出，线上线下融合、大屏小屏联动、长短视频互补、艺术技术并重，形成主题宣传大合唱。新闻宣传厚重大气，亮点纷呈，高潮迭起，全面彰显广电作为党的宣传舆论主阵地的职责与使命。

一、科学部署，紧抓落实

在中国共产党百年华诞之际，举行庆祝活动，回顾伟大历程，总结宝贵经验，对于激励和动员全国各族人民更加紧密地团结在以习近平同志为核心的党中央周围，满怀信心迈进新征程，具有重大而深远的意义。广播电视和网络视听战线落实中央部署安排，超前组织策划、充分调动资源，狠抓任务落实，确保宣传工作有条不紊、出新出彩。

（一）聚焦主题，明确基调

根据中央部署，庆祝建党百年系列活动坚持“党的盛典、人民的节日”主基调，突出思想引领、注重热在基层、着力改善民生、推动政党交流。聚焦庆祝建党百年宣传工作，中宣部召开专题电视电话会议，强调宣传思想战线要深入学习贯彻习近平新时代中国特色社会主义思想，突出宣传党的领导是历史和人民的选择，唱响中国共产党好的昂扬旋律；要浓墨重彩宣传阐释新时代的重大意义和伟大成就，彰显新时代的历史地位和历史贡献，激励人们满怀豪情奋进新征程；要发挥党史学习教育的示范带动作用，精心组织新闻宣传报道，确保高质量高标准完成各项任务。

（二）构建重大主题宣传一体化统筹协调机制

广电总局全面落实中央要求，加强组织协调，发动各方力量，强化前端参与和过程指导，探索出做好建党百年重大主题宣传工作的有效路径。一是谋划早部署细。广电总局围绕重要节点超前布局，在 2020 年就专门召开两次庆祝建党百年宣传创作专题会议，增强全行业使命感、责任感、紧迫感。2021 年，广电总局在年初召开的全国广电工作会议上明确庆祝建党百年作为全年工作主题主线，随后下发《关于做好庆祝建党 100 周年广播电视节目创作播出工作的通知》等专项通知，指导行业加强议题设置、策划宣传方案、开设专栏专题、做好编排规划。二是增强系统观念。广电总局积极利用宣传管理机制，召开重点作品推进会、宣传推进会等专题会议，重点项目加大跨区域、跨层级联动，同时在各活动中强调有关宣传提示和工作要求，各类扶持、征集、推优等活动均向重大主题宣传倾斜。通过构建和完善重大主题宣传一体化统筹协调机制，贯通管理部门、播出机构、宣传平台等行业力量，做到信息互通、优势互补、资源共享、形成合力。

（三）尽锐出战扩大主流价值影响力版图

全国广播电视和网络视听战线统一步调，按照营造氛围、持续升温、掀起高潮、延续热度分阶段压茬推进，以高度政治责任感使命感扎实细致完成宣传任务。各省（区、市）广电行政部门建立一把手挂帅、分管领导靠前指挥、职能部门担负主责、各方力量积极投入的全方位推进机制，在资源协调、扶持推广等方面予以全流程全方位指导，确保重要宣传项目、报道、活动按时保质有序推进。各级广播电视台紧扣时间节点倒排工期，在2020年年底、2021年年初即开辟专题专栏专区，安排重要时段、版面有序播出，大力烘托庆祝氛围。同时，创新实行重大主题宣传全流程管理，盘活台内资源，聚集精干力量，增强联动性、协调性，形成工作合力。各网络视听平台发挥特色优势，规划整体制播方案，统筹内容储备、页面编排、运营推广等各方力量，整合长中短视频，全方位、多渠道做好宣传。全行业树立“一盘棋”意识，凝聚成重大主题宣传综合体，发出主旋律强音。

二、主题主线新闻宣传贯通呼应

聚焦党的百年华诞，中央和地方广电机构在主频率主频道新闻栏目中，推出《奋斗百年路 启航新征程》等专栏，重点视听平台在首页首屏开设“建党百年”专区或专题频道，推出大量动态报道。同时，庆祝建党百年主题宣传报道贯通全年、统领全局，与重大主题、重大活动宣传紧密结合，做到围绕重点、突出亮点、形成声势、把握节奏，为党和国家各项工作顺利开展营造了良好舆论氛围。

（一）高举思想旗帜，不断深化习近平总书记形象和习近平新时代中国特色社会主义思想宣传阐释

各级广电媒体和网络视听平台持续深化广播电视媒体“头条”建设和网络视听媒体“首页首屏首条”建设，全方位、多角度、深层次展现习近平总书记的领袖风范和人格魅力。一是高光聚焦习近平总书记重要活动、重要会议、重要讲话，在重点时段、版块、位置播发时政报道、推出新闻特写，围绕庆祝建党百年系列活动原汁原味还原现场氛围。同时，全力做好宣传阐释和反响报道。提高议题设置精准化水平，深入解读习近平总书记重要讲话精神，贯穿融入各主新闻节目栏目，创新推出移动专题、图解新闻等，充分展现习近平新时代中国特色社会主义思想的真理力量和实践伟力，生动展现全党全社会喜迎党的百年华诞、掀起学习习近平总书记重要讲话精神的热潮。

二是着力推动优秀理论节目创作播出。充分发挥大众化、通俗化、电视化传播优势，推动习近平新时代中国特色社会主义思想“飞入寻常百姓家”。广电总局通过主动出题策划、专家参与指导、联合展播、推优扶持引导等管理服务措施，推动相关资源和人才向理论节目创作汇聚，极大地增强了各地电视台创作理论节目的底气和热情。省级卫视已成为理论节目创作播出的重要力量，涌现出《这就是中国》《中国共产党为什么能》《选择》《中国正在说》《时代问答》《理响新时代》《好好学习》等一批影响较大的品牌节目。全国电视理论节目在增“量”的同时，注重在“质”上取得长足进步。在选题上，用“小切口”讲好“新思想”，将“国之大者”与群众关切结合起来；在形式上，用“故事会”讲好“理论课”，把宣讲课堂搬到城乡生产生活现场，让科学理论能够更好地走近群众身边，走进群众心里，得到中央领导同志充分肯定。

案例：《思想的田野》——电视理论节目大众化传播的成功路径

由广电总局组织策划、33家省级卫视联制联播的大型电视理论节目《思想的田野》持续在全国创作播出，2021年，完成了第四季吉林、广东、贵州、安徽、广西等5家卫视节目的创作播出。第四季节目继续以“理论宣讲大篷车”为载体，分别围绕冰雪产业高质量发展、科技创新、新奋斗的起点、百年芳华、壮美家园、湾区智造等主题展开，把政治话语、学术话语转化成群众语言，把理论阐释、思政教育转化成田野画面，生动展示了各地在习近平新时代中国特色社会主义思想指引下，因地制宜谋求发展、开拓创新深化改革的实践成果。四季节目的播出取得了良好收视效果和广泛社会关注，形成了节目品牌，为电视理论节目的大众化传播探索出了一条全新的路径，树立了一个全新的标杆。

（二）与党史学习教育结合，点线面立体展示百年成就

广电总局精心组织党史学习教育可视化教材播出，广播电视和网络视

听机构以百年党史为内容源泉开展一系列宣传报道，通过主题宣传与党史学习教育相结合，浓厚知史爱党、知史爱国氛围。一是梳理党史脉络，完整系统讲述党的故事。建党百年新闻宣传政治性、理论性、政策性强，广电媒体走进历史深处、实践一线和人民群众，全维度展示中国共产党百年光辉历程、伟大成就和宝贵经验，直观可信地表明党的领导是历史和人民的选择。二是深耕本土资源，用红色印记串起百年党史时间线。各媒体探寻红色坐标，追寻英雄足迹，以“重访”“重现”等形式讲述当地红色故事，把人们熟悉的英雄符号转化为有血有肉的真实形象，评论上强调与新思想的勾连，通过时空链接，既追求主题深度，也让内容更生活化、更接地气。三是展示建设新篇章，深刻揭示中国发展奇迹背后的制度逻辑。围绕宣传阐释新时代的重大意义和伟大成就，通过新旧对比回顾中华大地百年华丽蜕变，从不同视角映射时代蓬勃向上的精神风貌，用新时代鲜活实践打造出视听版的“报告文学”。一系列宣传报道既有大视野也有小切口，既有群像展示也有个体表达，有效避免同一主题千篇一律。

（三）与重大主题宣传结合，全方位拓展宣传维度

各级广电媒体以建党百年为主线，统筹各重大活动和重大主题报道，营造正能量舆论氛围。一方面，党的十九届六中全会及全国两会报道准确生动。通过解读重大意义、反映国内外社会积极评价、配发评论或记者手记等，强化新闻报道与主题主线的关联，增强引领性引导性。另一方面，多形式聚焦我国多个领域重大成就。充分结合中国特色社会主义道路、中国梦、社会主义核心价值观、“五位一体”总体布局、“四个全面”战略布局等重大主题宣传，和全国脱贫攻坚总结表彰大会等重大活动宣传，实现各主题之间基调统一、底色鲜明、相互呼应，极大丰富了建党百年宣传内涵。

三、浓墨重彩呈现庆祝大会盛况

庆祝中国共产党成立 100 周年大会世界瞩目、万众期待，隆重热烈的庆祝活动通过全国各级广播电视台和各新媒体平台直播转播，全方位、高水平向海内外呈现庆典盛况，将建党百年宣传推向高潮。

（一）全面覆盖，精准触达，气氛热烈

“七一”当天，中央广播电视总台对庆祝大会进行现场直播，全国 436 个地级以上广播电视台，2106 个县级广播电视台和 36 个教育电视台的主频道、主频率，中央重点新闻网站，31 个省级网络广播电视台，600 余家网络视听平台，IPTV 集成播控总分平台，对庆祝大会实况进行转播。其中，融媒体报道效果显著。截至 2021 年 7 月 5 日 14 时，总台播发的庆祝大会相关报道在自有平台跨媒体累计触达 59.41 亿人次。其中，电视端直播及相关报道触达 26.85 亿人次；新媒体端阅读播放量达 32.56 亿次。各级广电媒体选取最具现场感、冲击力的画面，快速精准设计话题，通过新闻弹窗、热词、热图、热评、热搜等方式突出推送重要报道，实现传播效果最大化。总台发起的相关微博话题总阅读量超 188 亿，创下“百年突破百亿”的成绩。全行业全景呈现庆祝活动的盛大场景，营造了举国欢庆的热烈氛围，实现“世界一流、历史最好”的传播效果。

（二）技术赋能，视听体验全面升级

可视化程度高、沉浸感强成为此次主题宣传的一大亮点。在庆祝大会当天，总台首次实现 8K 超高清系统在现场完成实时节目制作；首次使用自主研发的天琴座、天鹰座索道拍摄系统，展现大会恢宏场面；首次采用 5G 切片技术完成东西观礼台画面无线传输直播；首次同时使用三架 4K 航拍直升机拍摄空中梯队画面。多项技术创新和突破将党的盛典相关宣传报道打造成史诗级视听盛宴，也为深度开发节目素材、捕捉新闻细节提供了巨大的可操作性空间。各广电媒体也强化创新，以 Vlog 等形式，通过记者第一视角“揭秘”活动现场，庆祝大会宣传报道的镜头更加多元、画面更加丰富、效果更加壮观，通过创意的画面语言和极具现场感、体验感的表达方式，带领观众见证历史时刻。

四、大力创新宣传方式

各级广电媒体积极适应舆论生态、媒体格局、传播方式新变化，推动观念、手段、内容、形式创新，线上线下相互呼应、相得益彰，形成高频次、长时间、多版面的密集宣传声势。

（一）联动共振助推“主旋律”获取“大流量”

各地广电媒体通力合作，各层级资源全面打通，发出主题宣传强音。广电总局指导推出的“理想照耀中国——庆祝建党百年‘双100’系列融媒报道”，集结全国60余家电视台共同制作播出，联合接力呈现；中广联合会城市台广播新闻工作委员会联合全国40家新闻广播，共同推出《星火点点遍神州》等系列报道；湖南人民广播电台携手全国百城百台推出融媒系列报道《我和我的党支部》；贵州台联合九市州广播电视台和88个县级融媒体中心共同推出《“百年百人百篇”贵州主播诵经典》活动。“全国联动”“全省联动”形成联屏同振的乘数效应，极大地聚集了公众的注意力，全面提高了主题宣传报道的影响力和声量。

案例：理想照耀中国——庆祝建党百年“双100”系列融媒报道

《理想照耀中国——庆祝建党百年“双100”系列融媒报道》由广电总局统筹指导，上海台牵头策划，全国60余家省市级电视台共同制作播出，是近年来地方广电媒体跨地域最广、参与机构最多、时间跨度最长、报道体量最大的一次融合联动报道活动。自2021年3月23日至6月30日的100天里，该报道选择100个具有标志性意义的红色地标，制作100场新媒体直播和100条相关短视频，在参与机构的卫视及省级地面频道新闻节目和新媒体矩阵同步播出。报道活动以时间串联起直播选题，以史实勾连起内在逻辑，在统一的制作规范和视效包装下，突出各地特色亮点，在百天内规模化推出保持全网热度。截至2021年6月30日，所有成员台全网传播总量已突破3亿，新浪微博话题总阅读量为6200万。贵州、湖北、陕西等革命老区所在省份的单日场均浏览量均达到了10万+，江西的单日场均浏览量均达到了100万+，取得良好传播效果。①

（二）融合传播全面提升宣传穿透力

建党百年主题宣传，既是一项重大的政治任务，又是一场检验媒体融合发展成果的大考。各媒体机构采取融合传播、移动先行的策略，统筹带动新闻融媒矩阵，大版面、大片化、融媒态开展主题报道，传统广播电视和新媒体端一体联动、相互引流，增强宣传报道吸引力。一是深化融合传播。以重大报道和重大活动为切入点，推动“台网微端屏＋官方账号”等全业务单元各端口事前共同策划、事中共同报道、事后共同反馈，在实践中构建立体化、全覆盖、多平台的融合传播机制，通过统筹多媒体渠道资源，让主题主线宣传传播更广、声量更大。二是注重移动先行。以新型传播主导创作，推动庆祝建党百年重大活动在所属新媒体平台首发、独播或同步推出、优先共享。把握时度效，对相关报道和重要活动做到即发即报、滚动播报，充分发挥新媒体平台的传播力和引导力，不断放大大屏优势和内容价值。三是充分发挥视觉化优势。坚持分众化、差异化、精准化，综合运用视听图文等多种形式和多种技术手段，策划推出音视频、图文、慢直播、Vlog等多种视听形态交互的融媒体产品，不断丰富报道视域，实现主流价值的个性化推送和精准化触达。

（三）创新报道语言，以时代元素填补传播代沟

各级广电媒体和网络视听平台聚焦青少年需求，持续推进观念、手段、内容、形式创新，让“硬”新闻实现“软”着陆。一方面，使用年轻的形象、语境，通过年轻的面孔和熟悉的人物引起受众的兴趣，在策划上更加聚焦年轻人面临的共同话题和选择，回应青年心声，引发情感共鸣。另一方面，使用符合年轻人审美习惯的方式，通过短视频征集推送、直播答题

① 袁雷，《重大主题报道跨区域媒体融合联动的实践与思考——以〈理想照耀中国——庆祝建党百年“双100”系列融媒报道〉为例》，《新闻与写作》，2021年第8期。

活动、说唱歌曲等灵活多样的形式有效调动广大网民特别是青少年参与的积极性，通过游戏式、互动式视听产品传导知识、培育情感，融入年轻人生活场景和社交话题。

（执笔人：戚　雪，国家广播电视总局发展研究中心）

第二节　全媒体新闻宣传的创新突破

提要：2021 年，全国各级各地广播电视媒体和网络视听积极推进全媒体新闻宣传创新创优，构建“台网屏端微号”六位一体宣传格局，形成了全媒体制作、全平台分发、全终端触达新模式。全媒体新闻宣传走向智慧化、云端化，有效对接受众需求，由“矩阵”向“强阵”迈进，主力军全面挺进主战场。

一、“台网屏端微号”六位一体形成全媒体宣传合力

2021 年全国各级广电媒体着力强化多屏联动、多端聚能，围绕重要新闻事件、重要时间节点、重大主题宣传等，推进网上网下一体传播、大屏小屏全面覆盖，形成“台网屏端微号”六位一体新闻宣传合力。

六位一体的新闻传播格局极大提升了新闻传播力。大屏端开设新闻专题专栏，打造时政快讯、独家视频、现场直播、时政评论等权威报道；网端结合互联网特点，适配 IPTV、互联网电视、PC 端传播需求，推出各类新闻专题、特色报道，聚合网感化、差异化全媒体新闻产品；户外屏（包括车载屏）结合碎片化传播特征，推出一系列新闻短视频、时政微视频，广场大屏引入新闻直播、慢直播等营造新闻无处不在的宣传氛围；新闻客户端成为各台建设的重点和服务移动端用户的主平台；微信公众号和各平

台账号发挥社交和特色优势，实现新闻的全面触达。这一格局具体表现为传播矩阵已成为各媒体机构新闻宣传的基本模式。

顺应用户向移动端转移，各台将移动客户端、微信公众号和平台账号作为全媒体新闻宣传的重要抓手，并将其作为新闻的首发平台和第一落点，全媒体新闻宣传的主导端也正由大屏向小屏迁移。如2021年总台央视新闻新媒体围绕习近平总书记重要活动，有510条时政快讯率先在全网首发首推；北京台新闻频道中心建立新闻稿件快速发布机制，实现新闻“移动端首发”，小屏先发态势日益彰显。同时，小屏不仅成为“首发主导”，更向“观点主导”迈进，如总台对孟晚舟回国的报道，央视网评第一时间发出评论文章《央视网评：强大的中国是每个中国人的坚强靠山》，引发强烈关注。这些做法在各台特别是省级台和地市级台普及。

二、全媒体新闻宣传“矩阵”向“强阵”迈进

2021年，各级广电媒体积极推进全媒体新闻一体化生产传播，不断优化“一次采集、多种生成，全网传播、多端发布，梯次推送、精准覆盖”路径，推动全媒体新闻宣传由“矩阵”迈向“强阵”。

一是创新全媒体采编生成与传播机制，增强矩阵效能。一方面，不断优化全媒体宣传一体化运作机制，提升采编播效率。有些省台在策划环节由新媒体提供新闻热点监测报告；编辑环节考虑各端特点，客户端和微信公众号先发；传播环节利用中央媒体、“学习强国”和商业平台等客户端做好内容推广；评价环节依据相关数据，形成全媒体宣传一体化的闭环流程。另一方面，创新全媒体传播链路，积极挖掘全媒体矩阵的协同作战能力。以新媒体打头阵，发挥“短小精悍、倚马可待”的轻骑兵作用，同时探索“直播＋短视频＋小屏拉动大屏”相互引流，以短视频为直播引流，精切直播内容二次传播，再将小屏精华反哺大屏提升影响力，通过客户端抢时效、微博微信等第三方平台推发热搜，实现全媒体宣传的高效能。

二是强化融媒体传播格局下的多端传播，实现矩阵广覆盖。这已成为

各台的基本做法。2021 年全国两会期间，总台推出融媒体特别报道《两会你我他》，节目既在央视新闻频道（央视网）、央广中国之声（央广网）、国广环球资讯（国际在线）实现“台 + 网”同步直播，又在央视新闻客户端、抖音央视新闻直播平台、微博央视新闻直播平台、头条（西瓜视频）央视新闻网在线直播。节目播出前，央视新闻、中国之声、环球资讯官方微博还发起“‘两会’：你最关心啥？我们帮你问！”话题征集活动，形成较强话题性、关注度，使节目在电视、广播、PC 端网页、社交媒体、短视频平台、新闻资讯平台等多渠道、多终端实现广泛覆盖。这个案例是广电新闻宣传在重要新闻报道中进行多端布局的典型代表。

三是优化新闻宣传梯次推送，实现矩阵精准触达。着眼于提升全媒体新闻宣传热度和影响力，各广电媒体着力打造梯次推送传播链条，形成多轮传播、精准触达。如福建省广播影视集团推出《主播说党史》百集短视频，先在新媒体端首发，再在电视端延伸播出，实现“海博 TV”、微信公众号“福建新闻联播”、微信视频号、抖音账号的梯度传播，全网触达千万人群。与此同时，各级广电机构探索智慧推送，强化精准覆盖。有些台成立智媒体研究中心，通过新闻智能推荐系统构建个性化推荐体系，有效提升精准触达率，不断提高全媒体宣传能力。

案例：庆祝中国共产党成立 100 周年大会——中央广播电视总台新闻报道矩阵

总台通过 14 个电视频道、15 个广播频率、20 余个自有新媒体平台对庆祝大会等重要活动进行相关报道，密集推出时政视频、金句海报、图文特稿等融媒体产品。央视新闻客户端、央视频、央视网等新媒体平台对庆祝大会开启网络直播、推发独家视频、发起微博话题。其中“央视新闻”制作《独家视频 | 直抵人心的声音——百年这一刻》等 14 条短视频，观看量达 5 亿次。“央视新闻”微博 7 月 1 日 0 时推出主题海报【此刻，一起转发！ # 中国共产党成立 100 周年 #】，截至 2021 年 7 月 5 日，阅读量 2.8

亿。“CMG观察”公众号推出H5产品《一生一“誓”》被众多政务大号广泛转发，形成台网广泛联动、端微号相互协同的强大舆论场。

三、做强做优全媒体新闻宣传新形态

（一）人工智能拓展全媒体新闻宣传新空间

人工智能与新闻采编播业务深度融合，拓展了全媒体新闻宣传新空间。2022年全国两会期间，多家媒体虚拟主播亮相两会，成为两会报道的“流量担当”，“央视频”APP推出以主持人王冠为原型的虚拟主播，打造《“冠”察两会》。山东台虚拟主播“小妮”以智能播报方式，带网友及时速览两会最新动态和每日热点，与网友在线互动。上海台融媒体中心虚拟新闻主播申𫇭雅以“𫇭雅看两会”直击两会现场，与记者冷炜搭档推出“冷观察·申思考”特别策划。2022年北京冬奥会期间，总台推出首个AI手语主播，采用人工智能深度学习框架，精准度达95%以上。当前，智能采编技术、数字虚拟人日益成熟并深度融入新闻业务，“虚拟主播+虚拟场景”为观众带来更多新体验，推动全媒体新闻宣传不断创新。

（二）全媒体新闻宣传进入“云时代”

2021年，广电媒体在云端发力，探索云制作、云节目、云审片。一方面充分利用云端技术优势，整合区域媒体资源，构建融合云编辑部、云平台。2022年全国两会期间，山东台闪电新闻策划发起2022全国两会“云上编辑部”，在云端与“沿海”“沿黄”地区主流媒体打破空间限制抱团策划，形成报道合力；广东台启用“云上融媒制作和分发平台”，满足本台及全省21个地市台的记者编辑对全国两会内容生产和发布的需求。另一方面，深化云节目创作，推进智慧云审片。许多台依托全媒体新闻指挥中心，采用“主持人+嘉宾+云端连线+新闻现场”形式，推出系列专题云访谈。有些省台联合推出“同唱一首歌”庆祝建党百年“云上”融媒体报道活动。同时，“云审片”日益融入全媒体制播流程，运用“4K+5G”技术实现前方后方实时云交流，极大提高了报道效率。

（三）直播成为新闻宣传新常态

直播成为广电全媒体新闻宣传的新模式，无论是重大活动直播、移动直播还是慢直播，广电媒体“传统采编播思维”正向“直播思维”转变。

一是围绕主题主线、重要活动开展直播报道，多窗口、长时段呈现新闻现场。围绕“庆祝中国共产党成立100周年大会”，总台央视新闻频道推出近四小时直播报道“百年风华再启新程”，央视新闻客户端、央视频、央视网等均开启网络直播窗口，形成网上网下直播全覆盖。围绕重要活动和重大主题宣传，各省级和地市级广电媒体也纷纷开启直播模式，直播成为全媒体报道的显著优势。福建广电开展“百年党旗红 福建村村美”融媒直播，直播报道吸引超过5000万人次观看；天津海河传媒围绕“第五届世界智能大会”创设津彩“智”播36小时新媒体直播，此类直播不断拓展全媒体宣传新境界。

二是打造常态化直播新矩阵，做强直播品牌。新闻直播已成为各级各地广播电视台的基本方式，显著改变了新闻宣传的方式。如2021年北京台“时间直播”联合30余家直播单位组成“北京时间直播矩阵”；四川台“四川观察”与21个市州、区县融媒联动，成立“直播四川联盟”，全媒体新闻直播日益常态化、规模化、矩阵化，成为全媒体新闻宣传重要“标配”。新闻直播逐渐形成各台品牌，依托新媒体平台形成重要流量入口，如河北台的“冀时大直播”，内蒙古台的“腾格里在线帮”，江苏台的“荔直播”等，同时新技术不断融入直播报道，不断强化新闻直播中观众的视觉体验和沉浸感。

（四）短视频、微评论、趣应用成为新闻宣传新形式

广电媒体积极创新全媒体新闻表现形式和话语方式，紧贴年轻受众需求偏好，打造一系列短视频、微评论、趣应用，不断增强新闻宣传吸引力、体验性和感召力。

一是深入推进短视频品牌和短视频账号建设，强化短视频新闻创新和

议题设置，打造短视频现象级作品。总台的“央视频”、北京台的“时间视频”、湖南台“锋芒”等着力打造短视频品牌，抖音、快手等第三方短视频平台成为广电短视频的重要出口，短视频账号在新闻报道中的地位作用日益显现，主要省台的抖音和快手账号粉丝量均达到百万级甚至千万级，单条短视频的播放量多的达数亿。短视频已成为各台报道创新的主打形态，各类具有网感化、年轻态的创意短视频作品纷纷涌现。总台央视新闻推出建党百年创意短视频《收到，请回复！》，将一条条穿越百年的“密码”，传递给新时代的观众，引发年轻受众热烈反响。短视频与大屏宣传之间的联动不断深化，共谋议题设置，相互配合发力。在“七一勋章”颁授活动中，依托大屏直播报道，总台密集推出百余条短视频，捕捉仪式现场动人场面。在报道实践中，短视频的宣传助力效用充分显现。

二是全力挺进新媒体舆论主战场，短评、微评等短小精悍，广受欢迎。总台央视网积极搭建新媒体评论产品矩阵，在《央视快评》基础上全力打造《央视网评》《事说新语》和英文评论类栏目《全球说》等微评论品牌，形成时政评论、热点评论、舆情观察评论矩阵全覆盖。各省台和地市台纷纷推出本台的短评、微评、漫评、网评、图说等形式，亮明观点态度，第一时间引导网络舆论，凸显主流媒体责任担当。

三是不断开拓全媒体新闻新体验，为观众创造新奇的在场感、科技感、趣味性。总台和许多省台、部分市台创新推出 4K 沉浸式 XR 演播室，实现虚拟空间与现实世界无缝连接，使“足球场搬进演播室、坦克破屏而入”成为现实，增强了新闻宣传的视觉震撼和趣味性。2022 年全国两会期间，广东台推出 AI 音乐互动产品《我把未来写成歌》，产品以“AI 写歌，为中国加油”为概念，用两会热点话题 3 秒定制一首歌曲，这些新创意成为全媒体新闻宣传的新特色。此外，广电媒体还创新推出一系列 H5、海报、漫画、动画、VR 互动视频等融媒态新闻作品，打破严肃新闻距离感，不断实现“破圈”传播。

案例：山东台短视频新闻宣传的创新突破

山东台充分发挥短视频优势，以短视频为发力点开展新闻宣传。一是将频道新闻节目与闪电新闻客户端完全打通，以短视频作为记者编辑的基本生产单位，实现优质短视频在电视端二次传播，形成贯穿全天的新闻节目流。二是加强短视频新闻议题设置，形成主题化、版块化宣传。2021 年山东台开设并运营了“了不起的山东人”“诗画山东”等短视频栏目，习近平总书记视察山东期间，策划的《黄河从这里入海》等短视频，在各大平台 APP 首页推荐，截至 2021 年 10 月底，总阅读量超 5.7 亿。三是创新短视频内容形式，融入无人机航拍、第一视角、水下摄影等技术，植入热门手游、萌文化、新国潮、二次元、盲盒等互联网基因，使作品迅速“出圈”。四是面向社会开展主题宣传创意短视频征集，增强短视频创作的互动性和社会参与性。如围绕学习习近平总书记“七一”重要讲话精神等主题征集短视频，获得广泛参与和关注。

2021 年全国各级广电机构积极开展全媒体新闻宣传，取得重要成绩。但整体而言，全媒体新闻探索较多，实际宣传效果参差不齐，触达率、影响力、引导力有待全面提升；全媒体新闻内容创新存在短板，尤其是针对不同场景、不同端口、不同平台的差异化特色化生产不足、适配度不高；对部分省级台和地市县台而言，全媒体新闻宣传多依赖第三方平台，自有新媒体平台用户量不大，亟待构建“以我为主”的宣传格局。未来，全媒体新闻宣传进入高质量发展阶段，对舆论引导能力提出更高要求，应抓住内容、矩阵等关键节点进一步创新创优，以用户需求为落脚点，针对不同平台端口制播差异化内容，精准触达用户，满足不同人群对优质信息的新需求新体验；强化全媒体新闻内容思想深度，做优深度报道、观点评论，有力有效引导舆论；着力建立以自有新闻客户端为核心的宣传矩阵，加强大小屏联动，打造各具特色的全媒体新闻品牌，不断做大正面宣传、做强主流舆论、做优宣传实效。

（执笔人：王　羽，国家广播电视总局发展研究中心）

第三章

内容创作与生产

课题指导：

国家广播电视总局宣传司司长　马　黎

国家广播电视总局电视剧司司长　高长力

国家广播电视总局网络视听节目管理司司长　冯胜勇

第一节　剧集[①]

提要：2021 年，剧集制作实现多方突破，主题创作取得重大成果，生产减量提质态势进一步强化，全年共有 194 部 6277 集电视剧获得发行许可证，同比分别降低 3.96% 和 9.77%，部均集数从 37 集减少到 35 集；200 部网络剧上线，同比减少 15%；微短剧兴起。总体看，剧集创作结构进一步优化，现实题材成为主流，一批作品登上高峰，接连引发观剧热潮。

一、剧集创作取得重大成果

2021 年，剧集供给侧结构性调整进一步深化，创作生产提质量、减数量、调结构的态势增强。全年共有 194 部 6277 集电视剧获得发行许可证，部均集数从 37 集减少到 35 集，现实题材 144 部 4777 集，占比达到 74.20% 和 71.10%[②]，现实主义创作明显加强；网络剧上线数量达 200 部[③]，其中重点网络剧 188 部，现实题材占比继续增大。整体而言，剧集生产的“减量”促进了“提质增效”，推动创作走向高质量发展。

① 剧集为电视剧和网络剧的统称。

② 数据来源：广电总局电视剧司。

③ 数据来源：广电总局监管中心，《2021 年网络视听文艺主要数据》，2022 年 1 月 20 日。

（一）重大主题创作取得重要突破

2021年是中国共产党成立100周年，也是“两个一百年”交汇的关键节点，为电视剧创作播出提供了重要契机。建党百年主题剧集创作把握历史规律和时代脉搏，将剧集创作推上近年来的高潮和高峰。

优秀主题剧集构成数量众多、精品汇聚的头部矩阵。“理想照耀中国——国家广电总局庆祝中国共产党成立100周年电视剧展播活动”取得巨大成功，持续推出主题鲜明、制作精良、广受好评的高品质作品。《山海情》《觉醒年代》《功勋》等成为建党百年主题剧集经典之作，与此同时，《光荣与梦想》《理想照耀中国》《我们的新时代》《跨过鸭绿江》《大浪淘沙》《大决战》《啊摇篮》等诸多兼备思想含量、精神力量、艺术能量的主题剧集持续热播，弘扬了主流价值，占领了主流市场，彰显了主流审美。

案例:《山海情》成为精品典范

《山海情》讲述宁夏西海固人民探索脱贫致富道路，获得美好生活的故事。该剧是庆祝中国共产党成立100周年的开年大戏，也是广电总局“理想照耀中国”电视剧展播活动的重头戏。其创作过程是学习贯彻习近平总书记关于文艺工作重要论述的一次成功实践，也是深入实施“新时代精品”工程，充分发挥“全国一盘棋，集中力量办大事”制度优势，以重点项目带动整体创作的一次创新实践。这部主题剧深入生活、扎根人民的创作态度受到观众的肯定，创造了收视佳绩，成为主题创作的精品典范。

主题创作焕发生机活力。在广电总局的组织和引导下，剧集创作者以礼敬之心钻研技艺，以竞胜之心探索市场，不断突破主题剧集的创作定式、表达惯性，精益求精、求新求变，形成了主题创作热潮。《山海情》用质朴而诗意的影像，展现历经岁月更迭和时空跨越的中国特色脱贫故事；《功勋》用单元剧串联起8位“共和国勋章”获得者于细微之处见华彩的人生侧写；《跨过鸭绿江》丰富了战争题材表现维度，书写英雄人物形象，精细化、全景式、纵深向再现激荡人心的历史。主题创作深入生活，紧贴实践，突出精神感召，兼用市场思维，探索“青春化”表达，引发各年龄段尤其是青年人的共情共鸣。

（二）现实题材创作不断创新拓展

近年来，现实题材剧集创作取得显著成绩，题材深度广度和艺术创新均取得重要进步，成为剧集的主流，在践行“为国家述史、为时代立传、为人民抒怀”的使命中走向成熟丰盈。

以饱满的热情抒写时代史诗。一批剧集扎根现实生活，关注社会变迁，讴歌时代精神，取得系列标志性成果。《人世间》细致入微讲述东北老工业基地一家人命运的跌宕起伏，深刻书写中国当代社会变迁史；《装台》生动刻画现代都市城中村的装台人群像，展现改革开放浪潮下普通劳动者顽强而朝气蓬勃的生活画卷。这两部作品均改编自获奖小说。严肃文学改编剧重回观众视野，说明在网络文学改编热之外，具有深厚现实底蕴和深刻精神内核的剧集创作重新焕发生机。冬奥题材剧，多角度呈现中国发展冰雪运动、迎接冬奥盛会的历史画卷，《超越》《冰雪之名》《冰球少年》《冬奥一家人》等适时推出，广受好评，彰显出剧集创作对时代和社会发展的敏锐性和快速反应能力，将体育题材剧集创作推上新高度。

以丰富的维度映照社会人生。在主旋律现实题材剧集之外，一批反映社会家庭丰富多彩生活的优秀剧集接连推出，题材类型多样，呈现百花齐放局面。家庭剧创作热情持续高涨，把脉当代家庭伦理，品质普遍提升，描绘社会热点和百姓喜怒哀乐的笔触更加细腻深入。《小舍得》呼应教育改革，讨论家庭关系与子女成长；《小敏家》展现中年再婚男女五味杂陈的爱情；《乔家的儿女》力图呈现中国社会转型中家庭关系的新状态新问题；《八零九零》通过年轻人的视角解析代际沟通和养老话题；《亲爱的爸妈》《您好，母亲大人》审视重组家庭的伦理亲情。行业剧深入到各个行业，类型化特征更加明显，爱情、家庭元素的普遍植入丰富行业剧叙事的维度，表现的深度与广度得到拓展。《理想之城》反映大众陌生的造价师行业；《输赢》展现网络时代高科技支撑的商战新形态；《女心理师》从女性、心理师双重视角探究当代人的心理困局和自愈之路。女性题材剧依然是创作热点，选题“轻龄化”趋势明显，视角更低、切口更小，对女性困境的发掘更深入，价值表达更丰富，出现多部优质作品。如《我在他乡挺好的》《爱很美味》等作品跳出叙事窠臼，讲述90后女性爱情、友情和成长。涉案、国安、谍战等特殊题材创作态度更加审慎、品质普遍提升，持续引爆市场。《对手》突破题材惯性，以温柔琐碎的人间烟火对撞惊心动魄的间谍故事，产生意外的化学反应；《扫黑风暴》以系列真实案件为原型，用高密度的叙事和强节奏构建扣人心弦的扫黑故事；《叛逆者》展现跌宕起伏、错综复杂的中共地下斗争，重现谍战剧辉煌。这些作品描摹社会万象，对准观众需求，探讨公共话题，回应社会关注，兼具温情温暖和紧张刺激，焕发向好向善的精神力量。

二、短剧①、微短剧②正在崛起

（一）短剧成为剧集主体

在政策引导下，40集以下的短剧已成剧集常态。2021年，获准发行的电视剧83.08%为40集及以下，24.61%为30集及以下；上线的网络剧中，81.50%为30集及以下③；收视率超0.5%的78部黄金时段电视剧中25部为35集及以下④。这些数据表明，短制作更受市场欢迎。头部制作企业越来越倾向制作短剧。《开端》采用“无限流”循环叙事方式，开启悬疑科幻另类样态；《你是我的荣耀》融入游戏IP，对垂类圈层释放强大吸引力；《周生如故》和《一生一世》串联前世今生两个故事，成为IP“一鱼两吃”的经典案例；《猎罪图鉴》以模拟画像师这一新职业视角展开推理故事。短

① 依据《关于进一步加强电视剧网络剧创作生产管理有关工作的通知》，本文将40集以下剧集归为短剧。

② 依据广电总局网络视听节目备案系统，本文将单集不超过10分钟的剧集归为微短剧。

③ 数据来源：广电总局监管中心，《2021年网络视听文艺主要数据》，2022年1月20日。

④ 数据来源：广电总局规划院。

剧制作周期较短、内容更凝聚、成本较可控、创意更灵活，加之平台以“剧场”等方式助力，短剧优势和能量持续放大，已成为近期剧集市场的重要现象和创意创新的热点领域。

（二）微短剧成为制作新赛道

单集 10 分钟以内的“微短剧”已纳入管理体系，成为继网络剧、网络电影、网络动画片之外第四种网络视听节目类型，这个更精简短小的内容类型在 2021 年迎来爆炸式增长，成为竞争高地。除抖音、快手、bilibili 等短视频平台大力发展短剧，长视频平台也加码投入，不断开创微短剧品牌，推出扶持计划，共同加速推动这一类型发展壮大。2021 年全网上线重点网络微短剧 58 部，普通网络微短剧约 1000 部，剧情类短视频超 78 万部。① 微短剧形成以爱情、悬疑、古装为主，并包含职场、乡村、仙侠、科幻等在内的丰富类型，品质和口碑也逐渐提高。《大妈的世界》《另一半的我和你》《亲爱的没想到吧》等市场反响良好。随着资源向微短剧倾斜，专业制作团队进场，微短剧质量双涨，创造出巨大的流量和市场空间。目前，微短剧的变现方式仍以平台分账为主，用户付费打赏、广告推广、直播带货等方式尚在探索。可以预见，基于移动属性和社交属性，微短剧显现出强劲的发展势头，将成为重塑剧集市场格局的新力量。

三、剧集制播模式正在深刻变革

受多方面因素影响，剧集制作生产面临成本增长、结构调整、需求升级等内在压力及短视频、直播等新业务带来的外部压力。总体而言，剧集行业呈现稳中求进求变的发展态势。

（一）新的创作模式逐渐形成

在传统影视制作机构方面，华策影视、正午阳光、新丽传媒、柠萌影业、慈文传媒、耀客传媒等，凭借强大制作能力和稳定出品质量占据头部

① 数据来源：广电总局监管中心。

位置，中小制作机构则面临严峻生存压力。2021—2023 年共有 41 家机构取得《电视剧制作许可证（甲种）》①，数量较 2019—2021 年的 73 家大幅缩减。与此同时，互联网平台通过投资、参股、合制、定制等方式加大对上游制作领域布局，并参与到产业中下游各端口，影响力、话语权不断增强，市场份额不断扩大，主要互联网平台成为剧集制作生产的重要角色。《觉醒年代》《人世间》《理想之城》《对手》《巡回检察组》等作品，均有主要互联网平台的深度参与。互联网平台分账剧模式的普及，必将吸引更多的创作者参与其中。剧集运营模式的改变也将对剧集创作产生重要影响。

（二）台网融合发展求共性存个性

电视平台形成总台央视与省级头部卫视同时发力的局面。总台央视相继播出《大决战》《跨过鸭绿江》《觉醒年代》《人世间》等优质大剧，展现出强势姿态。全国卫视 2021 年共播出 971 部电视剧，黄金时段播剧 328 部，首播 119 部。②北京、上海东方、江苏、浙江、湖南等一线卫视加大对新鲜优质资源的掌控力度，与总台几乎垄断了黄金时段首播剧。同时，电视剧播出方式更加灵活，重点剧多台联播、多轮重播成为常态，以剧带剧、类型化连播等播出模式也在探索。

网络平台以爱奇艺、优酷、腾讯视频、芒果 TV 为主要渠道。2021 年网络播出剧集 450 部，较上年略有下降，其中网络剧 200 部，电视剧 192 部，重点网络微短剧 58 部。③在超前点播叫停、会员增势放缓、会员价格连涨的情况下，网络平台将强化独播。2021 年共有 302 部独播剧，占比 66%，头部剧独播比例增大，播放量 TOP20 中独播剧有 13 部，较 2020 年的 35% 增长到 65%。④“剧场”成为另一个新兴赛道。爱奇艺“迷雾剧场”和“恋恋剧场”、优酷的“宠爱剧场”、芒果 TV 的“季风剧场”占据本平台剧集

① 数据来源：广电总局办公厅关于 2021—2023 年度全国《电视剧制作许可证（甲种）》机构情况的通告，2021 年 7 月 6 日。

② 数据来源：广电总局规划院。

③ 数据来源：广电总局监管中心，《2021 年网络视听文艺主要数据》，2022 年 1 月 20 日。

④ 数据来源：云合数据，《报告 |2021 连续剧网播表现及用户分析报告》，2022 年 1 月 4 日。

流量大头，快手“快手小剧场”、bilibili 的“轻剧场”、腾讯视频“十分剧场”等主打微短剧的剧场也渐具规模。可以预见，“剧场化”播放有望走向常态化、垂直化、品牌化，并成为各平台强化优势的发力点。

案例：芒果季风剧场创新台网互动新模式

“芒果季风剧场”是湖南卫视、芒果 TV 联手打造的台网联动周播剧场，以现实题材、年轻风格、强情节性、高话题度精品短剧为特色，采取先网后台联动播出方式。迄今已播出《我在他乡挺好的》《第十二秒》《江照黎明》等多部作品。芒果季风剧场从内容创制、制播联动、传播营销等方面对剧集制作运营进行了创新探索。

电视平台与网络平台的渠道属性在内容交融、市场竞合中呈现“双向奔赴”的态势。电视平台突出互动性、年轻态、接地气，适度体现“网感”；网络平台则推动题材向主旋律、现实题材倾斜，内涵向文化含量、思想性、艺术性靠拢。尽管如此，从剧集跨平台热度对比仍可看出，电视平台的内容更加主旋律、现实性和生活化；网络平台的内容则更具传奇性、个性化、垂直化。除《扫黑风暴》等个别剧集实现跨平台热播，大部分剧集传播呈现明显的平台差异。这其中既有观众构成、观看习惯的原因，也存在移动化、互动化等观看场景所形成的用户选择。随着平台使用差异的进一步放大，平台差异导致的内容差异也会随之增大。

四、健全精品创作的组织服务保障机制

（一）以高品质主题创作树立行业标杆

2021 年，广电总局主动出题、主抓主控一批思想性、艺术性、观赏性兼具的高品质作品。在制度层面，完善对重大现实、重大革命、重大历史电视剧相关管理；在操作层面，通过论证会、座谈会、调研等方式，开展常态化督导，确保作品在政治方向、艺术水准等方面的高完成度和精品率。

在这一工作机制推动下，《山海情》《觉醒年代》《功勋》《理想照耀中国》等大批作品压茬推出、接续热播，成为行业标杆，为今后指导文艺创作开创新路。

（二）以科学规划推动形成发展新格局

一方面，主动谋划策划，形成有机衔接重要时间节点的创作引导机制。2021 年，围绕党和国家大事要事，广电总局综合考虑主题立意、艺术创新、团队实力等因素，将一百多部主题电视剧纳入《“十四五”重点电视剧选题规划》，形成推出一批、储备一批、创作一批、谋划一批的创作生产格局。另一方面，编制《“十四五”中国电视剧发展规划》，对中长期电视剧事业产业发展进行顶层系统设计，为加快推进中国电视剧高质量发展和建设电视剧强国提供指引和方向。

（三）以抓重点环节助推创作生产

一方面，完善制度规范和标准，强化创作指导。广电总局先后出台《电视剧母版制作规范》《网络短视频内容审核标准细则》，并就加强电视剧片酬管理和净化电视剧行业生态提出指导意见，进一步完善创作生产规范。另一方面，在题材备案立项阶段严把选题的政治方向、价值导向、审美取向，抵制不良创作倾向，鼓励 40 集以下的剧集创作。2021 年，共有 498 部 16485 集电视剧通过备案公示，同比减少 25.67% 和 29.91%，部均集数从 35 集减少到 33 集；共有 199 部重点网络剧取得上线备案号，同比减少 5.69%，近八成为 24 集以下短剧。[①] 此外，在播出环节，加强题材调控、内容把关，持续加强对“注水”问题、广告过度植入、跟风创作等问题的整治，将管理重点落实落细。

2021 年，剧集行业稳中求进，写下浓墨重彩的一笔，高质量发展取得明显成效，长期向好的创作新格局不断夯实，创新创造的力量澎湃涌动。与此同时，剧集创作生产供需矛盾依然存在，精品化、多样化程度还需提

① 数据来源：广电总局网络视听节目管理司。

升，历史剧等题材富矿有待深挖广掘，市场体系有待完善，行业治理有待深入。雄关漫道、山高路长。剧集行业必须遵循“找准选题、讲好故事、拍出精品”的要求，深入生活，扎根人民，讴歌新时代，抒写新征程，在守正创新中奔向繁荣发展的新高峰。

（执笔人：董潇潇，国家广播电视总局发展研究中心）

第二节　综艺

提要：2021 年，全国卫视频道共有 221 档新开播文艺节目和 183 档常态文艺节目播出；全网共上线网络综艺节目 238 档，以及多版本节目和衍生节目 214 档，同比稳中微升。综艺创作生产摆脱“唯流量”羁绊，过度娱乐化现象得到根本扭转，内容贴近性和价值引领显著增强，节目类型垂直细分进一步深化，制播环节融合创新取得重要突破。立意与表达并重、深度与潮流兼具的优秀作品不断涌现，综艺创作生产正走向高质量发展。

2021 年，我国视听综艺深刻变革，全行业深入开展文娱综合治理专项行动，重拳整治泛娱乐化等行业痼疾，有力推动守正创新，综艺在题材立意、内容质量、形式样态上均取得重要突破，进入新的发展阶段。

一、主题节目创作实现破圈出彩

2021 年适逢建党百年，也是“十四五”的开局之年，党和国家大事要事不断。在广电总局指导下，综艺创作在献礼类节目方面深入探索，一批优秀的主旋律节目强势崛起。主题策划不断拓展深化，既有梳理“党史党建”“伟大成就”“中国梦”的系列节目，如《时间的答卷》《致敬百年风华》等；也有聚焦乡村振兴、科教强国等领域的细分节目，例如《云上的小店》《极限挑战宝藏行 三区三州公益季》等。尤其是许多台举办庆祝建党百年的大型晚会，均获得巨大成功。中央广播电视总台推出《百年礼赞——庆祝中国共产党成立100周年大型交响音诗画》《伟大征程——庆祝中国共产党成立100周年大型情景史诗》，各省级卫视立足地域特色，纷纷推出主题晚会，如北京卫视“人民的心声”“恰百年风华科技创新篇”主题，浙江卫视“百年红船扬帆远航”主题，重庆卫视“奔腾之歌重走成渝线”“永远记住你红岩英烈”主题等，形成了主题大合唱，营造出强大宣传声势。

主题节目创作手法推陈出新，多维运用真情讲述、权威解读、知识竞赛等手段，深度发掘内涵，全面宣传重大主题。如《世纪航程：中国共产党党史知识学习达人挑战赛》创新加入主管部委指导，邀请专家学者作嘉宾，探索党史的时代化大众化转化，加上场内外、大小屏联动的创新形式，实现了严肃内容的趣味表达。越来越多的节目以时代精神为魂，着力实现主题主线宣传叫好又叫座。湖南卫视《28岁的你》创新性以“革命先烈的28岁”和“当代青年的28岁”连接切入，以紧凑的叙事节奏、高浓度的情感输出、扎实的互动效果，在营造绝佳视听体验的同时，引发强烈共情共鸣，获得高收视，截至2021年7月，微博相关话题阅读量超26亿。多个案例显示，主旋律综艺整体呈现崭新面貌。

案例：总台央视《伟大征程》文艺晚会再现百年辉煌

2021年7月1日晚，由总台央视精心制作的《伟大征程——庆祝中国共产党成立100周年大型情景史诗》文艺晚会播出。演出采用超高清视音频制作技术，以多维立体、动静结合的叙事模式，结合全景式宏大构思和写意性舞台打造完美空间艺术组合。四大篇章中，《怒吼吧　黄河》《战旗美如画》《春潮澎湃》《领航》等重点节目以音乐为魂，生动展现中国共产党百年来带领中国人民进行革命、建设、改革的壮美画卷。晚会现场直播并机总收视率达7.09%，营造出极致热烈热情的庆祝氛围，成为近年来最具全方位创新水平和最具盛大场面的主题晚会。

二、文化类综艺精品矩阵基本形成

近年来，综艺管理推动创作正本清源，创作环境日益优化。文化类综艺的拓展和精品化成为这一阶段综艺创作发展的最大成果。2021 年，文化类综艺发力“垂直专精”，将创作的眼光投注到中华优秀文化传统的各个方面，突出其涵养社会主义核心价值观的功能，着力创造性转化、创新性发展，推出了一批特色浓郁、兼具知识性、历史性、导向性和审美感的节目。如《典籍里的中国》把史书典籍综艺化，以大众化方式揭示华夏精神和文明内涵；《妙墨中国心》破题书法文化，宣传极具中华艺术特色的书法艺术；浙江卫视《万里走单骑——遗产里的中国》《还有诗和远方》等充分挖掘我国丰富的文化旅游资源，让文化遗产“活起来、热起来、潮起来”。此外，还有以河南卫视“中国节日”系列为代表的节日综艺、总台的“大会”系列专题综艺、总台《故事里的中国》为代表的经典作品演艺综艺、广东卫视《国乐大典》为代表的民乐综艺、四川卫视《花开天下》为代表的国风音乐秀、浙江卫视《24 节气生活》为代表的节气综艺等。这些文化类综艺蔚为大观，制作上日益精良、内容上追求深刻、形式上注重演绎，成为近两年来文化建设引人注目的电视力量。网络平台则多维度深挖音乐、文化、影视等潮流文化内涵，在潮流文化中选取落点，拓展文化类综艺的新表达，如爱奇艺《登场了！敦煌》《登场了！洛阳》创新融合文化 IP 与城市文旅，推动开展“国风穿越节”等体验活动，构建了更活跃开放的文艺新形态。

案例：河南卫视“中国节日”系列打造文化综艺品牌

河南卫视的“中国节日”系列从 2021 年“唐宫夜宴”开始，从春节、元宵、清明、端午到七夕、中秋、重阳，贯穿了大部分传统中国节日，以精准的内容提炼、精致的技术打磨、精美的视听呈现创作出人气口碑俱佳的系列文化精品，成功实现了对传统文化的现代性演绎。其中“端午奇妙游”中更是以唯美隽永的“水下舞蹈”为表现手法，惊艳诠释了“洛神水赋”的经典审美意趣，引发了全网转发热议，成为蜚声中外的“文化爆款”。

在艺术创新上，文化类综艺的风格气质灵活多变，节目体验渐臻佳境。一是“美学化”出圈。极具中国审美特色的文化节目尤其是文化晚会越发受到观众喜爱，节目强调在叙事方式、艺术表达等方面聚焦破题，打破模块化叙事逻辑，将“串烧”式娱乐晚会变成内在统一的“文化盛宴”。二是“科技化”升级。“艺术＋视听”“国粹＋科技”成为“国潮”节目创新的突破点，VR/AR/MR、自由视角、跨时空转换等高新科技让传统文化焕发新生机。三是“品牌化”赋能。文化类综艺加大资源整合力度，正在从“文化展示”向“文化构建”迈进。文化类综艺在研发和 IP 延展环节与权威专业机构紧密合作，强化了综艺内容的知识性、权威性。如总台在打造出历时七季依然长青的成功品牌范式《中国诗词大会》之后，又邀请中国社会科学院的考古研究所、民政部的中国地名研究所共同创作《中国考古大会》《中国地名大会》等系列节目，品牌影响力与日俱增，出现了一批具有中国特色、中国风格、中国气派的原创节目，成为推动中华优秀传统文化的创造性转化、创新性发展的重要力量。

三、真人秀节目呈现新趋势

在强有力的文娱治理、观众审美需求变化和国际传播驱动等多重因素影响下，真人秀节目正在变革，其价值引导意识显著增强，扭转了过往的泛娱乐化倾向，重塑了形态和内涵。

一是真人秀节目空前地关注普通人的生活。节目选题更加大众化生活化细分化，追求“明星效应”的创作惯性消解，素人导向、星素结合的综艺节目成为创作主流。如湖南卫视的消防纪实体验节目《勇往直前的我们》、腾讯视频的《119 请回答》《是这样的，法官》等运用“纪实＋综艺”的节目形式，以普通劳动者为主角，追踪式再现生活实景，塑造青年奋斗者形象。同时，真人秀 + 公益深度融合，一些节目紧扣生态文明建设内核，进一步提升综艺节目的价值表达力。如浙江卫视《奔跑吧 · 黄河篇（第二季）》继续宣传黄河生态经济带创新发展实践，上海东方卫视《极限挑战宝藏行 · 绿水青山公益季》全方位展示生态文明建设的重要成果，这些节目有机融合趣味性与公益性，展现国家决战脱贫后的经济社会发展新面貌。

二是婚恋、职场等真人秀节目有了新变化，更加关注当下普遍的情感话题和社会现象。如芒果 TV 讲述特定情感阶段的《再见爱人》、腾讯视频的特色职场真人秀《我和我的经纪人》等作品，多角度打开观察视域，以真实感人的生活图鉴引发共情共鸣，现实感、生活感、贴近感更强。

三是真人秀进军国际市场。作为国际流行的综艺节目，真人秀的国际传播价值近年来得到发现，为真人秀创作打开了更大空间。比如，优酷携手中国舞蹈家协会街舞委员会共同打造的女子齐舞舞社真人秀节目《了不起！舞社》上线后在海外热度持续发酵，以其专业性和创新性登上国际级街舞齐舞赛事，国风内容与奋斗青年群像受到海外观众喜爱，成为 2022 年上半年海外最热的国产综艺。

四是网感越来越突出。随着年轻用户向网络迁移，面向年轻人的真人秀节目的创新大旗正从电视频道向网络平台转移，因而真人秀节目十分注重网感，在呈现和表达上有新突破。短视频平台首次以“微综艺”形态入局新赛道，如抖音纪实真人秀《很高兴认识你》以“纪实长综艺 +N 条短视频”形式播出；快手则出品了首档破壁解压脱口秀《超 Nice 大会》，以“综艺 + 短视频”打造内容新样态。未来，越来越多的综艺模式将在跨界融合中碰撞创新，综合视频平台将成为短中长视频综艺制播的主要机构与平台。

四、多元创新格局正在展现

2021 年，综艺节目通过创新摆脱传统窠臼的意愿强烈，在内容取向和表达选择上展现多向度创新趋势。

（一）音乐综艺进入建构式创新阶段

音乐综艺是综艺节目的起始，也是综艺节目的主流，然而近年来创新钝化，市场热度下降，热点不断转换。2021 年以来，关注民族音乐和流行音乐、音乐剧的综艺增多，进入 2022 年，《闪光的乐队》《春天花会开》《爱乐之都》《天赐的声音（第三季）》《为歌而赞》先后推出，纷纷展开具有文化感的音乐叙事。音综市场呈现出新的发展局面，这是文娱综合治理行动的重要成果。从中也可看出音乐综艺当下创新的焦点在于建构。比如湖南卫视的《春天花会开》，选择以经典民歌的新编和原创民歌的展演为年轻观众构建学习民歌知识、领略民歌美感的媒介，展现民歌的“双创”之美，绽放超越时代和代际的民族音乐之花。通过跨界融合、重新演绎，形成一首首新的作品，现场评点弱化竞技，强调学习与提升，提供建设性的专业建议，着力推动民歌的新发展。下一阶段，音乐综艺将进一步脱离娱乐化，走向建设和发展，强化正能量供给。

（二）创作资源整合催生大制作

2021 年，综艺创作在新媒介新平台探索上找到新需求新方向，跨界联动不断深化。当前，电视和网生综艺在整体设计上越发趋同，传统媒体和新媒体的区隔打开，“大小”联动、“长短”互通成为新的突破点。

一是跨屏联动。电视台积极发力小屏研发圈层化综艺，探索与网络平台的合作新路径。河南卫视的“中国节日”系列综艺就有包括优酷在内的多方参与。创新综艺《舞千年》由 bilibili 定制剧本创作和演艺统筹、河南卫视提供优质舞团舞者资源、幻维数码负责影视导演和项目执行，强强联合打造了精品内容新样本。

二是资源整合。综艺创作以电视台为核心，聚合了包括各类歌舞、杂技、音乐院团和专业院校、科研机构等各方专业资源，冲破了台内人才与资源局限，形成了综艺资源大整合态势，为综艺节目强化创新，增强专业性、打造大制作提供了条件。

（三）科技融合助推业态新升级

综艺节目正积极推动运用大数据、人工智能等技术，深耕内容制作，走上深度融合之路。2021 年，“Z 世代”成为文化新生力量，“元宇宙”、XR（扩展现实）等与视听领域联系紧密的技术运用渐次进入综艺。

内容上，“原创 + 文化 + 科技”成为综艺创作风向标，科教益智类节目持续性大量涌现。《我是未来》《机智过人》《加油，向未来》等作品涵盖机器人格斗、生活科普、科学实验等方面，综艺成为传递科学知识、传达科学精神、传扬科学风尚的新媒介。

形态上，新技术力量已全流程参与内容创作，融合程度更加精深，既实现精彩编排和酷炫舞台效果，又推动业态全面升维。江苏卫视 2022 跨年晚会上，歌手周深与利用虚拟技术“复活”的歌手邓丽君同台献唱怀旧金曲，XR 技术实现的多时空联接极具沉浸感。前沿技术将进一步促进综艺创作理念的嬗变，推动综艺制播达到前所未有的高度。

案例:《2060》开创综艺的未来化进程

江苏卫视推出首部未来感综艺《2060》，以 26 组制作人及其 V-life（虚拟生命）作品的多轮不同形式的舞台竞演，以梦幻般的舞台背景、取材自传统文化的服装道具，把“未来”拉到当下，见证了备受中国观众喜爱的虚拟动漫形象的诞生，通过大胆尝试体现了制播理念的颠覆性变革。节目展现的虚拟形象目前已形成自有 IP，受到广大年轻观众的关注和喜爱。

五、综艺创新发展存在问题与对策思考

2021 年，文娱治理有力打破综艺制播的舒适区，综艺踏上了高强度的变革之路，进行了大量的转型摸索，整体发展势头良好。当前，综艺制播进入精品化发展深水区，也面临诸多难题。从内容上看，目前大量节目显露疲态，创新可持续性亟待增强，原创独立综艺关注度低、难出爆款，“综

N代”面临审美疲劳、后继乏力的困境。从形态上看，台网综艺特色结构尚未形成，依然存在定位模糊、优势难显、动能不足的尴尬。文化类综艺需要深化创新，加快向创造性转化、创新性发展升级，从“文化展示”走向“文化建设”，全品类综艺在宏观布局上还要拓展发力空间。从品质上看，综艺市场的“泛娱乐化”和“唯流量”倾向余毒尚存，尤其是网络综艺品质依然良莠不齐。

下一阶段，综艺发展要从以下几方面进一步发力。一是进一步推进守正创新。增强“四个意识”，坚定“四个自信”，加强融合创新，做强价值引领，在润物无声中传递主流理念。二是深层次优化创作策略。深挖各类题材和新兴技术的价值空间，加快提质升级，在转型突围中供给更为积极鲜活的内容价值。三是在变化中找准定位。平台特色内容开发要聚焦业务线，在良性竞争中形成独特优势。题材上避免同类节目扎堆，形式上重点开辟特色节目类型，既积极打造头部爆款综艺，又做好腰部化分众内容建设，打造好垂直化、常青化的可持续精品内容。四是持续落实行业综合治理要求。坚持网上网下统一导向，加强网络综艺节目靶向管理，大力抵制跟风扎堆、追星炒星、过度娱乐化等不良倾向；推动相关机构全面履行主体责任，探索自我监管模式，在紧密合作中寻求良性沟通，落实和创新版权共享，探索既能维持行业平稳运行，又能释放改革活力的路子。

综艺创制细分化、原创化、精品化已然成为行业共识。未来，综艺创作将以更多高质量精品回馈观众，更好满足新时代人民群众美好生活需求。

（执笔人：吉　京，国家广播电视总局发展研究中心）

第三节　纪录片

提要：2021 年，纪录片行业呈现前所未有的全面繁荣景象，重点领域创作实现新突破。这一年，各级广播电视台围绕主题主线，充分发挥纪录片创作播出的主力军作用，国产纪录片产能空前释放。全国卫视频道共开设 124 档纪录片栏目，播出纪录片 1034 部，累计播出纪录片 116181 集；网络纪录片的创作亦有大幅提升，全年上线数量达 377 部。全国制作纪录片 8.87 万小时，同比增长 1.95%；播出时间 74.07 万小时，同比增长 19.28%。纪录片为人民立传，为时代留影，迎来了发展的黄金期。

2021 年，全国广电行业扎实推进“记录新时代”纪录片创作传播工程，纪录片规划引导、创作扶持、展播宣介、推优表彰等机制更加完善，一批精品纪录片先后涌现，重大题材创作取得重大突破，成为近年来纪录片繁荣发展的登高之年。2019 年至 2021 年，全国制作纪录片时间从 8.45 万小时增加到 8.87 万小时；全国播出纪录片时间从 50.19 万小时增加到 74.07 万小时，增长 23.8%；网络纪录片全年上线数从 150 部增长到 377 部，增长 151%。2021 年，海外传播纪录片 14 部。中国纪录片迈入全面发展阶段。

一、庆祝建党百年主题纪录片创作成果丰硕

2021 年是纪录片创作大年，显著表现是聚焦庆祝建党百年主题，涌现

出一批内容丰富、形式多样、类型多元、品质优良的系列作品，点亮了主题影视文艺的壮丽天幕。

纪录片《敢教日月换新天》《山河岁月》《美术经典中的党史》《诞生地》《红船领航》《播“火”马克思主义在中国的早期传播》《为了和平》《英雄儿女》《不朽的丰碑》《英雄》等成为红色文化传播的经典之作。《诞生地》依托散布于上海各地的红色纪念地，串联起中国党史上具有开创性、影响深远的大事件，回答了“中国共产党为什么诞生在上海”；《人民的选择》深挖历史细节，有力地揭示出党和人民的密切联系与深厚情感等。这些纪录片将丰富的历史资料与新颖的视听技术手段相结合，不断拓展党史故事的叙事空间和创新表达，营造出全新的视听体验，将讲述的重点聚焦到百年初心不变、矢志不移的中国共产党人的故事。

案例:《敢教日月换新天》书写党的百年影像大传

《敢教日月换新天》由中共中央宣传部、国家广播电视总局、中央广播电视总台等八家单位共同摄制，全片 24 集，分革命、建设、改革、新时代四个时期，呈现党的百年奋斗史，阐述伟大建党精神。“政论情怀、故事表达”，既有宏大的历史视野，又有生动的感人细节，重点讲解 142 个精彩故事，有人物、有情感、有温度、有情怀。众多历史当事人倾情口述，一些珍贵影像首次公布。截至 2021 年 7 月，该片电视端累计观众触达 13.36 亿次，微博话题阅读量超 24.14 亿，22 次登上微博热搜榜，过亿的微博话题共 7 个，翻译成 44 种语言对外传播，实现了破圈层传播。

除了全景呈现百年历史进程，纪录片还纵向延伸探索出了更为多样的题材，立体展现党的百年精神谱系。如系统回顾中国共产党人在延安的革命历史的《我们，从延安走来》，深入解读阐释了延安精神；集中反映东北抗联主要领导人英雄事迹的《白山黑水铸英魂》，传承和弘扬了东北抗联精神。还有百集纪录片《青春之我》，记录 100 名不到 35 岁的青年党员原生态言行的真情流露，昭示了中国共产党后继有人、兴旺发达的美好前景。各省级卫视充分结合地域特色，深掘党史故事。《八月桂花遍地改开》群像式展现了大别山辉煌的革命历史；《山歌好比春江水》用民歌的形式记录了百年来广西各族人民在党的领导下共建美好家园的故事。这些纪录片为党史学习教育提供了生动的可视化素材。

二、真实记录伟大时代的行进步伐

脱贫攻坚是人类历史上的伟大成就。2021 年，纪录片创作拥抱脱贫攻坚，真实记录伟大时代的身影，涌现出一大批精品。《摆脱贫困》《人民的小康》分别展现乡村告别贫困和全面建成小康社会的伟大历程和辉煌成就；《脱贫大决战——我们的故事》通过平凡人身上的鲜活故事，凝练生动诠释国家扶贫开发实践；《闽宁纪事》聚焦宁夏闽宁镇的扶贫历程；《攻坚日记》持续记录乡村振兴建设的过程；《跑好最后一公里》则深度记录脱贫攻坚“最后一公里”的鲜活案例；《西藏，我们的故事》讲述了世界屋脊上“一跃跨千年”壮丽巨变。还有《落地生根》《同饮一江水》《中国村庄》《激越怒江》《苗寨八年》《中国喜事》等，真实记录脱贫攻坚的动人故事，生动展现祖国脱贫攻坚的成果，以这些作品为代表的脱贫攻坚纪录片集群将纪录片记录新时代推向高潮。

新冠疫情改变了世界，疫情防控展现了中国经济社会强大的韧性和显著的制度优越性，这一事件对纪录片创作发出了呼唤。《一级响应》将深度的人文观察与浓厚的家国情怀有机结合，真实还原武汉这座英雄城市抗击疫情的日日夜夜；《对决新冠病毒》以新冠病毒疫苗为切入点，展示中国举国体制的优势、强大的综合国力和构建人类命运共同体的大国担当；《一起走过》《2020，不可忘却的春季》以海量新闻素材为基础，全景式、多角度实录中国新冠肺炎疫情防控阻击战；《又见南山》从侧面讲述钟南山院士的故事，给全球观众带来战胜“新冠”疫情的力量和信心。以此为代表的战“疫”纪录片同步记录时代，塑造了新时代中国人民敢于斗争敢于胜利的坚定决心和团结奋进的精神力量。

北京冬奥运会和冬残奥会激发了纪录片创作的巨大热情，也有力推动了中国体育题材纪录片的跨越。《冰雪之巅（第二季）》讲述了国家专业运动员、冰雪运动爱好者等挑战冰雪极限的勇者故事，使观众更加了解冰雪运动和冰雪人追寻梦想的价值追求；《智慧冬奥》通过讲述科技与冬奥的人物故事，记录了2022年冬奥会在安全、数字、智能、绿色等领域所展现的中国创新；《筑梦冰雪》以主人公第一人称方式，关注赛事背后鲜为人知、为梦助力的小人物追梦故事；《中国冰雪道路（出发篇）》《我为冬奥制战衣》《燃情冰雪》《零度之下》《大约在冬季》《冰雪中国》等，为观众们深入了解冬奥会、走近冬奥会打开窗口。冬奥题材纪录片创作成果丰硕，在奥运会纪录片创作史上书写了中国纪录片人的贡献。重大的事件和进步是时代的足音，而纪录片把这些足音收录起来成为历史的节点。

三、社会现实类纪录片更加注重为人民立传

2021年，现实题材纪录片创作取得新进步，通过对人的塑造、事的关注，记录普通人的奋斗与成长，推出了一批优秀作品。如展现特战女兵训练生活的《我是猎鹰特战女兵》；表现驻守西藏边境一线民警工作生活的《雪域戍边人》；讲述当下基层年轻党员胸怀理想、努力奋斗，在新时代书写青春的故事的《风华正茂百年青》；从十个普通家庭一年的生活影像切入，见证新时代黄河两岸巨大发展变化的《黄河人家》；讲述生活在乌苏里沿岸的赫哲族人们，在脱贫奔小康过程中发生的动人故事的《希望的田野之乌苏里新歌》等。这些纪录片用镜头关照现实，将目光投注到普通人的日常和情感，使创作更具生活温度和时代气息，成为新时代普罗大众的时代相册。

在下沉式创作中，纪录片强化纪实风格，跟踪记录劳动者的故事，进一步推动了纪实模式的突破。如《流动的中国》展现社会发展过程中人口迁徙与追梦故事；《书店与菜市场》透过书店和菜市场这两个城市空间反映

城市百姓生活百态；《向幸福出发》关注新疆普通人劳动就业故事。这都是纪录片创作的丰硕成果和发展进步，彰显出为人民立传的创作追求。还有追踪奋斗者 24 小时的生活状态、记录人生百态的《面孔 · 24 小时》；历经十八个月打造的《火线救援》，贴身跟踪 24 小时，拍摄消防队员与烈火、与时间战斗的救援时刻，进一步拓展了纪录片创作的新空间。

四、人文历史类和自然科学类纪录片佳作迭出

纪录片增进人们的时空认知，深化对人文历史和自然科学的认识，增进社会教育，提升人文素养。2021 年纪录片创作在人文历史类和自然科学类方面取得明显进步。

历史文化类纪录片创新表达方式，《书简阅中国》《曹雪芹与红楼梦》《百年巨匠 · 建筑篇》《李白》等探寻历史文脉，弘扬中华优秀传统文化，坚定新时代文化自觉和文化自信。《紫禁城》站在大历史的视角，透过紫禁城 600 年来认识世界，也让世界从紫禁城中读懂中国；《中国（第二季）》以全新的表达方式讲述中国的人文思想传统，透视中华人文历史的纵截面；《岳麓书院》以岳麓书院为线索讲述中国历史，场景化的再现中国历史上主流思想文化的演进；《王阳明》以时空穿越的方式，探寻王阳明的传奇人生经历，阐释阳明心学的思想精髓。中国丰富多样的地域文化也为人文历史类纪录片的创作提供了丰富的素材，《松花江》着力生态美学与人文关怀相结合，塑造出一个具有鲜明东北乡土特色的影像空间；《大河之北》全方位多角度阐释河北由来、地理地貌、发展变迁等内容；《广府春秋 · 第五季 · 红棉花开》以个体生命体验为主要叙事轨迹，将广府历史风云及其背后的精神内涵娓娓道来；《中国杂技 · 吴桥》全方位呈现了吴桥杂技和吴桥杂技艺人自身的魅力及其在国内外杂技界的地位和影响。还有《发掘记》《祁连大墓》《寻找霸陵》《黄河石城》等以考古为主要线索的纪录片，打开遗址挖掘的神秘面纱，创造了此类纪录片的新成果；《人类的记忆——中国的世界遗产》《大足石刻：石头上的世界》等，依托文献研究与实地考据，

揭秘世界文化遗产的魅力。

自然科学类纪录片贯穿生态理念，在题材、技术和艺术方面均实现突破。《青海·我们的国家公园》以极具视觉冲击的画面立体展现了青海山河之美、生态之美及人与自然和谐共生的美丽画卷，生动阐释习近平生态文明思想在青海落地生根开花结果；《生命之歌》结合 COP15 主题，展示云南作为地球生物多样性窗口的生态系统多样性、物种多样性、遗传多样性和文化多样性，让大自然讲述中国生物多样性保护的云南实践。《雪豹的冰封王国》以拟人化叙事的方式展现中国冬日的灿烂美丽与文化品格；《鹭世界》运用杜比全景声等三维环绕声技术，呈现出近似“自然声”的效果；《自然的力量·大地生灵》用动力三角翼长距离跟随大雁迁徙，真实地记录下它们最隐秘的生活和最生动的瞬间。以此为代表的自然类纪录片展示生态的奥秘和魅力，生动记录我国深入推进生态文明建设取得的显著成就，传递人与自然和谐共处的价值观念，彰显“共建地球生命共同体”的中国信念。

五、国际合拍纪录片新局渐成

中国故事的纪录片吸引了国际纪录片人的创作热情，国际合拍纪录片高潮再起，国际叙事范式的引入，推动了人类命运共同体主题的国际化表达。2021 年 8 月，中宣部、广电总局发布《关于实施中国纪录片对外传播推优扶持项目的通知》，进一步支持对外传播类纪录片的创作。一方面鼓励以融通中外的表达方式解读新时代中国发展，诠释中国价值，传播中华文化，增进国外受众对中国发展道路、中华文明底蕴的认知和理解。另一方面，支持、鼓励国产纪录片积极探索和国际性媒体、区域性重点媒体、对象国主要媒体以及国际型流媒体平台、国外主流媒体的网络平台等开展多样化合作，制作更宜国际传播的纪录片。

在政策鼓励下，一批国际合拍片应运而生。比如《活力密码》以国际叙事语态全景展现中国共产党筚路蓝缕、矢志不渝的奋斗历程；《行进中的中国》关注当代中国在发展过程中如何应对各种难题和考验；《远方未远——一带一路上的华侨华人》从海外中国人的角度去记录“一带一路”在延伸发展中与各国人民间的血脉联系，解析这些国家对“命运共同体”的理解等。这类纪录片国际合拍成果，拓展了国际合拍的空间，也拓宽了国际传播的路径。

2021 年国际合拍进一步突出国际的视角。《在中国寻找答案》通过外籍主持人托马斯在中国“走南闯北”，从中国发展实践中为人类社会发展所面临的共同问题探寻中国答案；《米尔斯探秘生态中国》通过主持人米尔斯对秘境探寻，呈现出绿色发展理念下的中国自然生态之美；《外国作家笔下的百年成都》以外国文学作品中的成都形象为切入点进行阐释；《百年大党——老外讲故事·上海解放特辑》以在上海长居的西方人视角，讲述中国共产党接管上海、管理上海的历史故事。这类纪录片在推进国际传播方面积累了宝贵经验。

案例：《柴米油盐之上》，平凡故事润物无声表达中国智慧

由中国外文局中国报道社解读中国工作室联合腾讯视频、福建省广播影视集团、深圳市委宣传部共同出品的纪录片《柴米油盐之上》，以中国的飞速发展为大背景，讲述了普通人逐梦小康的故事。两届奥斯卡奖获得者、英国导演柯文思选择将镜头对准平凡人物，情节层层递进、情感步步渲染，个人故事投射出的是国家和时代的维度，个体命运与家国发展同频、个人奋斗与家国进步同步、个人向往与家国梦想同向。同时，也让观众从中直观地看到中国人民对美好生活的向往和不懈追求，润物无声地感受到中国共产党和中国政府对全面建成小康社会庄严承诺的践行。

六、网络纪录片和微纪录片获得新发展

2021 年，网络纪录片全年上线数为 377 部，比 2020 年的 259 部、

2019年的150部都有显著上升。头部网络平台已成为纪录片创作传播的重要主体，网络纪录片重点聚焦庆祝中国共产党成立100周年重大主题，主题主线创作更加突出。精准把握时代热点，围绕脱贫攻坚、全面建成小康社会、抗击新冠肺炎疫情等主线，讲好当代中国各项事业蓬勃发展，广大人民追梦逐梦圆梦故事，题材更加丰富，内容质量持续提升。

围绕庆祝建党百年，《百炼成钢：中国共产党的100年》《百年党史潮青年》《红色齐鲁·百年记忆》《跨越时代的旋律》《党的女儿》等深挖红色资源，全方位、多角度反映百年大党的光辉历程和伟大成就，充分发挥了网络视听在党史宣传中的重要作用。很多主题主线纪录片，也自觉化整为零，在原片基础上重新结构、剪辑，提炼出长短不同的版本在短视频平台播出。单集片长30分钟的《敢教日月换新天》推出百集口述体短片与24集正片形成呼应；8分钟系列短纪录片《百炼成钢：中国共产党的100年》则精简了时长30秒到1分钟的更微型化的短视频片段；每集50分钟的系列长纪录片《远方未远——一带一路上的华侨华人》则根据国内外的传播需要解构出5分钟短纪录片和1分30秒的微纪录片版。这些纪录片从长到短，再到微，形成互为补充、互相引流的组合式产品，从而打通大屏小屏，贯通线上线下。

案例：《百炼成钢：中国共产党的100年》开拓重大题材文献纪录片年轻化传播的新路径

由国家广播电视总局联合中央党史和文献研究院、中共江苏省委共同策划推出的百集微纪录片《百炼成钢：中国共产党的100年》，采用微纪录片形式对百年党史进行影像化记录，共100集，每集8分钟，小篇幅讲大历史，小切口折射大主题，是互联网时代用年轻化手段传播重大题材的一次创新实践。从叙事方式和审美体验，到播出平台和传播手段，该片的实践在观念上都有一个共同指向：既凸显主流价值观、弘扬主旋律，同时又符合年轻观众的观看需求。党史纪录片不能仅仅封存于档案馆，必须实现从传统媒体到新媒体平台的阵地转移，让历史与观众在“云端”相逢。

聚焦全面建成小康社会伟大实践，《中国减贫：史无前例的人类奇迹》《走近大凉山》《奋斗的力量》《小康博物馆》《中国减贫密码》等纪录片全面回顾脱贫攻坚壮阔历程和鲜活故事，并将视野拓展至国内外扶贫规律与经验案例，向世界分享“中国经验”，贡献“中国智慧”。面对肆虐全球的新冠肺炎疫情，抗疫题材的网络纪录片《一日冬春》《战疫启示录》等从不同切面真实、生动地记录了全民战“疫”的历程。

在主题主线纪录片亮点频出的同时，网络纪录片创作的题材内容也日益丰富。各大网络平台在纪录片创作上各有特色，引领创作多元创新。一些短视频平台纷纷涉足纪录片，这些平台在资金、技术、人才、传播、合作、商业等方面的新鲜活力，推动微纪录片异军突起。以《风味人间》为代表的饮食文化纪录片全景式呈现人与食物、人与人、人与世界的关系，带领观众领略中华饮食文化的风采。《早餐中国》《向着宵夜的方向》则关注中国人的情感和美食文化，《人生一串（第二季）》记录寻常百姓的市井味儿，《江湖菜馆（第二季）》《乡野下饭》或探求风土人情、或执着于村落原生态，《来宵夜吧》则用口述实录构建了人情化表达，《去你家吃饭好吗》创新内容与形式，更加契合年轻观众的心理。还有以全球视野展示敦煌文明的历史题材网络纪录片《敦煌：生而传奇》，以“00后”成长故事对当代青少年教育进行探讨的《小小少年》，展现新兵入伍后历练过程的《新兵请入列》，通过骑行家彼得·克罗斯比用旅行描绘中国变化轨迹的《骑行中国》等，不断拓展网络纪录片的选题领域，更好地满足了人民群众观看纪录片作品的文化需求。

一些平台还探索纪录片运作的新模式，比如“纪实＋文物”“纪实＋真人秀”“纪实＋音乐”“纪实＋剧情”等。有的从新的角度尝试主题主线创作，比如《我的时代和我（第二季）》延续第一季“人物特稿式”的拍摄理念，讲述9位在不同行业、不同领域奋斗的杰出华人的故事，零距离地展示了每个人在时代大潮中的选择与坚持、成长与蜕变，多维度诠释了时代精神和个人价值。

2021 年，中国纪录片创作跨上新台阶，但短板犹存。在全面繁荣的同时，精品创作依然不足；社会正在发生深刻变迁，纪录片创作在深入生活、扎根人民方面还有差距；重大主题创作如何连接普通观众的需求和国际传播要求，特别是如何实现年轻化表达有待进一步探索；创作生产的社会效益经济效益相统一和可持续发展的机制有待完善。全媒体时代给纪录片创作带来机遇，纪录片创作要更好地记录新时代，满足新需求，以更大的国际视野，制作出更多无愧于时代的经典之作。

（执笔人：赵　捷，国家广播电视总局发展研究中心）

第四节 动画片

提要： 动画片包括电视动画片和网络动画片①，2021 年，动画片发展持续总体稳步向好，创作水平、品质内涵进一步提升，中国动画片创作正踏上从规模数量增长为主，到质量水平提升为主的转型发展之路。

过去一年，在政策的积极引导和支持带动下，动画发展持续向好。在内容创作上，国产动画紧紧围绕主题主线，内容品类更加细分，视觉体验更加丰富，精品制作再上台阶。与此同时，传播效能不断提升，产业模式日益健全。

一、大力实施精品工程，营造良好创作环境

（一）强化规划引导，鼓励围绕主题主线开展创作

一是进一步开展“理想照耀中国——第四届社会主义核心价值观动画短片扶持创作活动”，引导青年动画人才在学习和创作实践中贯穿结合融入社会主义核心价值观，推动建党百年、疫情防控、脱贫攻坚、乡村振兴、

① 网络动画片，是由制作机构作为“重点网络动画片”备案，成片经广播电视主管部门内容把关并按要求报送相关信息，以及由制作机构制作，首先在视频网站上线播出，并由播出平台对节目内容履行审核及备案责任，对虚拟场景、角色等进行艺术加工和技术处理的剧情类作品。互联网上传播的、取得《国产电视动画片发行许可证》的电视动画片作品，不纳入本文所称的“网络动画片”。

文化遗产保护等主题成为动画短片创作主流，不断推出主题鲜明、内涵丰富、创意新颖、制作精良的优秀动画作品。

二是进一步实施“中国经典民间故事动漫创作工程”，征集中华经典民间故事动画片创意与原创剧本，引导中国经典民间故事主题动画片创作传播，打造广受观众认可、具有较大影响力的优秀作品，推动中华优秀传统文化创造性转化、创新性发展。

（二）加大评优推优力度，发挥优秀作品示范引导作用

一是进一步开展优秀国产电视动画片季度推优，入选作品在全国各级电视台特别是上星综合频道、动画少儿频道、地面少儿频道予以优先安排播出。2021 年度共有《下姜村的绿水青山梦》《林海雪原》《翻开这一页（第四季）》《梦娃（第三季）》《小凉帽之白豚湾奇遇记》《锡兰王子东行记》等 39 部优秀电视动画片获广电总局季度推荐播出。在季度推优工作的基础上，广电总局开展优秀国产电视动画片及创作人才扶持项目推荐评选工作，包括 20 部优秀国产电视动画片、3 名优秀创作人才、3 个优秀制作播出机构、3 部优秀国际传播作品。其中，优秀国产电视动画片由四个季度推优作品中评选产生，体现国产动画的较高水准和最新成果。

二是进一步开展网络视听作品季度推优，每季度评选的作品通过重点平台进行经验推介，全年共有《我的祖国》《广西文博故事大会》《李林克的小馆》等 7 部网络动画片获评。此外，广电总局深入实施“网络视听节目精品创作传播工程”“弘扬社会主义核心价值观 共筑中国梦”主题原创网络视听节目征集推选和展播等活动，对包括网络动画片等在内的网络视听作品进行推荐展播、跟踪指导。

二、内容创作量稳质优，精品佳作不断涌现

（一）生产规模保持稳定，题材类型丰富多元

2021 年全国制作发行电视动画片 332 部、7.99 万分钟，与 2020 年相比整体数量保持稳定。网络动画片方面，广电总局监管中心数据显示，全

网共上线网络动画片359部、总时长76100分钟，与2020年相比总部数下降9%，总时长增长15%。其中，普通网络动画片[①]188部、总时长38073分钟，总部数和总时长同比分别增长6%、4%。网络动画片在规模匀速增长的基础上，影响不断扩大。[②]

在生产规模稳定的同时，动画片在各品类赛道上持续发力。电视动画片中，探索类作品如《旗旗号巡洋舰（第二季）》融入有趣的奇遇故事，让动画更具看点；科普益智类作品寓教于乐效果显著，如《阿U学科学（第三季）》取材于与日常生活息息相关的中国古代科技发明，用轻松的方式传授知识；亲子生活类作品如《棉花糖和云朵妈妈·快乐生活》洋溢着温馨轻松的家庭氛围。网络动画片在满足不同用户需求的基础上，深耕年轻受众喜爱的武侠、美食、科幻等领域，同时在描绘日常生活和个体命运中展现当代青年的精神世界，如《我是大神仙 铸灵篇》围绕主角的梦想和成长展开，将动画角色建模为更成熟写实的风格，贴合故事的整体走向和角色成长。

（二）主题主线创作重点突出，创作格局进一步拓展

2021年，重大主题主线动画片创作突出，围绕建党百年、疫情防控、脱贫攻坚、北京冬奥会等重大事件和时代主题，涌现出用动画语言讲述国家发展进步的精品故事。《翻开这一页（第四季）》《林海雪原》《百岁少年请回答》《南湖少年》《焦裕禄》《血与火：新中国是这样炼成的》《那年那兔那些事儿 党史课》等动画片聚焦党史，引导童心向党；《下姜村的绿水青山梦》《幸福路上》《石山石娃石猴子》《大王日记》等生动反映脱贫攻坚伟大成就；《冰雪冬奥村》《冰雪之约》《冰球旋风》《毛毛镇之冰雪加油队》等冬奥主题动画片萌趣展现冰雪运动魅力，弘扬奥运精神。在传播效

① 按照节目制作方式，遵循行业惯例，本文将网络动画片分为普通网络动画片、动态漫画（在漫画的基础上进行艺术加工，加入动作、声音等视听元素，在视觉效果上呈现简单动态效果和镜头运动的作品）两类，本文主要针对普通网络动画片展开研究。

② 数据来源：广电总局监管中心多渠道统计整理所得，数据统计周期为2021年1月1日至2021年12月31日。

果上，主旋律动画影响力显著提升，中国视听大数据统计显示，《林海雪原》在 CCTV-1 播出时每集平均到达率 0.699%；《幸福路上》在 15 个频道播出，在东方卫视每集平均忠实度达 93.84%。

案例：《下姜村的绿水青山梦》

杭州市下姜村是习近平总书记在任浙江省委书记期间的基层联系点。该动画共 7 集，取材真实事件，用每集 15 分钟动画片的形式，讲述了下姜村在习近平总书记的帮扶下，从收入低、环境差、交通难的贫困村，发展成绿水青山、生活幸福的“网红村”的历程。该片构思新颖、制作精良，讲活了下姜村的脱贫故事，用动画展现了习近平生态文明思想的鲜活实践。

（三）传统文化题材表现亮眼，国风美学风格突出

2021 年，在国家“中国经典民间故事动漫创作工程”的推动下，一批具有中国风格、时代特点的精品动画片热播荧屏。多部动画作品从中国神话故事、英雄传说、民间文学、民俗传统、人文历史中广泛取材，深入挖掘诠释中华传统文化的思想内涵及现实意义，如《锡兰王子东行记》聚焦“海上丝绸之路”，展现了惊艳隽永的中华文化魅力。在表达方法上，国风动画将东方美学元素融入人物造型、场景设计、背景音乐等多方面，如网络动画片《故宫里的大怪兽之洞光宝石的秘密》对故宫多处景观进行还原，同时塑造了獬豸、吻兽等形形色色的怪兽形象，用活泼生动的形式向孩子们传播优秀传统文化。

（四）广泛应用新技术新手法，动画制作水平明显提升

随着移动智能设备的普及和技术实现手段的不断进步，动画制作机构大力探索动画内容的全新呈现形式，表现形式美轮美奂。一方面，3D 动画片发展迅速，2021 年网络动画片中，3D 动画片占全年上线总数的 41%，与上年提升 14%。3D 技术应用中，“3D 渲染 2D 技术”（用三维制作方式还原二维绘画的视觉效果）制作手法在动画制作中越来越多。网络动画片

《枕刀歌》是该技术创新的代表之作，其动画打戏部分以3D形式展现，保证了镜头的真实效果和动作流畅度，还原武侠江湖的刀光剑影；在意境的部分则以2D形式呈现，让情感更具爆发力和感染力，为用户提供沉浸式观感。另一方面，动画制作通过AI等前沿技术实现计算机自动生成动画及动画角色交互，通过XR（扩展现实）等技术让优秀的动画故事拥有更多表现形式。

三、创新传播手段，持续提升传播效能

（一）传播主体多元，头部视频平台引领作用显著

在动画作品的播出环节，既有播出时长占比较大的总台央视少儿、北京卡酷少儿、湖南金鹰卡通、广东嘉佳卡通、上海炫动卡通、江苏优漫卡通等上星动画少儿频道，也有众多其他卫视频道，还有包括爱奇艺、优酷、腾讯视频、芒果TV、抖音、快手等在内的长短视频平台。

在国产原创动画的创制和传播中，头部视频平台扮演着越来越重要的角色。各平台在动画片的立项、制作等环节深度参与，建立了多元化动漫内容平台矩阵，加大对动画、漫画等内容生产机构的扶持，还在持续探索工作室形式，聚集制作人员，孵化、打造重点作品。2021年上线的网络动画片中，头部平台自制、参与出品的作品达116部，比上年增加51部，占全年网络动画片上线总量的62%。

（二）发力IP运营，国产动画品牌传播能力增强

动画片加大力度开发续集作品，选择首季或前几季质量较高、反响较好的作品制作播出，如《23号牛乃唐（第二季）》《新大头儿子和小头爸爸——智能小当家》《皮皮鲁安全特工队（第三季）》《舒克贝塔（第三季）》《小凉帽之白豚湾奇遇记》等。网络动画片2021年上线的续集作品68部，占全年上线作品的36%，比上年增加18%。同时，动画片还以IP为核心进行创新延伸，一是创作多个番外篇或特别版本，如《梦幻书院之呼吸健康科普》为原IP的番外篇，《长剑风云 粤语版》等为同一IP的方言配音

版节目，持续产出大量衍生作品与多版本节目。二是动画IP基于内容再创造的跨媒介衍生是其主要变现方式，动画大电影是主流方向，儿童舞台剧、付费音频则是主要新兴趋势。三是以动画IP为原型进行周边产品开发，如玩具、出版物、手游、音像制品等，有效推动原创动画品牌在全国范围内的授权发行。总台央视动画面向国内观众主推“大头”品牌，不仅有《大头儿子和小头爸爸》《棉花糖和云朵妈妈》等热播国产动画片，还与中国木偶剧院合作开发动漫舞台剧等衍生动画产品。

（三）大小屏跨屏互动，竖屏动画开辟融合传播新路径

短视频平台的动画进一步活跃，动画作品通过短视频的形式实现大小屏互动、融合，进一步提升了传播力、影响力，如网络动画片《血与火：新中国是这样炼成的》充分发挥小体量、碎片化传播的优势，在西瓜视频、抖音、快手等短视频平台进行推广，截至2021年12月，全网累计播放量超过10亿，相关微博话题阅读量突破4.1亿。

案例：党史题材系列微动画片《血与火：新中国是这样炼成的》

该片由浙江出版联合集团、人民网联合出品，在人民网、bilibili上线，并通过西瓜视频、抖音、快手等平台“人民网”账号传播。该片每集时长3分钟左右，以年轻观众喜闻乐见的微动画片形式，还原中国共产党成立到新中国成立28年间的代表性历史事件，为广大观众提供了一份生动鲜活的党史学习教材。

此外，2021年，一些动画制作机构和优酷、腾讯视频、芒果TV等长视频平台也在推出针对竖屏动画的各具特色的合作模式和扶持计划。相对于普通动画片，竖屏动画的篇幅相对较短，每集时长在3分钟左右，借助画面信息、画面剪辑以及配乐等各种手段，能够在极短的时间内深层次打动观众。按照动画内容，竖屏动画可进一步细分为三类：一是情景剧类动画以《一禅小和尚》为代表，多为同一主题下的独立剧情小段，故事情节相对独立；二是剧情类动画，此类动画剧情衔接紧密，有主要的故事线发展和情节起伏，类似于传统动画片；三是 IP 类动画，此类动画无具体剧情，主要呈现为动画形象的唱跳或拍摄热门视频等。

（四）“出海”进程加快，国产动画展现国际传播潜力

2021 年，越来越多不同品类、不同内容的动画片成功“出海”，《天天成长记》《百变校巴之超学先锋》《叽哩与咕噜》《熊猫和小跳羚》《无敌鹿战队》等动画片在海外均取得了不俗反响。《愚公移山》《大禹治水》等被译制为老挝语、英语、法语、斯瓦西里语等多种语言，在“一带一路”沿线国家和非洲多国播出。除了内容“出海”，国产动画制作机构通过积极促进中外合拍、人员往来等方式加强与国际同行的交流，学习借鉴世界先进成果和经验，加快自身发展，如中美合拍动画片《无敌鹿战队》在美国维亚康姆尼克儿童频道播出，这也是进入该频道的首部中国动画作品。

四、动画创作发展展望

从创作角度看，虽然国产动画近几年有了长足进步，质量稳步提升，但距离思想精深、艺术精湛、制作精良的文艺精品的要求仍有一定差距。未来，国产动画应在坚持三者的统一上不断发力。

一是使作品融入更多思想力量。提升作品的思想内涵，一要强调作品意识，确保作品传递向上向善的价值观念；二要融入更多文化含量，真正讲好中国故事；三要融入更多的情感力量，使观众在观看作品时产生深层次的感动和思考。

二是持续提升作品艺术表现力。艺术性蕴藏在作品的点点滴滴中，既涉及角色、场景、道具的设计，又涉及故事线、情节性、戏剧冲突等。一些国产动画仍存在人物设置模板化、范式化等问题，重画面轻情节的现象依然存在。未来，国产动画应进一步夯实讲故事的基本功，更好塑造动画艺术形象。

三是不断提升动画作品制作水准。当前，国产动画相较于国际动画创作的先进水平仍有差距，如一些作品打着改编经典童话故事的名号，本身低成本、粗制作。动画工作者在着力提升思想内涵和艺术展现力的同时，也要重视技术的研发和应用，为用户提供更好的视听体验。

（执笔人：秦　煦，国家广播电视总局发展研究中心）

第五节　网络电影

提要：2021 年，网络电影[①]创作生产提质增效，主题创作全面开花，题材类型多元发展。网络电影作品内容质量和传播影响显著提升，已跻身主流视听节目内容。全年全网共上线网络电影 531 部，总时长约 42601 分钟，相较 2020 年有所下降。[②]主要播出平台探索适配自身内容布局的网络电影发展策略，在差异化发展的同时加强协同合作，打造健康良好行业生态。

一、网络电影创作提质增效，内容结构持续优化

2021 年，行业主管部门加强对网络电影的创作引导和行业管理，在主题主线创作、全流程管理上发力。网络电影创作提质增效，主旋律作品达到新高度，内容结构持续优化。

（一）影片上线总量下降，提质减量成效显著

2021 年，网络电影提质减量取得成效。全年获得上线备案重点网络电影 688 部[③]，全网共上线网络电影 531 部，总时长约 42601 分钟，相较 2020

① 网络电影：由节目制作机构制作，主要在网络视听机构播出，按照“网络电影”管理要求履行相关手续的，具备与电影片类似结构与容量的视听作品。

② 数据来源：广电总局监管中心。

③ 数据来源：广电总局规划财务司。

年同期分别下降了 19% 和 17%①；正片有效播放在 1000 万以上的影片数量占比 39%，同比增长 8%。②

近 4 年网络电影上线数量和总时长（见表 1）数字显示，网络电影已进入提质增效新阶段，步入优质化发展正轨，精品化建设初见成效。

表 1　2018—2021 年网络电影上线数量、总时长情况一览表

年份	上线数量（部）	同比增长（%）	网络电影总时长（分钟）	同比增长（%）
2018	1526	–31	116126	–
2019	638	–56	49238	–55
2020	659	3	51335	4
2021	531	–19	42601	–17

数据来源：广电总局监管中心，2018—2021 年《网络电影发展报告》，《中国视听新媒体发展报告（2018—2021）》。

（二）整体票房未形成突破，千万级分账票房影片数量持平

2021 年，网络电影分账票房未能形成新的突破。数据显示，爱奇艺、腾讯视频、优酷分账超过 1000 万元的网络电影共计 60 部，其中爱奇艺独播 23 部，腾讯视频独播 18 部，优酷独播 8 部，其余为联合发行。票房破千万作品占比为 11%，同比上升 2%。分账冠军票房 4449 万元（见表 2），相比 2020 年的 5641 万元有所下降。③

表 2　2021 年分账票房前 20 部网络电影④

序号	网络电影片名	分账（万元）	播出平台	上线时间
1	兴安岭猎人传说	4449	腾讯视频	2021.04.01
2	无间风暴	3363	爱奇艺 / 优酷	2021.05.21
3	浴血无名川	3356	爱奇艺	2021.04.02
4	硬汉枪神	3325	优酷	2021.08.06
5	黄皮子坟	3276	爱奇艺 / 优酷 / 腾讯视频	2021.06.05

① 数据来源：广电总局监管中心。

② 数据来源：中国电影家协会网络电影工作委员会，《2021 中国网络电影行业年度报告》，2022 年 1 月 17 日。

③ 数据来源：广电总局监管中心。

④ 数据来源：中国电影家协会网络电影工作委员会，《2021 中国网络电影行业年度报告》，2022 年 1 月 17 日。

续表

序号	网络电影片名	分账（万元）	播出平台	上线时间
6	白蛇：情劫	3093	爱奇艺	2021.03.12
7	重启之蛇骨佛蜕	3008	优酷	2021.03.26
8	新逃学威龙	2932	爱奇艺 / 优酷	2021.10.15
9	四平警事之尖峰时刻	2914	腾讯视频	2021.10.04
10	黄皮幽冢	2645	腾讯视频	2021.09.30
11	赘婿之吉兴高照	2597	爱奇艺	2021.08.13
12	龙棺古墓：西夏狼王	2482	爱奇艺	2021.07.09
13	扫黑英雄	2418	爱奇艺	2021.01.23
14	封神榜：决战万仙阵	2183	爱奇艺	2021.04.30
15	生死狙击	2104	爱奇艺	2021.10.02
16	让我过过瘾	2046	腾讯视频	2021.01.29
17	重启地球	1939	爱奇艺 / 腾讯视频	2021.09.03
18	九叔归来 2	1909	腾讯视频	2021.05.19
19	愤怒的黄牛	1891	爱奇艺	2021.08.06
20	二龙湖往事：惊魂夜	1841	爱奇艺 / 优酷 / 腾讯视频	2021.12.10

数据来源：云合数据、爱奇艺、优酷、腾讯视频。
数据说明：统计范围为 2021 年上新网络电影；统计时间截至 2021 年 12 月 31 日。

（三）单片观影人次创新高，节日长假观影渐成习惯

2021 年，随着网络电影品质的逐步提升，观众网络观影热情日益提升，单片观影人次再创新高。2021 年 6 月 5 日，在爱奇艺、优酷和腾讯视频上线的《黄皮子坟》单片观影人次达到 1732.1 万人次，突破了上年的 1704.0 万人次纪录。[①]2021 年，共有 7 部影片以 PVOD 模式（会员单片付费模式）上线。[②] 相比于“会员免费观看”的模式，PVOD 模式对影片质量提出了更高要求，或将激发出新的票房潜力。2021 年，采用 PVOD 模式的网络视听平台队伍有所扩大，除爱奇艺、优酷、腾讯视频之外，搜狐视频、快手也推出这一模式。

2021 年 2 月 5 日，在广电总局指导下，由中国电影家协会网络电影工

① 数据来源：猫眼研究院、腾讯视频，《2021 网络电影市场数据洞察》报告，2022 年 1 月 28 日。
② 数据来源：广电总局监管中心。

作委员会主办的2021年网络电影春节档正式开启，“网络电影春节档”概念得以进一步巩固。2021年“春节档”期间共上线网络电影29部，同比增加近32%。① 此外，清明档、五一档、七夕档和国庆档上线的网络电影均有不俗表现。调查数据显示，近三成观众会在节日长假有网络观影习惯，这使得网络电影形成与院线电影类似的固定档期成为可能。②

二、网络电影品质全面提升，跻身主流视听内容

2021年，网络电影紧扣时代脉搏，主题创作活跃，聚焦社会变迁，唱响时代主旋律，题材品质取得新突破，赢得市场认可与观众口碑。通过逐步破除内容同质化的顽疾，凭借内容品质的全面升级，网络电影大步进军主流视听内容领域。

（一）与时代同频共振，主题主线作品硕果累累

2021年，《浴血无名川》《我们的新生活》《草原上的萨日朗》等11部网络电影入选广电总局2021年度优秀网络视听作品推选活动优秀作品目录（见表3），进一步鼓励网络视听行业创作生产高质量视听内容，充分发挥优秀网络视听作品的示范引领作用。

表3　2021年度优秀网络视听作品推选活动优秀作品目录（网络电影类别）

季度	作品名称	版权所属者
第一季度	绝对忠诚之国家利益	深圳市腾讯计算机系统有限公司
	我来自北京之福从天降	北京爱奇艺科技有限公司
第二季度	浴血无名川	北京爱奇艺科技有限公司
	草原上的萨日朗	北京爱奇艺科技有限公司
	绿皮火车	北京华承云智影业有限公司
第三季度	我们的新生活	上海枫海影业有限公司
	我是人民	刀舞天下（厦门）网络科技有限公司
	幸存者1937	霍尔果斯创维酷开文化传媒有限公司 深圳市腾讯计算机系统有限公司

① 数据来源：广电总局监管中心。

② 数据来源：猫眼研究院、腾讯视频，《2021网络电影市场数据洞察》报告，2022年1月28日。

续表

季度	作品名称	版权所属者
第四季度	藏草青青	北京爱奇艺科技有限公司
	凡人英雄	优酷信息技术（北京）有限公司
	冲出战俘营	北京奇树溢彩文化传媒有限公司 杭州平治影视有限公司

数据来源：广电总局网络视听节目管理司。

2021 年，全年共上线 58 部主旋律网络电影，同比实现大幅增长，幅度高达 287%。① 这些影片与时代同频共振，主题围绕庆祝建党百年、全面小康、脱贫攻坚、防疫抗疫等主题主线，乡村振兴、历史革命、公安等题材均有涵盖。

军事战争题材网络电影既有主流题材定位，又有明显类型电影特性，形成了一种新颖的网络电影创作范式，成为制作公司和网络平台开发制作的重点类型。《浴血无名川》以中国人民志愿军抗美援朝出国作战为故事背景，展现真实的战术设计与精细的战场细节，让观众如身临战场，获得了较好的票房和口碑。《幸存者 1937》将视角对准抗日战争中的平型关大捷，通过一支八路军小队深入敌占区营救密码专家的主线故事，讴歌了平凡英雄前赴后继的浴血牺牲和伟大的爱国情怀。

脱贫攻坚题材和抗疫题材网络电影持续发力，紧跟时代步伐的真实故事成为网络电影创作中的一抹亮色。这类题材作品引领时代精神风貌，真实讲述社会变迁，引发观众强烈共鸣。《草原上的萨日朗》《绿皮火车》《牛头不对马嘴》等影片用生动的故事和鲜活的人物促进人们对精准扶贫的理解和共鸣。抗疫题材网络电影《凡人英雄》以普通人的视角切入疫情时期的武汉，用多线叙事的结构和以小见大的表现手法，谱写小人物的抗疫图鉴，展现了疫情洪流中平凡而又闪耀的人性之光。

① 数据来源：广电总局监管中心。

案例:《浴血无名川》实现军事战争题材网络电影新突破

军事战争题材网络电影《浴血无名川》围绕抗美援朝战争中一座无名山川上的局部战役展开叙事，讲述了志愿军三排临危受命，解救被困敌后侦察排同志的战斗历程。该片剧情铺陈逻辑严密，故事讲述真挚感人，人物刻画饱满生动。从场景制作、摄影技术、武器展示、数字特效等方面，该片营造出表现力较强的战争场面，为网络电影的精品化生产和类型创新进行了有益实践，实现了新突破。

（二）现实题材作品量质齐升，特色化差异化态势明显

2021 年以来，现实题材网络电影创作生产更加活跃，强化价值引导成为创作风向。现实题材网络电影呼应时代需求，贴近现实生活，内容广泛涉及新时代社会生活画卷，受到观众的喜爱和市场的支持，获得了较好传播效果。

聚焦社会民生主题的网络电影切中时代脉搏，以小人物的视角展现大时代的风貌，与观众实现同频共振。《我们的新生活》通过对“广场舞”“离婚冷静期”“山村儿童”“新冠疫情”“退休老人”等民生主题的挖掘和社会热点的诠释，讲述新时代平凡人追求美好生活的奋斗故事，展示国家的发展进步和民生变化为人民群众带来的幸福感和安全感。《让我过过瘾》通过讲述底层小人物关于中年危机、职场升迁、婚姻关系等社会热点话题，展现了百姓对美好生活的向往，让人感受世间百态和人情冷暖。

取材于真实案例的普法题材网络电影，通过生动故事的讲述润物无声地令法制观念深入人心。《四平警事之尖峰时刻》源于知名短视频 IP，在传统东北喜剧的基础上创新，融合警匪题材，通过寓教于乐的方式发挥普法宣传的正能量和影响力。《红纸鹤》改编于真实案例，通过跌宕起伏的故事情节激发观众的情感共鸣，生动展现新时代法律援助工作者的使命担当，助力全社会形成反家暴共识。

（三）类型创新看齐院线电影，细分类型创作取得突破

2021 年，类型题材的多元化发展已成为网络电影创作的亮点，细分类型领域的持续深化与创新表现，以及多种类型元素的融合发展也给网络电影内容建设注入新活力。奇幻、科幻等类型电影在故事创作和视效制作上更上层楼，逐渐培养线上观众对网络电影的观影习惯，持续刷新其对网络电影品牌的认可度和题材内容的用户黏性。

动作类型网络电影持续被市场看好。2021 年，细分类型犯罪警匪题材《扫黑英雄》《雷霆行动》等既彰显中国精神、弘扬正能量，也深化类型探索，推动网络电影守正创新，讲好中国故事。细分类型军事战争题材凭借主流题材定位和军事动作类型特性，成为网络电影制作公司和网络平台开发制作的重点类型，《浴血无名川》《幸存者 1937》均取得良好效果。

2021 年，超现实题材网络电影合计 200 部，同比下降 12.5%，占全网上线网络电影的比例为 38%①，包括玄幻、奇幻、魔幻、科幻等题材。分账票房冠军《兴安岭猎人传说》将东北民间奇谈故事讲述得引人入胜，在彰显地域文化的同时又具有极强的戏剧特色，向观众传递出敬畏生命、坚守仁心的价值导向。细分类型科幻题材网络电影异军突起，表现可圈可点。《重启地球》《太空群落》《火星异变》等硬科幻影片凭借题材创新和不俗的制作水准，实现了网络电影科幻类型的新突破。

三、网络视听平台有望成为中国电影市场“蓝海”

2021 年，主要网络视听平台对网络电影的市场策略做出较大调整，腾讯视频全年上线 219 部，同比大幅上升 61%，数量占全年新上线作品的 41%，腾讯视频、爱奇艺两家平台上线数量合计占全网 73%，网络电影播出平台集中度进一步提升。②

① 数据来源：广电总局监管中心。

② 数据来源：广电总局监管中心。

2021年，新上线“龙标网络电影”①92部，同比下降30%。其中，独播龙标网络电影82部，非独播龙标网络电影10部；网院同播龙标网络电影②5部，网台（CCTV–6）同播龙标网络电影③17部。分账票房超过1000万的龙标网络电影8部。新上线的“龙标网络电影”与网络电影数量比为1∶6，同比有所下降。龙标网络电影全年共上线22部主旋律作品，占比较高。此外，2021年主要网络视听平台上线了354部网播院线电影，其中国产电影308部，引进电影46部。主要集中在咪咕视频、聚力、乐视视频、沃视频等15家网站，其中，咪咕视频上线的影片数量达298部。④

2021年10月，国家广播电视总局发布《广播电视和网络视听“十四五”发展规划》，从构建网上网下一体化舆论引导创新体系，到加强优秀作品创作生产传播等方面作了重要部署。同月，在中国电影家协会、国家广播电视总局网络视听节目管理司的指导下，中国电影家协会网络电影工作委员会联合爱奇艺、优酷、腾讯视频三大网络视听平台及网络电影制作公司等行业机构共同发布《中国网络电影从业者自律共识》。

由此可见，网络电影与龙标网络电影、网播院线电影融合发展的态势渐成，未来有望与院线电影形成合力，为观众提供更多观影选择，为中国电影的扩容提供新的支撑。网络视听平台探索新型电影消费模式，开发互联网电影消费潜在市场，有助于推动多层次多元化电影市场的建设。

四、网络电影发展不足与未来展望

2021年，网络电影持续深耕内容，主题创作成果显著，品牌建设迈上新台阶，高质量发展进一步成为业内共识。同时，网络电影仍然面临一些

---

① 龙标网络电影：获得《电影片公映许可证》的作品在互联网独播或首播（播出时同样在片头展示“龙标”），被业界、网民认同为“网络电影”。

② 网院同播龙标网络电影：获得《电影片公映许可证》，在网络视听机构、电影院同日上线/上映的作品。

③ 网台（CCTV–6）同播龙标网络电影：获得《电影片公映许可证》，在网络视听机构、电视台（CCTV–6）同日上线/播出的作品。

④ 数据来源：广电总局监管中心。

发展问题：一是网络电影现实题材的比重有待提高，对现实生活的抓地力不够强；二是网络电影内容创作整体品质有待进一步提升，精品化、品牌化建设与发展势在必行；三是网络电影创作团队有待专业化、分工化发展；四是网络电影行业相关标准、票房与发行体系需要加快探索发展与建立。

未来，网络电影的题材类型持续创新的发展趋势将进一步凸显，整体制作品质与水平将逐步缩小与院线电影的差距；反映时代精神和火热生活的网络电影作品将进一步提升内容品质与影响力，拉近与更多更广泛的观众之间的距离；网络电影与院线电影在题材内容方面的联动化、融合化发展将有所显现。在文娱领域综合治理工作以及网络“清朗”系列专项行动的指导下，网络电影行业将创造更加健康透明的行业发展环境，携手创作主体共同持续推进网络电影高质量发展。

（执笔人：孙　晖，国家广播电视总局发展研究中心）

第六节 音频

提要：2021 年，音频节目制作生产总体持平，正发生结构性变局，主旋律正能量成为主流，主题主线创作亮点突出，内容创作区域融合不断加深，音频内容垂直化、场景化开发加速。主流音频媒体推进媒体融合，实施移动优先战略，加快打造自有音频平台建设，精品力作明显增多。商业音频平台持续发力移动端，内容产品更趋丰富多元、产业化拓展加快。音频多业态、融合化、智能化加速发展。传统的广播内容创作生产模式进入颠覆性变革时代。

一、广播节目制播平稳发展，主题宣传异彩纷呈

（一）广播节目制作播出总体平稳

2021 年，传统广播媒体节目制作生产总体持平，但各类别内容质量持续提高。表现在：一是唱响新时代主旋律最强音，新闻资讯类、专题服务类和广播剧类节目的制作和播出时间稳中有升；二是聚焦乡村振兴，农村节目制作时长小幅增长，播出保持稳定；三是推进创新创优，综艺益智类节目的制播时间持续减少，广播娱乐节目比重进一步下降（见表 1、表 2）。

表 1　2018—2021 年全国公共广播节目制作时间情况表

制作广播节目类别	2018 年	同比增长	2019 年	同比增长	2020 年	同比增长	2021 年	同比增长
农村广播节目	124.64	7.76%	128.68	3.24%	139.00	8.02%	141.56	1.84%
新闻资讯类广播节目	143.21	0.42%	141.88	–0.93%	145.27	2.39%	145.72	0.31%
专题服务类广播节目	216.69	1.06%	217.99	0.60%	224.18	2.84%	222.61	–0.70%
综艺益智类广播节目	208.02	–1.23%	199.51	–4.09%	197.78	–0.87%	193.86	–1.98%
广播剧类节目	21.80	–5.67%	22.41	2.80%	21.86	–2.45%	22.39	2.42%
全年制作广播节目时间合计	801.76	1.64%	801.87	0.01%	821.04	2.39%	812.71	–1.01%

数据来源：广电总局规划财务司（单位：万小时）

表 2　2018—2021 年全国公共广播节目播出时间情况表

播出广播节目类别	2018 年	同比增长	2019 年	同比增长	2020 年	同比增长	2021 年	同比增长
农村广播节目	441.46	1.40%	451.46	2.31%	459.26	1.69%	457.70	–0.34%
新闻资讯类广播节目	299.44	0.71%	302.15	0.91%	313.55	3.77%	313.33	–0.07%
专题服务类广播节目	325.79	0.98%	333.29	2.30%	333.90	0.18%	336.47	0.77%
综艺益智类广播节目	384.16	–0.30%	375.76	–2.19%	364.24	–3.07%	354.33	–2.72%
广播剧类节目	97.16	2.47%	100.22	3.15%	97.44	–2.77%	97.78	0.35%
全年播出广播节目时间合计	1526.74	2.34%	1553.40	1.75%	1580.72	1.76%	1589.49	0.55%

数据来源：广电总局规划财务司（单位：万小时）

（二）主题宣传丰富多彩

2021 年是中国共产党成立 100 周年，全国电台和频率纷纷开展多项创新尝试，制作多种类型的主题宣传广播节目，献礼建党百年。

一是制作推出一大批主题鲜明、题材多样、内容丰富、制作精良的广播剧。这些广播剧生动反映党的十八大以来，党和国家各项事业取得的历史性成就、发生的历史性变革，真实记录百年来众多革命先辈和中国共产党为人民无私奉献的感人事迹。中宣部、广电总局主办庆祝中国共产党成立100周年优秀广播剧展播活动，从全国范围内遴选出的26部广播剧，这些作品突出庆祝中国共产党成立100周年和全面建成小康社会主题，其中既有《北大红楼》《到延安去》等讲述百年党史不同时期故事的剧目和《林俊德》《我在敦煌等你》等歌颂英模人物的剧目；又有展现脱贫攻坚伟大成就的《大凉山》、讴歌抗疫精神的《英雄的守护》和生动演绎“中华民族一家亲，同心共筑中国梦”精神的《阿克苏的石榴红了》等现实题材的广播剧。重大主题宣传有力推动了广播剧创作，这些广播剧普遍采用先进的制播技术，用独白、对白、同期声、音乐、现场音效等方式，带领听众“声”临其境感受中国共产党波澜壮阔的百年征程。

二是主题宣传音频节目模式创新取得新成果。在党史学习教育中融入音乐、故事等新鲜元素，联动红色历史景点等线下载体，营造共庆百年华诞、共创历史伟业的浓厚氛围。如湖南广播传媒中心深入挖掘党史中的音乐元素和音乐作品中的党史故事，打造《音乐党史课》，以百年党史为脉络，以9大历史篇章进行回溯，开辟线下课堂在省内举办100场活动，并在外省20个城市成功开讲。武汉音乐广播推出了面向青少年党史类线性节目《红色印记》，联合武汉图书馆、武汉中共中央机关旧址纪念馆等单位，用声音讲述武汉英雄之城的百年党史故事。

三是联合制作形成音频节目主题宣传合力。为庆祝中国共产党成立100周年，广电总局、国家文物局联合出品网络视听节目《红色文物100》，该节目由中国网络视听节目服务协会网络音频工作委员会组织云听、喜马拉雅、蜻蜓FM等10余家音频平台联合制作，由100集音频和100期短视频组成，以革命文物为载体，以视听化表达讲述党的故事、革命的故事、英雄的故事，彰显理想信仰之光。5G智慧电台发起“创作者计划”，联合全国百家广播电台制作《红色讲解员》，以100个工作在红色旧址和纪念馆中的“讲解员”为主线，串联讲述中国共产党百年征途矢志不渝的初心和使命，挖掘基层红色故事，受到听众欢迎，夺得同时段全国广播节目播出收听率排行第一。

（三）内容创作区域融合加速

2021 年，广播内容创作播出贯彻落实国家区域一体化发展战略，不断加强区域合作，开创广播内容制播新境界，主要表现在：一是区域性广播频率制播的节目积极推进融合传播，形成不同区域声音媒体的传播合力。如京津冀之声推出的专题节目《协同发展进行时》，聚焦京津冀协同发展进程中社会、经济、文化等领域的变化，深度分析协同发展趋势。二是多家电台联合制作节目，增强内容的视野和容量。如 2021 年 1 月 5 日，湖北之声联合重庆之声、江苏新闻广播、上海人民广播电台共同推出全媒体线上直播特别节目《对话长江 看见中国》，实现四地生态经济发展故事“云端接力”，生动展示长江经济带五年发展成就。

案例:《发现长三角》——广播节目跨区域联合制播创新探索

“长三角之声”周播节目《发现长三角》是一档全景式展示长三角各区域最新发展成就和面貌的全媒体产品，每周深入一个城市，与当地宣传、文旅、产业等部门深度合作，利用全媒体矩阵传播，充分展示当地的发展规划、特色亮点，让更多的长三角受众了解当地的风土人情并参与互动，集纳成一部长三角城市群动态发展和人文情怀的瑰丽画卷，打造长三角文旅购物消费新品牌。目前，该节目组已深入无锡、温州、盐城、台州、蚌埠、长兴、湖州、安吉、温州、永嘉等多地。这一产品采取多家媒体联合创意策划、制作播出、融合传播的模式，有力调动了长三角各地电台和县级融媒体中心合作制播的积极性。

二、主流广播媒体音频平台的内容建设

CTR 融媒监测数据显示，2021 年广电机构正常运营更新的自有 APP

超 150 款，整体累计下载量较年初增长 19.1%，其中音频类和电商类 APP 累计下载量增长幅度均超过 50%。音频行业逐渐形成以车载收听与智能收听为主，传统收听为辅的收听终端格局。音频主流媒体加快向互联网主阵地进军。

（一）音频平台建设成效显著

国家级音频平台网络口碑向好。2021 年，“云听”口号从“好听在云听”更改为“越主流越好听”，着力彰显国家媒体主流价值。据艾媒数据监测，2021 年云听获得用户正面评价，在线网络口碑总值为 68.2%，居于在线音频平台首位。截至 2021 年年底，“云听”手机端和车载端累计用户量突破 1 亿。

省（市）级音频平台用户增长。省（市）级音频平台内容因其本土化、地域化，在本地市场的收听表现通常好于外地。CSM 媒介研究 2021 年前三季度对 8 个测量城市连续调查数据显示，上海台的阿基米德在深圳、合肥、北京和广州获得合计 3.5 万的到达听众，北京台的“听听 FM”在广州获得 4000 人的到达听众，说明区域广播媒体借助移动 APP 渗透异地市场、扩大传播范围的趋势已初露端倪。音频内容的平台化传播是广播机构的必然选择。

5G 智慧电台强化内容聚合功能。5G 智慧电台发挥强大的平台内容聚合效应，推进头部资源下行，通过“主题策划、同步发声、直达基层”的模式，传输央媒主流宣传内容、湖南广电“芒果系”IP 资源，把中央媒体策划制作的新闻和文艺节目送达基层听众。截至 2021 年年底，5G 智慧电台累计签约服务全国 28 个省（区、市）的超 840 家广播电台频率，助力“三区三州”建设和乡村文化振兴。

（二）音频平台内容分析

开辟党建专栏，弘扬伟大建党精神。主流音频平台凭借海量的内容资源及强大的聚合能力，全方位展现党的百年历程。如云听党建频道开辟“习声回响”“百年历程”“党员学习”“强国声音”“榜样故事”五大板块，共百余个专辑，截至2021年年底总播放量近2200万次。阿基米德联合全国47家广播电台推出《百年大党正青春》全媒体党课，共汇集12讲，从“理想信念”“永葆初心”等12个角度讴歌中国共产党一百年来的辉煌历程。

垂类内容不断扩容，知识付费逐渐兴起。2021年，音频平台内容品类进一步扩大，细分化、定制化、智能化的内容，更有利于满足不同听众的喜好和提升品质，进而拓展内容付费。如“云听”上线“冬奥频道”，让听众随时随地听奥运；打造“云听开讲”“云听好书节”等知识类头部IP，截至2022年6月16日，精品有声书《三体》《斗罗大陆（第二季）》点击量分别达到3002.51万、6380.93万。

广播节目的可视化变革音频内容形态。新媒体技术和多元的媒介融合手段使广播实现可视化、视频直播成为可能，传统广播节目的形态在加速变革，可视化也成为主流电台拓展的方向。如“听听FM”的“互动聊天室”，接入北京台近70档直播广播节目，用户可以在直播或录播的广播节目页面打开聊天室，与主播和其他听众进行互动，带来沉浸式体验。

多场景声音应用不断拓展。凭借伴随性优势，音频几乎覆盖了人们日常生活的全部场景，形成与生活的强联结。如“阅读驿站·云听宁波”有声车厢，听众在列车上扫码就可以听到涵盖党建知识、名著新说、国学经典等有声书或音频节目，满足不同阅读需求的人群。“听听FM”拓展博物馆、园林、公交车等场景化音频消费市场，推出“北京之声”系列音频产品。

三、商业音频平台的内容建设分析

商业音频平台已成为音频内容开发的主力。艾媒咨询数据显示，中国在线音频用户规模持续增长，2021年用户规模已达到6.40亿人，音频市场规模为220亿元，同比增长67.9%。2021年，互联网巨头纷纷布局网络音频，推动音频内容生产发展进入无比广阔的空间。

（一）IP节目开发制作加速

通过IP节目的开发与制作培养受众、驱动商业变现成为商业音频平台主要内容策略。一方面利用已有影视节目 IP 或明星个人 IP 衍生音频产品，如蜻蜓通过设立专门的工作室，与行业名家合作开发节目，利用名人效应推动付费内容的变现；喜马拉雅则更多通过布局影视 IP 矩阵，开发热门剧集的音频改编和综艺内容的音频衍生节目实现不同媒介之间的联动互通。另一方面鼓励用户自发创建频道，培养内容产出者，孵化平台自有 IP 主播。喜马拉雅推出“万人十亿新声计划”，全面扶持音频内容创作者，蜻蜓也设有主播大学，向他们开放播音主持、内容制作等方面的培训课程，包装培育中小主播，反哺平台。

（二）新闻资讯栏目成为布局重点

喜马拉雅、蜻蜓等头部综合性音频平台纷纷将新闻资讯栏目的开发作为内容拓展的着力点。喜马拉雅开设头条栏目，一方面邀请报业集团、广播电台、杂志社等主流媒体入驻，开设媒体电台；另一方面开设新闻人个人主播电台、自媒体电台，制作新闻评论类播客节目，如环球时报社特约评论员胡锡进开设的独家音频栏目《大事——锡话》，通过个人录制上传，实现媒体人的深度转化，截至 2022 年 4 月底，《大事——锡话》播放量达 4.1 亿，订阅量 23.3 万。此类探索将突破传统的音频新闻资讯的制播格局，值得高度关注。

（三）儿童教育类音频内容快速发展

儿童音频内容市场消费潜力巨大。喜马拉雅、蜻蜓等综合性音频平台率先布局有声读物、线下业务，开启音频垂直内容赛道。如喜马拉雅打造儿童版 APP，包含有声读物、广播剧、绘本伴读等，同时通过合作，布局少儿英语启蒙教育内容。蜻蜓、懒人听书也构建儿童内容版块，包括有声读物、动画、儿歌等内容。

案例：凯叔讲故事——音频内容的垂直开发

凯叔讲故事 2014 年创立，打造出众多原生 IP 产品，如四大精品名著《凯叔西游记》《凯叔三国演义》《凯叔水浒传》《凯叔红楼梦》；原创科普故事系列《神奇图书馆》，以儿童科普冒险故事为题，累计播放量超过10亿次；原创女生校园成长故事IP《麦小米的100个烦恼》等。截至2021年年底，凯叔讲故事累计播出超30000儿童音视内容，全站总播放量超145亿次，用户平均日收听时长达70分钟，总用户超6000多万，被推荐为“中国孩子的故事大全”。凯叔讲故事不仅在线上布局儿童故事、教育内容，通过长周期工作室模式的内容生产，生成原创优质内容，而且从线上延伸到线下，开发图书、智能硬件等衍生品，截至2021年年底，凯叔童书累积出版24个系列102册。还将科普探案IP《神探艾小坡》打造成线下音乐剧，举办“2021年凯叔魔幻童话之夜”，线上线下联动经营IP。

（四）中文播客迅速增长

全球播客搜索引擎ListenNotes数据显示，截至2021年年底，该网站抓取到的中文播客达23157档，比上年增长40.78%。主播和播客节目的载体一是入驻网络音频平台。其中女性情感、体育、新闻、喜剧和校园类型的节目较受欢迎，如《许川爱情急诊室》《杨侃|杨毅电台》等。网易云音乐开通“播客云圈”，试图探索播客社交。二是播客客户端。中文播客客户端小宇宙是一款为播客主量身定制的产品，上线仅一年半，用户数已超过200万，闲聊喜剧类播客是平台内最受欢迎的内容。

（五）音频直播爆发式增长

受疫情影响，近年来直播行业持续火爆，音频直播也迎来爆发式增长。喜马拉雅、荔枝、网易云音乐、QQ音乐等纷纷上线音频直播。从直播形式上，可分为单人直播和多人直播。从内容分类上，最受听众欢迎的是包括脱口秀、侃大山的娱乐幽默型内容，其次是与音乐相关的直播，包括点歌、K歌、翻唱等。

近年来，以广播为代表的音频媒体加快变革，音频内容创作生产和消费空前繁荣。但要看到，传统广播媒体的内容生产面临巨大挑战，如何用主流声音占领主阵地，如何满足用户多样化、个性化、垂直化需求，如何适应音频内容业态的变局，如何防止音频内容的过度商业化，这是音频媒体必须解决的问题。广播媒体要扩大主流内容生产，引导音频节目创作与供给，同时要加大新型音频内容的制播力度，满足多元场景下的个性化需求。商业音频媒体要牢记社会责任，唱响主旋律，弘扬正能量，实现两个效益的统一。主管部门要加强对音频平台内容生产传播秩序的监管，确保音频内容制播健康繁荣发展。

（执笔人：靳　丹，国家广播电视总局发展研究中心）

第七节　视听文艺评论

提要：文艺评论是文艺工作的重要组成部分，对促进文艺创作繁荣具有重要作用。2021 年，中宣部等部门出台《关于加强新时代文艺评论工作的指导意见》，广电总局不断加大视听文艺评论工作推进力度。视听文艺评论聚焦建党百年题材创作、文娱领域综合治理等主题主线，作品研讨、作品评论和新形态评论等多形态并举，着力构建主题鲜明、形态丰富、影响力强的文艺评论发展新格局。

2021 年，视听文艺评论紧紧围绕党和国家关于文艺发展事业的战略部署，聚焦视听文艺创作实践，突出“一面镜子”“一剂良药”作用，激浊扬清、褒优贬劣，地位作用不断凸显。视听文艺评论力度持续加大、规模不断扩展，加快重塑文艺评论的形态、内涵和价值，总体呈现欣欣向荣的发展态势。

一、首个专项指导意见对文艺评论发展作出系统谋划

党中央高度重视文艺评论工作，习近平总书记在中国文联十一大、中国作协十大开幕式上讲话强调，要建设更具权威性、公信力、影响力的文艺评价体系。这是习近平总书记继在 2014 年文艺座谈会、2016 年中国文联十大、中国作协九大、2019 年政协文艺社科界联组会上的重要讲话后，

再次对文艺评论工作提出明确要求，为做好新时代文艺评论工作指明了方向，提供了根本遵循。相关部门进一步将文艺评论纳入工作部署，不断加大推进力度。

制定出台文艺评论专项指导意见。2021 年 8 月，中宣部、文旅部、广电总局、中国文联、中国作协等五部门联合印发《关于加强新时代文艺评论工作的指导意见》(以下简称《意见》)，将文艺评论摆在更加突出的位置。《意见》明确要求要以习近平新时代中国特色社会主义思想为指导，进行科学的、全面的文艺评论，推动社会主义文艺健康繁荣发展。要求把好文艺评论方向盘，建设具有中国特色的文艺理论与评论学科体系、学术体系和话语体系等；要求开展专业权威的文艺评论，把社会效益、社会价值放在首位，不能用简单的商业标准取代艺术标准等；要求加强文艺评论阵地建设，提出要用好网络新媒体评论平台，推出更多文艺微评、短评、快评和全媒体评论产品等，增强文艺评论的指导性、针对性、操作性。这个《意见》进一步凸显文艺评论在文艺工作中的战略地位和关键作用。

加强视听文艺评论工作谋划。广电总局加强视听文艺评论工作政策指引，制定了加强文艺评论工作的方案，明确了目标任务。一是及时传达学习习近平总书记在中国文联十一大、中国作协十大开幕式上的重要讲话精神，明确提出加强和改进文艺评论，加大优秀作品宣传推介力度。二是将文艺评论纳入《广播电视和网络视听“十四五”发展规划》，部署加强文艺评论，打造有影响力的评论阵地，策划高质量的研评活动。三是将文艺评论纳入文艺节目管理工作，出台《关于进一步加强文艺节目及其人员管理的通知》，要求开展专业权威文艺评论，严肃客观评价节目。广电总局推动重要作品研讨会的常态化，着力打造国家广电智库、广电时评等有影响力的新媒体文艺评论阵地，取得显著成效。

二、视听文艺评论聚焦主题主线

2021 年，视听文艺评论工作导向更加突出，紧紧围绕建党百年、北京冬奥会、脱贫攻坚、文娱领域综合治理、弘扬中华优秀传统文化等主题主线，文艺评论与创作交相辉映，无论是数量还是质量都得到较大提升。

建党百年题材创作文艺评论声势浩大。2021 年，视听文艺评论聚焦建党百年视听文艺主题创作火热实践，全面及时，重点突出，形成巨大声势，对每一部重点主题电视剧、纪录片、综艺节目、动画片，都从思想内容表达和艺术创新创造等方面进行评论，深入分析其内在价值，总结主题创作实践的得与失，扩大了建党百年主题视听文艺作品的影响。主要体现在两个方面。一是开展全景式文艺评论。《建党百年主题电视剧的史诗气韵和审美构建》《重大主题创作引人注目》《庆祝建党百年主题纪录片——讲述党史故事 汲取前行力量》等文章将建党百年主题视听文艺置于历史长河，提炼历久弥新的历史启示和时代价值，梳理细致、视野开阔。广电总局发展研究中心主办的国家广电智库公众号自 2021 年 1 月 13 日起开辟《文艺评论》专栏，截至 2022 年 2 月 7 日，围绕建党百年重点题材作品发布文艺评论 306 篇，全网阅读量超百万。二是针对时代报告剧、单元剧等新的创作现象开展深入评论。如《解码主旋律电视剧分段式创作的秘密》《时代报告剧如何“接地气”》等文章总结时代报告剧创作的创新价值，提炼其创作实践的基本理念，倡导“接地气”，不要“假大空”。

文艺评论在文娱领域综合治理中激浊扬清。习近平总书记指出，文艺批评要的就是批评。2021 年，视听文艺评论积极落实中央关于文娱领域综合治理的部署，推出一大批火药味浓、辣味足的短评、快评、微评。针对流量至上、畸形审美、失德艺人、“饭圈”乱象等，文艺评论工作者从艺术学、经济学、社会学、青少年文化等视角展开研讨，深入解读文娱领域乱象的产生机理和严重危害，并提出相应治理对策。国家广电智库公众号刊发《看清“耽改剧”的面相》《坚决抵制明星失德失范行为 净化行业风气》等文章，电视艺术公众号刊发《“耽改剧”负面影响不容忽视》的文章，广电时评公众号刊发《代孕弃养者，德不优法不容》等文章在行业内引起较大反响，积极引导创作风向。

倡导现实主义创作导向和弘扬优秀传统文化。2021年，视听文艺评论工作着力弘扬中华美学精神，围绕“深化现实题材电视剧创作”“弘扬中华传统节日的文化内涵”“坚持公益、文化、原创的创作方向”等主题开展评论。《现实题材电视剧的主要类型和创作特征》《文化自信正在激活中国电视文艺原创力》《河南卫视传统文化节目成功破圈的启发》等文章，紧贴当代视听文艺创作实践，推动构建正确的历史观、价值观、文艺观、审美观。

案例：广电总局组织河南卫视“节日系列”综艺研讨会

2021年7月16日，广电总局在郑州召开“中国节日”系列节目暨文化节目创作座谈会，交流总结河南台“中国节日”系列节目经验，研讨推进文化节目创新创优和繁荣发展。时任中宣部副部长，广电总局局长、党组书记聂辰席出席会议并对文化节目创作作出部署。聂辰席表示，广播电视和网络视听机构要深入学习领会习近平总书记关于优秀传统文化的重要论述，切实增强工作的责任感和使命感；要坚持创造性转化、创新性发展，传承文化精髓，激发优秀传统文化在新时代的生命力；要用心用情用功做好文化节目创作播出，抓好扶持引导、重点项目、推广传播、人才培育。来自中国文物学会、河南博物院、河南大学、北京大学、中国社科院等机构的专家学者深入研讨节目在叙事方式、形象呈现、接受体验、传播渠道等方面的创新经验。广电总局相关司局、直属单位负责同志，部分省广播电视局、省广播电视台，以及网络视听播出机构相关负责同志参加会议。这次座谈会肯定了文化类综艺的发展取向，有力促进了综艺的守正创新。

三、视听文艺评论的主要形式

当前文艺评论形式主要包括作品研讨会和报刊文艺评论。随着视听文艺作品越来越多进入新媒体传播和网络交互式文艺评论的发展，文艺评论的样态出现了新的变化。具有网络特点的文艺评论发展迅猛，声量加大，文艺评论的群众参与性空前增强。

作品研讨会具有强烈的政策导向作用。行业主管部门召开的作品研讨会，往往聚焦“重大现实、重大历史、重大革命”题材优秀作品，重点研讨作品的思想性、艺术性，具有很强政策导向作用。2021 年，广电总局系统举办作品研讨会 30 余场，其中，广电总局主办电视剧《山海情》《功勋》以及“中国节日”系列节目暨文化节目三场创作座谈会，人民日报、光明日报等主流媒体和行业媒体对研讨会进行宣传，向全行业释放正确的信号，具有重要的导向意义。其他重点作品研讨会有:《埃博拉前线》《觉醒年代》等电视剧,《百炼成钢: 中国共产党的 100 年》《敢教日月换新天》等纪录片。中央广播电视总台、中国作家协会、中国电视艺术家协会、有关省广电局等单位举办了《大决战》等作品研讨会。

案例：电视剧《人世间》的文艺评论

2022 年开年现实题材电视剧《人世间》在 CCTV-1 开播，江苏省委宣传部、江苏省广电局、江苏省文艺评论家协会与制片方联合组建宣传评论专班，组织省内外主流文艺评论力量，发动省内外重要媒体大力开展文艺评论和深度报道，新华社、人民日报、中央广播电视总台、光明日报、学习强国、新华日报等主流媒体纷纷进行报道评论，高度评价作品蕴含的历史意识、人民立场和史诗叙事，深入分析主要角色的典型化塑造，表达了中国人独特的精神世界、价值观念。其中总台央视《新闻联播》三次对《人世间》进行报道推介，评价其“书写了一部有筋骨、有道德、有温度的平民史诗”。首轮播出结束，《人世间》全国融媒信息总量达 1277 万条，近 150 家媒体发文推荐，产生报道文章 618 条，其中中央媒体报道 232 条。

中央主流媒体的权威评论影响广泛。中央主流媒体文艺评论体现中央文艺政策导向，聚焦主题主线，开辟专栏专版，约请和集纳导演、演员、编剧等从业人员、专家学者撰写文艺评论，具有很强的导向性、引领性。如针对建党百年题材创作，《人民日报》文艺副刊推出电视剧专版，集中推介优秀主题性作品，一些文章及新媒体作品阅读量达上千万。《光明日报》开辟视听观察、文艺观潮、影视锐评等专栏，刊发大量有影响力的评论文章。针对文娱领域综合治理，《人民日报》刊发系列评论，《光明日报》推出署名“关铭闻”的深度评论，回应社会关切，助力营造山清水秀的文艺生态。

新媒体文艺评论成为新生力量。新媒体文艺评论既包括互联网网页、客户端、微信公号、微博等平台传播刊载文艺评论作品，这是传统文艺评论在网络平台的延伸；也包括网民的留言、弹幕、打分、排行等，这些新形态随机性、感性化、流量引导性强，受到年轻群体欢迎，如对《觉醒年代》“YYDS（永远的神）”的弹幕评论就火爆出圈。豆瓣、知乎、微博、猫眼等具有评分评价功能的网站，骨朵、灯塔、云合数据、寻艺等以热度为评价指标的网络平台，也是广泛意义上文艺评论的形式，这些新形态呈现影视作品的网络口碑，对引导网络观看作用显著，但存在网络水军恶意刷分、非理性化评论等问题，相关主管部门为此加强了监管。爱奇艺、优酷、腾讯视频等长视频网站开设影视评论专栏，bilibili 上聚合了不少影视评论 UP 主，抖音、快手上出现了大量影视解读类账号。

总的看来，2021 年视听文艺评论工作取得了突出的效果，但也存在一些明显的问题。一方面，当下视听文艺创作十分活跃，新形态不断出现，在数量上规模巨大，在质量上参差不齐，在主题表达上亦有云泥之别，传统的文艺评论难以适应。另一方面，受市场营销和网络引流影响，文艺评论的“营销化”功能畸形化凸显，特别是部分作品评论和研讨会往往成了作品市场“宣推会”。与此同时，优秀专业的文艺评论人才缺乏，新媒体文艺评论中充斥水军、刷分控评等问题十分突出。这些都是今后文艺评论工作要克服的不良倾向。

习近平总书记强调，文艺批评是文艺创作的一面镜子、一剂良药，是引导创作、多出精品、提高审美、引领风尚的重要力量。新时代新征程呼唤着文艺的繁荣发展。百花齐放的社会主义文艺事业，离不开强有力的文艺评论。新时代文艺评论要坚持以习近平新时代中国特色社会主义思想特别是习近平总书记关于文艺工作的重要论述为指导，加快增强文艺评论工作系统性、组织化和规范性，推动主流权威评论出圈，加强新媒体文艺评论阵地建设，切实发挥文艺评论“一面镜子、一剂良药”的作用，以优质的文艺评论推动视听文艺创作繁荣发展。

（执笔人：胡　祥，国家广播电视总局发展研究中心）

第四章

媒体融合和媒体建设

课题指导：

国家广播电视总局网络视听节目管理司司长　　冯胜勇

国家广播电视总局媒体融合发展司司长　　韩　冬

国家广播电视总局科技司司长　　余　英

第一节 广播电视媒体深度融合发展

提要：2021年，“一体化”成为广电媒体向新型主流媒体转型升级的关键词。广电总局在推动深度融合、整体转型上集中发力，全国广电媒体发挥优势专长，融媒体内容生产传播、自主平台建设运营、先进技术支撑、组织和机制创新、区域协同发展等方面取得重要进展，内生动力日益增强，围绕中心、服务大局能力持续提升，全媒体传播格局初步形成，媒体融合整体优势显现。全年广播电视机构智慧广电及融合发展业务收入显著增加，达到1085.70亿元，同比增长21.47%。

自2013年习近平总书记作出媒体融合部署以来，全国各级广电行政部门和广电机构把媒体融合作为关系行业生存发展的战略工程、生命工程，不断加大力度，持续向纵深推进。2021年，在全党开展党史学习教育和“我为群众办实事”实践活动的引领下，广电媒体融合发展坚持目标导向、问题导向、结果导向相统一，在出实招、重实效方面形成系统合力，一体化发展取得显著成效。

一、政策推动力度加大，深度融合发展进入新阶段

2021年，广电总局和地方广电行政部门加强管理创新，一盘棋统筹，在关系战略性、全局性的关键处、要害处集中发力，提高政策措施的针对

性、有效性，引导广电媒体深度融合、整体转型。

一是制订实施媒体融合三年行动计划。2021 年，广电总局印发通知，组织全国地市级以上广电媒体制订完善三年行动计划，在系统谋划中明确方向路径、阶段任务与总体目标，形成挂图作战机制。省级广电局主动作为，积极配套出台本地行动计划，对标对表、抓好落实。

二是强化案例示范。全国广播电视媒体融合先导单位、典型案例、成长项目征集评选活动连续举办三年，影响力、引领力不断增强。这一活动搭建交流互鉴的平台窗口，强化先进典型的示范引领作用，汇聚行业对共性问题、焦点问题的破题之道，制作出版物、宣传片、短视频，通过终评会、广电媒体融合大会及网络平台，进行多渠道宣传推广，已成政策品牌。

三是加强专项培训。针对省市媒体机构调整快、人员变化大等情况，特别是媒体生态深刻变革的形势，广电总局抓好“关键少数”，面向中央、省、市三级广电机构负责人，连续举办四期专题培训班，以研讨找问题和对策，以培训促学习和借鉴。尤其将地市级广电机构主要负责人纳入培训范畴，深受欢迎。

四是强化许可管理和政策支持。2021 年，广电总局督促指导全国县级融媒体中心信息网络传播视听节目许可证核发工作，全国共向县级融媒体中心发放许可证超过 2000 张；印发关于广播电视和网络视听实行一个标准一体管理的意见，启动互联网视听服务领域相关政策法规修订，推动决策部署既把关定向又接地气能落实。

二、广电媒体融合整体优势加快显现

（一）一体化内容生产传播机制化

“一体化”已成为广电媒体内容生产编播的基本流程和运行规范，正在重塑广播电视新闻和文艺生产传播格局。

融媒体传播矩阵的全网影响力凸显。经过多年探索，各级广电媒体基本建立起融媒体传播矩阵，从先台后网、简单拆条的平移式“相加”，进入台网屏端微一体统筹、一体策划、一体实施的“相融”阶段。一是网络衍生、原生内容出新出彩；二是积极联动，逐步形成省市县一体化策划、集约化生产、全矩阵分发的协同机制；三是向行业外拓展，在大融合中扩大主流价值影响力版图，有效提升主流媒体传播力、引导力、影响力和公信力。

移动互联网内容供给量质齐升。广电媒体在精准化、个性化生产上发力，按照用户不同场景和需求提供丰富视听内容。短视频、网络直播节目成为主力军进入主战场的重要突破口，如山东台闪电新闻全年直播2500余场，策划推出的短视频话题诸多播放量过亿。艺术与技术有机融合，高新视频成为“吸睛”亮点。既有“竖屏看春晚”这样的形式创新，也涌现出用新理念新技术创制的“中国节日”系列、“大会”系列、“中国节气”系列等一批沉浸式精品文化节目，成为融通大小屏的标杆作品。

（二）业务流程再造的技术支撑力明显增强

各业务流程在技术平台内实现一体化。一方面，广电媒体越来越多选择集约、协同的方式，一体化建设、整合和运营技术平台，打造对接和联通区域内其他技术平台的接口，既避免重复建设，也为业务层面更广范围、更高频次、更高效率的协同创造良好条件。比如，江苏台、山东台、黑龙江台、陕西台等大力推进省级融媒体技术平台建设，并逐步贯通省市县三级，一体化赋能。另一方面，消除技术壁垒，广电媒体加快运用大数据分析进行产品生产和资源配置，在平台上建构起策、采、编、审、发、评一体化闭环工作流程，数据日益成为串联流程、驱动业务的核心要素。

全国有线电视网络整合和广电5G建设一体化发展扎实推进。2021年，广电总局推动建立有线电视网络统一运营管理体系，发挥规模化、集约化和固移融合化优势。中国广播电视网络集团有限公司与中国移动开展深度合作，积极实施700MHz生态共建计划；192号段内部友好用户放号测试正式启动，商用放号进程稳步加快；筹建广电5G项目公司，探索5G运营新模式。截至2021年年底，中国广播电视网络集团有限公司和22家控股省市子公司、1352家省级下属分公司完成更名，打造企业统一品牌形象。“全国一网”集团化管理架构已初步形成，集团建立了统一的技术标准规范、市场经营规范、财务管理体系。

（三）一体化发展的体制机制保障得到加强

广电媒体内部一体化发展格局基本形成。尽管具体路径选择不同，从实现效果来看，广播电视与新媒体业务“两张皮”等问题已显著减少，改革的系统性、协同性显著增强，媒体内部形成了资源一体配置、一体生产分发运营机制的深度融合生态。比如，福建台、内蒙古台、武汉台等推行大中心制改革，打破资源配置壁垒，构建融为一体、调度有力、高效协同的全媒体生产传播新机制。

内生活力在改革中得到激发。广电媒体核心业务是典型的智力劳动，产品和服务效果高度依赖于投入的智力劳动质量，因此，改革的重点也在人才队伍建设。一是越来越多的省台和地市台在激励、约束、考核“三位一体”的融媒管理机制方面集中发力，制定实施全媒体绩效考核制度，并设立媒体融合专项资金。二是有些地市台重构管理体系，实现干部能上能下，职工能进能出，绩效工资占比加大，机构内部活力迸发，运营状况发生根本性转变。三是通过联合培养、分层分类培训、双向选择等组合拳，用活用好专业人才、骨干人才，培养人才梯队。

案例：陕西广电融媒体集团深化体制机制改革

一是将原陕西台与陕西广播电视集团合并，新成立陕西融媒体集团，加挂陕西台牌子，集团具有独立企业法人资格。集团实行企业管理模式，推行大部制、扁平化管理。二是全省“一盘棋、一朵云、一张网”，后端内容一体、中端技术支撑一体、前端传播渠道一体；资源一体、协同一体、服务一体、管理一体，横向到边、纵向到底，形成省级融媒体平台的运行机制。三是建立融媒体运营体系。将智慧融媒体和打造治国理政平台融合一体布局，全面接入政务资源，拓宽媒体服务运营能力，包括数字政府建设、云服务运营、雪亮工程、大型政企服务、产品带货、数据平台服务、融媒体账号服务、投融资、产业园区等。搭建MCN平台，建成行业融媒中心，推进“智慧广电＋”新运营体系规划，逐步推动单一广告经营向品牌运营、平台运营、生态运营转变。

三、平台建设和运营模式探索取得重要突破

（一）自主平台建设取得新进展

2021年，广电媒体面对互联网传播的变革，逐渐找准节奏，强化各有特点的自主平台建设，“主场优势”进一步发挥。

平台建设的探索取得区域突破。各级广电媒体的自主平台建设综合考虑了自身发展实际、专业优势、用户需求等，有的专攻音频、视听节目、新闻资讯、民生服务等垂类市场；有的综合拓展，聚合媒体和综合服务力争覆盖本地全场景。从服务的地域范围来看，既可以是小到社区范围的综合服务平台，如宁波台为智慧小区配套的客户端，也可以是大到面向全国市场或国际市场的视听内容服务平台，如中央广播电视总台的央视频、云听，湖南台的芒果TV国际版。值得一提的是，一些平台核心功能和应用的自研率不断提升，自主可控明显增强。

以独特优势为核，“聚变”内外部优质资源。区域性广电媒体突出行业特色、强化贴地服务，以各类“平台”为载体，广泛链接资源，构建闭环服务生态，融专业媒体服务与政用民用商用服务于一体。比如，有的基于电视问政节目的品牌影响力，打造从接诉、爆料，到问政、跟踪，以及回复率、满意度展示的闭环全媒体问政新业态；有的发挥影响力公信力竞争力综合优势，获得当地党委政府授权打造当地大数据管理和服务平台，提供丰富的公共服务和社会服务等。这些特色做法推动一批广电媒体逐步从“台”向“平台”跨越，在传递党的声音、参与社会治理、提升社会服务效率等方面发挥更大作用。

案例：四川省德阳市广播电视台“德阳市民通”客户端平台建设

德阳台将用于疫情防控的“德阳市民健康通”小程序，改造升级为具有城市本地通 APP 功能的智慧城市新媒体平台，媒体融合与智慧城市服务有机结合。一是权威授权、各司其职。德阳市政务服务和大数据局授权德阳台、德阳发展集团共同投资成立公司负责平台运营。德阳台负责技术开发、内容打造、商业运营等；后者负责统筹协调全市政务、生活、智慧城市等数字资源接入。二是以市民需求为导向，聚合资源共融共生。开设新闻资讯版块，开设“智慧广电”专区，提供广播电视直播和新闻栏目回看。场景化提供综合服务，集成开发近 300 项公共服务类应用，并自主研发“智慧停车”“三星堆线上畅游”“美食地图”等特色服务，增强平台黏性。上线仅一年多，实名认证用户已覆盖全市 70% 人口，日均访问量达到 30 万人次，成为本土第一用户流量平台、应用赋能平台和支付融合平台。

（二）融合运营模式初步形成

广电媒体在建立融合运营模式方面不断探索，初步形成全媒体运营品牌，打造“广电 +”生态体系，增强自我造血功能。2021 年，全国广播电视机构智慧广电及融合发展业务收入 1085.70 亿元，同比增长 21.47%。其中，广电机构新媒体广告收入 276.71 亿元，同比增长 35.01%；有线电视网络宽带、集团客户等增值业务收入 246.97 亿元，同比增长 4.48%；IPTV 平台分成收入 161.76 亿元，同比增长 19.09%；OTT 集成服务业务收入 78.02 亿元，同比增长 9.73%；广电机构网络视听收入 322.24 亿元，同比增长 31.24%。

“新闻 + 政务服务商务”运营模式日益成熟。广电媒体基于内容制播专业优势，为政企等用户提供慢直播、互动直播、短视频制作、孵化 IP 开发周边，以及新媒体账号代运营、内容审核和舆情服务、品牌形象塑造等服务；基于品牌影响力和公信力优势，围绕综合服务供需匹配，线上线下联动运营、全场景运营，开展活动营销、智能营销等，逐步形成 2G/2B/2C 等多种与广电品牌相结合的运营模式。同时，运营机制不断创新，在可复制、可持续上不断探索。如陕西台按照“一地一端、统一后台、分级运营”优化省平台与县融的联动合作模式。

（三）广电媒体融合与区域协同发展相互促进

区域协同发展是实现高质量发展和构建新发展格局的重要战略部署。主管部门与广电媒体小切口破局、由点及面突破，将一体化实践逐渐汇成服务区域发展的协同之力。

积极发挥政策引领作用。一是广电总局指导浙江广播电视集团创建中国（浙江）广播电视媒体融合创新中心，引导 7 个已设立创新中心加强项目孵化、技术应用等重点任务落实，发挥带动引领作用。二是江苏、山东、福建、江西等省级广电局打造和升级节目共享平台，补供给侧短板，提升区域内广电媒体制播能力。三是从内容制播、技术合作、资源共享、评优推优、论坛展会到品牌打造、产业协作，区域广电协同发展机制逐步建立稳妥实施。京津冀新视听媒体融合学院、京津冀县（区）广电融媒体联盟、长三角广播电视媒体融合优秀案例评选、长三角广电网络数字经济联盟等相继设立运作。

广电媒体协作联动展现主力军优势。广电媒体紧紧围绕庆祝建党百年、脱贫攻坚与乡村振兴衔接等重大主题、重大战略，频繁紧密展开联动协作，不断优化机制，取得新的成效和经验。如广东台联合全省 21 家地市级以上广播电视台，推出大型融媒系列直播节目《飞越广东》；天津海河传媒中心津云联合甘肃、新疆、西藏、青海等天津结对帮扶地区的媒体共同策划推出《老乡，你好！》系列访谈节目等，有力推动了融合发展。

四、广电媒体深度融合发展的主要任务与对策思考

总体来看，广电媒体融合在一体化发展方面已取得阶段性重要突破，全媒体传播格局初步形成。然而，要清醒认识到，当前广电媒体遇到了前

所未有的挑战和困难，正处在深刻变革的关键时期，滚石上山一刻不能松劲。

要深化对主力军功能定位的认识。不论技术条件、市场环境、舆论生态如何变化，只有尽快进入主战场，才能占领信息传播制高点，守住守好舆论阵地，掌握网络舆论战场的主导权，这是管理部门和广电媒体共同的使命任务。应强化地市级媒体承上启下的关键优势，加强上下联动和横向合作，形成省市县协同合力，提升主流媒体的整体影响力竞争力。

要打通数字化转型的主要堵点。相比移动消费端的高度数字化，广电行业的整体数字化水平存在不对称问题，需要在技术迭代的过程中，加快补短板、强弱项，推动统一标准、共享融通，加快盘活海量媒资，推进智能化应用、挖掘多元价值，为业务模式、发展模式的根本性转化创造良好条件。

要尽快完善新型主流媒体的运营模式，实现事业产业一体化发展新格局。“广电＋政用民用商用”不是简单相加，而是要依托广电优势和专长来拓展综合服务，形成多元服务协同效应，在紧密耦合、相互促进中尽快迭代升级，实现高质量、可持续发展。

要进一步完善适配一体化发展的体制机制。推进一体化发展，是为了让主流媒体在不断拓展网络空间、社会空间中巩固主阵地，接下来需要进一步完善推动广电媒体协同共享的改革创新机制，推动行业有效整合资源和要素，形成一体化的组织结构、传播体系和管理体制，更好发挥整体优势。

（执笔人：莫　桦，国家广播电视总局发展研究中心）

第二节 新型主流媒体建设

提要： 做强新型主流媒体是媒体深度融合发展的重大课题。2021 年广电总局推动实施广电媒体深度融合发展三年行动计划，再造内容制作生产流程和重构传播渠道平台矩阵取得显著成效，重塑产业运营模式取得重要进展，体制机制改革不断深入和拓展，部分广电媒体事业产业可持续发展能力明显提升，新型主流媒体建设取得显著成效。

国家“十四五”规划指出，要“推进媒体深度融合，做强新型主流媒体”。为落实规划部署，广电总局编制的《广播电视和网络视听“十四五”发展规划》对广电新型主流媒体建设作出具体安排，建设新型主流媒体的政策支持显著增强。广电总局连续开展“全国广播电视媒体融合先导单位、典型案例、成长项目征集和评选”活动，组织全国地市级以上广电媒体制订实施《广播电视媒体深度融合发展三年行动计划》，有力推动了新型主流媒体建设。

一、加快再造内容制作生产流程

（一）一体策划、一体采集、多种生成、多元传播、全端覆盖机制日益健全

各级各地广电媒体坚持新闻立台，加快推进内容生产模式的整体性重

构，按照集群化、融合化思路再造内容生产流程。一是各台基本上建立了融媒体新闻中心，大多数台的“中央厨房”升级为融媒体新闻中心，成为新闻宣传的枢纽。这一做法，从根本上解决了传统媒体和新媒体新闻宣传“两张皮”现象，打破物理阻隔和组织边界，整合分散新闻宣传资源，调度全媒采制力量、重构全媒体融合技术系统，实现电视新闻、广播新闻、网站新闻、移动端新闻和账号矩阵等多端内容的一体化生产、一体化管理、一体化运营，协同运用、形成合力，通过传统渠道端口、短视频、社交媒体和直播、海报、互动产品等多种形式，基本适应了互联网传播环境，大大提升了新闻宣传内容生产能力。

（二）融合型节目制播云系统建设取得重大进展

大多数省台和部分地市台建成了不断升级、功能强大的新闻制播云系统，主要包括融合生产平台、移动采编系统和分发系统，解决业务流程中的痛点堵点，推动内外网打通、文稿系统升级、移动互联网编辑、审核和远程协同，实现了“多渠道信息来源、一个平台统一生产、多形态产品呈现、多终端同步分发”的目标。有些还实现了稿件的全流程追溯，稿件谁制作、谁审核，修改了哪里，如何修改，什么时间修改，有谁浏览了稿件，最终在哪里播出，传播情况如何，等等，都有自动记录，保障了制播安全。有些广电媒体还将区块链、人工智能等新一代信息技术应用于内容创作与管理各流程各环节，建立了从内容采制、编审、全网分发、互动沟通到协同管理、数据分析的一站式管理机制。这一做法显著提升了新闻采编发效率和差异化传播效果。实施一体化采集，各媒体平台统一编排、集成运作，对报道策划、内容生产、终端呈现等进行全流程把控，实时反馈信息、提供意见、指导应变。

（三）探索推进省市县三级融媒体新闻中心联动运作

县级融媒体中心将新闻信息采集网络通过客户端和微信公众号扩展到乡镇和村通讯员，形成新闻信息的网格化模式；地市级广电融媒体中心同市域内各县级融媒体中心新闻采编发系统互联互通互用；省级广电建立融媒体新闻中心，建立省域各级广电机构新闻内容采编联通机制，新闻宣传能力得到显著提升。省、市、县三级融媒中心的贯通和协同将进一步提高广电新型主流媒体的内容制作生产与传播能力。目前，这一做法正在江苏、黑龙江、重庆、陕西等地探索和完善，未来将在更多省份得到推广。

二、加快重构传播渠道平台矩阵

（一）重点打造自主可控的移动客户端

各级广电媒体坚持“移动优先”，着力打造以自有移动客户端为核心的全媒体传播矩阵，重点是集中力量做强自主可控新型视听传播平台。各省台和绝大多数地市台、多数县级融媒体中心重点建设客户端，不断迭代和完善平台功能，推进优质内容生产和高效传播，下载量和日活用户明显增多，传播力影响力进一步提升，成为本地最具影响力的视听传播手机客户端之一。其具有相当示范性的模式是，广电媒体推进与自有平台的双屏联动，将广电机构的内容资源、创作生产优势输送至自有移动客户端，实现电视与移动平台的双向引流支撑，推动市场化运作，反哺全媒体经营。

案例：上海台百视 TV 的“四个打通”策略

2020 年，上海台启动全媒体战略，打造百视 TV 流媒体平台，主要完成两大任务目标：尽快打造出一个自主可控、传播力强的视频平台级产品；尽快实现媒体融合发展带来的商业模式转型和经营能力提升。百视 TV 着力打通渠道和内容生产、打通大屏和小屏、打通专网和移动互联网、打通线上和线下的全渠道文娱生活服务，构建一套内部联动机制和一个新消费的闭环。百视 TV 与东方卫视率先展开耦合之路，充分挖掘 SMG 多年来积累的精品内容、制作经验和多元产业布局能力，充分利用掌握的东方有线、IPTV、OTT 等家庭大屏入口，以及东方明珠塔、梅赛德斯奔驰文化中心等一批优质线下渠道的优势，补上移动互联网的短板，实现大小屏衔接，把观众变成用户，同时试水内容电商模式。

（二）建立健全全媒体传播矩阵

广电媒体大力推动“1（自有移动传播平台）+N”传播矩阵建设，统筹屏、端、微信、微博等社交媒体账号，统筹大屏小屏和短视频、网络直播、网络音频等业务。与此同时，加强与媒体、平台的合作，在学习强国和各主流媒体客户端，以及微博、抖音、快手、微信视频号等平台建立矩阵发布网络。有些广电媒体依据各商业平台属性，分别设立运营小组，内容发布从以往的“多平台无差别发布”，真正做到了根据不同平台、不同用户的需求，生产发布不同的内容。此外，广电媒体借力“短视频 +”“直播 +”进一步拓展分发渠道，不断推进广电与新业态深度融合，优化广电新型主流媒体建设的移动化、智能化新路径。全媒体矩阵建设着力重建广电媒体的全端传播能力和产品开发能力，克服广电媒体传统渠道短板，品牌爆款频出，切实增强全媒体分发传播能力和传播效果。

三、加快重塑业态和产业模式

（一）“媒体 +”模式不断拓展

在智慧广电战略驱动下，新型主流媒体建设积极融入智慧城市建设，业态模式加速嬗变，“媒体 + 政务”模式日渐成熟，部分广电媒体在全媒体平台特别是移动客户端中做强“媒体 + 政务”功能，植入各类政务服务，兴办移动政务新媒体，开辟行政审批、应急管理、广播电视、公共交通、医院、不动产中心等在线窗口，开通网上问政、缴费、办事等业务。有的还与政府部门联合开办“政务直播间”栏目，接受群众诉求，解决群众难题，回应社会关切，打造阳光政务形象，成为社会治理的新平台。

“媒体 + 服务”模式深入推进，极大丰富了融媒业态。广电新型主流媒体的服务能力显著增强，在 APP 服务版块提供“市民通”“天气服务”“公共服务”等云端服务，用户在 APP 上完成查询公交、客车、火车、天气等民生服务或办理有关服务。在深度融合中，各台的电视问政栏目基本转型为融媒问政业态。“无线荆州”APP 升级民生栏目，将电视栏目《e 线民生》、广播节目《行风热线》、荆州新闻网民生爆料平台及微信公众号等矩阵融为一体，形成舆论监督和服务民生融媒体传播集群，搭建“上情下达，下情上达”的桥梁。

“媒体＋商务”全面推广，传统广告模式加快迭代。各广电媒体着力推动全媒体内容传播与营销深度融合，探索MCN业务垂类拓展，推行“媒体＋活动”“媒体＋电商直播（商城）”“媒体＋文旅”“媒体＋会展”等全场景营销模式。目前全媒体的商业营销已成为广电媒体产业“造血”主要模式，全媒体平台成为融合运营收入的主要载体，为服务地方经济社会发展注入新力量。

“媒体＋”业态模式以内容为起点和核心，优化了新型主流媒体新的业态结构，提高产业经营有效供给的持续性、稳定性，进一步增强自我造血能力，形成了新型主流媒体高质量发展的产业支撑。省级和地市级广电媒体深化整合营销，将业务延伸至更多垂直领域，拓展IP化和品牌化等产业多元化发展路径，提升了媒体业务生态建设创新能力。

（二）一体化产业运营取得新进展

产业融合是媒体深度融合发展的重要环节，产业运营是新型主流媒体建设的重要保障。近年来广电媒体创收能力减弱和收入持续下滑带来了一系列问题，这是广电新型主流媒体建设需着力突破的关键。2021年以来，中央和省、市、县四级广电媒体从各自特点出发，聚焦全媒体传播领域，改变传统的频道频率运营和分散经营模式，重塑运营架构，整合全媒体传播资源，推进业态多元化和产品供给侧改革，从内容生态、传播模式、关键技术、应用场景四个方向，着力满足百姓、政府机构、社会企业在资讯传播、政策解读、民生服务、政务功能等方面的需求，探索形成全平台、多元化、全链路的数字化营销路径，丰富全媒体生态，推动一体化产业运营，扩大数字化营收增量。以产业思维和市场服务促进媒体融合，取得了新进展、新成效。

四、加快推进和深化体制机制改革

推进媒体深度融合，建设新型主流媒体，离不开体制重塑和机制重构。各广电媒体在体制机制改革上，推进力度、路径选择和实施成效虽各有不同，但都在不断深化。

（一）事企分设、并轨运行的模式日渐推广

近年来，新型主流媒体建设不断创新运行机制。省市广电媒体在探索中不断进行体制机制模式的优选和完善，既体现事业机构的特点，又适应媒体融合需要和激发内部活力，形成事企分设、并轨运行的模式，并在2021年得到更大范围的推广。其基本做法是，将事业企业分开、宣传经营分离，实行“台＋集团”“融媒体中心＋公司”运作模式，即“一个党委、两个机构、并轨运行”，有效解决了体制僵化、机制不活、宣传经营和企事不分的问题。融媒体中心和传媒集团坚持党管媒体，实行党委统一领导，融媒体中心专注宣传主业，公司负责经营和产业发展，构建“事业引领产业、产业反哺事业”的新型主流媒体长效发展机制。这一模式综合众多模式优点，既对接现行传媒体制政策，又便于解决机制不活问题。

（二）用人和分配体制机制创新逐步深化

建设新型主流媒体，关键在人。2021年以来，广电媒体融合在用人和分配机制改革上进一步加大力度。一是实行一体化用人机制。如打破编内编外，全员全体起立，在职在编职工身份封存，干部档案中级别不变，档案工资正常调整，退休恢复身份；中层正职竞争上岗、中层正职以下双向选择，其他人员进行双向选择，形成职务能上能下的用人机制；压缩机构设置，精简人员编制；打开行政职务和业务职称两方面的上升通道，探索打破人员编制壁垒，探索“以岗定级、以级定薪、人岗匹配”的人才使用机制。

二是创新薪酬考核机制。坚持“按劳分配、多劳多得、优劳优得”和“同岗同工同考核同待遇”的原则，建立全员“基本工资＋绩效＋奖金”

的薪酬考核机制，以工作定绩效、以贡献排座次，破除了原有“大锅饭”现象，充分调动全员积极性、主动性、创造性。

三是创新人才评价机制。按照以人为本和“干部能上能下、职工能进能出、收入能多能少”的要求，变“伯乐相马”为“赛场赛马”，设立并不断完善工作室制、项目制以及企业化运作等多元化创业干事平台，做到人尽其才、才尽其用、用有所成，壮大优秀全媒体人才队伍。特别是工作室机制的建立和升级，有力激发了队伍活力，提升了内容和产品制作能力与营销能力。

（三）区域一体化机制创新取得阶段性进展

为贯彻落实国家区域协同发展战略，广电媒体跨区域一体化发展趋势启动。京津冀媒体融合创新中心框架下，2021 年京津冀媒体融合协作机制初步建立，“京津冀之声”广播开播。在长三角，沪苏浙皖三省一市统一开展媒体融合案例评审，设立开播“长三角之声”；在地市和县两级，也分别建立新闻宣传、节目制播、媒体融合联动和协作机制。

在成渝经济圈，川渝广电建立“双城记”机制。2021 年以来，重庆广电融媒体新闻中心与四川台全媒体新闻中心携手共建媒体融合大平台。重庆广电“第 1 眼”与四川广电“四川观察”客户端同步上线“双城记”频道，并推出《双城大事件》《政策直通车》《对话双城》等栏目，联合专题采访、同步直播、联动报道已成为川渝广电的合作常态，双方在 2022 年 4 月共同发起大型全媒体新闻行动《一江春水向东流》，以全媒体报道形式，探访川渝两地长江沿岸生态环境保护治理的经验成果和生态优先、绿色发展的创新实践。

在省域内部，省台对接区县融媒机制正在建立推广和完善之中。湖北、黑龙江、重庆等省市广电建立了省台与区县融媒体中心的联动机制，省级融媒平台既提供云平台技术支持，又让区县融媒体中心进驻省级平台，双向共享新闻资源、互用传播网络，构建起良好的区域一体化生态。

当前，建设新型主流媒体还面临一些问题和困难，主要有：内部体制机制尚需进一步调整完善；聚合政务服务公共资源难；人才引进、使用和分配改革亟需深化；产业模式落地增效难，新型主流媒体产业经营造血能力严重不足。

针对这些问题，各级广电媒体需进一步催化融合质变，放大一体效能。一是加大力度协同和系统推进体制机制改革，突破关键环节梗阻；二是加快健全以移动端为核心的全媒体采编发与整合经营体系，实现主力军占领互联网主战场；三是立足本地做强自有平台，加快技术内容管理融合创新，做实做优“媒体＋政务服务商务”业态模式，加强与本地各部门、各行业机构构建一体化连接，进一步打造政务服务和信息服务的多功能生态级平台；四是促进产业经营的市场化、品牌化和垂直类运营创新，不断增强自我造血能力和参与社会治理能力；五是加快改革选人用人机制，大力培养全媒体新型人才，打造一专多能人才队伍。

（执笔人：杨明品　高　星，国家广播电视总局发展研究中心）

第三节 广电 5G 建设和应用

提要：2021 年，广电 5G 网络建设稳步推进，已建成 5G 700MHz 基站 20 万站，商用放号条件基本成熟。广电 5G 应用平台、5G NR 广播建设和 5G 700MHz 垂直行业应用取得积极进展。广电媒体在 5G 新闻生产、内容制播、业态创新等方面持续发力，巩固主阵地、弘扬主旋律能力进一步增强。

在数字时代背景下，发展广电 5G 既是广电网络转型升级的重要机遇，也是广电网络巩固主流媒体传输主渠道地位的有效手段。广电总局深入贯彻落实习近平总书记关于“打造智慧广电媒体，发展智慧广电网络”的重要指示，在引领广电行业以有线电视传输网络为基础，积极运用 5G、人工智能、大数据、云计算等技术，推动广播电视网、广电宽带网和 5G 移动互联网融合发展，构建“有线 + 无线 + 卫星”一体化的传播体系，为智慧广电战略和媒体深度融合发展打下坚实基础。

一、广电 5G 网络建设取得重要进展

中国广播电视网络集团有限公司（以下简称中国广电集团）与中国移动通信集团有限公司在 5G 共建共享合作框架协议基础上，就建设、维护、市场和结算等具体问题深入磋商，进一步签署系列具体协议，达成 5G 网

络资源共享、700MHz 网络共建、2.6GHz 网络共享、业务生态融合共创。在核心网方面，中国广电集团坚持自主建设，采用大区制集中部署，简洁架构全云化。2021 年下半年，中国广电集团在全国范围内进行广播电视发射台站的现有发射机系统及天馈线系统改造，边清移频率边建设网络，截至 2021 年年底，已建成 20 万站 5G 700MHz 基站。2022 年年初，北京、广州、南京、成都四个大区核心节点建设和省级核心节点建设陆续启动，各节点与三大运营商的网间互联互通有序推进。此外，全业务运营 BOSS 系统和客服、渠道、产品、定价与结算体系不断建设和完善。2021 年深圳文博会期间启动了 192 号段内部友好用户放号测试。产业生态方面，截至 2021 年年底，支持 700MHz 的 5G 手机终端已达 170 多款，新入网 5G 移动终端支持 700MHz 频段占比高达 95%，700MHz 5G 产业链逐步成熟。700MHz 与 5G NR 广播的国家标准持续演进。广电 5G 放号运营筹备工作有序开展。

二、广电 5G 特色服务不断拓展深化

中国广电网络面向 5G 融合网络发展需求，以 IP 化、云化、智慧化、融合化为方向，不断升级优化有线电视网络，并基于优化后的网络基础，积极开展新业务探索，推动建设公专网一体化网络基础设施，提供政用、民用、工业用、商用相结合的广电 5G 特色服务。

（一）广电 5G 应用平台建设着力打造播出新业态

广电 5G 应用平台由中国广电集团具体建设，致力于打造国家级 5G 视频内容平台和智能化服务平台。平台以广电 5G 建设为契机，以电视直播为核心，传承集成播出电视频道的职责，重点打造了“电视”“发布厅”“视听”“应急广播”“我的”五大服务版块，面向手机终端和电视终端等用户开展“广电 5G 融合视听业务”，提供广播电视直播频道和网络视听集成播出服务。

（二）5G NR 广播重塑广电基础服务

5G NR 广播采用单播、组播、广播方式，重点运用移动蜂窝基站和广

播电视发射塔，实现5G手机等通用智能终端可以随时随地观看直播、点播、VR/AR等视听内容服务，推动广播电视人人通、移动通、终端通。在广电总局科技司指导下，中国广电集团在北京、上海、南京等地完成基于蜂窝基站和广播电视塔的5G NR广播融合交互测试，实现了端到端5G广播在电视频道直播和公共安全服务场景的应用；在北京五棵松体育中心开展5G广播+360度自由视角高新视频融合应用测试，完成全球首个5G NR广播商用场景系统能力验证。在标准演进方面，中国广电积极参与国际广播标准制订，持续向3GPP组织提交5G广播相关技术提案，引领世界5G NR广播技术标准演进，累计提交200余篇提案，100余篇已获得通过。

（三）5G 700MHz应用赋能垂直行业数智化转型

700MHz被称作移动通信的“黄金频段”，具有强穿透、广覆盖、低损耗等优良特性。各省网公司已经开始探索5G 700MHz在海事、煤炭、警务等垂直领域的应用。中国广电山东公司积极推动5G 700MHz在海事通讯方面的应用，完成青岛港引航站5G智慧引航项目，及时掌握船舶实时动态信息，实现海上精准引航；完成董家口港第二锚地（距海岸38公里）超远距离海上5G覆盖，充分印证广电5G 700MHz频谱的优秀能力。在煤炭行业，全国首个5G 700MHz融合组网矿井应用在陕西省大海则煤矿落地。700MHz+2.6GHz融合专网建设降低建设成本40%以上，覆盖距离提高了4—6倍，延时降低35%，稳定性提升45%，为5G高清视频通话、矿井采掘、机电、运输、一通三防等装备提供支撑和保障，为矿井装备智能化控制的应用打下坚实基础。在警务方面，东方有线完成首个5G 700MHz执法仪测试。5G+执法记录仪推动相关警务工作从事后处理转变为事前预防和事中实时分析与处理，大幅提升工作效率。

三、5G媒体应用创新不断突破

各级广电机构瞄准未来视听发展方向，积极运用4K/8K、XR、云采访、云录制、云制作、云转播、智能编辑部、AI虚拟主播等技术，实现更便捷、高效的内容生产。随着5G规模化应用持续推进，5G网络低延时、高带宽、广连接的技术特征将推动内容生产朝着超高清、移动化、智能化方向进一步发展。

案例：在冬奥赛场感受面向未来的媒体内容生产模式

北京冬奥会是首个实现5G网络全覆盖的冬奥会，也是首个核心信息系统全面上云的冬奥会。网络速率下行1.5G、上行500M，是奥运史上最大的网络带宽。在强有力高可靠的通信网络服务支持下，无论是媒体内容的采集制作，还是传输分发，都有了全新生产模式。一是实时移动化生产。场内记者随时随地移动化办公，利用“无线CATV”技术实现移动终端直播观赛，视频采访素材迅速解压、回传，连线采访画质清晰、无卡顿，5G+云直（转）播背包成标配，即使是在时速350公里高速行驶的冬奥列车京张高铁上，也可以通过高清移动演播室（含导播室）开展嘉宾访谈和超高清直播报道。二是远程超高清制播。北京冬奥会首次全程4K转播赛事，首次5G+8K直播开幕式，全面运用云上转播技术，依托“5G+超高清视听处理+AI+云计算/大数据/物联网+区块链技术”，采用“双中台+微服务”架构，实现转播系统云端化和人员服务远程化，媒体生产力大幅提升。三是互动沉浸式体验。媒体机构依托5G网络高速率、低时延优势和“云、管、端”三层架构，呈现毫秒级低时延多视角切换、4K 360度自由视角、“子弹时间”精彩回放、8K VR超高清直播、远程无人混合采访等创新观赛应用，为全球观众带来电影特效式直播体验。

（一）5G+4K/8K超高清直播广泛应用

5G+4K超高清直播已广泛运用于全国两会、服贸会、春晚、冬奥会等新闻报道、文艺活动、体育赛事和电竞赛事中。省市级电视台和许多影视制作机构使用4K超高清转播车开展演播室外超高清视频的采集和传输。庆祝中华人民共和国成立70周年大会、2020东京奥运会和2022北京冬奥会等重大活动和赛事已经开始使用 5G+8K 转播车。5G+8K 转播车集成 8K 录制和慢动作回放系统、8K 高性能存储系统、8K 监视器、5G 传输等专项技术，性能更加卓越，在 2022 北京冬奥会上，完成短道速滑和花样滑冰赛事全程 8K 公共信号制作，让世界观众享受到更清晰、更流畅、更沉浸的视听体验。此外，为实现超高清视频的移动化采集和传输，5G 背包被广泛使用。活动现场，记者背着不足一公斤重的 5G 背包、扛着摄像机，灵活穿梭、快速捕捉精彩瞬间，4K 画面实时回传本部，不需要进行固定机位连线、敷设长距离光缆。由于抗低温、轻便等特性，5G 背包在低温、应急等特殊场景广泛应用，比如，记录“珠峰登顶”历史性时刻，直播北京冬奥会高山、山地等场地的赛事，进行特大暴雨现场直播新闻报道等。

（二）5G+4K 移动化生产成为常态

媒体机构持续推进生产流程的云化、移动化，依托 5G 网络的上行和下行宽带能力及低时延保障，打破节目制播的空间限制，实现超高清视听内容的移动端远程采集、编辑、包装、合成和推送等。

采访编辑等关键环节上云。2022 全国两会期间，湖南台《云访谈 · 我们的新时代》、浙江台《“两会”云对话 ·“共富”我来问》等栏目，“同屏”呈现代表委员参会履职、建言献策情况。河南台、黑龙江台运用 5G+MR 等技术，实现记者和代表“面对面”交流、“隔空递物”互动。广西云融媒体平台、广东台、山东台分别打造“全国两会云上新闻中心”“云上融媒制作和分发平台”、云上编辑部，实现资源共享、多媒体联动，提升报道工作效率。疫情期间，各地广播电视台基于“5G+4K+AI+ 云”，实现综艺节目、新闻报道等内容的免接触式“云录制”。

自研系统提升内容生产效率。北京冬奥会创新采用 5G+ 云转播技术，减少现场技术人员聚集，满足赛事安全保障需求，实现多版制作、轻量化部署、多维视角观看等特点。总台研发 CMG 媒体云移动化制作平台，上海 SMG 研发全媒体融合生产平台 Empower-Media|Xnews，实现快速拍摄视频回传、云端短视频剪辑制作及包装、边播边编快速剪辑。在 2020 东

京奥运会和 2022 北京冬奥会上，总台摄制团队通过 CMG 媒体云，使用手机、平板电脑等移动终端远程工作、移动制作，大幅提高高质量节目制作的生产效率。

（三）5G+VR 直播等高新视频需求迎来高峰

从 H5、Vlog、MG 动画、AI 虚拟主播到 VR、AR、MR 等，媒体机构不断运用技术探索更有趣、更沉浸的视听表达。随着 5G 发展的逐步成熟，超高清沉浸式的 VR 直播等高新视频需求将迎来高峰。

为加快推动面向 5G 的高新视频应用，广电总局从 2019 年起陆续批复设立中国广电·青岛 5G 高新视频试验园区以及 5G 高新视频多场景应用、5G 高新视频体育融合和广电 5G 融合接入应用创新等广电总局实验室，激发企业创新活力，推动构建研发、生产、传播、服务等一体化产业生态全链条。目前，5G+VR 全景直播方案已经运用在美国超级碗、北京冬奥会等国内外多项顶尖体育赛事。5G+VR 技术主要基于 5G 宽带和低延时能力进行 VR 视频的实时回传和分发。冬奥期间，总台将 OBS 提供的 4K 360 VR IP 流信号回传至总台并接入光华路全媒体制作区，通过虚拟演播技术，呈现出光华路全媒体制作区“空降”赛场边做节目的震撼效果。2022 全国两会期间，山东台搭建 5G+VR 北京演播室，开展闪电大直播，低延迟、超高清直播大会开幕会盛况。北京台在 2021 全国两会期间首次将 5G+VR 技术用于移动新闻直播，在《市民对话一把手》现场，实现虚拟现实场景的实时直播。爱奇艺 5G+8K VR 端到端直播系统，采用 5G 高新视频关键技术和解决方案，建立相关标准体系，培育并开发适用于广电的 5G 高新视频新业态、新模式、新产品。

案例：5G 高新视频多场景应用国家广播电视总局重点实验室发展简况

5G 高新视频多场景应用国家广播电视总局重点实验室（以下简称实验室）依托单位为湖南广播电视台，于 2019 年 12 月成立。两年多来，实验室聚焦应用、商业模式、内容生产平台等方面创新，成果丰硕。一是成立湖南芒果无际科技有限公司，探索“实验室＋公司”一体化运营体制机制。二是聚焦虚拟内容制播，自主研发“小漾”数字主持人，着力构建5G虚拟现实智能制作平台“无际之城”，打造芒果幻城智慧虚拟社交平台“头号玩家”。三是深耕云端解决方案，自研产品“芒果音乐云魔方”“芒果新闻云魔方”，实现基于5G传输的多地远程协同音乐云录制、新闻宣传采访的云录制和云采访。四是坚持课题开放共建，与芒果幻视科技等公司共建虚拟体验、智能音频、智能手语等研究中心，形成虚拟内容交互系统和预演系统、人工智能手语电视播报系统等成果。其中，手语电视播报系统已覆盖全国28个省市区227家电视台及融媒体中心，被列为广电总局“我为群众办实事”实践项目。五是参与行业标准制定和技术应用示范。“5G高新视频AI智能剪辑平台”荣获广电总局首届人工智能应用创新大赛智能剪辑类别一等奖。“5G智慧电台”项目已服务全国27个省市区513家广播电台，达成合作815家。

现阶段，我国5G发展重点已经从网络建设转为规模化应用，广电5G即将商用放号。《广播电视和网络视听“十四五”科技发展规划》明确了广电5G的发展方向、工作任务和具体举措。下一步，广电5G将以规划为工作指南，牢记广电行业的意识形态属性，明确主流媒体传输主渠道定位，走差异化发展道路，重塑智慧广电新网络，推进网络强国建设，服务数字经济发展。

（执笔人：沈雅婷，国家广播电视总局发展研究中心）

第四节　网络视听主要平台发展与创新

提要：2021 年，网络视听行业用户规模和市场规模继续增长但增幅放缓，短视频和网络直播呈现较强发展势头。截至 2021 年 12 月，中国网络视频（含短视频）用户规模达 9.75 亿，占网民整体的 94.5%，其中短视频和网络直播用户规模分别达到 9.34 亿和 7.03 亿，同比增长 6.96% 和 14.03% ①；全国网络视听收入 3594.65 亿元，同比增长 22.10%②，其中处于头部位置的爱奇艺、优酷、腾讯视频、芒果 TV、抖音、快手、bilibili、咪咕等主要网络视听平台表现突出。

一、网络视听主要平台发展概况

2021 年，网络视听主要平台强化主体建设，一方面通过内容成本管控、业务布局和流程优化，强化营利能力，另一方面加快上市融资进程。2021 年快手和 bilibili 在中国香港上市，咪咕母公司中国移动在 A 股上市。除抖音外，爱奇艺、优酷、腾讯视频、芒果 TV、快手、bilibili、咪咕七家平台或其母公司均已上市，八家平台在 2021 年呈现如下发展特点。

---

① 数据来源：中国互联网络信息中心（CNNIC），第 49 次《中国互联网络发展状况统计报告》，2022 年 2 月 25 日。

② 数据来源：广电总局规划财务司，2021 年全国广播电视行业统计公报，2022 年 4 月 25 日。

爱奇艺：亏损逐步收窄，积极转型调整。爱奇艺围绕流程优化和成本控制进行了较大调整，2021 年总营收 306 亿元，同比增长 3%；运营亏损 30 亿元，亏损率由 15% 收窄至 10%。会员服务收入同比增长 1%，达到 167 亿元，继续保持最高占比（54.58%）；在线广告服务和内容发行收入分别增长 4% 和 7%，为 71 亿元（占比 23.2%）和 29 亿元（占比 9.48%）。①

优酷：2021 年第四季度，包括优酷、阿里影业、阿里音乐在内的阿里巴巴数字媒体及娱乐营收共 81.13 亿元，同比增长 0%，收入贡献比 3%，但优酷的日均付费用户规模同比增长 14%，该季度亏损同比有所收窄。②

腾讯视频：传统广告收入下降，视频号发展势头强劲。腾讯视频母公司腾讯在 2021 年营收 5601.18 亿元，同比增长 16%，净利润增长 1%，是该公司近十年来净利增幅最低的一年。属于增值服务板块的腾讯视频继续处于亏损状态，全年付费会员数同比增长 1%，为 1.24 亿，媒体广告收入下降 7%，为 133 亿元，但微信视频号人均使用时长和总视频播放量同比增长一倍以上，在短视频流、直播打赏及直播电商等领域均呈现出较好的商业化前景。③

芒果 TV：强化内容建设，台网合作持续保持盈利。2021 年，芒果超媒营业总收入 153.53 亿元，同比增长 9.62%，其中核心主业芒果 TV 互联网视频业务（含广告、会员和运营商业务）同比增长 24.28%，营收 112.61 亿元；芒果 TV 广告收入同比增长 31.75%，达到 54.53 亿元。④ 芒果超媒的融投资明显向影视项目倾斜，2021 年 45 亿定增项目的近 89% 用于内容资源库扩建，⑤ 此外中国移动全资子公司中移资本成为芒果超媒第二大股东，持股比例超过 7%。

---

① 数据来源：截至 2021 年 12 月 31 日未经审计的爱奇艺第四季度和全年财务报告。其中，运营亏损情况基于非美国通用会计准则财务指标。

② 数据来源：阿里巴巴集团 2021 财年第三季度财报（截至 2021 年 12 月 31 日）。

③ 数据来源：腾讯 2021 财年财报。

④ 数据来源：芒果超媒 2021 年度业绩快报。

⑤ 《芒果超媒融资 45 亿元，40 亿将用于〈两不疑〉等内容》，澎湃新闻，2021 年 8 月 12 日。

抖音：营收增速放缓，兴趣电商前景广阔。抖音、今日头条及 TikTok 母公司字节跳动 2021 年收入约 3680 亿元，同比增长 70%，增速有所放缓。[①] 在抖音平台，兴趣电商发展迅速，国货老字号品牌销量同比增长 647%，通过抖音电商获得收入的手艺人同比增长 61%。[②]

快手：日活用户继续增长，电商营收为主要支柱。2021 年快手营收 810.81 亿元，同比增长 37.9%，净亏损 188.52 亿元。第四季度平均日活用户 3.23 亿，同比增长 19.2%，日均使用时长 118.9 分钟；月活用户 5.78 亿，同比增长 21.5%。线上营销服务收入取代直播成为快手第一大收入来源，全年收入达 427 亿元，同比增加 95.2%，在总收入中的占比从 2020 年的 37.2% 升至 52.6%。[③]

bilibili：月活 UP 主数量高速增长，社区属性特色鲜明。2021 年 bilibili 总营收 193.8 亿元，同比增长 62%。其中月活用户 2.72 亿，同比增长 35%，日均使用时长为 82 分钟。第四季度，bilibili 月均活跃 UP 主数量达到 304 万，同比增长 58%；月均投稿量达到 1088 万，同比增长 83%，基于社区网络建立的视频生态显示出较强的差异化发展趋势。[④]

咪咕：突出体育赛事优势，试水自制内容。2021 年中国移动数字内容收入同比增长 47.1%，咪咕视频全场景月活客户同比增长 45%。体育赛事是内容布局重点，2021 年陆续获得包括 NBA、CBA 和五大足球联赛在内的多个顶级赛事版权，并成为 2022 年北京冬奥会、2022 年卡塔尔世界杯足球赛的赛事转播顶级合作伙伴。北京冬奥会期间，咪咕视频奥运内容累计播放 340 亿次，带动中国移动品牌曝光 718 亿次。此外，平台近三年加大了电影、剧集及综艺等内容的投入，如与芒果 TV 联合出品部分综艺。

---

① 《2021 年营收增速放缓至 70%，字节跳动等待第二增长曲线》，界面新闻，2022 年 1 月 21 日。

② 数据来源：《2021 抖音数据报告》，2022 年 1 月 5 日。

③ 数据来源：快手科技 2021 年第四季度及全年业绩公告，2022 年 3 月 29 日。

④ 数据来源：bilibili 2021 年第四季度及财年财报，2022 年 3 月 3 日。

二、网络视听主要平台发展新态势

2021 年，主要网络视听平台强化阵地建设，深入推进“首页首屏首条”工程，为大小屏端的网络视听用户提供多形式、多层次、多角度的权威主流声音，同时围绕建党百年、脱贫攻坚、抗击疫情、北京冬奥等主题主线，创作推出一批彰显鲜明时代特色的优秀作品。在主体运营方面，不断深化与广电媒体和其他垂直领域的合作，强化业务的多元布局和品牌建设。

（一）强化优势互补，网台合作更深化

1. 与广电媒体合作深化，强化剧、综领域的“强强联合”

主要网络视听平台与广电媒体的合作在 2021 年更加深入、效果更加突出。在剧集领域，网台合作已涵盖制作、播出、宣推各环节，如优酷深度参与、联合出品电视剧《觉醒年代》。宣推方面，网络视听平台与上星卫视同播年度大剧热剧愈加普遍。广电总局监管中心数据显示，2021 年网络视听平台、上星卫视黄金档同日开播，但卫视先于网站会员播出的电视剧共 113 部，其中《山海情》《功勋》等重大主题展播剧多为此类；网络首播电视剧与上年持平为 79 部，其中 47 部仅在互联网播出，8 部先网后台播出，另有《扫黑风暴》《叛逆者》《理想之城》《对手》等 24 部电视剧网台同播，但网站会员可优先观看。

在综艺领域，视听平台技术优势、覆盖优势和广播电视台的内容优势强强联合，打造出多个“1+1 ＞ 2”的成功案例。如优酷与河南台合作推出“中国节日”系列节目，与北京卫视围绕冰雪题材推出综艺《冬梦之约（第二季）》，与天津卫视合作推出相声春晚和综艺《青春守艺人》；bilibili 与河南台联合出品综艺《舞千年》；抖音与江苏卫视联合出品综艺《点赞！达人秀》；快手联合山东台《生活帮》栏目共同推出“KUAI 来帮忙”计划等。这些网台合作和联动活动，将广电媒体的内容资源、公信力资源与主要网络视听平台的技术资源和渠道资源相叠加，在品质和传播效果方面取得可喜成绩。

案例：优酷与河南台的合作

双方围绕中华优秀传统文化的创新性表达推出《七夕奇妙游》《端午奇妙游》《中秋奇妙游》等系列节目。其中，优酷在拍摄技术、用户画像、节目招商、品牌联动、节目宣推等领域提供全方位的数据和资源支持，与河南台在内容领域的积淀形成合力。2021 年 10 月，阿里文娱与河南台达成战略合作。仅在 2022 年春节期间便联合开发小年夜《新民乐国风夜》、河南春晚和元宵晚会三档节目。目前，二者已经进入联合制作、宣发、投资、招商的深度合作阶段，并从文创延伸至文旅，在民宿、沉浸式演出、剧本杀等多个版块围绕 IP 实现内容开发和产业化层面的互补。

2. 与其他机构纵深融合，强化垂直资源的“优势互补”

主要网络视听平台之间，以及与相关部委办局的联动合作愈加普遍，以优势互补增强内容的专业性和资源的整合度。如首次由行业主管部门指导，八家主要网络视听平台共同推出并同步播出的网络综艺《中国梦·我的梦——2022 中国网络视听年度盛典》，开创了重大主题网络视听文艺的组织生产新模式。

案例：网络综艺《中国梦·我的梦——2022 中国网络视听年度盛典》

2022 年春节大年初二，以喜迎党的二十大和“中国梦”提出 10 周年、“中国梦·我的梦”为主题，由广电总局相关部门指导，首次组织爱奇艺、优酷、腾讯视频、芒果 TV、抖音、快手、bilibili、咪咕等重点网络视听平台共同举办《中国梦·我的梦——2022 中国网络视听年度盛典》。这是八家头部长短视听平台的首次联合创作，由主管部门统筹各家平台依托自身优势视听资源提供节目，进而串联形成一场完整的综艺晚会。盛典播出当晚，超过 1.5 亿用户观看了节目，微博相关话题阅读量超 32 亿。

专业机构和相关管理部门的“入局”正成为网络视听文艺创作的重要

趋势。如公安部新闻宣传局参与制作的《扫黑英雄》，以“时代楷模”杨春为原型，讴歌真实鲜活的时代英雄；国家应急管理部消防救援局与腾讯视频联合出品的网络纪录片《119 请回答》，通过消防员视角记录人间百态，在豆瓣获得 9.2 分；再如由国务院新闻办监制，中宣部、广电总局等相关部委办联合腾讯视频、福建省广播影视集团、深圳市委宣传部共同出品，英国著名导演柯文思执导的网络纪录片《柴米油盐之上》，实现了各方资源的高效整合和国际化视角的完美结合，成为 2021 年网络视听领域“讲好中国故事”的生动案例。

（二）强化长短互融，业务布局更多元

1. 平台层面：长短视频平台深入对方“腹地”

长短视频平台深入对方“腹地”正成为网络视听平台发展的重要特征。一方面，爱奇艺、腾讯视频等长视频平台利用资源优势入局短视频赛道。爱奇艺推出了爱奇艺随刻版 APP，发力中短视频；腾讯重组在线视频事业部，整合腾讯视频与微视，全面发力长中短视频；优酷升级 9.0 版本时新增短视频频道，强化对中短视频的布局。另一方面，抖音和快手等短视频平台强化中长视频业务。快手在 2021 年春节期间上线“放映厅”功能，以丰富的经典影视内容吸引用户关注；抖音于 2021 年 8 月在首页中加入“长视频”专区，加大资源投入布局长视频赛道。

2. 业态层面：微短剧、中视频快速发展

深受年轻人喜爱的网络微短剧和中视频显示出强劲的发展势头。广电总局监管中心数据显示，2021 年全网上线重点网络微短剧 58 部，普通网络微短剧约 1000 部。这些网络微短剧以超现实、情感题材为主，但整体类型较为丰富，创作上呈现快节奏、强反转等特点。长视频平台针对微短剧推出“火星计划”（腾讯视频）、“扶摇计划”（优酷）、“大芒计划”（芒果 TV）等系列扶持计划。短视频平台则借助与微短剧的贴合性巩固其赛道优势。抖音先后推出“短剧新番”“千万爆款剧乐部”计划扶持激励短剧创作者；快手早在 2021 年上半年就实现平台内的短剧日活用户破 2 亿，

而播放量超过 1 亿次的短剧数量高达 850 部。[①]

与短视频相比，中视频具有叙事完整、表达深入、场景丰富等特征，在广告创意和品牌营销领域有更大的发挥空间，正逐渐成为网络视听内容生态，特别是内容营销的新阵地。西瓜视频、抖音、今日头条联合发布的《中视频 2021 发展趋势报告》显示，中视频月活创作者数量和内容数量分别同比增长 80% 和 98%，其中居住在三线及以下城市的中视频创作者数量占比达到 45%。同时，各平台强化对中视频的扶持，如腾讯视频明确要重点开发 10 分钟左右 / 集的中视频短剧内容；西瓜视频联合抖音、今日头条推出“中视频伙伴计划”，内容分发支持一键同步三端，后台统一一站式管理，并给予创作者三个平台的流量分成。

三、网络视听主要平台发展展望

近年来，网络视听的市场环境正逐渐从资本和流量驱动，转向政策和品质驱动；供需矛盾从缺乏足够的视听内容，转变为低品质供给过剩而高品质内容不足。在网络视听用户规模增速放缓、平台用户逐渐触顶、内容成本居高不下、盗版侵权仍然存在、商业模式不够明晰的背景下，网络视听主要平台求思求变，探索着不同层面的创新。

一是进一步推动主流化，当好主力军建好主阵地。网络视听主要平台在重大主题宣传报道和精品内容创作中，正从生力军走向主力军，从新阵地成为主阵地。2022 年春节、北京冬奥会期间，作为视听新媒体“首页首屏工程”在新形势下的延展，短视频领域开始实施“首屏首推工程”，第一阶段推送的 45 条短视频总播放量近 7 亿次，逐步实现习近平总书记重要思想、重要活动、重要讲话内容在短视频平台“热榜置顶、常刷常新”。各平台强化现实题材和重大主题作品的创作并积极倾斜宣推资源，逐步形成主旋律有高频率、正能量有大流量的良好局面。

① 数据来源：2021 快手短剧数据报告，2021 年 7 月 27 日。

二是进一步强化品牌化，围绕 IP 强化生态建设。随着各家平台基于内容成本考量降低独播比例，内容制作与排播领域的“剧场化”正成为以品牌化建设破解商业化痛点的重要尝试。目前已形成爱奇艺“迷雾剧场”“恋恋剧场”、优酷“宠爱剧场”、腾讯视频“十分剧场”、芒果 TV“芒果季风”、bilibili“轻剧场”等差异化的剧场类型。此外，基于 IP 生态化开发的品牌经济初具雏形。如爱奇艺研发“IP+ 古城”模式，推出涵盖网络剧《风起洛阳》、网络综艺《登场了！洛阳》、网络纪录片《神都洛阳》、网络动画片《风起洛阳之神机少年》等内容的 IP 矩阵，放大“影视 + 文旅”资源的长尾效应。腾讯视频年度热播剧《你是我的荣耀》以游戏 IP 为基础，实现品牌的跨域运营。

三是进一步拓展多元化，以新模式打造新的增长点。网络电影成为商业模式创新的重要载体。2021 年爱奇艺、优酷、腾讯视频等首次开启网络电影春节档并上线 29 部作品，此后围绕节假日逐步形成网络电影节目排播的档期化。同时，爱奇艺探索建立全新的网络电影在线发行生态系统，全年云影院上线近 60 部单片付费网络电影，收入超过 2 亿元。此外，强化视听内容与电商等领域的结合。优酷基于阿里生态优势，联手阿里影业、淘票票、大麦打造从小屏到大电影、从线上娱乐到现场娱乐的 IP 纵向延展，多档剧综实现“影视 + 电商”的联动；芒果 TV 成立独立电商平台“小芒电商”，围绕芒果 TV 优质内容进行电商业务与视听内容的联动营销；抖音、快手等基于平台特性，在打造微综艺、微短剧的同时，开发电商、原生音乐等多元素、多面向的衍生内容，立体化变现内容价值。

（执笔人：彭　锦，国家广播电视总局发展研究中心）

第五章

广播电视公共服务

课题指导：

国家广播电视总局规划财务司司长　余爱群

国家广播电视总局公共服务司司长　邓慧文

第一节　广播电视公共服务

提要：2021 年，广播电视公共服务建设对标新时代发展要求，积极落实相关规划，优化政策指引，加大建设力度，强化项目驱动，实施“智慧广电 + 公共服务”，服务乡村振兴战略，服务疫情防控、防灾抗灾，实施行业帮扶、定点帮扶以及开展对口援疆援藏，补短板、强弱项，提质增效，实现“十四五”良好开局。

一、广播电视公共服务发展概况

全国广电系统深入贯彻落实中央决策部署，健全广播电视公共服务政策措施，推进重点惠民工程建设，聚焦基层补短板，聚焦老少边及欠发达地区强基础，城乡均等化进程加快，新时代广播电视公共服务体系建设取得重要成果。截至 2021 年年底，全国共批准设立广播电视播出机构 2542 个，全国高清电视频道 985 个，4K 超高清电视频道 8 个、8K 超高清电视频道 1 个，中央广播电视总台和 25 家省级台电视频道基本实现高清化。新闻资讯类、专题服务类、综艺益智类电视节目高清超高清制作比例分别达到 62.3%、55.7% 和 59.4%。全国有线电视实际用户数 2.04 亿户，高清和超高清用户 1.09 亿户，同比增长 7.92%；智能终端用户 3325 万户，同比增长 11.39%；有线电视双向数字实际用户数 9701 万户，同比增长 1.57%，高清超高清视频点播用户 3992 万户，占点播用户的比例达 95.3%。全国交互式网络电视（IPTV）用户超过 3 亿户，互联网电视（OTT）用户数 10.83 亿户。全国广播节目和电视节目综合人口覆盖率分别为 99.48% 和 99.66%，分别比 2020 年提高了 0.10 和 0.07 个百分点。其中，西藏、新疆、内蒙古、青海广播电视综合人口覆盖率均达 99% 以上，这些地区广播电视综合人口覆盖率分别比上年同期有所增长（见图 1）。农村广播和电视节目综合人口覆盖率分别为 99.26% 和 99.52%，比 2020 年分别提高 0.09 和 0.07 个百分点。农村有线广播电视实际用户数 0.67 亿户，在有线网络未通达的农村地区直播卫星用户 1.48 亿户，同比增长 0.68%，[①] 农村广播电视网络基础设施持续改善。老少边及欠发达地区广播电视公共服务弱项显著增强，全国广播电视公共服务总体发展水平明显提升。

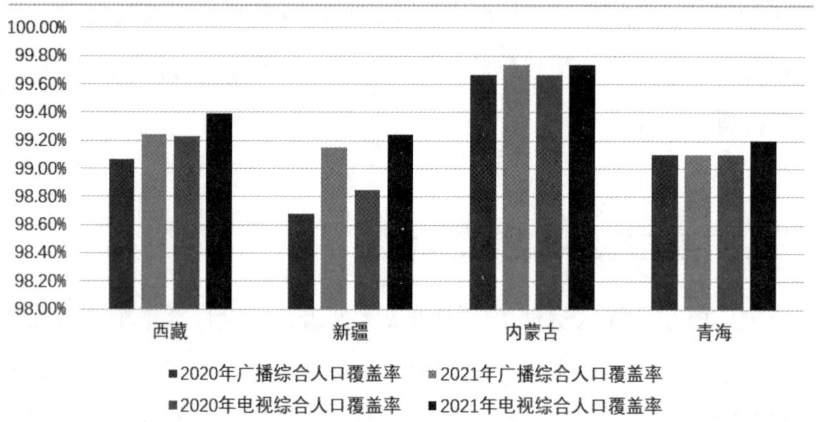

图 1　2020—2021 年四地广播电视综合人口覆盖率

数据来源：根据公开信息整理。

二、广播电视公共服务发展规划与政策创新

2021 年是“十四五”开局之年，中央有关部委和地方各级政府部门针

① 数据来源：广电总局规划财务司，2021 年全国广播电视行业统计公报，2022 年 4 月 25 日。

对公共服务发展先后出台了一系列规划、政策、措施，广播电视公共服务迎来了新的发展阶段。

（一）公共文化服务建设顶层设计日益健全

2021年广播电视公共服务体系建设的顶层设计进一步提升。国家层面出台了国家“十四五”规划、《“十四五”公共服务规划》和《国家基本公共服务标准（2021年版）》，对提高公共文化服务建设作出新部署。国家“十四五”规划明确提出推进城乡公共文化服务一体建设，推进智慧广电等工程，加强公共文化服务体系建设和体制机制创新。2021年12月，经国务院批准，国家发改委、广电总局等21部门联合印发《“十四五”公共服务规划》，首次在规划中明确公共服务包括基本公共服务、普惠性非基本公共服务两大类，科学界定基本和非基本公共服务范围，明确政府和社会、个人的权责边界，明确提出公共服务建设的两大重点：持续推进基本公共服务均等化、着力扩大普惠性非基本公共服务供给，丰富多层次多样化生活服务供给。2021年3月，国家发改委、中宣部、广电总局等21个部门联合印发《国家基本公共服务标准（2021年版）》（以下简称《国家标准2021》），明确了包括文体服务保障在内的九大类80项国家基本公共服务标准，要求开展基本公共服务达标行动，规定了收听广播、观看电视、少数民族文化服务和残疾人文化体育服务4项广播电视基本公共服务标准，明确了服务对象、服务内容、服务标准和支出责任。

（二）广电总局推出公共服务相关规划与政策

广电总局不断健全广电公共服务规划、完善广电公共服务标准体系。2021年9月，《广播电视和网络视听“十四五”发展规划》出台，提出推动广电公共服务优化升级、完成智慧广电“人人通”等目标任务，整体提升广电公共服务水平，促进广电公共服务均等化、普惠化、便捷化。还相继发布智慧广电服务乡村振兴专项行动、智慧广电乡村工程建设等文件。这些政策举措聚焦加快补短板、强弱项，着力推动均等化，缩小基本公共服务差距，推动广电公共服务高质量发展。

（三）各地结合实际创新推出广电公共服务政策措施

各省（区、市）结合当地实际，深入贯彻落实中央及广电总局部署，按照不低于国家标准要求，创新出台本地实施标准。江苏发布全国第一部省级层面的广播电视公共服务行政规章《江苏省广播电视公共服务实施办法》；北京、浙江、四川、安徽、山东、黑龙江等地结合当地实际制定出台实施意见，细化标准、创新举措，进一步提高广电公共服务效能。贵州、新疆、青海、河南等地通过加大财政支持、政府向社会力量购买服务等方式，保障广电公共服务设备运行维护，确保包括直播卫星户户通、应急广播体系建设等广电惠民工程设备长效运行。上海、福建、天津等省市还结合实际情况在国家标准基础上进行细化创新提升。

三、广播电视公共服务建设取得显著成效

各省（区、市）积极贯彻落实中央和广电总局部署，结合实际、勇于探索，因地制宜、对症施策，完善广电公共服务标准体系，建立长效机制、推进试点建设，全面推动广电公共服务标准落地落实，进一步补齐贫困地区广播电视公共服务短板，推动广电公共服务提质增效。

（一）传输覆盖网络不断健全

各地统筹有线、无线、卫星、互联网等，全面提高城乡广播电视覆盖面和信号质量，进一步提升广播电视综合覆盖率。西藏、新疆、内蒙古、青海等边疆地区的广播电视节目综合人口覆盖率稳中有升，老少边及欠发达地区广播电视传输覆盖面进一步扩大。直播卫星服务区域覆盖全国60万个行政村，新发展直播卫星用户160万户，用户总数超过1.48亿户。全国有线网络建设总长达到220.63万公里，广电5G和有线电视网宽带实现发展突破。①

---

① 数据来源：广电总局规划财务司。

（二）内容供给不断加大

2021年，各级广播电视和网络视听机构紧紧围绕主题主线，加强优质内容供给。新闻节目、文化节目、科技节目、公益节目占比大幅提升，剧集、综艺、纪录片、动画片等质量稳步提高，极大丰富了人民群众的“文化主食”。与此同时，广电公共服务坚持以农村和基层为重点、以惠民工程为载体，推动优质节目资源向基层下沉、向乡村覆盖，持续做好少数民族语译制片源供给工作，并向新疆、西藏等少数民族地区捐赠热播电视剧、纪录片、动画片，丰富了这些地区基层广电节目源。贵州、青海、湖南等地增加面向听障、老年人等特殊人群节目服务，广电公共服务的适老适障水平普遍提升。

（三）服务可及性与便利性不断增强

广电总局发挥行业优势，推广江苏等地公共服务内容共享平台建设经验，指导有条件的地区结合实际探索建立本地化公共服务节目共享平台。各省（区、市）相继开展“智慧广电 + 公共服务”系列活动，推动智慧广电“人人通”，这是广电公共服务建设的新举措新目标，推动了视听新技术、新内容、新场景应用向基层下沉，提升广电公共服务可及性与触达率。各地积极推进媒体融合，实行全媒体运作、全终端覆盖，促进各种要素深度融合、各种报道资源充分共享、各种媒介互联互通，实现信息传播的及时便捷，努力实现信息与文娱服务无处不在、无时不有、无人不达。

（四）公共服务水平不断提高

2021年，广电总局建立健全基本公共服务标准体系，以标准化促进基本公共服务均等化、普惠化、便捷化的工作思路，通过加强广电公共服务政策规划指引、健全完善广播电视公共服务标准体系、开展广播电视基本公共服务达标行动、推进广电公共服务县级标准化试点建设等，不断完善广播电视公共服务标准体系。在完善标准体系的基础上，大力推动公共服务均等化，以重点项目补短板、强弱项，落实中央转移支付补助地方广电部门资金29.27亿元，保证了中央广播电视节目无线覆盖运维、老少边及欠发达地区县级应急广播体系建设等工作的有效开展。着力提高民族地区有线电视网络的承载能力和内容支撑能力，对广西、新疆等12个省（区、市）民族脱贫县100万户有线高清交互数字电视机升级予以补助；提高市级广电媒体融合发展能力、公共服务水平和现代化传播能力，支持甘肃甘南、青海玉树等4个“三区三州”市级广播电视台融合提升建设项目；在广西、云南开展智慧广电固边工程试点建设。这些项目紧密对接乡村振兴、强边固边、新型城镇化建设等战略部署，有力保障了广大人民群众特别是老少边及欠发达地区群众收听收看广播电视的基本文化权益。

案例：四川省巴中市恩阳区六措并举开展广电基本公共服务标准化试点建设

广播电视基本公共服务标准化试点工作目的是为广大群众提供优质的广播电视公共服务。恩阳区针对难点痛点问题提出六条解决措施：

第一，加强基础建设，提升服务承载能力。升级改造9个镇（街道）农村应急广播，新增广播点位，实现广播信号全覆盖。第二，落实服务标准，健全公共服务网络。落实《四川省广播电视公共服务标准和规范（试行）》，升级改造三级服务机构。第三，建强广电队伍，增强公共服务能力。为各镇（街道）网点配备技术维护人员和文化管家，共同负责广播电视运行维护。第四，优化服务模式，确保设备正常运行。实行网格化管理、维护维修多元化、丰富节目内容等。第五，建设智慧广电。通过“智慧广电”建设将广电与公共文化、智慧旅游、高山台站监管等有机融合，实现广电服务转型升级。第六，完善考评机制，修改完善农村广播电视运行管理实施细则和考核办法等管理制度，实行绩效考核，提升公共服务效能。

（五）管理和长效机制建设不断强化

加强重点惠民工程绩效式管理。聚焦公共文化服务体系建设重点项目，广电总局着力提高中央补助地方专项资金的使用效率，积极探索将绩效自评结果作为项目经费分配的参考，将绩效管理作为推进工程建设的抓手，推进惠民工程绩效自评“以评促建”；各省市也结合实际探索开展工程项目绩效管理，如山东将广电公共服务项目纳入省财政重点评价项目，委托第三方评价机构开展调查，深入基层跟踪问效；重庆将广电重点工程绩效纳入区县政府年度绩效考核等。各地还结合实际推出针对性强的广电公共服务政策措施等。这些机制举措均有力保障促进了广电公共服务长效化推进、可持续发展。

四、智慧广电推动广电公共服务提质增效

各地以“数字化、高清化、网络化、智慧化、移动化”为目标，大力发展“智慧广电 +”业务，以“智慧广电 + 公共服务”推动广电公共服务提档增效。一是积极推进智慧广电乡村工程。广电总局制定印发了《关于推进智慧广电乡村工程建设的指导意见》（广电发〔2022〕1 号），指导各地将智慧广电融入乡村振兴战略，江苏、四川、浙江、贵州等地依托广播电视网络为基层政府搭建管理和服务平台，为基层群众提供新闻舆论宣传、政务民生信息、社会综合治理等服务。二是推进高清化、超高清化建设。全国经批准开办高清和超高清频道 994 个，4K/8K 超高清频道 9 个，中央广播电视总台和河北、浙江、山东等 25 家省级台电视频道基本实现高清化，全国地级台高清化率为 73%。[①] 三是创新拓展智慧广电公共服务模式。大力发展“智慧广电 +”业务，北京、广西、云南、内蒙古、福建、甘肃、新疆等地积极探索拓展智慧广电在政务服务、公共安全、民生保障、基层党建等方面的应用，推动智慧广电政用、民用、商用等新业态进村入户、兴边富民、稳边固边。

① 数据来源：广电总局规划财务司，2021 年全国广播电视行业统计公报，2022 年 4 月 25 日。

案例："壮美广西·智慧广电"工程赋能基层公共服务

广西局全方位推动"壮美广西·智慧广电"工程建设，以建设"智慧社区""智慧乡村""智慧边防"为抓手，推动智慧广电政用、民用、商用等新业务新业态进村入户，积极推进兴边富民、稳边固边工程建设。一是建成惠民宣传网并依托智慧广电平台对外推介贫困地区农特产品，同时推出智慧广电教育扶贫、信息扶贫等优质服务，进一步助力乡村振兴和精神文明建设。二是应急广播体系通过无线、有线、互联网等多种技术手段构建起自治区、市、县、乡、村五级贯通的严密宣传网络，助力抗击疫情和防灾减灾。三是以"智慧乡村""智慧社区""智慧医疗"建设促进智慧广电政用、商用、民用服务体系升级，全面提升广西基层社会治理智慧化、现代化水平。

五、广播电视公共服务建设的展望与思考

展望未来，广电公共服务建设发展既要保障人民群众基本文化需要，也要满足人民群众更高层次精神文化新需求，既有良好的发展机遇，同时也面临一系列困难挑战。如何进一步推进广播电视公共服务高质量发展，我们认为要重点做好以下四个方面的工作。

一是要进一步完善标准体系。以广电基本公共服务标准体系为引领，进一步促进广电公共服务标准化、均等化、普惠化、便捷化。坚持因地制宜，进一步完善广电公共服务标准体系，细化充实服务标准和服务流程，明确以标准化推进基本公共服务均等化的路径。

二是要进一步补短强弱。以重点项目补齐短板，加强城乡统筹，进一步推进智慧广电固边工程、智慧广电乡村（城镇）工程、"三区三州"市级广电融合发展提升工程，提高公共服务标准化均等化水平。多措并举加大基层优质节目内容供给，继续加大电视剧、纪录片、动画片等公益创作的生产和播出，以及公益性民族语言等节目译制和播出力度，持续组织好

少数民族语译制片源供给，扎实推动对口援疆、对口援藏工作。

三是要进一步提质增效。要顺应信息技术发展和媒体深度融合的趋势，在继续加大广播电视公共服务的同时，鼓励网络视听平台参与公共服务，鼓励头部网络视听平台积极创新服务方式，提供体现互联网特点的公共服务。进一步加强传统技术与新技术统筹协调，促进公共服务承载网络转型升级，加快人工智能、大数据、云计算、区块链等高新技术运用。推动全国有线电视网络整合与广电5G一体化发展，全面实施数字化战略，促进智慧广电参与数字社会、数字政府、数字乡村建设，加快打造新业态、培育新动能、促进新消费，推动广电公共服务由功能型向智慧型转型升级，提升综合服务能力水平。

四是进一步健全保障机制。进一步强化政策尤其是政府资金投入的保障机制。建立健全基层广电公共服务运行维护保障体系，确保各级政府投入保障。各地要立足于发展全局，统筹谋划，建立健全以政府为主导、社会广泛参与的机制，更好地促进广电公共服务建设发展。明确和落实公共服务“谁投入”“谁建设”“谁管理”“谁服务”的责任主体和责任要求，不断完善公共服务建设发展的体制机制；强化绩效管理，积极探索建立健全公共服务评估考核、奖惩激励机制，形成正确的工作导向、发展导向、效益导向，促进广电公共服务高质量发展，进一步强化基础设施、技术设备和基层服务队伍建设，重点改善基层台站网尤其是老少边欠及发达地区基层台站网的技术与工作条件；全面加强基层队伍建设，吸引和留住人才，加强教育培训，为广播电视和网络视听公共服务建设发展提供强有力的人才保障。

（执笔人：李秋红，国家广播电视总局发展研究中心）

第二节　广播电视惠民工程建设

提要：2021 年，全国广电系统圆满完成“十三五”重点惠民工程建设任务，全面启动“十四五”重点惠民工程建设，策划实施了智慧广电固边工程、智慧广电乡村工程、老少边及欠发达地区县级应急广播体系建设、民族地区有线高清交互数字电视机顶盒推广普及和“三区三州”[①] 市级广电融合提升等重点惠民工程项目，着力补短板、强弱项、提质量，全面推进新阶段广播电视公共服务建设提档增效。

广电总局紧密对接乡村振兴、强边固边、新型城镇化建设等战略部署，以推动智慧广电发展和应用为重点，组织实施“十四五”广播电视重点惠民工程，协调国家发改委、财政部等部门组织召开了 3 次重大工程动员部署会、座谈会、推进会，印发了《关于推进“十四五”时期广播电视重点惠民工程建设工作的通知》，指导推进工程建设，坚持“以评促建”推进重点惠民工程规范化管理和绩效自评。各地结合实际因地制宜制定出台有关政策文件，确保各项任务落地落实。

① 三区三州的“三区”是指西藏自治区和青海、四川、甘肃、云南四省藏区及南疆的和田地区、阿克苏地区、喀什地区、克孜勒苏柯尔克孜自治州四地区；“三州”是指四川凉山州、云南怒江州、甘肃临夏州。

一、实施智慧广电固边工程

智慧广电固边工程是国家“十四五”规划安排部署的重点项目，是“十四五”时期广电行业贯彻落实党中央强边固防、兴边富民战略部署的一项重点工作，对满足人民群众高质量精神文化需求、服务地方党委政府中心工作、提高信息发布和应急能力、巩固文化边防等具有重要意义。

（一）加强科学规划，统一思想认识

2021 年，广电总局和国家发改委共同编制印发了《智慧广电固边工程实施方案》，广电总局制定了《智慧广电固边工程建设指南》，并于 12 月 28 日共同召开智慧广电固边工程建设推进电视电话会。会议提出了总体要求，一要深刻认识智慧广电固边工程作为政治工程、民生工程、基础工程、创新工程的重大意义，严格落实意识形态工作责任制，维护边境地区政治安全、文化安全和意识形态安全；二要大力发展“智慧广电 + 公共服务”，提供更加方便快捷的社会服务和便民服务，实现强边固防与兴边富民并举；三要发挥智慧广电平台网络终端“一竿子插到底”的优势，强化治理手段创新、模式创新，促进提升边境地区治理体系和治理能力现代化水平；四要坚持守正创新，提升广播电视多场景多应用的传播实效，推动广播电视向现代综合信息服务升级发展。

（二）明确重点任务，推进试点建设

国家发改委等 7 部委印发的《文化保护传承利用工程实施方案》、广电总局《广播电视和网络视听“十四五”发展规划》等政策意见明确了智慧广电固边工程的重点任务，部署建设“智慧广电 +”公共服务平台及服务网络，实施边境地区传输网络建设改造，完善智慧广电公共服务管理平台、专用文化信息服务平台，提升广播电视公共服务能力并促进智慧广电业务在基层政务管理、公共服务、边防建设和治安消防监控管理中的应用。在中央及广电总局的政策指导下，广西、云南等边境省区广电局坚持科学谋划、抓紧抓早，加强组织领导，强化顶层设计，深入调研编制了项目试

点建设方案。2021 年，率先在广西龙州、东兴和云南沧源开展试点，取得显著成效，积累了宝贵经验。

案例：智慧广电固边工程沧源试点成效显著

智慧广电固边工程沧源试点建设于 2021 年 8 月启动，云南局成立试点建设领导小组，统筹“局、台、网，省、市、县”资源力量协同推进。按照“一网络两平台”建设内容，沧源试点共设计 13 项任务，着力补齐有线电视网络短板，探索“两个平台”建设业态和模式。沧源试点共改造延伸有线网络 105 公里，通过有线和无线相结合的方式，实现全部 10 个抵边警务室和 44 个抵边联防所广播终端接入县级应急广播体系，有效提升了广播电视服务强边固防能力。

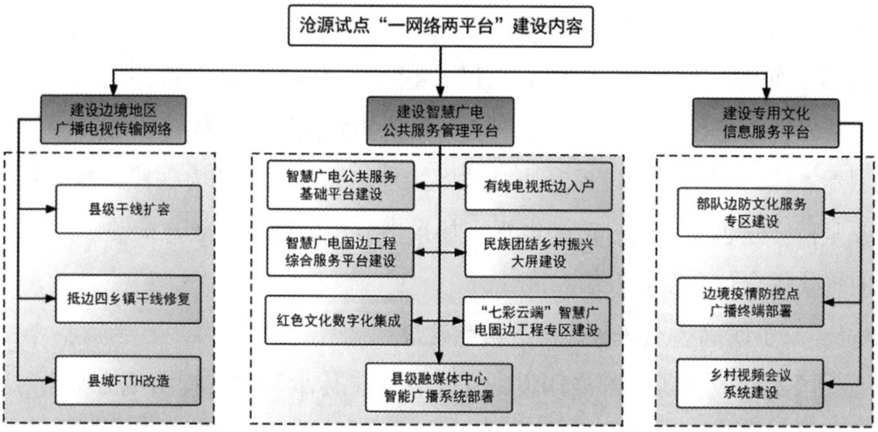

二、实施智慧广电乡村工程

2021 年，全国广电系统以智慧广电乡村建设为牵引，深入开展智慧广电服务乡村振兴专项行动，积极推进智慧广电融入乡村振兴战略。

（一）加强乡村舆论阵地建设

各地广电机构积极开设乡村振兴类节目专栏，强化“三农”类节目制作播出，推动优质资源向基层下沉、向乡村覆盖。一是着力打造涉农精品，丰富乡村精神文化生活。如，广西重点打造《黄文秀》《山歌好比春江水》等农村题材精品，主办电视短片大赛等活动；山东自制知识普及栏目《农技说》《普法说》；海南依托《乡村振兴电视夜校》等品牌栏目制作教学节目。二是推动乡村有线电视网络数字化转型和光纤化、IP化改造，提升技术承载和综合服务能力。如宁夏实施“宽带乡村”和中小城市基础网络完善工程，建设完成区、市、县、乡、村五级贯通覆盖全区的光纤网络，补齐了农村及偏远地区基础网络设施短板。

（二）推动乡村治理和公共服务智慧化发展

各地充分发挥智慧广电优势，积极服务乡村治理能力和治理体系建设。如浙江、贵州等省依托广播电视网络，为基层政府搭建管理和服务平台，为广大农民群众和乡镇村社提供新闻舆论宣传、政务民生信息、社会综合治理等服务。同时，各地还积极开展智慧广电+公共文化、教育、医疗、养老等服务，推动乡村公共服务智慧化发展。北京搭建“北京视听小站”公共服务平台，开展“北京视听零距离”系列活动，推动智慧广电与公共服务深度融合发展；广西构建智慧乡村“一村一屏”电视公共服务平台，拓展智慧广电“文化教育+政务服务+民生服务”等新服务；贵州推出系列融合创新业态，电子政务“广电节点”实现全省17701个行政村全覆盖。

（三）助力乡村产业振兴

各地积极组织开展智慧广电消费帮扶，统筹线上线下融媒直播、搭建展销平台推动产销对接，推介培育特色文旅和农产品品牌。如福建广播影视集团“福建广电商城”采取带货直播与乡村慢直播结合的模式，推出“美丽乡村乐go行”“福鼎白茶开茶节”等一系列活动；湖北台垄上频道推出《荆楚原产地》《地理标志楚天行》等融媒体节目，开展“惠游湖北”系列县域文旅活动等，积极带动当地旅游消费；浙江广电通过“好易购”电商平台和《奔跑吧》《蓝莓孵化营》等节目，推荐8个对口支援地区的特色产品。

三、健全国家应急广播体系

应急广播体系建设是构建国家现代公共文化服务体系和现代国家应急体系的重要举措，是服务人民、惠及民生的惠民工程。全国广电系统多措并举，全力推进应急广播体系建设。

（一）加强政策指导，强化技术标准建设

应急广播是国家“十四五”规划项目，已纳入《国家基本公共服务指导标准（2021年版）》。2021年，广电总局与应急管理部先后联合印发了《关于进一步发挥应急广播在应急管理中作用的意见》和《应急广播管理暂行办法》，对应急广播功能定位、播出管理、系统构成、技术要求和运行维护进行了规定。同时，广电总局不断完善技术标准，优化技术体系，印发《应急广播系统建设白皮书》，修订《应急广播系统总体技术规范》等14项应急广播相关标准，制定《应急广播系统运行维护规程》等3项新标准。

（二）加快平台建设，推动互联互通

搭好平台、建好网络、用好终端是应急广播体系建设的首要任务。各地广电结合实际，积极开展平台网络和终端建设，着力在建好应急广播基础上下功夫，做强应急保障新基建。截至2021年12月，全国已建成国家应急广播自动适配系统1个，建成内蒙古、黑龙江、江苏、安徽、江西、山东、湖北、广西、四川、新疆等11个省级平台，75个市级平台，1107个县级平台，部署终端约214万个，覆盖行政村24万余个。目前，国家平台已经具备对接能力，实现了与11个省平台的对接，应急广播的覆盖面、有效性、精准性不断提升。

（三）做强做优应用，提升服务保障水平

应急广播体系在国家治理体系特别是基层治理中发挥着独特而重要的作用，越来越成为具有综合功能的公共服务系统。如各地普遍在疫情防控期间利用应急广播通过方言土语、藏汉双语等接地气的方式，及时宣传防疫政策知识和管控要求；湖北等省建成“村村响”省级节目融合共享平台，

利用应急广播在全省开展“村村讲村村响”系列宣讲活动。还有部分地区把“村村响”和“雪亮工程”结合起来，进行大喇叭和摄像头共同敷设，在基层治理、民生服务方面发挥了重要作用。“平时宣传、战时应急”成为应急广播深入民心的品牌工程。

案例：应急广播全方位助力乡村振兴

应急广播助生产，纾民困，有效解决群众急难愁盼的问题，为基层群众提供多元化、全覆盖、快速便捷的信息服务。（1）根据农时开展“三农培训”，适时制作农技推广、季节性防火等小节目，让农业技术知识传播到各家各户。（2）推动新兴业态在基层应用，对本地特色产业开通“广播站＋直播间”的创新发布平台，推动当地农副产品销售，推广致富经，全面服务乡村振兴。（3）发布招聘用工、本土产业等惠民信息，提高为群众办实事的服务能力。（4）强化与美丽乡村旅游公共服务平台的结合，满足游客紧急疏散、双向对讲、广播通知、寻人等公共广播服务需求，服务本地旅游产业。（5）开展本地文化服务，播放地方特色曲艺节目，丰富群众精神文化生活。

（四）实施老少边及欠发达地区县级应急广播体系建设工程

为推动脱贫攻坚成果同乡村振兴有效衔接，进一步扩大和提高基层应急广播体系建设的覆盖面和覆盖水平，“十四五”时期广电总局组织实施老少边及欠发达地区县级应急广播体系建设工程。其目标任务是“扩大基层应急广播覆盖范围和覆盖水平，为革命老区县等老少边及欠发达地区县（市、区）建设应急广播平台，健全传输覆盖网络，布置应急广播主动发布终端，提供灾害预警应急广播、政务信息发布和政策宣讲等服务”。2021年，广电总局联合财政部印发《关于实施老少边及欠发达地区县级应急广播体系建设有关事项的通知》，明确项目总体目标、建设内容、实施范围、资金安排原则和使用要求等。2021年，广电总局共落实项目资金6亿元，对

14个省（区、市）134个县级应急广播体系建设予以补助，进一步提升基层应急广播文化宣传、公共服务、社会治理、应急管理的能力水平。

四、推进民族地区有线高清交互数字电视机顶盒推广普及项目

为提高民族地区有线电视网络的承载和支撑能力，全国广电系统全力推进民族地区有线高清交互数字电视机顶盒推广普及项目建设，推动民族地区广播电视公共服务数字化、高清化、网络化、智能化、均等化。

2021年，广电总局联合财政部制定《关于实施民族地区有线高清交互数字电视机顶盒推广普及项目有关事项的通知》，明确了项目总体目标、基本原则、建设内容、资金管理等内容。相关省（区、市）广电部门积极争取本地党委、政府及相关部门支持，做好本项目与广电行业规划和地方规划相互衔接，有序推进项目实施工作。如吉林、湖南等省将该项目纳入省级发展规划和政策文件；一些省局制定了项目实施方案及验收方案，并与中国广电签订《项目建设协议》，确保项目有序推进，落地见效。2021年5月20日，广电总局会同财政部组织召开全国“十四五”中央支持地方公共文化服务重大工程部署推进会，会议对民族地区有线高清交互数字电视机顶盒推广普及项目提出总体要求，一要深入贯彻落实党中央决策部署，主动对接乡村振兴战略，充分认识项目的重要意义，全面提高广播电视公共服务水平；二要明确目标任务，全力推进工程建设实施，做好科学规划，确保先进实用，做到既要保证前瞻性和开放性，满足支撑好智慧广电服务的需要，又要确保系统安全，满足安全播出的需要，同时要加强长效机制建设，推进通过政府购买服务、财政补助、企业运作等多种方式，实现惠民工程“长期通”“优质通”；三要强化组织领导，确保工程取得成效，要狠抓责任落实和建设管控，加强沟通协调，形成工作合力，强化资金管理和监督检查，按时保质完成各项建设任务。

2021年，广电总局落实项目资金1亿元，对12个省（区、市）民族

地区脱贫县100万户有线高清交互数字电视机升级予以补助，提高民族地区有线电视网络的承载能力和内容支撑能力。据不完全统计，2021年甘肃完成34个县3.32万户有线电视高清交互智能升级改造任务，湖南完成14个县4.97万户，重庆完成4个民族地区1.55万户，宁夏完成8个县1.64万户，新疆完成13个县1.6万户，贵州完成15.8万户。

五、实施“三区三州”广电融合提升工程

地市级广电媒体是现阶段推进广电媒体融合发展的重点之一，“三区三州”的地市级广电媒体又是其中的薄弱环节。2021年，全国广电系统启动实施“三区三州”广电融合提升工程，支持“三区三州”市级广播电视播出机构配备数字化、高清化、智能化的采编播、译制制作、电视数字手语系统、智慧电台及新媒体设备，搭建制播云平台和媒资系统，着力提高融合制播能力。此举将加快解决广播电视播出系统、节目制作系统和电视节目媒资存储系统设备老化落后等问题，提升“三区三州”广电媒体融合发展能力。

2021年5月10日，广电总局与国家发改委共同印发《“三区三州”市级广电融合提升工程实施方案》，并组织召开“三区三州”市级广电融合提升工程视频会。国家发改委围绕“十四五”时期文化保护传承利用工程和2021年中央预算内投资申报工作作了简要介绍和业务指导，广电总局对实施方案相关内容进行了解读，四川等六省（区）和新疆生产建设兵团广电局介绍了本地项目储备情况和已开展的工作。2021年，广电总局下达资金3800万元，支持甘肃甘南、临夏，青海玉树、果洛等4个广播电视台融合提升建设项目。

“十四五”广播电视重点惠民工程建设开局良好，聚焦基层补短板，聚焦老少边及欠发达地区强基础，成效明显。但受疫情等客观因素影响，部分地区存在项目进度滞后等情况。下一步，相关地区和部门要着力加大项目实施力度，增强使命感紧迫感，强化统筹协同，把项目实施与解决制

约广播电视发展的基层基础问题结合起来，以重点项目实施提升基层广电公共服务能力，不断增强人民群众的获得感、幸福感、安全感。

（执笔人：贺　涛，国家广播电视总局发展研究中心）

第六章

智慧广电和科技创新应用

课题指导：

国家广播电视总局科技司司长　　余　英

第一节　智慧广电建设

提要：2021 年，智慧广电工程建设取得重大进展，智慧广电媒体和智慧广电网络服务能力进一步加强，智慧广电生态体系日益完善，在内容生产、公共服务、基层治理和乡村振兴等方面都取得重要进展，科技支撑智慧广电建设成效显著。新一轮智慧广电建设深入开展，推动广电行业创新服务能力不断提高，智慧广电服务数字生活和信息化发展的版图不断扩大。

一、智慧广电建设的政策

（一）顶层设计日益完善

智慧广电建设纳入国家发展规划，宏观政策日益健全。2021 年 3 月，《中华人民共和国国民经济和社会发展第十四个五年规划和 2035 年远景目标纲要》进一步明确智慧广电建设的重点任务，对“完善应急广播，实施智慧广电固边工程和乡村工程”作了部署。2022 年 1 月，国家发改委、中宣部、广电总局等 21 部门联合发布的《“十四五”公共服务规划》，强调加强智慧广电基础设施建设、推进智慧广电固边工程和市级广电融合发展提升工程。《“十四五”数字经济发展规划》也对“发展智慧广电网络，加快推进全国有线电视网络整合和升级改造”作出部署。《数字乡村发展行动计划（2022—2025 年）》进一步要求“深入实施智慧广电建设工程，依托有线电视网络承载智慧乡村服务”。这一系列规划部署，明确了智慧广电工程建设和发展的任务书，为广电参与和服务数字中国建设指明了方向。

智慧广电工程实施政策进一步健全。2021 年 6 月以来，广电总局先后发布《智慧广电服务乡村振兴专项行动》和《关于推进智慧广电乡村工程建设的指导意见》，推动智慧广电建设融入乡村振兴战略，提出“大力实施智慧广电乡村工程，全面提升乡村广播电视数字化、网络化、平台化，积极推进智慧广电全面融入乡村振兴战略，更好服务文化强国、数字中国和网络强国建设”。智慧广电建设成为促进乡村振兴的重要力量。

发挥科技引领作用，不断增强广电科技影响力。2021 年，广电总局发布《广播电视和网络视听“十四五”科技发展规划》，对发展新业态、培育新视听、建设新平台、重塑新网络、打造新终端、构建新支撑进行全面部署。策划开展智慧广电宣传月活动，组织制作智慧广电优秀案例短视频，通过广电总局网站及新媒体平台宣传。成功举办首届高新视频创新应用大赛和人工智能应用创新大赛，共评选出 219 个优秀项目案例，激发行业创新发展。组织开展深圳文博会智慧广电展、CCBN 广电总局科技创新展，协调落实福州数字中国峰会智慧广电馆等活动，集中展示智慧广电 + 乡村振兴 + 城市治理 + 垂直行业等典型案例，推广智慧广电科技创新应用成果。成功举办 2021 年全国科普讲解大赛广电总局预赛，组织开展 2021 年全国科学实验展汇演活动。此外，指导相关单位参与 3GPP 5G 广播标准制订，中国广电牵头制定多项标准提案并获 3GPP 通过。组织参加亚广联技术年会，积极宣介行业科技创新应用成果，不断拓展我国广电行业的国际影响力。

（二）智慧广电工程政策不断细化和落地实施

广电总局先后编制印发《广播电视技术迭代实施方案》《推进智慧广电建设重点科技工作任务台账》，明确各相关部门责任分工和任务目标，保障智慧广电工程建设有序推进。2021 年 12 月，广电总局与国家发改委共同召开智慧广电固边工程建设推进电视电话会议，解读和宣贯《智慧广电固边工程建设指南》，加强对边境地区开展智慧广电固边工程建设的指导。2022年1月，广电总局印发《关于推进智慧广电乡村工程建设的指导意见》，加快广大农村地区新一代信息技术的应用，推动“户户通”向“人人通”升级。目前，已有18个省区发布省级智慧广电的建设实施方案，智慧广电工程在全国加快落地，北京等地推出智慧广电建设的系列措施。

案例：北京市智慧广电建设推进“组合拳”

北京市出台实施《智慧广电发展行动方案（2019年—2022年）》《推动智慧广电发展专项资金管理办法（试行）》《推动智慧广电发展专项资金评审办法（试行）》和《推动智慧广电发展专项资金奖励办法（试行）》等政策，进行智慧广电重点实验室认定，建立市级重点实验室评价体系，开展年度智慧广电专项资金监督检查等工作，对在科技、应用、服务等方面有重大创新突破，具有代表性、示范性和推广性的优秀项目进行奖励扶持。截至2022年3月，北京局先后遴选认定31家头部企业为智慧广电重点实验室，奖励扶持60个示范项目。在冬奥期间，北京市智慧广电领域创新技术和优秀成果得到集中转化和广泛应用。如研发出行业最窄LED双面屏、世界最大的五面体裸眼3D显示屏，打造出全球最大的8K超高清地面显示系统。

积极推进相关项目落地，拓展智慧广电创新应用。在广电总局2021年新批复的4个重点实验室中，智慧广电项目占了3个，分别是“5G融合接入应用创新”“智慧广电网络安全生态创新研究”和“智慧家庭创新研究与应用”，智慧广电已成为广电总局科技创新的重要领域。2021年，广电总局大力推进智能电视操作系统迭代应用，支持开展TVOS4.0系统集成和信息安全测评，组织开展TVOS开源协议和开源方式研究，积极促进TVOS技术创新、应用拓展、产业延伸和生态构建。2021年9月，广电总局牵头申报的智能电视操作系统系列推荐性国家标准立项获批，该标准对智能电视操作系统迭代升级和终端部署应用具有重要的指导意义。

二、智慧广电工程建设的进展与成效

以智慧广电工程为牵引，广电系统加快转型升级步伐，智慧广电媒体和智慧广电网络建设取得重要进展。与此同时，智慧广电生态体系加快培育，“智慧广电 +”应用场景不断拓展，“最后一公里”公共服务能力显著增强，智慧广电与相关行业融合日益深入。

（一）智慧广电媒体和智慧广电网络建设深入推进

2021 年，智慧广电媒体建设加快，主流媒体科技支撑进一步增强。一方面以技术创新推动内容创新，增强广播电视内容核心竞争力，形成智慧广电内容新优势；另一方面，构建“云—网—端”一体化的智慧广电媒体传播体系，逐渐形成以云化、IP 化、融合化、智慧化为特点的内容制作和传播体系。

智慧广电网络建设以深化有线电视网络与新一代信息技术深度融合为重点，着力构建高速、泛在、智慧、安全的新型有线电视网络，满足高清 4K/8K 直播、AR/VR 沉浸式体验、重大活动、多屏互动、融媒网络运营等应用场景的大带宽流媒体分发与安全传输的需求。广电领域 IPv6 升级改造加快。2021 年 8 月，广电总局组织召开全国广电领域 IPv6 规模部署和应用工作电视电话会议，其后编制印发 IPv6 重点工作任务台账，推动建设广播电视和网络视听 IPv6 发展监测与地址管理平台。目前，江苏、山东、湖南、湖北、福建、广东、广西、内蒙古等地的 IPv6 规模部署和升级改造工作正逐步向前推进。

（二）标准体系建设取得新进展

广播电视和网络视听技术标准体系不断完善。2021 年 10 月，国务院发布《国家标准化发展纲要》，提出要加快广播电视和网络视听标准化建设、构建全媒体传播标准体系等，指明了广电行业标准化建设的方向。基于新一代信息技术融合应用，广电总局制定发布了高新视频、基于区块链的内容审核、应急广播、视音频内容分发数字版权管理等 7 个标准。同时组织开展融合媒体云平台、广播电视网络安全、有线网络升级改造、5G 网络视听安全传输、监测监管等 5 个标准体系的研究，进一步完善标准化总体布局。标准的发布发挥了重要作用，网络视听收视大数据系列标准的发布，有效规范网络视听收视数据规范接入广电总局收视大数据平台；互联网电视、IPTV 系列标准的发布，进一步规范了互联网电视平台对接，加强了 IPTV 技术监管；融合媒体云平台系列标准的发布，促进了广播电视台内容融合生产；超高清系列标准的发布，加强了对超高清音视频节目制作播出的指导。2021 年，广电总局共下达 45 项行业标准制修订任务，发布 31 项行业标准和技术文件，编制完成 30 项行业标准。TVOS 相关 6 项标准获得国标委立项批准。此外，组织编制完成超高清、数字版权管理等 3 项国家标准和 1 项国家标准英文版。

（三）智慧广电生态体系建设不断完善

2021 年，各级广电机构进一步加快智慧广电生态体系建设，充分发挥内容、平台、网络、用户资源优势，积极服务相关领域和行业，推进广播电视从功能业务型向创新服务型转变，更好地服务人民群众多样化需求，构建集党建宣传、政务服务、文化传播、行业应用、便民服务、消遣娱乐于一体的智慧融合型业务，实现了电视端、移动端、PC 端多屏联动，推动广播电视服务无所不及、无人不用。

智慧广电生态建设不断拓展公共服务应用场景。广播电视和网络视听机构充分利用人工智能、5G、4K/8K、云平台等技术，加快基础设施建设，推动高质量数字化信息化服务，探索智慧广电在森林防火、水利监测、气象预警、环境监测等领域的可视化、远程化场景应用。同时，广电总局积极推动应急广播系统与数据和视听内容部门合作，充分发挥智慧广电的安全服务能力，扩大应急广播建设范围，完善应急广播体系建设，推动应急广播成为基层治理和为民服务的重要抓手。

案例：吉视传媒“感知生态 智慧林草”东北示范工程

该工程是吉视传媒智慧广电建设的最新成果，以农业的物联网和大数据平台为基础，构建实时感知、精准监测、高效评估为一体的“林草生态大脑”，通过广电 700MHz 有线无线网络，在林业专网区域内提供各项传输、供电等服务，实时监控吉林省森林、草原、湿地资源，以及全省自然保护地、生物多样性、林草火情、有害生物防控等数据，实现千里之外实时监控吉林省林草生态。

三、智慧广电发展的形势与展望

新一轮智慧广电建设正持续向前推进，对广电技术体系的创新与重构意义重大。但是，目前智慧广电建设还有一些短板，比如，省市县层级之间、东中西地区之间智慧广电建设尚不平衡，高新技术红利转变为智慧广电传播力、影响力、服务力和经营造血能力的实效有待提升，智慧广电优质内容供给不足，公共服务应用场景拓展不够，赋能基层治理的模式探索和推广不够，一些广播电视机构对智慧广电的投入不足等，这些短板制约着智慧广电建设的整体水平。广电总局发布的《广播电视和网络视听“十四五”科技发展规划》提出，“到 2025 年，科技创新驱动智慧广电业务能力和服务能力显著提升，智慧广电建设取得突破性进展，媒体融合深入推进，形成布局合理、竞争有序、特色鲜明、形态多样、可持续发展的智慧广电新发展格局。”智慧广电建设是“十四五”时期广电科技发展的中心任务，目标高远，任务繁重。

2022 年是“十四五”规划承上启下关键之年，广电总局深入推进智慧广电建设，组织编制《智慧广电技术体系及实施指南》，强化政策指导，通过智慧广电服务国家经济社会发展大局。各级广电机构将加快拓展智慧广电建设工程，着力发挥智慧广电的牵引作用，以大力度的科技创新支撑智慧广电建设，推动全行业从数字化网络化向智慧化发展，从功能业务型向创新服务型转变，不断拓展智慧广电服务数字生活和信息化发展的新版图。一要加快技术优化升级迭代，深入推进新一代信息技术与广播电视和网络视听的全方位融合、全系统集成，加快全流程再造、全环节重塑、全体系重构；二要以省级广电媒体为重点，推动媒体深度融合，结合地域特色推动智慧广电媒体做强做优，创新内容形态，提高制播效率、智能化水平和运营能力；三要以深化有线电视网络与新一代信息技术深度融合为重点，以 IP 化、云化、智慧化、融合化为方向，加快构建高速、泛在、智慧、安全的新型有线电视网络；四要探索“智慧广电 + 公共服务 + 社会治理 + 产业振兴”新路径，促进智慧广电与相关行业协同融合发展，促进广电行业转型升级；五要全力推进智慧广电乡村工程和固边工程建设，加强试点的示范引领作用，大力复制推广有效经验，以面向基层和边疆的工程建设推动智慧广电在城乡全面突破。

（执笔人：姜　慧，国家广播电视总局发展研究中心）

第二节　视听新技术的发展与应用

提要：新一代信息技术作为新一轮科技革命和产业变革的驱动力，对视听行业产生了广泛而深远的影响。2021 年以来，视听与科技融合进程加快，数字技术贯穿视听行业创意、生产、传播、消费、治理全链条。视听行业将始终以技术为驱动，推动全链条智慧化再造，不断提升传播力、影响力和服务国家战略的能力。

一、技术政策紧贴行业实践，创新性引导性明显增强

加强视听科技政策顶层设计。《中华人民共和国国民经济和社会发展第十四个五年规划和 2035 年远景目标纲要》《“十四五”数字经济发展规划》《广播电视和网络视听“十四五”发展规划》《“十四五”国家信息化规划》等国家规划，对科技创新和文化与视听业发展作出战略部署，视听科技发展的战略目标更加清晰。《广播电视和网络视听“十四五”科技发展规划》提出，深化 5G、物联网、云计算、人工智能、大数据、区块链等新一代信息技术在广播电视和网络视听领域的应用，部署推进新一代信息技术与广播电视和网络视听的全链条嫁接、全系统集成、全方位融合，大力发展高新视频、超高清视频、高质量音频、融合媒体云、智慧制播、智慧电视屏、智慧家庭信息终端等新视听技术研究，推动增强视听行业内

生发展活力。

加强新技术研究和治理。广电总局积极推动广播电视向新场景新形态演进研究，有关部门对广播电视演进发展的形态特点、显示呈现、生产传播、安全监管及推进思路等开展广泛调研、联合研讨和集中攻关。与多部委建立协同工作机制，相关研究成果获得多方认可支持。部署开展广播电视和网络视听中长期科技计划研究和科技项目闭环管理工作机制研究。同时，相关管理部门开展对算法、深度伪造、人工智能、视听交互等行业治理关键技术研究，出台《关于加强科技伦理治理的意见》《互联网信息服务算法推荐管理规定》等政策，传递出规范有序发展的强烈信号。

加强和规范科技创新实验室管理。广电总局印发《国家广播电视总局实验室管理办法》，规范实验室设立、运行、考核等，新认定 7 个实验室认定为重点实验室（表 1）、新批复设立 4 个广电总局实验室（表 2）。开展实验室年度考核评估工作，部署开展大比武活动，加强实验室专业化规范化管理研究，组织编制《〈国家广播电视总局实验室管理办法〉实施细则》。

表 1　2021 年新认定国家广播电视总局重点实验室名单

序号	实验室名称	依托单位	设立时间	认定为重点实验室时间	到期时间
1	应急广播技术研究国家广播电视总局重点实验室	广播电视科学研究院	2016 年 4 月	2021 年 4 月	2026 年 4 月
2	数字媒体内容保护技术研究国家广播电视总局重点实验室	广播电视科学研究院	2016 年 9 月	2021 年 4 月	2026 年 4 月
3	广播电视国产密码应用研究国家广播电视总局重点实验室	广播电视科学研究院	2017 年 5 月	2021 年 4 月	2026 年 4 月
4	广播电视行业网络安全技术研究国家广播电视总局重点实验室	广播电视规划院	2017 年 6 月	2021 年 4 月	2026 年 4 月
5	视听媒体收视大数据研究与应用国家广播电视总局重点实验室	广播电视规划院	2018 年 5 月	2021 年 4 月	2026 年 4 月
6	8K 超高清标准研究与测试国家广播电视总局重点实验室	广播电视规划院	2018 年 8 月	2021 年 4 月	2026 年 4 月
7	超高清电视技术研究和应用国家广播电视总局重点实验室	广播电视科学研究院	2018 年 9 月	2021 年 4 月	2026 年 4 月

表 2　2021 年新批复国家广播电视总局实验室名单

序号	实验室名称	依托单位	设立时间	到期时间
1	5G 高新视频体育融合国家广播电视总局实验室	北京体育大学	2021 年 2 月	2026 年 2 月
2	智慧家庭创新研究与应用国家广播电视总局实验室	华数数字电视传媒集团有限公司	2021 年 5 月	2026 年 5 月
3	广电 5G 融合接入应用创新国家广播电视总局实验室	江苏省广电有线信息网络股份有限公司	2021 年 5 月	2026 年 5 月
4	智慧广电网络安全生态创新研究国家广播电视总局实验室	东方有线网络有限公司	2021 年 5 月	2026 年 5 月

健全视听技术标准体系。2021 年广电总局大力推动行业技术标准建设，制定并发布了高新视频、基于区块链的内容审核、应急广播、视音频内容分发数字版权管理等 7 个标准体系，发布网络视听收视大数据、互联网电视、IPTV、超高清、电视剧母版制作规范等系列标准，推进国家标准立项及编制，TVOS 相关 6 项标准获得国标委立项批准。此外，我国主导制定的《智能电视操作系统抽象硬件接口》《支持 IP 及广播电视的云化融合媒体服务规范》等 9 项标准建议书成为 ITU 国际标准，我国广播电视国际影响力和话语权不断提升。

二、数字技术加快推动视听行业全链条智慧化再造

5G、AI、区块链等具有极强溢出带动性的“平台型技术”加速演进，一系列新兴视听技术与业态，以数据为“燃料”、AI 为“催化剂”、云计算为基石，叠加物联网、5G、区块链、XR 等技术，实现跨越式发展。

（一）视听创意生产实现“数智化”

数据与算力已跃升为关键生产要素与生产力资源，海量数据和强大算力也滋养了人工智能技术，我国视觉、语音等基础智能任务相关工程已实现全球领先。在创意生产环节，数字技术为视听内容提供了多种智能助手，有效提升了生产效率和内容丰富性。一是提升制作效率。传统上需要人工对原始视频的大量无效信息进行识别，耗时耗力，效率较低，AI 协助进行智能创作、剪辑、编排、修复及关键帧提取，加速视听内容输出。如央视

新闻运用 4K/8K 超高清彩色修复技术，将中国共产党百年奋斗史中极为珍贵的新闻纪录影像进行电影级修复上色，推出原创新媒体作品“党史经典彩色重现”。二是实现智能化定制和预测。主要视听平台均建立了基于海量用户数据的智能创作系统，预测剧本、演员、导演、收入等视听创作要素的效果，并精准匹配目标用户，在运营阶段依据用户和环境特征，实现个性化、精准化内容推荐。三是实现创意创作多元化。虚拟数字人丰富了创作元素，以虚拟数字人 IP 拍衍生剧、开发周边产品、商业代言、直播带货等衍生产业链不断完善，如总台、北京台、湖南卫视分别推出“小 C”“时间小妮”“小漾”等虚拟记者、主持人，应用于新闻、综艺以及北京冬奥会等重要活动，央视新闻 AI 手语主播将手语实时演绎为数字人的表情动作，精准度达 95% 以上；江苏卫视推出虚拟动漫形象舞台竞演节目《2060》。

案例：江苏台荔枝云平台全面支撑融合传播服务体系

荔枝云平台建立三层技术架构，提供基础资源，强化媒体聚合分发能力，全面融合报纸、广播、电视、新媒体采编技术，对接和开发当地 APP，统一植入党建、政务、民生服务模块，提供媒体服务、党建服务、政务服务、公共服务、增值服务，同时为宣传管理部门提供宣传管理和内容监管的技术支撑。荔枝云平台提供从资源部署到内容分发的全流程服务支撑的 APP 生产发布系统，具备公共业务能力、业务流程串联能力等，包括 AI 服务、视频转码、拆条、APP 打包、资源调度等服务，并提供内容传播、用户互动、“媒体 +”服务等相关软件应用服务。2021 年新上线各类应用服务和工具 93 项。

（二）视听传播消费技术向沉浸融合发展

随着各类新型基础设施以及元宇宙（Metaverse，又称“灵境”）、虚拟数字人、NFT（非同质化代币）等新型虚拟场景的逐步落地，推动视听产业突破各种介质、载体及时空界限，无限拓展视听产业新业态和新场景。

一是视听消费虚实融合，实现跨载体呈现、跨时空交互。元宇宙预期实现的基于虚拟世界的“数字交往”或将重新改变人类的交互方式，也为视听消费带来了更为新颖奇妙的体验。如 2022 年总台春晚首次采用 AI+VR 裸眼 3D 演播室技术，通过渲染引擎制作千变万化的全景虚拟场景。

二是数字技术推动视听业态复合升级，“新基建”属性日益凸显。数字技术推动了视听行业应用场景多元发展，跨产业通道更加畅通，视听应用成为支撑经济社会数字化、网络化、智能化转型的关键要素。个人应用方面，视听行业积极利用“5G+ 大数据 +AI+XR”等技术组合，在游戏娱乐、体育竞技、居家服务、文化旅游等消费市场加大探索，衍生出云游戏、云语聊、云旅行等多种新型融合业态。行业应用方面，视听行业与其他行业融合，在移动医疗、智慧教育、车联网、智能家居、环境监测等领域广泛应用。

三是新技术促进特殊群体视听使用体验不断优化。各类视听机构已运用最新科技成果服务特殊群体，如长沙台 AI 手语电视播报系统已覆盖全国 200 多家广播电视台（融媒体中心）；爱奇艺、抖音、喜马拉雅等视听应用均针对老年人推出大字体、轻交互、简操作的“长辈模式”。bilibili 还针对色弱、视障、听障等人群推动色觉优化、旁白功能适配、智能字幕等多项无障碍功能。

案例：视听技术创新在北京冬奥会取得重大进展

自研硬件方面，开闭幕式上所有灯具、LED 产品均实现国产，京东方、利亚德等公司自主研发设计了行业内发光面最窄的单像素可控异形 LED 显示单元（“雪花”主火炬）、世界最大五面体裸眼 3D 显示屏（立体冰雪五环）、全球最大超高清地面显示系统（开闭幕式舞台）；中央广播电视总台研发超高速 4K 轨道摄像机系统“猎豹”，其时速可达 90 公里（25 米 / 秒）。

转播方面，一是首次全程以 4K 超高清信号制作，在所有项目上完全实现 UHD+KDR 制作，并首次对持权转播商提供 8K 公共信号。二是首次全面云上转播，传输效果更快、质量更高，能很好适配“千人千面”的新媒体报道需求。三是首次实现无线方式收看有线电视，冬奥有线电视专网延时在350毫秒以内，指定区域内的“无线CATV”通过广电5G网络能收看有线电视。

观赛体验方面，3D回放、场馆仿真、无人机、生物数据、主观摄像机、声音采集、仲裁信号、子弹时间等众多技术手段和创新应用广泛使用。创造观赛无障碍环境，总台、北京台等利用数字人进行冬奥新闻、赛事信息等手语信息播报，营造公平观赛无障碍环境。

（三）视听终端持续向更高性能升级

数字技术的加速落地以及视听新消费持续培育壮大，推动5G、XR、超高清显示设备、智能家居等新型视听消费终端加速成熟，视听体验不断优化。

一是新型智能视听终端日益成熟和普及。5G商用以及光学、声学等技术的成熟推动虚拟现实终端、可穿戴设备等新型智能终端加速普及，4K屏已成为VR设备的主流配置，且进一步轻薄化，因延迟、刷新率和分辨率优化，眩晕有所消除，适配场景与功能定位体系日益清晰完备。智能家居的互联互通能力加强，智能音箱、智能电视成为家庭智能系统的入口和中枢，教育成为智能屏幕、音箱的新应用场景。

二是超高清应用场景持续扩大。广电总局发布了超高清晰度电视信号实时串行数字接口等广播电视和网络视听行业标准，并组织开展科技攻关，发布了《高动态范围电视系统显示适配元数据技术要求》行业标准，实现了HDR技术突破，进一步支持探索超高清视频创新应用。总台8K超高清电视频道、北京台冬奥纪实8K超高清试验频道等多个超高清频道相继开播，建党百年系列活动、北京冬奥会、2022年总台春晚均实现8K超高清直播和转播；IPTV总平台以广东IPTV为试点，打造IPTV平台“4K/8K”专区；爱奇艺、咪咕视频等主要网络视听平台均实现支持HDR Vivid（菁彩 HDR）内容。在疫情防控常态化背景下，超高清视频技术为远程医疗、远程教育、远程办公等场景提供了关键支撑。

（四）视听治理智慧化程度不断提升

一是技术治理能力持续提升。视听行业综合运用大数据、AI、知识图谱等技术，在网络安全、个人信息保护、算法推荐、娱乐信息等方面提升治理的精准性、协调性和有效性。如针对日益增长的弹幕数量，bilibili 上线基于 AI 的弹幕和评论自净系统“阿瓦隆系统”，每天可以自动化处理超 70 万条社区的负向弹幕内容。此外，区块链等技术能优化内容和版权管理，NFT 交易基于智能合约进行，能用来标记视听作品版权，高效率解决现实世界的产权纠纷及盗版问题。

二是视听评价体系不断优化，以数据支撑精品内容创作。广电总局进一步扩容和优化“中国视听大数据（CVB）”，系统数据汇聚规模已超过 3 亿，其中互联网电视节目收视数据汇聚规模超过 2 亿；丰富和优化核心指标体系和统计分析模型，具备视听节目全网络融合传播分析挖掘能力；升级优化中国视听大数据查询服务系统，向全国 31 省（区、市）广播电视管理和播出机构提供全面数据支撑和服务，推进广告分析查询系统研发工作。

三、趋势展望

大数据、人工智能和数字孪生、虚拟现实等技术大量应用，推动了新型视听产业的崛起，未来，元宇宙有望将社交、游戏、旅游、会展、教育、办公等场景纳入视听生态，虚拟的数字世界和物理的现实世界有望无缝串联，助力视听行业实现模拟、验证、预测和自动化等智能行为，迎来更广泛的发展空间。

深刻认识技术迭代给视听行业带来的新挑战和新机遇。习近平总书记强调，“当今时代，数字技术、数字经济是世界科技革命和产业变革的先机，是新一轮国际竞争重点领域，我们一定要抓住先机、抢占未来发展制高点。”新技术正对信息的生成方式、传播方式、接收方式带来从未有过的革命性影响，在媒体领域持续催发一场前所未有的变革，传统安全威胁和非传统安全威胁相互交织，“黑天鹅”“灰犀牛”事件时有发生，数据管理以及算法、深度伪造等新技术应用领域依然存在较大安全风险。数字技术持续赋能创意、生产、传播、消费等全链条、全过程，视听行业的应用场景更加多元和广阔，成为推动经济社会发展的新引擎。

强化科技创新引领支撑，在服务经济社会发展上有更大作为。一是发展新业态，提升行业协同服务能力，推动广播电视和网络视听机构构建云基础设施，共享云数据、云工具、云服务，从供给侧推进行业内部资源共享和协作，强化广电视听新供给、新模式、新业态。二是培育新视听，创新节目形态，推进高新视频发展，向用户提供超高清、多维声、VR、AR、MR、360 度全景视频、全息成像等高品质视听服务。三是建设新平台，推动视听平台 IP 化、云化、融合化、智慧化，加快推进制播体系升级，优化生产流程，提高生产效率和智能化水平。四是重塑新网络，构建面向广电 5G 的智能协同网络。五是打造新终端，推进用户终端云端化、软件化和智慧化。六是构建新支撑，加强科技创新实验室建设，加强科技创新公益性基础设施建设，加强技术规划和标准体系的顶层设计，加强新技术在行业统计监测中的应用，加强国际合作，强化科技支撑体系化和开放性。

（执笔人：赵京文，国家广播电视总局发展研究中心）

第七章

产业建设与发展

课题指导：

国家广播电视总局传媒机构管理司司长　　袁同楠

国家广播电视总局网络视听节目管理司司长　　冯胜勇

国家广播电视总局规划财务司司长　　余爱群

第一节 大视听产业发展

提要：2021 年，大视听产业加快发展，其核心层广播电视和网络视听产业结构持续优化并继续呈现增长态势，总收入首次突破万亿，基于互联网的新业务新模式仍是增长驱动担当。大视听产业外围层——“视听 +”产业向周边领域深度延伸拓展，形成另一个万亿级产业新版图，并在多元化供给能力持续提升和新技术新业态等多重因素作用下，展现出广阔发展前景。

2021 年，广播电视和网络视听行业深入实施“智慧广电”战略，大力推动数字产业化与产业数字化、文化与科技融合等国家战略不断落地落实，视听进一步成为产业要素向各行业领域渗透融合。“新闻 + 政务服务商务”运营模式日益成熟，“视听 +”新产业形态更加丰富。大视听正在成为数字经济的重要构成和引擎。

一、大视听产业结构初步形成

当前，大视听产业正拓宽拉长视听产业链，展示出日益广阔的发展空间。

大视听产业是由视听和“视听 +”产业组成的产业集合体。其中，视听产业即广电总局现行统计口径下广播电视和网络视听产业，主要包括广告、有线电视网络业务、节目版权、智慧广电及融合业务、视听产业基地

（园区）等。视听产业是大视听产业的核心层。

“视听 +”产业指视听作为一种产业元素，与其他产业领域融合发展而形成的产业新板块，主要包括视听 + 数据服务、视听 + 终端制造、视听 + 直播电商、视听 + 旅游、视听 + 文创、视听 + 医疗、视听 + 教育、视听 + 安防等。“视听 +”产业是大视听产业的外围层。

二、视听产业增长分析①

2021 年，广播电视和网络视听产业创新驱动发展态势明显，收入结构持续优化并保持增长趋势。全国广播电视行业总收入 11488.81 亿元，同比增长 24.68%。其中，广播电视和网络视听业务实际创收收入 9673.11 亿元，同比增长 25.43%（见图 1）。

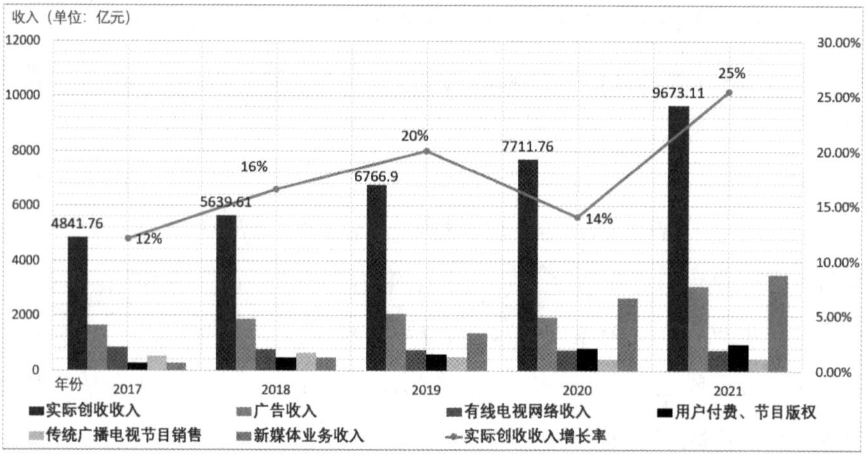

图 1　2017—2021 全国视听产业发展主要指标

基于互联网和其他新技术新应用的新业务新模式持续较快发展，形成新增长极。2021 年持证及信息登记机构网络视听收入②达 3594.65 亿元，同

---

① 该部分数据除另外注明，均来自广电总局规划财务司。

② 指网络视听机构开展与互联网视听相关业务的各项收入，包括网络视听节目服务收入（版权收入、用户付费收入等）、其他网络视听收入（短视频、电商直播等）。

比增长 22.10%。其中用户付费、节目版权等服务收入大幅增长，达 974.05 亿元，同比增长 17.24%。说明网络内容创作生产量质齐增，版权环境不断优化，内容版权市场和付费市场正在激活。网络直播、短视频等收入快速增长，达 2620.60 亿元，同比增长 24.02%，反映出新业态活力迸发，产业增长迅猛。主要网络视听平台依然是产业增长火车头，2021 年芒果 TV、bilibili 营收稳健增长，同比分别增长 9.62% 和 62%。① 网络音频产业悄然崛起，网络广播剧市场扩大，有声书、新创博客、音频社交等新业务发展加快，整体持续快速增长，市场总规模超 2000 亿元。② 云听、喜马拉雅、荔枝、蜻蜓 FM 等综合音频平台渐成行业龙头。

创新业态支撑增长，行业广告整体大幅上扬。2021 年全行业广告收入 3079.42 亿元，同比增长 58.73%。其中广播电视和网络视听机构通过互联网取得的新媒体广告收入 ③2001.46 亿元，同比增长 124.89%；广播电视和网络视听机构通过竞价排名、报刊广告、楼宇广告、户外广告、品牌推广等取得的其他广告收入 291.50 亿元，同比增长 11.89%。

广电 5G 建设等加快转型升级，高新视频业务快速增长。截至 2021 年年底，中央广播电视总台和 25 家省级台电视频道基本实现高清化。有线电视网络整合与广电 5G 建设一体化加快发展，有线电视业务结构持续调整，高新视频用户稳步增长。全国高清和超高清用户 1.09 亿户，同比增长 7.92%；智能终端用户 3325 万户，同比增长 11.39%。高清超高清视频点播用户 3992 万户，占点播用户的比例达 95.3%。全国交互式网络电视（IPTV）用户超过 3 亿户，互联网电视（OTT）用户 10.83 亿户，互联网视频年度付费用户 7.1 亿户，互联网音频年度付费用户 1.5 亿，短视频上传用户超 7 亿户。

① 根据公司财报整理。

② 中国互联网协会数字经济联合会，《中国互联网发展报告（2021）》，2021 年 7 月 16 日。

③ 指广播电视和网络视听机构通过互联网网站、计算机客户端、移动客户端等取得的广告收入。

案例：芒果超媒——产业布局的新链路效应①

芒果超媒主动求变，以在线视频业务和芒果TV平台为基座，做优网络视听平台运营、新媒体互动娱乐、媒体零售等主营板块，开辟国潮电商、实景娱乐等新赛道，实现产业发展逆势增长。2021年，芒果超媒实现总营收153.53亿元，同比增长9.62%，实现净利润21.14亿元，同比增长6.63%。其中，芒果TV广告收入54.53亿元，同比增长31.75%。

近年来芒果超媒优化新型网络视听复合产业布局，涵盖互联网视频会员运营，广告、IPTV、OTT运营，剧集和综艺节目制作、艺人经纪、音乐版权运营，游戏及IP内容互动运营（实景娱乐），电子商务及电视零售等多元经营方向。2021年核心平台芒果TV互联网视频业务保持稳健增长，实现营收112.61亿元，同比增长24.28%，连续五年盈利。推出小芒APP，聚焦国潮、潮玩领域，通过汉服秀、京剧秀等优质内容引导年轻芒果粉丝群向电商用户转化，上线一周年，日活峰值126万。瞄准行业新风口布局实景娱乐，将《明星大侦探》从线上延伸到线下，打造剧本杀品牌M-City，实现IP赋能，M-City长沙品牌店登顶大众点评剧本杀热门榜、好评榜，上海店成为当地最大沉浸式娱乐体验场所和中国青年文化新地标。

智慧广电及融合发展业务已是广播电视机构产业增长重要支撑，拉动新型广电主流媒体产业整体增长。2021年广播电视机构智慧广电及融合发展业务收入1085.70亿元，同比增长21.47%。其中广播电视机构新媒体广告收入276.71亿元，同比增长35.01%；有线电视网络宽带、集团客户等增值业务收入246.97亿元，同比增长4.48%；IPTV平台分成收入161.76亿元，同比增长19.09%；OTT集成服务业务收入78.02亿元，同比增长9.73%；广播电视机构网络视听收入322.24亿元，同比增长31.24%。

产业园区聚集辐射效应日益增强。2021年，产业基地（园区）、产业

① 数据来源：芒果超媒股份有限公司。

项目、产业会展聚合链接各种资源，带动贯通广播电视节目、电视剧、网络视听、超高清视频、沉浸式体验等内容生产传播价值链和电子信息设备产业链，大视听产业协同发展创新活力进一步增强。广电视听产业基地（园区）成为各地大视听产业集聚高地和经济发展重要增长极。截至2021年年底，广电总局批复成立的广电视听产业基地（园区）共28个，入驻广电视听各类企业8556家，新增企业2310家，吸纳就业近19万人，营业收入1244.85亿元，同比增长41.21%，应缴税金61.83亿元，同比增长46.31%。广电视听产业基地（园区）辐射带动作用明显。除广电视听企业外，广电视听产业基地（园区）吸引近6000家其他相关企业入驻，就业人数超11万人，营业收入超过2000亿元，应缴税金超过200亿元。广电视听产业基地（园区）在推进当地数字经济等战略性新兴产业、培育数字经济新业态、吸纳劳动就业和促进经济增长等方面发挥了有力辐射带动作用。一些特色突出、集聚效应显著的产业基地（园区）崭露头角。湖南马栏山视频文创园围绕大视听核心业务，布局产业生态，发展强劲，2021年园区企业实现营收519.81亿元，相比建园之初增长187亿元；实现税收30.16亿元，新引进企业850家，入驻企业总数超过3600家，聚集了一批视频文创领域头部和独角兽企业。浙江横店影视文化产业集聚区聚力打造“全球最强影视产业基地”，不断完善优化产业链整体服务，入驻企业数量2019年为1322家，2020年1412家，2021年1528家，平均每年增加103家，招商留商效果明显。中国（之江）视听创新创业基地充分发挥区校合作优势，突出创意孵化型特色视听园区建设，2021年基地内共入驻相关企业机构2465家，其中视听企业755家，产生营收7.59亿元，实现税收0.74亿元。还有一些园区各自突出高新视频、高新技术、网络视听、国际传播等产业特色，正在奋力开拓，服务区域重大战略、区域协调发展战略落地实施，引领当地数字文化经济发展。

另一方面，传统广播电视广告、有线电视网络传统业务收入、电视购物等传统产业持续萎缩，园区发展整体质量还不够高。2021年传统广播电视广告收入786.46亿元，同比下降0.40%。有线电视网络收入在前两年趋稳后再次回落，全国有线电视实际用户2.04亿户，同比下降1.45%，延续近五年来缓慢流失态势；有线电视网络收入734.56亿元，同比下降2.96%。传统广播电视节目销售收入略有增长，为438.24亿元，同比增长6.42%；电视购物频道收入明显下滑，为115.61亿元，同比下降14.66%。基地（园区）发展还存在同质化竞争、产业质量不够优、科技含量不够高、产业生态不全、缺乏带动辐射能力强大的龙头企业等短板。优化业务结构、提升产业质量、增强造血功能、强化示范引领，仍是当前和今后视听产业践行新发展理念、推动创新驱动高质量发展的重要任务。

三、“视听+”产业增长分析

2021年，随着“智慧广电”建设的大力推进和“新闻+政务服务商务”运营模式的逐渐成型，全国各省级有线电视网络公司、各级广播电视台（融媒体中心）以及主要网络视听主体广泛布局“智慧政务”“智慧金融”“智慧教育”“智慧医疗”“智慧社区”“智慧交通”“智慧文旅”“智慧林草”“智慧农业”“智慧食安”“一村一警”“智慧安防”等系列智慧业务，积极参与和大力助推基层社会治理现代化和数字乡村、智慧城市建设。视听成为数字经济的重要价值元素、场景标配，“视听+其他产业”形成的新业态新模式动力强劲。

视听+数据服务。江苏有线、贵州广电网络、广西广电网络、吉视传媒等网络公司优化整合光纤网资源，搭建纵向到底横向到边的行业专网和社会信息化平台，向社会提供机房租赁和云平台资源服务，构建统一平台、统一标准、统一管理制式的智慧系统，大力拓展集团客户市场，形成新型业态集群和新增长极。浙江嘉兴台、四川德阳台、江苏苏州台，浙江安吉县融媒体中心（安吉新闻集团）、江苏江阴市融媒体中心（江阴传媒集团）等机构积极拓展智慧政务服务，运营本地大数据资源，通过对大数据的高效采集、有效整合、深化应用，贯通信息孤岛，打造各具特色的大数据管理和服务平台，推动数据从“资源”向“资产”转变，社会效益和经济效益显著。

视听 + 文创文旅。2021 年，随着大批文化综艺节目的热播，涉及古代文物和文化典籍的短视频持续火热，在推动文物“活”化、助力文化传承的同时，孕育新的产业。古装传奇剧《风起洛阳》探索“IP+ 古城”，以洛阳地域文化为核心，进行剧集、综艺、动画片、纪录片、电影、衍生品、舞台剧、漫画、商业地产、VR 全感、游戏和文学 12 种艺术形态开发，探索古城文化的全新表达。在抖音平台，与四大名著、二十四史、四书五经相关的视频播放量超过 600 亿次，其中《西游记》《山海经》《三国志》跃居“人气古籍 TOP 3”，涌现出说书、漫画、影视、演绎、好书推荐、美食、音乐等多种内容体裁。短视频平台通过加强流量扶持、提高变现能力、打造开放平台及开展城市合作等方式，培养年轻一代对文化遗产的热爱，发掘“非遗”文化和市场价值。北京、西安、南京等城市的文旅项目、旅游景点入驻，助力城市形象传播推广，带动旅游业发展。

案例：河南台——全链拓展视听 + 文创文旅

河南台实施“视听 + 文创文旅”融合发展战略，规划运营原创文综项目集群、国潮品牌项目集群、文化 IP 产业项目集群，激活文化消费活力。

深挖中国优秀传统文化内蕴创制内容 IP，承接传播辐射效应进军文创领域。在 2021 年“神仙春晚”《唐宫夜宴》大获成功后，河南台成立唐宫文创公司，依托中国节日系列节目 IP 和国风文化，着力打造超级文创内容工厂。线上布局淘宝旗舰店、各频率频道官方线上商城，线下在北京、郑州运营实体店。截至 2021 年年底，唐宫文创 IP 合作头部品牌 50 多个，开发口罩、盲盒、汉服、游戏等文创产品 200 余种，跨界渗透到银行、医药、工程、软件开发、乐器、中药、珠宝等多种类消费领域。唐宫文创成立一年，营收突破六千万元，利润一千多万元。

扩展 IP 合作外延，“视听 +”版图快速壮大。《唐宫夜宴》出圈后首个

"五一"假期，河南博物院线上预约游客6.5万人次。端午期间郑州共接待游客506.5万人次，同比增长13.7%；旅游总收入20.95亿元，同比增长38.7%。① 依托节目IP，河南台与省文旅厅、各地市文旅局深度合作，以洛阳、开封等18个地级城市为中心，打造区域特色文化小镇。已落地洛阳龙门古街民宿综合体、郑州商城遗址文旅、《只有红楼梦》等文旅项目。②

视听＋直播电商。2021年，在乡村振兴战略推动下，"网红"与"热土"进一步联手，短视频与直播电商加速融合，用户超过9亿，国内知名社交、电商、短视频平台纷纷加入直播电商，短视频＋直播电商形成万亿级市场。据估算，2021年中国直播电商市场规模达到2.35万亿元，同比增长82.87%，③ 中国跨境直播电商市场规模2022年将超过1000亿元。④

视听＋终端制造。高品质视听内容促进新兴视听终端市场发展，后者进一步激发高层次视听消费需求。从看电视到用电视、玩电视，再到大屏社交、大屏会议、大屏乡村电商和大屏空中课堂，视听应用升级推动智能高清大屏电视进一步普及。2021年上半年，我国智能电视激活数超2.69亿，激活率较上年年底上涨5.5%；联网电视激活量达4.58亿，上涨8.3%。⑤ 预计2022年我国超高清视频产业总规模将达4万亿元。⑥2021年中国OTT盒子市场销量484万台，其中线上销量254万台。⑦ 在线音频服务平台纷纷推出智能音箱、AI真无线耳机、儿童早教智能硬件产品、智能穿戴设备、车载终端等，正式进入智能硬件业务领域，开辟音频消费终端新蓝海。视

① 玉子豆腐，《河南："文化觉醒"激活城市》，城市营销指北公众号，2021年7月3日。

② 韩颖、侯夷，《从"奇妙游"系列节目谈河南广电文旅文创产业开发——访河南广播电视台台长王仁海》，河南党刊公众号，2022年1月20日。

③ 网经社电子商务研究中心，《2021年（上）中国直播电商市场数据报告》，2021年8月27日。

④ 艾媒咨询，《2022年中国跨境直播电商产业趋势研究报告》，2022年2月23日。

⑤ 勾正数据，《"逆风远略"2021H1智慧屏行业发展白皮书》，2021年9月27日。

⑥ 工业和信息化部、国家广播电视总局、中央广播电视总台联合发布的《超高清视频产业发展行动计划（2019—2022年）》，2019年2月28日。

⑦ Runto洛图科技观研年报，《2021年中国OTT盒子市场总结与展望》，2022年1月25日。

听移动消费活跃带动智能手机加速普及。2021年智能手机出货量3.43亿部，同比增长15.9%，占同期手机出货量的97.7%。[①]5G手机用户数快速扩大，达3.55亿，出货量2.66亿台，同比增长63.5%，占同期全部手机出货量的75.9%。[②]VR/AR快速进入市场，加上元宇宙产业发轫，消费者对VR头显的接受程度不断提升。据统计，2021年中国VR头显出货量达365万台，同比增长13.5%。[③]但整体VR头显市场仍处于早期发展阶段，而元宇宙产业的出现将极大促进VR头显市场发展。

视听+教育。2021年，"音频+教育"成为音频平台布局重要板块。当前大众对于科教文化内容的多样化需求显著提升，音频的伴随性特点使更多用户选择在线音频平台。艾媒咨询数据显示，在线音频用户对知识科普类型内容的收听偏好度处于较高水平，偏好收听知识学习、资讯内容、科教文化内容的用户总占比达到92.3%。[④]在线教育品牌"凯叔讲故事"瞄准儿童内容市场刚需，采取内容付费模式，以儿童音频为核心进行业务布局，形成"音频+出版+动漫+衍生硬件+电商+演艺"产品生态链。截至2021年年底，积累内容故事超过3万个，用户数量超6000万，内容总播放量145亿次；童书销售净收入3亿元；衍生硬件随手听故事机累计销量超120万台。[⑤]综合音频平台喜马拉雅将"有声图书馆"带入西安市的地铁、大唐芙蓉园、高新创业咖啡街区，让"书香之都"成为城市新骄傲，满足更多人对有声阅读的期待。

此外，视听+医疗、视听+金融、视听+乡村振兴、视听+会展、视

① 中国信息通信研究院（CAICT），《2021年12月国内手机市场运行分析报告》，2022年1月18日。

② 中国互联网络信息中心(CNNIC)，《第49次中国互联网络发展状况统计报告》，2022年2月25日。

③ 深圳市人工智能产业协会产业研究部，《【产业数据】2021年中国VR头显出货量达365万台》，2022年3月23日。

④ 艾媒咨询，《2020—2021年中国在线音频行业研究报告》，2021年3月31日。

⑤ 数据来源：综合凯叔讲故事官网、《【独家】凯叔讲故事：挖掘儿童"生活场景"里的需求和价值！》《凯叔讲故事完成6600万美元C+轮融资，泰合资本继续担任独家财务顾问》等。

听＋孝老、视听＋康养等业态不断生长。“视听＋”产业一方面积极对接国家战略，另一方面积极拥抱新技术新应用，不断推出新的服务模式，市场广阔，前景无限。

当前，大视听产业正成为数字文化产业中最具显示度和增长性的新型产业之一。当然，要推动大视听产业高质量发展，还面临诸多挑战和短板。比如核心板块之一的视听版权产业规模还不够大；大视听衍生产业产出还不大；“智慧广电”渗透力和效益产出还不高；地区间、媒体间发展很不平衡，有的地方和有的媒体“视听＋”发展滞后；园区发展还需强化先进引领、整体突破；大视听产业统筹发展的观念有待深入，靶向政策供给有待增强，构建新时代大视听全产业链发展格局任重道远。下一步，大视听产业将不断强弱项、补短板，主动融入国家区域协调发展战略，加快区域视听产业带建设，推动京津冀、长江经济带、长三角、沿黄河省份等探索建立区域视听产业协作体或视听产业联盟，朝着实现高质量发展目标大步迈进，在文化强国建设和数字中国建设中发挥更大作用。

（执笔人：吕岩梅　丁　琪，国家广播电视总局发展研究中心）

第二节 视听新业态发展

提要：当前，随着创新性、引领性数字技术的深入应用，视听新业态不断产生，各业态各具特色、各有场景。与此同时，依托国内超大规模的市场优势，视听产业生态逐步成形，视听全产业链规模初显，不断激活视听消费，对经济发展的拉动作用日益显著。视听新业态成为广播电视产业最重要的增长极。

2021 年，广播电视与网络视听立足新发展阶段、贯彻新发展理念、构建新发展格局，深化视听供给侧结构性改革，持续推动智慧广电、网络视听与其他领域加速融合，发展壮大一批以智慧型、融合型、数字型为特色的新业态。短视频、网络直播、直播电商、MCN、有声书等，层出不穷，生生不息。众多的新业态，覆盖各类场景，促进内容传播，服务社会民生，拉动城乡就业，助力乡村振兴，发展数字经济，特别是与体育、游戏、泛知识、泛娱乐等垂类领域的跨界融合，更是重绘数字文娱地图，重构广电发展格局，共建大视听产业。从实践看，视听新业态是一个不断推陈出新的过程，各具体业态都有孕育、成长、成熟、变革的过程。本报告简要分析当前比较成熟、辐射力强、具备较大规模的几种主要新业态。

一、网络视频：生态式融合发展，培育产业新动能

2021 年，网络视频仍处于创新升级、高速发展阶段，向垂直领域拓展态势明显。网络视频总体用户规模进一步增长，截至 2021 年 12 月，中国网络视频（含短视频）用户规模达 9.75 亿，占网民整体的 94.5%（见图 1）。短视频、视频直播、中视频、长视频等网络视频业态充满活力，发展动力强劲。

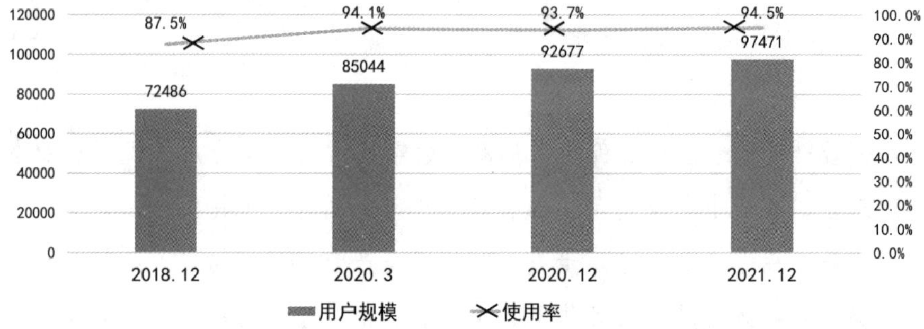

来源：CNNIC 中国互联网络发展状况统计调查　　2021.12

图 1　2018 年 12 月至 2021 年 12 月网络视频（含短视频）用户规模及使用率（单位：万人）

（一）短视频跨界深度融合，商业模式丰富多样

2021 年，中国短视频用户规模为 9.34 亿，占网民整体的 90.5%，用户规模同比增长近 7%（见图 2）。短视频成为普及型应用，带货、内容付费、视频激励广告、口碑变现等商业模式丰富多元，与其他领域、其他产业加速融合，三农、泛知识、游戏、文旅等主题短视频业态充满活力，稳定输出社会价值与经济价值。

三农短视频展现美丽乡村、带货助销农产品，拓展脱贫攻坚成果。短视频、社交媒体平台加强流量扶持、创作运营培训和变现指导，全方位扶持农村生活、乡野美食等内容。数据显示，2020 年 7 月至 2021 年 6 月抖音农村视频总获赞量 129 亿，其创作者收入同比增长 15 倍。①

---

① 抖音，《三农数据报告》，2021 年 6 月 22 日。

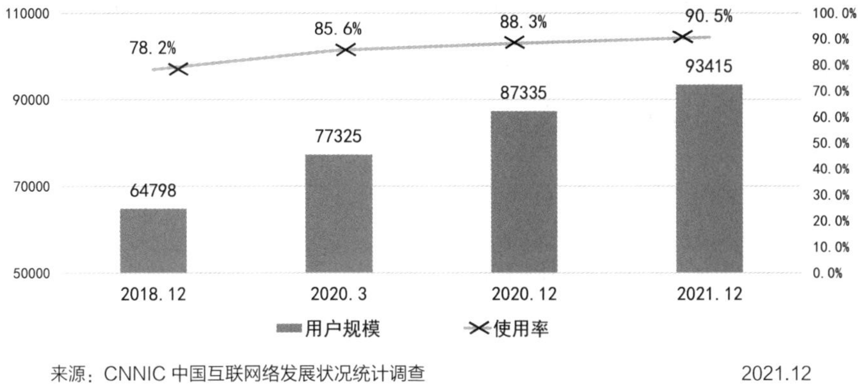

图 2　2018 年 12 月至 2021 年 12 月短视频用户规模及使用率（单位：万人）

泛知识短视频取道内容付费。2021 年，抖音推出短视频付费“赞赏”功能，“随刻”推出付费订阅创作者“超级粉丝”模式，激励优质内容商品化。短视频平台还提供直接销售模式，创作者可在自己的小店上架出售泛知识内容。视频平台通过付费会员、合作伙伴分账覆盖自有知识短视频频道，打通生态链硬件端、电商端等多端内容付费营销渠道，拉动知识产品变现。优酷新知 2021 年内容变现分账规模同比增长 50%，链接有效付款用户破百万。①

短视频 + 游戏实现双赢。一方面，热门短视频 IP 得到游戏化定制开发。2021 年，“狗头”“开心锤锤”等短视频 IP 为休闲游戏定制开发贡献了大量创意。另一方面，海量游戏广告成为短视频重要的创作内容与收入来源。短视频平台开辟游戏站、活动页、小游戏点击即玩入口，发布游戏相关内容任务，激励创作者导流，触达并转化游戏核心用户，获得广告收益。此外，短视频激励广告模式直接帮助游戏内广告变现，带动 IAA（In-App Advertisement）游戏发展，字节跳动、腾讯均开展相关布局。

短视频与文旅产业深度融合，实现口碑变现。短视频平台加大流量扶

① 优酷，《优酷内容开放平台 2021 年度报告》，2022 年 1 月 25 日。

持、打造开放平台、开展城市合作与打卡营销活动，孵化网红城市、网红地标与 KOL，助力城市形象传播和旅游推广。

（二）视频直播广开就业空间，拓展增收渠道

截至 2021 年 12 月，中国网络直播用户规模达 7.03 亿，较 2020 年 12 月增长 8652 万，占网民整体的 68.2%（见图 3）。视频直播为社会经济繁荣注入新活力，“助推器”作用突出。

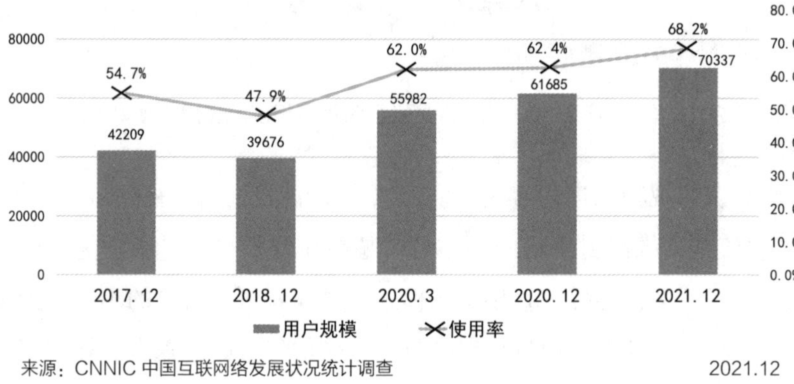

图 3　2017 年 12 月至 2021 年 12 月 网络直播用户规模及使用率（单位：万人）

1. 直播内容生态日益丰盈，垂类发展充满活力

直播内容生态直接创造大量就业机会。直播市场规模巨大，其中 2021 年电商直播用户规模为 4.64 亿，较 2020 年 12 月增长 7579 万，占网民整体的 44.9%。[①] 随着《关于进一步规范网络直播营利行为促进行业健康发展的意见》（税总所得发〔2022〕25 号）、《关于加强网络直播规范管理工作的指导意见》（国信办发文〔2021〕3 号）、《网络直播营销管理办法（试行）》等政策出台，直播市场日益有序、规范。直播主体格局正在发生变革，越来越多中小商户通过多种渠道搭建自营直播间，腰部主播和新人获得平台扶持，商品成交总额（GMV）呈现去中心化趋势。头部明星不再是直播

① 中国互联网络信息中心（CNNIC），《第 49 次中国互联网络发展状况统计报告》，2022 年 2 月 25 日。

生态圈的主导，活跃在不同平台直播间的海量草根播主构成直播带货领域的中坚力量，同时也是孵化流量、创作短视频的主力军。以直播 + 短视频为核心的内容生态，还带动大量运营团队、MCN 机构、直播公会、代理商、服务商等机构的就业机会。数据显示，快手为内容创作者等直接带来 2000 万个就业机会，其电商生态带动的就业机会达 923 万个，内容生态带动的机构就业机会达 540 万个。①

直播内容生态垂直化发展趋势显著，各细分市场充满活力。受大型体育赛事恢复、版权交易重回正轨影响，体育直播表现最为抢眼。2021 年，体育直播的用户规模为 2.84 亿，较 2020 年 12 月增长 9381 万，占网民整体的 27.5%。② 腾讯、字节跳动、快手等先后与海内外体育赛事版权方达成合作，北京冬奥会、中超联赛、美洲杯等赛事的网络转播权均在 2021 年上半年达成交易。5G、转播云、人工智能合成视频、实时动作追踪与捕捉等新技术应用极大提升体育直播的临场感。体育 KOL 解说直播、运动员赛后连麦直播提供了互动式、“一起看”的观赛体验，吸引大量用户收看。2021 年共有 103 名体育明星、运动员在微博参与 144 场连麦直播，直播观看量累计达到 3.28 亿。③

案例：咪咕直播 + 体育 KOL，撬动平台竞争格局

咪咕视频将体育直播作为差异化布局重点，在北京冬奥会网络直播中首次推出超高清赛事直播，王濛解说直播、与谷爱凌等中国冬奥金牌选手直播连线创造多个热点话题，带来巨大流量，全场景播放量达 340 亿次，撬动视频平台竞争格局。冬奥会期间咪咕视频应用下载一度升至第二名，从单日 8 万多增至 33 万次，日活用户实现近 10 倍的增长，咪咕新媒体全

---

① 中国人民大学劳动人事学院课题组，《短视频平台促进就业与创造社会价值研究报告》，2022 年 3 月 2 日。

② 中国互联网络信息中心（CNNIC），《第 49 次中国互联网络发展状况统计报告》，2022 年 2 月 25 日。

③ 微博，《体育明星微博年度报告》，2022 年 1 月 5 日。

网累计热度 644 亿。抖音账号“咪咕体育”，每天涨粉 11 万 +，传播指数居于抖音榜单第 2 位。冬奥第六天，拉动中国移动股价增长 7.4%，一度涨停，市值暴涨近 1300 亿元。①

2021 年游戏直播用户规模为 3.02 亿，较 2020 年 12 月增长 6268 万，占网民整体的 29.2%。游戏直播融合体育、科技与城市文化元素，探索赛事直播、娱乐内容自制、KOL 储备、地域标签孵化等衍生生态，增加用户黏性与核心粉丝圈层转化，应用场景不断延伸、丰富，不断融入中青年群体的社交生活。

泛娱乐直播缓解疫情对线下文娱演出的影响，为用户提供沉浸式、互动性、伴随性视听体验。2021 年真人秀直播的用户规模为 1.94 亿，较 2020 年 12 月增长 272 万，占网民整体的 18.8%；演唱会直播的用户规模为 1.42 亿，较 2020 年 12 月增长 476 万，占网民整体的 13.8%。3D 化实景、虚拟偶像、虚拟主持人等在泛娱乐直播中受到欢迎，得到越来越多的应用。

2. 直播带货助力乡村振兴，巩固脱贫攻坚成果

在平台算法、扶持计划、培训服务支持下，直播带货直接拉动农产品销售，有力拓展农村就业空间和农民增收渠道，培育乡村振兴新动能。2021 年 1 月至 10 月，快手超过 4.2 亿个农产品订单经由直播电商从农村发往全国各地，农产品销售额和订单量与 2020 年同期相比，分别增长了 88% 和 99%。② 广播电视和网络视听行业整合资源帮扶农产品线上销售，落地电商平台直播培训、直播数据标注业务，助推一批村播与人工智能标注师快速成长，吸引青壮年劳动力返乡，推动农产品销售数字化。

（三）中视频实现产业闭环，形成盈利链条

中视频成为网络视频生态新的发展方向与竞争领域，形成专业化生产、

① 数据来源：综合《中国移动咪咕：北京冬奥会传播的三个亮点》《“喜剧人”王濛要开 MCN，退役运动员的职业第二春有着落了？》等报道文章。

② 数据来源：首届中国网络文明大会主论坛，2021 年 11 月 19 日。

分账式合作、剧场化运营、内容付费模式的产业闭环，跑通单集付费、付费合集、付费包、实物搭售、带货等营销链条，涌现众多制作精良、口碑热度较高的微短剧、微综艺、微纪录片与泛生活类、泛兴趣类、泛知识类短片，内容与观看数据持续快速增长。2021 年西瓜视频、抖音、今日头条三端的月活中视频创作者数量增长 80%，覆盖内容细分赛道超过 50 个，内容数量同比增长 98%[①]，播放量同比增长 25%[②]。

微短剧市场表现突出，通过品牌广告 / 定制、平台定制 / 分账、带货、版权售卖等模式实现盈利。一是各平台加大创作扶持，优酷"扶摇计划"、腾讯微视"火星计划"、芒果"大芒计划 2.0"、抖音"短剧新番计划"、快手"剧好玩计划"等一批微短剧计划吸引大量 PGC、UPGC 参与创作，2021 年上线 1000 余部[③]微短剧。二是孵化微短剧剧场品牌，进行多元内容矩阵化布局与营销分季化传播，《大妈的世界》等作品以类型化、轻量化突破圈层。三是加强与网络文学平台合作，实现优质 IP 引入 + 改编合作 + 平台投资 + 宣发 / 商业化资源 + 剧场排播的联动。四是跨平台打通流量池，2021 年西瓜视频、抖音、今日头条联合推出中视频伙伴计划，以一端分发、多端收入吸引 50 多万创作者，人均收入增长 3.5 倍。[④]

（四）长视频推动付费变现，控制内容成本

当前，网络视频市场竞争激烈，总体用户规模增速持续放缓，长视频进入以用户为主导的买方市场。各平台发力自制剧、定制剧、分账剧、原创 IP 开发与版权销售，通过深耕垂类市场、开展剧场化与季播式运营，不断吸引、沉淀付费会员，对冲广告投放波动的影响。取消超级点播、逐集解锁等备受争议的付费方式，实施更灵活的定价策略并提高会员费，多种手段拉动内容付费变现。同时，进一步控制成本，重构创作生产管理模式。

① 西瓜视频、抖音、今日头条，《中视频 2021 发展趋势报告》，2022 年 1 月 10 日。

② 西瓜视频、抖音、今日头条，《回映 · 中视频这一年》，2022 年 1 月 10 日。

③ 数据来源：广电总局监管中心。

④ 西瓜视频、抖音、今日头条，《中视频 2021 发展趋势报告》，2022 年 1 月 10 日。

通过引入云端制片与智能剧本系统，加强财税管理，将预算、剧本评估、立项、拍摄、财务、后期、发行、周边衍生开发和经验沉淀等全周期管理环节，纳入线上规范化、体系化、智能化运作，提升长视频项目全流程协同效率，强化品质控制与风险控制。

二、网络音频：创新做精产品服务，融合消费场景

网络音频市场发展态势持续向好，2021—2023 年市场规模年增长率预计将保持在 32.3%—40.8% 之间。①

有声书市场规模持续快速增长。数据显示，2021 年中国有声行业市场活跃用户规模达 8 亿人次②，2021 到 2023 年有声书市场年均增长率预计将维持在 20% 左右③。音频平台加强与网络文学平台合作，字节跳动推出“番茄畅听”，腾讯音乐收购“懒人听书”全部股权，音频 + 网络小说 IP 产品丰富多元，用户付费意愿不断提升。

网络广播剧在文学 / 影视 IP+PGC/UGC 配音助力下蓬勃发展。随着自然语言处理（NLP）与音频合成、AI 文字转语音等新技术的应用，专业机构、配音社区与爱好者纷纷加入广播剧创作。音频平台发挥有声书资源优势，加强大流量网络文学与影视 IP 的广播剧转化力度，热门 IP 同步衍生开发网络广播剧已成常规动作。

音频直播的交互性、陪伴性与情感性特征突出，涌现音乐才艺比拼、一起连麦看电影玩游戏、线上聚会类游戏、剧情配音类游戏等融合产品，游戏、娱乐与社交价值得到市场和用户广泛认可。2021 年，喜马拉雅直播收入达 10 亿元，同比增长 39.6%，营收占比达 17.1%。④ 音频直播变现渠道也更加多元。2021 年双十一，喜马拉雅尝试 UGC 头部主播通过节目口播、

---

① 艾瑞咨询，《中国网络音频产业报告》，2021 年 12 月 29 日。

② 北京日报，《用户规模已达 8 亿人次！中国有声读物市场在悄然蜕变》，2022 年 3 月 30 日。

③ 艾瑞咨询，《中国网络音频产业报告》，2021 年 12 月 29 日。

④ 喜马拉雅控股，《喜马拉雅招股书》，2022 年 3 月 29 日。

直播推荐、线上开店等方式带货，取得成效。

网络音频应用场景与消费场景加速融合。音频平台积极参与智能音箱、耳机、早教机等智能硬件的研发与推广，把收听使用场景从家庭延伸到实体商店、公交地铁，不断开拓线下用户。

三、MCN：广电系加快布局，社会化集群效应初现

广电媒体主动布局MCN领域，盘活资源，助力创收收入实现增长。一是广电媒体成立与MCN高度适配的融媒体公司或工作室，搭建内容生产、流量运营、商务拓展等配套体系。二是广电媒体MCN挖掘自身资源，孵化主持人网红与内容IP，打造求职、婚恋、母婴、美妆、农业等垂类融媒体账号产品。三是广电媒体与民营公司合作成立MCN，联合制作微短剧、微综艺，探索“电商+广告”“版权分账+广告”等变现方式。四是广电媒体MCN立足本地优势，整合区域性优质资源，融合UGC与PGC、打通大小屏。

案例：湖南台娱乐频道凭借MCN平台式运营带动传统电视转型

湖南台娱乐频道组建“湖南娱乐MCN”，带动传统电视频道经营转型全互联网平台式运营。组建短视频运营团队Drama TV，形成直播电商、品牌服务、活动IP等业务板块，各板块实现“内容生产——流量运营——商业变现”的独立闭环，板块之间围绕流量资产，展开资源协同和关联交易。建立达人、平台、客户、供应链等商务资源体系，搭建用户、电商、数据运营和公关宣传等商业运营体系，实现项目信息共享、资源灵活调配。“湖南娱乐MCN”签约泛娱乐类网红超350人，粉丝群体超2.3亿，聚焦明星娱乐、母婴生活等垂直赛道，MCN收入已超过频道传统广告收入。①

① 杨余，《总监专访 | 湖南娱乐频道深入推进媒体融合，为专业频道变革破题！》，广电独家微信公众号，2021年3月21日。

社会化 MCN 形成区域集群。与互联网产业分布态势相似，MCN 机构分布集中度较高，主要集中在经济较发达的东部地区，头部 MCN 机构更相对集中分布在北京、浙江、广东和上海。北京 MCN 机构在文化知识垂直领域表现突出。杭州在当地电商产业优势下孵化出一大批美妆、穿搭、直播带货 MCN 公司。西南区域中心成都、重庆以网红城市、美食为突破，MCN 发展势头强劲。山东、江苏、安徽、河南等省交界区域，形成一定规模的农村网红 MCN 集群。

视听新业态的蓬勃发展正在深刻改变广电产业模式和生态，成为数字经济发展重要力量。当前，视听新业态还需要进一步推进生态化、规模化、规范化，拓展产业边界，实现高质量发展，担当起带动大视听产业发展的使命。未来，5G、人工智能、物联网、元宇宙等新一代信息科技将为视听新业态注入更多力量，文化与科技的深入融合将不断拓展新业态版图。视听新业态也将更好地服务社会经济文化、生产生活与消费的方方面面，推动大视听产业实现新的跨越式发展。

（执笔人：黄田园，国家广播电视总局发展研究中心）

第三节　视听产业基地（园区）建设

提要： 近年来，广电总局围绕事业产业高质量发展，统筹布局，批准设立了系列视听产业园区。截至 2021 年年底，广电总局批复成立的广电视听产业基地（园区）共 28 个，规划建筑面积总计 3.88 亿平方米，入驻广电视听各类企业 8556 家，新增企业 2310 家，吸纳就业近 19 万人，营业收入 1244.85 亿元，同比增长 41.21%，应缴税金 61.83 亿元，同比增长 46.31%；吸引近 6000 家其他相关企业入驻，就业人数超 11 万人，营业收入超过 2000 亿元，应缴税金超过 200 亿元。视听产业园区聚焦特色主业，夯实产业基础，强化产业支撑，对于提升创作生产能力、完善视听产业生态、壮大产业综合实力发挥着日益重要的作用，对于推进数字经济等战略性新兴产业、培育数字经济新业态、拉动就业和经济增长意义重大。

2021 年以来，视听产业园区按照既定发展规划和建设方案，聚焦特色主业，夯实产业基础，强化产业支撑，产生了较好的社会效益和经济效益，呈现平稳发展态势，集聚效应、规模效应、示范引导效应和区域辐射效应明显。

一、视听产业园区迎来新发展机遇

视听产业园区建设纳入政策议题，成为现代文化体系和市场体系建设的重要一环。2021 年，《中华人民共和国国民经济和社会发展第十四个五年规划和 2035 年远景目标纲要》指出，“规范发展文化产业园区，推动区域文化产业带建设”。在国家规划的指引下，文化行业各领域相继推出“十四五”规划，部署文化产业园区建设。《广播电视和网络视听“十四五”发展规划》《“十四五”数字经济发展规划》《“十四五”中国电影发展规划》等行业规划均就打造高质量视听产业基地（园区）的目标和路径进行了部署。

园区政策规范与发展并重。国家电影局、广电总局等六部委出台《关于促进影视基地规范健康发展的意见》（国影发〔2022〕1 号），从界定范围、落实意识形态工作责任制、合理规划布局、聚力发展主业、严控房地产开发等方面明确政策意见，促进影视基地规范健康发展。广电总局印发关于进一步规范发展视听产业园区的要求，督促相关部门对所属产业基地发展严把政治导向关、规划引领关、项目落地关。

地方政策针对性增强。有些省（区、市）进一步突出视听产业园区建设的战略引领地位。如福建省委省政府出台《关于支持厦门建设高质量发展引领示范区的意见》，明确将推动中国（厦门）智能视听产业基地建设作为厦门建设高质量发展引领示范区的重要任务。湖南省出台《进一步支持马栏山视频文创产业园发展若干政策》（湘政办发〔2021〕42 号），从创新公共服务平台建设、费用补贴、人才引进、拓展应用场景等八方面，确立了进一步支持园区发展的政策。

二、视听产业园区呈现平稳发展态势

（一）新格局初现：呈现“多区域极核”空间格局，七成以上位于东部地区

我国已基本形成京津冀、长三角、成渝等基础良好、优势突出、特点鲜明的视听产业园区集聚区，呈现“多区域极核”的空间格局。广电总局批复的视听园区中有 20 家位于东部地区，占总体的 71%，中部和西部地

区各有 4 家（图 1）。具体来看，长三角地区共 9 家园区，是目前全国规模最大、实力最强的视听产业园区集群；京津冀地区共 8 家，主要集中在北京，其中央企相关园区占到一半；成渝地区共 3 家，成都是除北京之外国家级视听园区数量最多的城市。

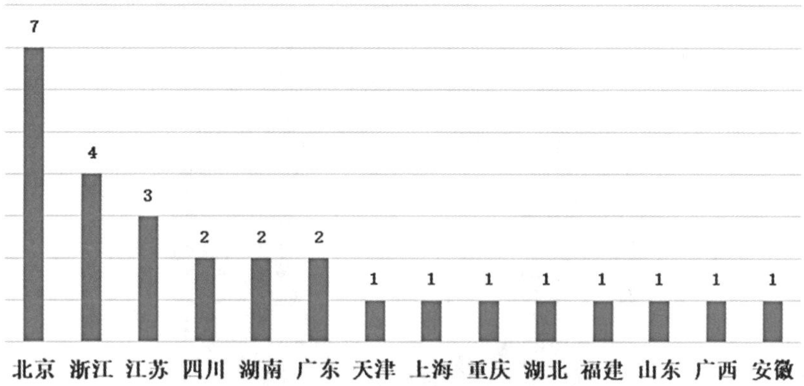

图 1 各地国家级广播电视和网络视听产业基地（园区）数量（单位：家）

（二）聚焦主业：探索特色多元产业布局，泛视听数字业务成为布局重点

初步形成以泛内容为主的多元发展格局。由于视听产业具有极强的融合特性，大部分园区早已突破单一业务的限制，结合自身资源禀赋，围绕产业链相关环节，通过关联性产业集聚实现特色化发展。如中国（之江）视听创新创业基地聚焦培育扶持视听类中小微企业成长和创新创业人才建设，中国—东盟网络视听产业基地以国际化运作思路打造“面向东盟的网络影视新丝路”的信息枢纽，中国（长沙）马栏山视频文创产业园、中国（成都）网络视听产业基地、中国（广州）超高清视频创新产业园区、中国（浙江）影视产业国际合作实验区分别以“内容 + 科技”、网络视听、超高清视频、国际传播为特色，探索差异化发展道路。

总体上看，我国视听产业园区可分为泛内容类园区与泛技术类园区两类。具体来说，可分为内容创作（含动漫）、视听技术、网络视听和国际传播四类（图 2）。泛内容园区占比 79%，体现了视听产业以内容产品为核心的特色；而泛技术类园区数量仅 6 家，且整体实力不强，一定程度也反映了视听园区还需进一步重视技术研发，聚集技术资源，加强科技成果创新转化。

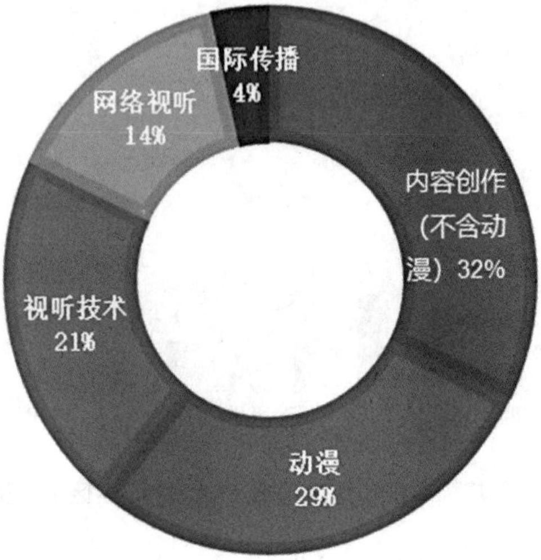

图 2　国家级广播电视和网络视听产业基地（园区）分类占比（依主营业务划分）

瞄准新型数字视听业务，构建融合型视听产业链。大部分视听产业园区依托广播电视台、影视公司等传统传媒机构建立，传统业务板块较突出。为了适应新形势新变化，不少先发园区向大视听产业转型，布局高新视频、云演艺、云游戏等新业态，泛视听数字业务成为战略重点。如中国（上海）网络视听产业基地 70% 以上的落户企业为从事网络视听、影视动漫、技术研发等新兴文化企业；中国广电 · 青岛 5G 高新视频试验园区推出 LED 立体沉浸式影院、大屏端云游戏应用、VR 行知中国、4K 高清影视云修复等创新成果。产业园区在突出主营业务基础上，延链、补链、强链，优化完善产业生态。如中国（北京）高新视听产业园覆盖了视听技术研发、高新视听企业孵化、视听服务集成、创新业态运营、终端硬件制造等产业链关键环节。

（三）技术赋能：夯实科技支撑底座，推动构建智慧型园区

推动“产学研用”深度融合，强化新技术研发应用。视听产业园区持续强化科技能力建设，大力支持人工智能、云计算、云存储、扩展现实、虚拟数字拍摄、5G 协同制作等新技术推广应用，通过与高校、科研机构合作，积极推动园区企业科技创新。如合肥国家广播影视科技创新实验基地入驻了广电总局“三院”（广播科学研究院、广播电视规划院、中广电广播电视设计研究院）安徽分院等广电信息科技研发机构以及博大光通、国广科技等广电检验检测和芯片生产企业；中国（广州）超高清视频创新产业园区积极推动 5G、AI、VR 等技术与超高清产业深度融合，正式开播广州台南国都市 4K 频道，举办全国首个超高清视频（4K/8K）内容征评活动，建成全国首个 8K 影院，成功研制全国首台国产超高清视频转播车。

加快建立智能化产业服务平台。传统文化产业园区普遍面临管理效率低下、配套服务薄弱、运营模式落后等问题，以园区数字化改造带动各类产业平台整合提升，是提高园区产业集聚能力、实现园区可持续发展的好路径。越来越多的视听产业园区加大技术投入，建立全链接的智慧园区数字化场景，构建园区智慧管理“云平台”，打造“虚拟产业园”。如青岛 5G 高新视频试验园区建立影视工业化云平台华为 5G 高新视频联合创新中心，整合链接产业链生态企业，向《流浪地球 2》等剧组及内容生产企业提供虚拟拍摄、云制作、异地审片等云服务。

案例：马栏山视频文创产业园夯实新技术底座

马栏山视频文创产业园建立“1 中心、1 平台、4 个研究机构”（马栏山·华为云音视频产业创新中心、马栏山视频产业云平台、5G 高新视频多场景应用国家广电总局重点实验室、下一代互联网宽带应用国家工程实验室马栏山研究院、天河区块链技术研究院）的坚实技术“底座”，如马栏山产业云助力超 70 家企业发展，VR/XR 视频渲染效率最高提升 23 倍，为视频文创企业构筑了“拎包入住”的数字支撑环境。

（四）优化服务：着力构建高水平服务体系，营商环境持续优化

大部分视听产业园区逐步改变以往“房东型”管理模式和粗放的财税减免政策，为入驻企业提供产业、投资、商务、交流、生活等“园区开发+管理运营+产业投资”的新型综合智能化管理服务，不仅满足视听制作、行政审批、创意孵化等视听产业发展所急需的共性服务需求，也探索提供“一企一策”的精准化服务，支持园区企业发展。政务服务方面，与管理部门合作推出视听产业园区专项政务服务，权限下放赋能企业发展。如北京局以中国（怀柔）影视产业示范区为试点，将21项涉及影视申报等行政审批业务的线上帮办和线下咨询等业务落地国际影视摄制服务中心。招商服务方面，强化产业链招商策略，将招商重点放在资源聚合力、生态牵引力强的关键项目、龙头企业、强技术企业、平台总部等。如中国（之江）视听创新创业基地发布产业政策“黄金十条”，对新引进的全球、全国500强企业以及视听行业龙头企业、独角兽企业给予资金补助或房租补贴。金融服务方面，围绕园区企业融资、贷款难等痛点提供资金扶持、创业辅导、融资对接、上市辅导等服务。浙江横店影视产业实验区设立“文化产业发展专项资金”和“影视企业贡献奖”，并联合金融机构开发针对影视企业的“影视通宝”“影视贷”等金融产品。

案例：中国（北京）星光视听产业基地不断优化服务体系

中国（北京）星光视听产业基地持续优化完善服务体系建设：一是合理规划布局，预留10000平方米以上产业发展空间以及文化设施用地用于承载文化类、视听类场馆项目。二是发起视听企业联盟，对符合条件的视听类文化企业给予免费制作升级服务。三是完善政务服务，与北京局合作建立视听产业综合服务中心，与市、区、属地管委会相关部门合作签订或制定专属产业支持政策。四是完善金融服务，依托北京市大兴区成立规模十亿元的文创产业发展基金，与北京银行大兴支行等机构合作，为园区建设运营及小微企业经营等方面提供金融服务方案。

三、发展瓶颈与对策思考

现阶段，大部分视听园区基本还停留在以投资驱动为基础的数量扩张阶段，“造血”能力差，主营业务竞争力弱，占园区主体的中小企业普遍缺乏资金、信息、管理经验和业务渠道，抗风险能力较差，部分龙头企业自身面临创新不足、营收大幅下滑的危机。产业结构层面，传统影视业务占比多，新型视听、融合视听、科技视听等附加值高、市场前景广的新产业相对短缺，泛内容类园区普遍存在设施老旧、原创能力不足、核心 IP 不足等问题，泛技术类园区存在缺乏核心技术且与产业结合不够、成果转化不强等问题。

当前我国经济发展面临需求收缩、供给冲击、预期转弱三重压力，过去“圈一片土地、布几个产业、发展一批企业”的传统产业园区发展模式已再无生存空间。亟需统筹把握、科学引导，推动园区真正成为发展新型视听企业、创造和拉动新型视听和新型消费模式的重要引擎，带动整个行业跃升到高质量、创新驱动发展的新阶段。

一是加强统筹规划，推进园区有序健康发展。有关部门应加强统筹规划，鼓励视听产业园区紧密围绕人民精神文化需求和视听产业主体业务需求，立足区域资源禀赋和产业基础，形成特色主导产业，推动各级各类视听产业园区形成分类、有序的梯次发展格局，培育多家特色领域龙头园区，引领区域产业带建设。同时，完善视听产业园区“挂牌”和“摘牌”机制，建立科学管理评价体系，加强国家级重点视听产业园区的示范引领作用，加强监测与评估，实施动态考核和绩效激励机制。

二是坚持科技引领，深化园区智慧化转型。视听产业园区应大力推动视听与科技融合，及时调整优化产业业态和运营管理，实现园区深度数字化转型。一方面，加快 5G 等新型基础设施建设和应用，构建各类智慧运营管理服务平台，围绕视听企业各阶段发展需求，整合各类公共信息服务，引进法律、金融、营销等专业配套服务，为视听企业和从业者提供高质量、低成本、便利化的服务，实现更精细高效的管理。另一方面，坚持“一链一主”“一链一策”，按照“短链”延长、“断链”连通、“细链”增粗、“无链”生有、“弱链”变强的原则，以视听新技术、新产业、新业态、新模式为战略重点，推动视听创作、生产和传播等向云上拓展，推动园区产业提档升级，加速培育新动能。

三是强化融合协同发展，推动构建多元融通视听产业集群。视听产业服务其他行业的催化和增值价值持续凸显，视听产业园区应深化融合发展，推动园区视听企业跨界融合发展，着力培育新型融合视听业态，拓展园区产业链。管理部门应以市场化方式鼓励视听企业、视听人才围绕国家区域重大战略和区域协调发展战略、乡村振兴战略，向国家级视听产业园区集聚，培育若干产业链条完善、创新要素富集、配套功能齐全的大视听产业发展集聚区，形成相互交撑、互为补益的“多中心网络化”大视听产业发展集群。

（执笔人：赵京文，国家广播电视总局发展研究中心）

第八章

国际传播与交流

课题指导：

国家广播电视总局国际合作司司长　　　　　　　　　　　闫成胜

第一节　对外交流合作

提要：广播电视和网络视听深入贯彻落实习近平总书记关于加强和改进国际传播工作的重要讲话精神，以服务中国特色大国外交为核心，不断优化布局，积极推动对外交流合作，拓展广播电视和网络视听国际传播新局面。2021 年视听出口贸易额达 1.5 亿美元，创历史新高，广电系统共有 69 家重点企业和 43 个重点项目列入“2021—2022 年度国家文化出口重点企业和重点项目”目录。

一、广电视听国际交流合作特色鲜明、亮点突出

广播电视和网络视听坚持围绕元首外交、主场外交、政府外交，借助中外人文交流机制和国际组织等双多边平台，务实开展国际交流合作，2021 年又取得新进展新突破。

（一）围绕庆祝中国共产党成立 100 周年，策划实施“百年风华 视听共享”全球播映活动

国家广电总局聚焦百年奋斗、全面小康、“一带一路”、联合抗疫、人类命运共同体等五大主题，精选《山海情》《在一起》《大禹治水》《创新中国》等 50 部多语种多类型优秀译配节目，在德国、巴西、尼日利亚、马来西亚、印度尼西亚、新西兰等五大洲 100 多个国家的电视台及新媒体

平台开展为期 6 个月的展播活动，向全球观众讲好中国故事，展现中国精神、中国价值、中国力量，进一步增进文明交流互鉴，促进中外民心相通。

（二）落实习近平主席贺信精神，巩固中外交流合作机制，拓展媒体伙伴关系

以“加强融合传播 推动文明互鉴”为主题，国家广电总局举办第五届中国—阿拉伯国家广播电视合作论坛，通过《第五届中国—阿拉伯国家广播电视合作论坛共同宣言》，发布中阿媒体合作成果，并举办首届中阿短视频大赛启动仪式，不断推动夯实共建“一带一路”和中阿命运共同体的民意和社会基础。

在巩固传统友好基本盘方面，国家广电总局与俄罗斯数字发展与通讯传媒部以视频连线形式举办中俄人文合作委员会媒体合作分委会第十三次会议，发布“中俄网络短视频大赛”结果，举办“中俄动画产业合作线上对话会”等活动，双方媒体合作成果得到中俄人文合作委员会充分肯定。

在打造“一带一路”黄金线方面，以“风雨同舟七十载 合作共赢创新篇”为主题，国家广电总局会同巴基斯坦新闻部联合举办庆祝中巴建交 70 周年媒体在线研讨会、制作播出名人访谈节目、中巴优秀视听作品展播等系列活动，不断深化中巴合作交流。

在拓展西方国家朋友圈方面，国家广电总局举办中美影视合作高峰云论坛，介绍中国视听产业发展和中外合拍政策，推荐优秀视听作品参评中美电视节“中华文化传播力奖”并在美展播，推动两国影视界深入交流，加强务实合作和共同发展。

（三）围绕重大外交活动和重要时间节点，策划实施广电领域亮点项目，助力公共外交

一是配合联合国生物多样性大会在云南昆明召开，国家广电总局与亚洲—太平洋广播联盟、欧洲广播联盟、非洲广播联盟、阿拉伯国家广播联盟等共同发布《关于保护生物多样性的联合倡议》，820 余家境外媒体机构对联合倡议稿件进行转载，为对外宣介习近平生态文明思想发挥了积极作用。为配合大会召开，国家广电总局组织精选《我们的动物邻居》《青海·我们的国家公园》等20余部作品在海外播出。

二是为纪念中华人民共和国恢复联合国合法席位50周年，国家广电总局应邀参加中国常驻维也纳联合国代表团举办的专场“多瑙论坛”，呼吁中欧视听媒体携手加强交流互鉴，深化产业合作，弘扬共同价值，收到良好效果。

三是配合中非合作论坛第八届部长级会议，分别在北京和塞内加尔首都达喀尔两个分会场，举办中非视听节目推介会暨《山海情》（法语版）开播仪式，推介《功勋》《熊猫和小跳羚》等中国视听节目和中非合作制作节目，并举办“百年风华 视听共享”非洲展播活动。

（四）国际传媒研修云平台建设取得重要成果

国家广电总局不断推进国际传媒研修“云平台”建设，建立和完善以多彩中国专区、特色活动专区、国际媒体人作品发布区、国际传播讯息播报区、国际研修专区为主体的线上交流平台。2021年完成对哈萨克斯坦、乌兹别克斯坦、巴基斯坦等国家和地区近20期线上媒体研修项目，培训人员近900人，与此同时，精心安排“云参访”“云访谈”“云交流”和中国优秀视听节目线上展播推介，丰富国际研修内涵，助力民心相通。

（五）深化与专业国际组织的交流合作，积极参与国际奖项评选

国家广电总局不断推进与亚洲—太平洋广播联盟全方位合作，积极组织推荐中方节目、评委参与相关奖项评选工作，积极参加新成立的数字媒体工作组，并推荐中国业界代表担任副主席。与欧洲广播联盟、阿拉伯国家广播联盟、非洲广播联盟以及国际电信联盟等专业国际组织的交流合作也逐步推进，不断深化。国家广电总局推荐参评的《在一起》获得亚洲—太平洋广播联盟电视剧大奖，《锦绣南歌》获国际艾美奖“最佳电视连续剧”大奖，《以家人之名》获首尔国际电视节“长篇电视剧优秀作品”奖。

二、组织策划国际传播项目，持续深化视听节目国际合作

“视听中国”是国家广电总局自2019年起实施的大型国际传播活动，已推动近百部中国优秀节目在100多个国家的电视和网络媒体播出。在疫情防控常态化背景下，国家广电总局不断优化活动内容与形式，统筹利用线上、线下相结合方式，扩大中国视听节目海外播出范围，增进各国文化交流互鉴。

（一）“中国—东盟电视周”覆盖范围逐年扩大、成果显著

“中国—东盟电视周”已连续举办3年，2021年恰逢中国—东盟建立对话关系30周年。本届“中国—东盟电视周”推动东盟国家主流媒体和网络视听平台展播《山海情》等8部优秀视听作品，签署合拍纪录片《一湾一世界》等7项合作协议，并首次邀请老挝新闻文化旅游部作为联合主办单位。在电视周上，有关方面举办了中国—东盟青年主播创造营活动，通过短视频创作、网络直播等方式讲述中国乡村振兴、民族团结、生态环保、产业发展等方面成果与经验。

（二）“澜湄电视周”着力打造国际性区域性文化交流平台

自2020年开始，“澜湄电视周”在澜湄合作机制框架下常态化开展，2021年是澜湄合作机制建立5周年、中老建交60周年。2021年“澜湄电视周”签署了首部中老合拍电视剧《占芭花下的约定》播出协议，举行了中老媒体合作成果发布暨中老铁路建设纪录片《占芭盛开之路》开播仪式。30多部来自澜湄国家的视听作品在云南澜湄国际卫视、老挝国家电视台、缅甸国家电视台、越南之声、柬埔寨StungSen TV、泰国New TV等澜湄国家媒体平台展播。

（三）“百年风华　美好生活”网络视听国际传播系列活动成功举办

为庆祝中国共产党成立100周年，推动优质精品内容生产和国际传播，国家广电总局组织举办“百年风华 美好生活”网络视听国际传播系列活动。此系列活动包括：网络视听国际传播论坛、国际短视频网红大赛、网络视

听国际传播创作营、达人之夜晚会、短视频海外传播等，这些项目吸引了中外网红、MCN 和影视制作机构、高校和社会团体的广泛参与，拓展了国际传播"朋友圈"，培育了短视频国际传播人才。此外，国家广电总局组织开展了"美好生活 走进西藏"短视频创作活动，邀请外籍网红参与拍摄，在海外主流新媒体平台发布，覆盖数千万用户，产生了良好效果。

（四）"中非情缘"第二季——中国影视节目展映成功举办

中央广播电视总台联合非洲国家主流媒体推出"中非情缘"第二季——中国影视节目展映暨非洲观众有奖收视竞答活动。在为期近一个月的展映活动中，6 个语种的 50 多部译制作品，通过 20 个非洲国家主流媒体在非洲大陆展映。活动首次采用大小屏联动、多语种主播参与的方式进行推介，非洲受众深度参与，累计触达受众近 3 亿人次。"中非情缘"已成为总台海外影视展映活动的一大品牌，有力促进了中非民心相通。

三、重点工程项目矩阵建设不断完善

以"视听中国"播映活动纳入国家"十四五"规划为契机，国家广电总局制订《"视听中国"播映工程实施方案》，完善顶层设计，加强对重点项目的支持和指导。

深入实施"丝绸之路视听工程"。截至 2021 年年底，"丝绸之路视听工程"已储备 1000 余部次 26000 多集 40 个语种的中国优秀视听节目，在 34 个国家开办 58 个"电视中国剧场"，在国内外成立近 20 个本土化语言译制站或译配中心，与 100 多个国家和地区的媒体开展交流合作，形成一系列地方品牌项目。

全面升级"中国联合展台"线上平台。2021 年，"中国联合展台"在 6 个重点国际节展设立线上展台，开展了节目推介会、展映会、线上路演等活动，参展规模、成交金额等均有所突破。2021 年 9 月 25 日，"中国联合展台"在线平台入选世界互联网大会"携手构建网络空间命运共同体最佳实践"12 个精品案例。

扎实推进中非影视合作项目。国家广电总局以精品译制、播映推广、合作合拍为抓手，进一步优选节目内容，对7部中非合拍作品予以指导支持，取得良好传播效果。

持续推进“当代作品翻译工程”。精选15部具有代表性的中国当代作品予以支持，鼓励更多反映中国现实题材、平民生活、主流价值的当代优秀作品走出去。

实施“中外电视（网络视听）合拍”项目。积极鼓励讲述中国与世界各国文明交流互鉴、共谋发展、共同抗疫故事的合拍作品，共遴选17部电视剧（网络剧）、动画片、纪录片予以支持。

此外，进一步完善视听节目媒体资源库。推进已有译制节目的转录存储，为盘活内容资源、服务海外展播活动等提供技术支持。

四、总台和地方广电发挥优势，打造各具特色交流项目

总台中国国际电视总公司打造中国影视节目专区品牌“China Zone”，已入驻7家海外平台，开办11个多语种频道，多语种节目超过6000小时，面向全球200余个国家和地区播出。“北京优秀影视剧海外展播季”先后在英国、芬兰、俄罗斯等30个国家和地区成功举办，展映推介优秀影视剧数百部，疫情以来，以“国外线上＋国内线下”方式创新开展展播季，加大国际视听文化交流，成效良好。中国（浙江）影视产业国际合作区搭建“十诺影视云交易平台”，集聚视听企业300余家，推动浙产剧《长歌行》在海外发行单价创新高；华策集团已将10万多小时中国影视剧精品行销至全球180多个国家和地区，通过与海外新媒体、有线电视、OTT等全球传播渠道合作，建立了自主的运营专区，海外订阅用户达910多万。广西台依托毗邻东盟的地缘优势，与东盟多国主流媒体开展深度紧密的合作，在柬埔寨、老挝、越南、缅甸等国的主流媒体开设《中国剧场》《中国电视剧》《中国动漫》等固定电视栏目，每年译制播出中国影视剧1100多集。福建广播影视集团与中阿卫视合作，联合开办《视听中国·福建时间》，开创

省台直接面向阿拉伯地区传播的先河，收视率和收视排名在阿联酋居于前列；泉州台与菲律宾菲中电视台共同建设菲中电视台中文电视频道，成批量、常态化播出中国节目。

广播电视和网络视听对外交流合作是国际传播的重要方面，近年来不断深化、夯实基础。当前进一步服务中国特色大国外交面临许多新情况新问题，特别是在新冠肺炎疫情防控常态化背景下，广播电视和网络视听对外交流合作存在不少困难，既要拓展合作领域，也要不断提高现有项目的质量和实效。下一步应加大投入、整合资源，针对不同区域和国家的合作需求，策划组织和精准实施新项目，创新合作形式，形成与百年变局相适应的对外交流合作新格局。

（执笔人：顾　芳，国家广播电视总局发展研究中心）

第二节 讲好中国故事 传播好中国声音

提要：2021 年，广播电视和网络视听深入贯彻落实习近平总书记关于加强和改进国际传播的重要讲话精神，着力讲好中国故事，展示真实立体全面的中国，统筹各方资源大力推动优秀视听内容进入海外主流地区和主流平台，国际传播能力明显提升。

一、聚焦主题主线，讲好新时代中国故事

中国广播电视和网络视听着力构建“以我为主”的话语体系，以庆祝建党百年为契机，广泛宣介中国主张、中国智慧、中国方案，构建以新闻、电视剧、纪录片、动画片为主的多样态中国故事体系，塑造了开放自信、谦逊谦和的中国形象。

（一）聚焦建党百年，讲好中国共产党的故事

广电视听立足特色，发挥优势，大力推进习近平新时代中国特色社会主义思想的国际传播，讲好中国共产党百年奋斗和治国理政故事，向全世界生动展现百年大党的辉煌形象。

大力推进习近平新时代中国特色社会主义思想国际传播。广电视听深入开展习近平新时代中国特色社会主义思想对外阐释，用心用情讲述领袖故事，制作传播一批优秀理论节目和纪录片。国家广电总局策划实施“百

年风华 视听共享”，精选《习近平治国方略：中国这五年》等多部作品全球播映。中国国际电视台（CGTN，以下简称 CGTN）对外发布习近平总书记相关新闻报道 18526 条，习近平总书记时政特稿 110 篇，创作推出思想时政类音视频聚合产品《中国是如何运行的》100 余期、纪实情景访谈微纪录片《经典里的中国智慧——平“语”近人（国际版）》《典故里的新思想》等一系列经典节目在海外传播。地方广电机构立足周边传播优势宣传习近平新时代中国特色社会主义思想，取得良好成效，如广西台北部湾之声在东盟主流媒体开设《习语译播》专栏，得到当地受众欢迎。

着力讲好中国共产党百年奋斗和治国理政故事。积极策划建党百年系列报道，讲好党的百年奋斗史。2021 年，CGTN 向海外发布建党百年相关报道 16755 条，并制作一系列优秀海外传播节目。《穿越百年》通过今昔对比、时空变换展现党的百年历程，《江山如此多娇》展示了中国传统文化与红色经典，直播节目《你好！中国》邀请中外网红从多个维度展现中国的巨变。地方广电机构结合本地红色历史，创作并对外传播《建党百年 · 陕西新貌》《百年大党 ——老外讲故事》等独具地方特色的党史故事。

多角度展示中国共产党治国理政伟大成就。广电视听结合党的十九届六中全会精神报道和普通党员的典型报道，宣传中国道路、中国理论、中国制度、中国精神、中国力量。《十评中国成功的秘密》讲述中国共产党治国理政故事；《对话思想者》用国际化视角阐释中国制度优越性和中国共产党对世界的贡献；《闪耀的平凡》等记录普通党员的故事，生动诠释中国共产党为中国发展和与世界各国合作作出的伟大贡献。

（二）一起向未来，讲好北京冬奥会故事

广电视听媒体聚焦北京冬奥会，讲好各国奥运健儿激情拼搏的故事，讲好中国筹办北京冬奥会和冬残奥会的故事，讲好中国人民热情好客的故事，深入阐释宣传人类命运共同体理念。四场开闭幕式和赛事精彩纷呈，视听报道也空前成功，人类命运共同体的主题贯穿始终，中华文化和冰雪元素交相辉映，体现了自然之美、人文之美、运动之美，诠释了新时代中国可信、可爱、可敬的形象。

国家广电总局组织开展冰雪主题纪录片全球展映活动，推出《白色跑道》《花样年华》《追逐雪线》等主题节目，在44个驻外使领馆、中国文化中心和驻外旅游办事处海外平台账号展播，推动《超越》《冰雪冬奥村》等近百部中国优秀节目在100多个国家的电视和网络媒体播出。

（三）报道全面小康，讲好中国人民奋斗故事

广电视听媒体描写当代中国人民创新创富的火热实践，书写中国人民幸福美好的小康生活，向世界展现新时代中国人的精神面貌。总台制作的《摆脱贫困》为人类减贫史上的中国奇迹立下影像“史记”，融媒体系列报道《海上看中国》穿越1.8万公里海岸线展示“向海全面开放”新格局带给人民的获得感和幸福感，《坐着高铁看中国》《沿着高速看中国》全方位展示中国改革开放成就和中国人民奔小康的生活。地方台持续播发展示本地乡村振兴成果，展示全面建成小康社会和人民群众幸福感、获得感和安全感的报道，创作了《我们城市有王牌》《新山乡巨变》等一系列展现区域经济发展成效、科技创新、脱贫攻坚等专题报道，制作了《启米的朋友》《向巴寻宝》《多彩经幡》《指尖上的藏族》等描写少数民族地区奔小康生活的短视频节目，制作播出了《柴米油盐之上》《中国减贫密码》《光的孩子》等优秀纪录片，展示我国各族人民开启全面小康生活的崭新面貌。

（四）展现绿水青山，讲好中国生态文明故事

广电视听媒体纷纷推出丰富多彩的纪录片、特别节目、专题片及融媒体产品，全方位展现中国在生态文明建设和生物多样性保护方面的丰硕成果。总台历时两个多月，持续追踪报道云南北迁象群，推出《“象”往何处》系列报道，有关省级台推出《我们的动物邻居》《青海·我们的国家公园》《生命之歌》《长城》等多部优秀作品在东南亚、欧洲、北美、阿拉伯、非洲等地区主流平台播出。

案例：总台《“象”往何处》系列报道引爆国际传播

2021年5月中旬到8月，总台持续关注15头亚洲象北迁的故事，充分发挥多语种语言、海外传播等资源优势，推出《“象”往何处》系列报道，多平台播出新闻节目达1500余条，系列融媒体产品“云南亚洲象的奇妙之旅”“大象为啥对酒感兴趣”等话题连连置顶传播，《大象神仙游》等报道巧妙回击西方一贯对中国人权、生态等方面的抹黑，收获了大批海内外“象粉”……“大象”迁移吸引了全球180多个国家和地区3000家以上媒体的关注，社交平台点击量超过110亿次。总台报道被1600多家境外媒体和新媒体平台使用，累计播出24000多次，总时长近113小时。

二、创新叙事方式，讲好中国故事

广电视听遵循国际传播规律，以传播效果为导向，创新传播理念、方法、手段，善于发掘共鸣点，从“敢讲”“能讲”不断走向“会讲”“讲好”，加快提升国际引领力、传播力、影响力。

（一）注重时效性，回应国际关切讲好中国故事

中国广电视听媒体积极回应国际关切，创新引领国内外媒体报道，推动客观理性展示中国现状，议题设置能力不断增强，重大问题传播声量不断提升。面对部分西方媒体涉疫敌对言论，中国广电视听媒体主动发声有力驳斥谣言谎言。总台专访多国政要和权威人士，策划推出《十问美式病毒溯源》《美国请回答》等多个系列报道，各地广电机构播出新冠疫情溯源相关纪录片等节目，批驳美国借病毒溯源进行政治操弄行径，有效扭转了国际舆论走向。

针对部分海外媒体涉疆不实报道，中国广电视听媒体及时推出反映新疆现状的系列报道。总台播出新疆反恐纪录片《暗流涌动——中国新疆反恐挑战》全片及碎片化视频通过44种语言传播，引发80多个国家和地区超过700家主流媒体广泛转发转播，累计触达海外受众4.3亿。CGTN制作《欣疆之行》系列报道，记者刘欣深入探访新疆的城市、农场，深入普通民众的生活，以个性化视角展现新疆真实状况。

（二）追寻共同价值，放大文化共性讲好中国故事

中国广电视听媒体从突出文化差异到探讨中外文化共同点，从强调汉语、武术、美食等中国特色文化符号传播，逐步升级到以人类命运共同体理念为指引全方位展示国际格局中的中国精神。国际传播内容扩展到音乐、舞蹈、体育运动等更具有普遍性的主题。推出了《因乐之旅》《民乐也疯狂》等音乐节目，《只此青绿》《舞千年》等舞蹈节目，《冰雪中国》等特色体育节目，展现了当代中国人的生活方式、文化传统，引导各国民众从对中华文化的认同进一步扩展到对中国的认同、对共同价值观的认同。

案例：北京冬奥会的“全员传播”

北京冬奥会国际传播整合冬奥外宣资源，抓住筹备工作的关键节点，加强议题设置和策划，打造外宣精品，舆论引导的主动性不断增强，深刻展现了“全员传播”巨大功效。

冬奥组委、广电视听媒体和各类机构企业积极参与北京冬奥会宣传。北京冬奥组委搭载冬奥IP精心策划提前做好议题设置，赛前结合传播周期选取恰当的内容，抓大放小；赛时围绕国际关切积极发布赛事组织、疫情防控等工作相关报道，围绕开幕式演出、可持续发展、冬奥遗产、转播技术、运动员关怀与服务等发布权威信息。媒体从宏观和微观层面展开报道，生动精彩感人。各国冬奥健儿接受国内外媒体采访、在社交媒体自发发布北京冬奥会精彩瞬间，全员传播突破了传统的国际传播模式，获得良好成效。

（三）贴合共同情感，平民化解读讲出有感染力的中国故事

中国广电视听媒体加强国际叙事，书写小故事大时代、小人物大精神、小切口大视角，把中国人民奋斗圆梦的故事传播到世界各地。涌现了《瞬间中国》《我们都是追梦人》《追光者：脱贫攻坚人物志》《天山南北》等一系列优秀作品，讲述中国民众日常生活、精神状态和奋斗历程，再现中国人民逐梦小康的鲜活生活，在海外广受好评。总台《瞬间中国》记录了多个“瞬间”的故事，展示了中国人在面对这些瞬间的抉择。人文纪录节目《天山南北》以个体情感叙事展现新疆普通人的真实生活。这些节目摆脱了传统宏大主题模式，讲的是普通的寻常故事，向全世界传达了中国人民爱岗敬业、诚信友善、自强不息的民族精神和价值观念。

（四）借“口”表达，用更具国际特性的话语讲好中国故事

用“第三方叙事”“外籍高端访谈”等方式动员海外媒体、了解中国的外国人从不同的视角来解读和传播中国，在国际传播中发挥着独特作用。外籍导演拍摄制作，外籍主持人、专家、在华外国留学生、在华外侨出镜担任讲述人成为部分优秀国际传播内容的重要创作手段，涌现出了以《柴米油盐之上》《米尔斯探秘中国》《骑行中国》《走进大凉山》《在中国寻找答案》《红星何以照耀中国》为代表的优秀纪录片，以及以《纽带》《荧屏上的中国共产党形象》等为代表的讲述中国发展故事的短视频节目，这些作品登陆国际主流媒体，产生了良好传播效果。此外，一些广电机构借助网络红人热度加强海外传播，推出国际传播短视频大赛、网红大赛等活动，助力国际传播，“中国—东盟网络短视频大赛”“百年风华美好生活·国际短视频网红大赛”“中俄网络短视频大赛”等活动成为国际传播工作亮点。

三、着力提升国际传播效能，向世界传播好中国声音

广电视听机构加大国际传播推进力度，强化一国一策，精心策划品牌活动，切实增强对外传播实效。

（一）升级传播策略，提高对外发声能力

广电视听机构的国际传播策略不断升级。国家广电总局配合国家外交工作大局，策划实施亮点项目，拓展区域媒体合作伙伴关系，借助国际组织多边对话机会积极发声，国际传播空间持续扩展。总台加强国际影响力

建设，积极参加国际节展，赢得国际大奖。在2021纽约国际电视电影节评选中，CGTN创作的《紧急状态：纽约24小时》《重现：欧洲24小时》《武汉24小时》《古巴裔美籍插画家埃德尔·罗德里格斯》《我们的塑料世界》赢得五项大奖。省级台积极组织主题性国际传播活动，不断提高声量。广西台组织"中国—东盟青年主播创造营"等系列活动，获得国内外主流媒体报道。广东台联合美国探索频道开展"中国大湾区主题周全媒体展映活动"，并在美国纽约时代广场大屏幕展示，触达境外3亿多受众，海外浏览量超4.3亿人次，美联社、法新社、彭博社等600多家境外媒体关注报道。

（二）推动精准发行，做好中国故事区域分众传播

涉外广电制播和发行机构强化一国一策，根据各国视听内容消费习惯优化内容供给。俄罗斯民众热爱音乐，吉林台便与俄国媒体合作推出《中俄青年云歌会》，有关制作机构还将音乐主题电视剧《蜗牛与黄鹂鸟》发行到俄罗斯国家电视台文化频道。在东南亚，中国现代题材剧的本土版渐次流行，芒果TV与泰国电视台联合投资制作《杉杉来吃》，在泰国国家电视台播出后获得该时段收视冠军。《三十而已》《欢乐颂》等反映中国都市女性生活的剧集在日本、韩国大受欢迎。在非洲，四达时代以短视频带动长视频的方式传播中国影视剧。在阿拉伯语地区，有关机构加强译配和节目本土化制作，拓展国际传播。在欧美地区，有关制作发行机构强化与国外主流媒体如国家地理、探索频道、雄狮影视机构等的联合制作播出，一系列中国主题纪录片在海外落地，覆盖欧美及亚太等全球220个国家和地区。

（三）拓展社交传播，推动中国故事潮牌风行海外

中国广电视听媒体积极利用社交媒体拓展国际传播。从《唐宫夜宴》到《只此青绿》，从《中国节日》到《中国节气》，中华传统文化展现出中国式浪漫，以新的视听语言打造中国文化"潮牌"，赢得海外点赞。

中国"春晚"通过社交平台实现了春节文化品牌的国际化传播。在海外社交媒体收看总台《2022年春节联欢晚会》直播的海外观众超过3524万人次。辽宁、天津、湖南、北京等多省台春晚在YouTube观看量超过80

万次。《只此青绿》《墨舞中秋帖》《舞千年》等展现中国传统文化的视听内容强化海外互动传播，话题热度持续升高。《舞千年》播出期间，海外网友“观看《舞千年》Reaction”系列视频、着汉服模仿中国传统舞蹈的视频引发了海外受众广泛参与。

（四）加强译配和传播效果评估，着力提升全球传播效果

截至2021年年底，国家广电总局已组织翻译1000余部2.6万多集优秀节目，相关播出制作机构在34个国家开办58个“电视中国剧场”，成立近20个本土化语言译配中心，初步打造出国际传播品牌矩阵。有关发行机构推动《山海情》《三十而已》《大江大河2》《海上牧云记》等电视剧，《追光者——脱贫攻坚人物志》《美丽乡村》《点击新疆》等纪录片，《熊猫和卢塔》《天天成长记》等优秀电视动画片的译配发行，取得重要成果。

国际传播效果评估陆续展开。芒果TV国际APP在部分市场加强用户调查，分析海外用户需求，适时调整传播策略。新疆台加强调研发现海外市场需求，促进社交平台评论，增强作品海外传播热度。四达时代在了解到非洲儿童“想知道雪是什么样子”“如何在雪中玩耍”的意愿之后，及时创作原创动画《卡卡冬奥行》，介绍北京冬奥项目和场馆，讲述中国人的冬奥故事，传播针对性有效性显著增强。

面向国际讲好中国故事是个系统工程。当前讲好中国故事取得了显著成绩，但也存在诸多不足，比如，讲述真实、立体、全面的中国取得的成果还不多，进入国际市场的作品规模不大，海外市场份额亟待增加、品牌有待擦亮、市场调查有待加强，资源布局尚显分散，中国故事的新媒体国际传播战略策略尚待完善等。未来，广电视听要进一步改革创新，统筹协同加强和改进国际传播，精彩讲述中国故事，有力有效传播中国声音，为推动构建人类命运共同体作出积极贡献。

（执笔人：周　菁，国家广播电视总局发展研究中心）

第三节　网络视听机构国际市场自有平台建设

提要： 自2016年起，国内网络视听机构纷纷建立国际市场自有平台，发展态势良好，成为国际传播的新生力量，发挥作用越来越大。但其全球化发展仍处在培育探索阶段，如何扩大受众基数、获取用户流量、提高用户黏性、增加竞争能力，仍然是平台出海的紧迫课题。

随着互联网技术的发展、新媒体的崛起与媒体融合的纵深推进，视听平台成为对外传播的重要载体。虽然中国网络视听平台进入国际市场相对较晚，目前仍处于市场培育阶段，但发展态势日益趋好，在国际传播中发挥越来越重要的作用。

一、网络视听平台成为国际传播重要载体

（一）出海平台类型丰富、主体多元

出海的国内视听平台既包括长视频、短视频、音频平台，也包括流媒体、融媒体平台，拓展海外手机、电脑、电视等多终端用户。长视频中，2018—2019年，爱奇艺、腾讯视频、芒果TV均推出国际版APP。其中，爱奇艺、芒果TV还推出国际版PC端、手机端、电视端等多个终端版本，以实现更广泛的国际用户覆盖；四达时代于2018年推出自主研发的在线视频服务融媒体平台StarTimes ON APP；2020年3月，华为视频与HUAWEI

P40 系列同步在全球 26 个国家和地区上线，依托华为智能手机、智慧屏等多种智能终端拓展全球市场；2020 年 6 月，未来电视推出自主研发的电视一体化客户端 Sinow，与海信公司、TCL 终端等联合出海。2021 年 5 月，华视网聚与美国全国广播公司（NBC）推出互联网电视新媒体平台聚宝（Jubao），登陆美国康卡斯特流媒体平台，用户可通过海信等智能电视机、苹果电视机顶盒等设备，或通过网络和 APP 在电脑和移动设备免费观看聚宝平台节目。此外，短视频平台亦着力开发国际市场自有平台，如快手推出海外产品 Kwai。在线播客音频平台也布局海外市场，拓展海外用户，网络音频逐渐融入全球产业链：内容聚合平台 Castbox 于 2016 年直接上线海外市场，喜马拉雅于 2018 年推出了国际版 APP。

目前，进入国际市场的网络视听平台以爱奇艺、腾讯视频、四达时代等民营企业为主，芒果 TV、未来电视等国有企业也建立了国际市场自有平台。

（二）与国内媒体、品牌合作，联合出海

网络视听平台通过与国内媒体、国内电视机手机设备等终端厂商合作，探索联合出海，发挥资源优势，丰富平台内容，实现产品迅速落地，精准匹配当地用户需求。

华为视频平台作为以终端为主的聚合平台，加强与媒体伙伴合作，促进中文内容落地海外，已与捷成华视网聚、华策集团、欢喜传媒、江苏卫视等 50 余家优秀长视频内容伙伴达成合作，为全球用户提供了 10 万多部、5 万多小时的中文精品影视综艺内容。此外，通过专为广大专业内容创作者和合作伙伴打造的内容连接平台“百花号”，携手包括国家大剧院、中阿卫视、梨视频、江苏广电、李子柒等在内的 700 多家 MCN 和 UP 主，为广大终端用户带来 1000 多万条中文短 / 小视频。芒果 TV 国际版也与华为手机达成全球合作，还携手非洲手机之王“传音”品牌，辐射千万级海外用户。

2022 年 1 月，未来电视与国内终端厂商合作，携手海信国际化子品牌

VIDAA，推动 Sinow 快速在马来西亚、沙特阿拉伯、印度尼西亚、菲律宾、南非、泰国六国落地。在越南，未来电视与 TCL 建立战略合作伙伴关系，Sinow 产品搭载 TCL 智能电视机，实现共同出海。

二、覆盖国家广泛，用户规模快速增长

（一）覆盖国家广泛

进入国际市场的中国网络视听平台覆盖国家广泛，既有全球覆盖，也有具有针对性的区域覆盖及国别覆盖。

全球覆盖。芒果 TV、腾讯视频、爱奇艺等平台国际版覆盖全球大多数国家和地区。芒果 TV 国际版业务已覆盖 195 个国家和地区。腾讯视频国际版业务已覆盖 110 多个国家和地区。爱奇艺国际版业务已覆盖 191 个国家和地区。华为视频覆盖 186 个国家和地区。Castbox 覆盖 175 个国家。

区域覆盖。未来电视 Sinow、bilibili 国际版等平台主要覆盖东南亚。2020 年 6 月，未来电视 Sinow 在柬埔寨、越南等国家和地区落地，以中文、高棉语、越南语、英语特色视听内容为主。截至目前，其客户端用户已超百万。2020年11月，bilibili在东南亚地区上线独立APP，目前用户覆盖泰国、印度尼西亚、越南、菲律宾、马来西亚、新加坡，并已在泰国和马来西亚发布当地语言版本。

四达时代深耕非洲市场，StarTimes ON 覆盖泛非 45 个国家用户，主要传播语言为英语、法语、葡语，以及斯瓦希里语、豪萨语、约鲁巴语等十多种非洲当地语种。截至 2022 年 5 月底，StarTimes ON 在非洲拥有用户数超过 2800 万，其中排名前五的国家分别是尼日利亚、加纳、乌干达、坦桑尼亚、肯尼亚。

国别覆盖。华视聚宝平台落地美国最大有线电视网康姆卡斯特有线电视平台 Xfinity X1 和网络平台 Xfinity Flex，以及美国网络视频平台 Xumo，上述三个平台约 7000 万用户均可免费收看平台节目。除上述三大平台外，聚宝用户还可以通过网络和 APP 在电脑和移动设备观看。另外，美国流媒

体平台 Sling TV 和 Plex 也将于 2022 年相继开播聚宝。目前，聚宝已成为美国主流媒体平台上最大的中文影视内容专区。

（二）用户规模增长迅速，观看指数上升

网络视听平台国际市场用户规模增长迅速，观看指数持续上升。芒果 TV 国际版月活跃用户量达到 1261 万。腾讯视频国际版平台用户规模约为 1 亿，月活跃用户超过 2000 万，付费用户超过百万。爱奇艺国际版海外付费用户超过 100 万。华为视频海外月活达到 5300 万。Castbox 活跃用户量超过 4000 多万，音频内容过亿，2016 和 2017 年连续两年登上 Google 年度应用大奖名单。

其中，爱奇艺国际版已成为东南亚地区增长最快的 OTT 平台之一。2019 年 12 月到 2020 年 12 月，马来西亚用户增长了 15 倍；2020 年 5 月到 2021 年 5 月，泰国用户则增长了 8 倍；2021 年，马来西亚用户本地内容观看时间增长 2 倍、中文内容观看时间增长 3 倍；2021 年，新加坡用户增长 2 倍。

聚宝平台收视指标呈上升态势。截至 2022 年 3 月底，聚宝节目总播放次数已超 37 万次，总播放时长共计 3.5 万余小时。自开播至今，聚宝平台节目观看次数、观看时间、节目平均播放时间和完播率这四大收视关键指标总体呈上升态势。与开播初期相比，上述四大收视关键指标增幅依次约为 9.39%、18.32%、33.45% 和 25.99%。

三、内容建设加快，提供多语种字幕服务，传播效果提升

（一）内容建设进展良好

节目内容丰富。网络视听平台的海外自有平台提供各种类型的节目内容，包括国内自制内容、购买的海外版权内容以及海外自制内容等。其中，芒果 TV 国际版拥有 1500 部节目，共计 15 万小时内容库存，涵盖综艺、剧集等十多个品类。腾讯视频国际版播放内容以自制为主，其中中国本地自制内容有 1300 多部，购买的海外版权内容有 1000 多部（包括本地电影、

剧集和韩剧日漫等），海外自制内容有1000多小时。爱奇艺国际版以亚洲内容为核心，目前包含中国、韩国、日本、东南亚各类自制、版权节目，已有4000多个项目在线，累计时长超2万小时，2021年以来，已上线更新500余部节目。未来电视Sinow已上线直播频道20路、节目近5000小时；其中电视剧超70部、电影20部、综艺近70部、纪录片超40部等，配有高棉语字幕节目近30部、合作宣推节目超20部。

内容各具特色。网络视听平台的海外自有平台风格各异，内容各具特色。芒果TV国际版的整体风格是“青春、有活力”，并且通过打通芒果TV与国际APP的会员体系，通过算法和人工智能技术，为会员提供更优质的服务和更精准的个性化运营，促进更多世界青年了解真实的中国。如“国风频道”在海外青年群体掀起一股汉服风；《我的青春在丝路》讲述年轻人在“一带一路”沿线国家追寻青春梦想的故事；《致我们共同的地球》发动中国青年志愿者，到全球各地开展公益活动，展现大国担当。腾讯视频国际版聚合优质华语内容，热门剧集全球同步播出，还汇聚腾讯视频剧集、综艺、动漫、纪录片等多种节目类型，其热门剧集《你是我的荣耀》《扫黑风暴》《云南虫谷》在国际版全球同步播出，营造全球热播氛围，引发国外观众追剧热潮。StarTimes ON的内容主要为四达数字电视平台的电视直播频道内容，并重点推荐平台的独家体育赛事和有版权的影视剧。平台上共设置动作片/武术片、看中国、中国电视剧、玄幻电视剧等9个专区，其中中国电视剧约150部，中国电影200部，以及包括2022年东奥会期间特意推出的《卡卡冬奥行》等4部自制儿童节目、45部中国动画片，全年中国影视剧总播放量过亿次，已成为推动中国文化“走出去”的重要阵地。此外，四达时代还计划深化非洲本地的内容传播力度，与非洲本地合作翻拍中国优质IP内容。未来电视Sinow以总台央视内容为主，聚合国内众多优质影视内容。其内容既包括新闻综合频道、戏曲频道、国学频道等多档总台央视频道节目，也包含《你好中国》《冰雪道路》等独家垂直IP内容，影视专区还聚合《理想照耀中国》《山海情》等面向海外的独家版权内容。同时，国内多家电视台、地方特色频道节目也以专栏形式呈现其中，方便海外用户及时、全面、立体地了解中国。此外，bilibili 国际版主要为国外用户免费提供流行的动漫，包括许多原创版权的动漫。喜马拉雅国际版则主要播放有版权的有声书。

节目的国际市场口碑趋好。网络视听平台的优质节目受到国际市场欢迎，不仅获得国外奖项认可，而且实现原创综艺节目模式输出。爱奇艺于 2017 年开启优质内容海外发行。截至 2022 年 5 月底，其海外发行业务向全球 200 多个国家和地区输出电视剧、综艺、纪录片、动漫等影视作品已超过 4000 集，电影超过 200 部。爱奇艺迷雾剧场作品播出以来，已在日本、新加坡、马来西亚、越南等海外多个国家和地区成功发行。其中，《隐秘的角落》斩获 2020 年釜山国际电影节亚洲内容大奖“最佳创意奖”，成为首部获得该奖项的中国电视剧作品；《沉默的真相》获得亚洲内容大奖“最佳流媒体原创剧集奖”。2021 年，芒果 TV 国际版已完成原创节目模式《小巨人运动会》的越南授权，实现原创综艺节目海外本土化。该节目的越南本土版本将于 2022 年在越南国家电视台和芒果 TV 国际 APP 同步上线。

（二）提供多语种字幕、本地语言译配

芒果 TV 国际版上线印尼语、马来语等 7 种界面语言应用，字幕涵盖英语、越南语等 18 类语种，下载量超 6592 万。腾讯视频国际版通过泰语、印尼语等 11 种海外语言在当地运营，超过 1 万小时内容配有本地语言字幕、超过 1000 小时配有本地语言配音；自制综艺节目特别邀请海外嘉宾参与制作，增加内容国际特色与多元化文化碰撞，拉近海外用户心理距离。爱奇艺国际版 APP 支持英语、马来语、泰语、印尼语、越南语、西班牙语、阿拉伯语等 12 种语言的用户界面和字幕。华为视频对字幕已实现 52 种语言的人工智能翻译，20 种语言人工辅助校对翻译，促进传播效果提高。为扩展美国非华语观众市场，聚宝平台实现高比例英文字幕配备，所有的电影和纪录片都具有英文字幕，绝大部分电视剧配有英文字幕，还有部分粤语内容。

四、加强投资合作与本土化运营，影响力不断提高

（一）通过合作和投资收购开拓市场和拓展平台辐射能力

中国网络视听平台通过投资收购当地平台，或与之战略合作等方式，建立国际市场、拓展平台影响力。

2019年7月，爱奇艺国际版与马来西亚Astro正式建立全球首个爱奇艺高清电视频道IQIYI HD频道300。Astro是马来西亚在电视、OTT、广播等数字媒体领域领先的平台，截至2022年5月底，服务马来西亚570万户家庭（占马来西亚家庭数76%），是爱奇艺娱乐服务首个国际应用合作伙伴。与Astro合作建立电视频道助力爱奇艺原创优质内容为更多马来西亚观众所关注。开播至今，共播出87部剧共2893集(其中33部剧跟中国同步)、78部电影、36个综艺节目及5个动画项目，马来西亚成为爱奇艺内容输出量最高的海外地区。

2020年1月，腾讯视频国际版与泰国CH3电视频道运营商BEC World宣布达成战略合作，通过各自互联网视听平台向用户提供泰国电视剧内容，实现与泰国本土内容和当地用户的深度链接。在柬埔寨，Sinow与当地电信运营商通力合作，借助其网络和用户资源，通过小语种译制、本地合作的方式，深入当地市场，同时联动当地媒体展开宣传，获得当地观众的认可与好评。2021年，芒果TV国际版与越南最大的国有电视广播机构越南国家电视台（VTV）达成战略合作。

此外，网络视听平台还通过资产收购等方式拓展国际市场。2021年6月，腾讯收购拥有2000万用户的马来西亚知名流媒体平台Iflix，整合上百人团队，获得其所覆盖的马来西亚、印尼、菲律宾等十几个国家的市场，为平台在东南亚的进一步发展提供有力支撑。

（二）强化本土化运营，重视市场宣传推广

各平台重视本土化运营，发力本土市场推广。华为视频设有168个国家代表处，45个产品服务中心，提供本地团队支持、做好合规化运营支撑

和相关技术保障。四达时代增强本地化运营，根据本地观众收视习惯，有针对性地译制节目，在主要运营国家增设 OTT 团队或 OTT 专岗，由国内总部进行培训，负责本地内容的编辑和上传，由本地化团队决定是否将热播剧目译制为本地受欢迎的语种。

聚宝平台每季度将得到美国全国广播公司（NBC）不少于五万美元的费用用于市场宣传推广。尤其是 2021 年 12 月底，NBC 围绕春节在 20 个华人较多的城市分别做市场推广活动，取得了良好宣传效果，聚宝的 Facebook、Instagram 等社交媒体账户粉丝数也大幅增加。此外，NBC 还利用美国亚太裔传统月（5 月）等特殊时节对聚宝和其中的节目进一步推广。

目前有关视听平台着力建立国际市场自有平台，向海外用户有效投送中国优质内容，在讲好中国故事、传播中国声音中发挥着越来越重要的作用，成为国际传播的新生力量。但其全球化发展仍处在探索阶段，主要市场仍局限在东南亚、非洲和华人地区，内容建设仍以国内自制内容为主，参与国际市场竞争能力相对较弱，影响力较小。如何增加受众基数、获取用户流量、提高用户黏性、增加竞争能力，仍然是平台出海的紧迫课题。此外，世界各国和地区的法律法规、地域文化、市场偏好、技术环境、人才用工等方面差异性较大，持续加强平台运营的全球化、本土化、合规化也愈发重要。应顺应国际传播阵地向网络视听转移的趋势，进一步重视、支持和推动网络视听平台的国际市场开发，使其成为国际传播新的主力军。

（执笔人：周述雅，国家广播电视总局发展研究中心）

第九章

行业治理与安全

课题指导：

国家广播电视总局政策法规司司长　　刘　俐

国家广播电视总局传媒机构管理司司长　　袁同楠

国家广播电视总局安全传输保障司司长　　谢东晖

第一节　广播电视法治建设

提要：法治是推进广播电视治理体系和治理能力现代化的基本方式。广播电视行业坚持以习近平法治思想为指导，坚决贯彻落实中央全面依法治国决策部署，统筹推进广播电视法律法规体系建设，全面推进依法行政，不断强化普法工作，着力推动广播电视和网络视听行业治理体系和治理能力现代化，以强有力法治保障推动行业高质量发展。

伴随法治国家、法治政府、法治社会一体建设的加快推进，2021 年广播电视和网络视听制度体系和治理体系日益健全，加快成熟定型，依法行政、法治宣传、执法监督深入开展，运用法治方式服务和保障广播电视和网络视听高质量发展的能力显著增强。

一、深入学习贯彻习近平法治思想，切实增强广播电视工作法治化的政治自觉思想自觉行动自觉

深入学习贯彻习近平法治思想，贯彻落实中央全面依法治国决策部署。广电总局党组持续组织开展对习近平总书记关于中国特色社会主义法治体系以及重要法律法规的学习，研究审议部门规章和重要规范性文件的制修订，明确三个重点要求：一是增强政治自觉，深入学习宣传贯彻习近平法治思想，坚决贯彻落实中央全面依法治国决策部署；二是坚持正确方向，

健全完善广播电视和网络视听法律体系，为建好守好广播电视和网络视听阵地提供有力保障；三是坚持重在执行，抓好重点任务落实，不断提高工作的法治化水平，主动用习近平法治思想深化改革、推动发展、化解矛盾、应对风险，推动和保障广播电视和网络视听高质量创新性发展。

推进广播电视法律法规与党内法规融通结合，立破并举守好意识形态阵地。广电总局党组认真学习贯彻习近平总书记关于深化依规治党、加强党内法规制度建设的重要指示和重要论述，专题学习《中国共产党章程》《中国共产党组织工作条例》，把学习贯彻党内法规作为各级党组织的基本要求，围绕《中国共产党宣传工作条例》等党内法规，推动出台和完善一批配套支撑的广播电视党内法规制度，发挥依规治党对广播电视和网络视听行业发展的政治保障作用，形成广播电视法律法规和党内法规相辅相成的良好格局。

二、加快广播电视法治体系建设，为行业高质量发展提供法治保障

统筹推进广播电视法律法规体系建设，不断提高立法工作规范化、科学化、精细化水平。广电总局聚焦实践问题和立法需求，充分发挥立法引领推动广播电视高质量创新性发展的作用。一是加快推进广播电视领域首部法律——《广播电视法》立法工作，并向全社会公开征求意见，为健全广播电视法律体系奠定基础。二是注重法规政策制定和执行的系统性、整体性、协同性，配合重要领域法律法规修订。推动《数据安全法》《行政处罚法》《公共文化服务保障法》《乡村振兴促进法》等多部法律在广电领域的应用与延伸，配合国家相关部委修订《市场准入负面清单（2021年版）》《外商投资准入特别管理措施（负面清单）（2021年版）》，与多部委联合出台《网络安全审查办法》《应急广播管理暂行办法》等规范性文件，为涉广播电视业务高质量立法修法建言献策。2022年3月印发的《市场准入负面清单（2022年版）》明确非公有资本不得从事新闻采编播发业务；未获

得许可或履行规定程序，不得从事特定广播电视的制作、引进、播出、放映及相关业务；未获得许可，不得从事网络视听节目服务等政策。

推进部门规章制修订工作，构建科学完备的行业规制体系。2021年，广电总局适应形势和任务发展变化需要，发布四个部门规章，对《广播电视无线传输覆盖网管理办法》等10个部门规章的部分条款进行修订和补充。继续推动《互联网视听节目服务管理规定》《电视剧内容管理规定》等规章制度的制修订工作，广播电视和网络视听制度体系建设迈入快车道。

发挥地方立法的补充性、探索性功能，为国家立法积累经验。各地广电行政部门积极发挥法治建设的先行先试和具体配套作用，把改革发展中一些行之有效的制度举措上升到法规层面，形成中央和地方紧密衔接、立法与实践相互促进的法治工作格局。如江苏以省政府令的形式颁布全国首部广播电视公共服务地方法规《江苏省广播电视公共服务实施办法》。一些省（区市）积极探索针对视听领域新业态的立法工作，如北京市、江苏省启动信息网络传播视听节目管理条例立法等，为国家立法积累经验，创造条件。

案例：江苏省颁布我国首部广播电视公共服务地方立法

2021年12月14日，江苏省人民政府制定《江苏省广播电视公共服务实施办法》，自2022年2月1日起施行，在多个方面实现创新突破。

1. 全国首个广播电视公共服务省政府行政规章，明确了省域广电公共服务的内涵、主体、内容以及保障措施、监督管理。

2. 在实践中创新广电公共服务内涵。把广电公共服务拓展到政务、农业、教育、医疗、金融等多种行业、多个领域的综合信息化服务和智能化应用。把长三角区域广播电视公共服务一体化建设纳入工作任务。

3. 明确新的广电公共服务主体。首次把信息网络传播视听节目服务单位作为提供广播电视公共服务的主体，明确其职责任务。

4. 强化监督管理。明确广电行政部门的公共服务监督检查职能，建立广电公共服务考核评价、审计监督、统计公告等制度和设施保护协作与联合执法机制。

完善规范性文件制定，努力实现各项工作有法可依、有矩可循。2021年，广电总局出台《关于进一步加强文艺节目及其人员管理的通知》《电视剧母版制作规范》等规范性文件，积极做好文娱领域综合治理，开展全国性网络综艺节目和短视频专项整治，优化广播电视与网络视听行业生态。发布《广播电视设备器材入网认定管理办法实施细则》《广播电视设备器材入网认定品种表》等文件，进一步提高广播电视设备器材入网认定规范化、科学化水平，优化营商环境。健全合法性审查工作机制，对广电总局发布的规范性文件进行合法性审查和公平竞争审查。

三、全面推进依法行政，加快政府治理规范化程序化法治化建设

积极推进政务公开，优化强化信息公开制度化建设。一是做好主动公开。全年在广电总局官网发布新制修订规章和规范性文件、行业工作和行政许可相关信息、财政预决算信息等300余条。二是依法依规做好申请公开。2021年接续办理2020年未办结政府信息公开申请4件，新收到申请183件，全年共办结175件，结转下年办理12件。三是做好政务信息管理，在广电总局官网政府信息公开专栏集中公开部门现行有效规章44部，并在官网“政策解读”专栏加大政策解读力度，方便公众查询使用。四是推进基层政务公开标准化规范化，编制完成《广播电视基层政务公开标准指引》，明确了4个方面67项公开事项的公开内容、公开依据、公开时限、公开主体、公开渠道、公开对象、公开方式和公开层级，提供了开展广播电视和网络视听领域基层政务公开的基础性标准框架。五是持续优化公开平台建设。将“政策解读”“法规规章”“公告公示”“政府信息公开”“政务服务”等公众关注度高的栏目放在广电总局官网首页单列，通过“国家

广播电视总局”微信公众号、“广电总局”今日头条账号等平台以及新华社、人民日报等主流媒体和学习强国、央视网、今日头条等新媒体，高效快捷地发布相关信息。

深化“放管服”改革，健全管理、服务、保障三位一体工作体系。一是有序推进“优化审批服务”改革和“证照分离”改革。完善优化行政许可，开展行政许可事项清单编制工作，在全国范围内取消“广播电视视频点播业务（甲种）审批（初审）”事项1项，优化行政许可审批服务8项。各省广电局积极推进政务服务规范化、标准化、便利化，简化审批做“减法”，优化服务做“加法”，提升服务精细度和群众满意度，持续优化营商环境。二是数字化改革促进广播电视服务管理提质升级。坚持传统服务方式和智能化服务创新并行，探索建设广播电视节目制作经营机构管理信息系统、信息网络传播视听节目许可证和广播电视视频点播业务许可证（甲种）网上申报系统，优化简化行政审批流程。推动“互联网＋政务服务”，发放广播电视设备器材入网认定证书等行政许可电子证照，有序推进政务数据共享。如北京局等利用大数据打通跨业务领域监管、业绩和统计信息辅助审批，为企业提供不需提交申请、不需递交审核材料、不需跑动的“三不”审批服务，探索智慧政务新模式。

提升行政执法规范化制度化水平，强化文明执法。加强广播电视行政执法规范化制度化建设。印发《广播电视行政处罚程序规定》《广播电视行政处罚听证规则》，规范广播电视领域听证规则和流程，保障和监督广播电视行政处罚案件办理。配合相关部门联合印发《关于进一步完善文化市场综合执法运行机制的通知》《文化市场综合行政执法事项目录》，进一步完善综合执法运行机制，做到敢管、会管、善管。加强广播电视播出机构和制作传送机构管理，查处存在违规问题的省级网络公司和付费频道，关停未经批准开办的移动数字电视频道，清理违规购物类节目。加强广告播出管理，叫停利用广播电视和网络视听节目宣传推销槟榔及其制品，以及“美容贷”等类似广告。加强违规设台用频行为治理，强化“黑广播”

治理，大力整顿“灰广播”失范失序行为。加强网络视听平台管理，向县级融媒体中心发放许可证超过 2000 张，处置非法互联网电视视听类软件。江苏等省局还通过构建行业主体信用管理机制、建立广电行政决策咨询专家库、开展广电行政执法案卷评查和优秀案例评选等活动，强化依法行政。

四、广泛开展广播电视普法工作，不断增强社会法治观念意识

发挥广播电视普法优势，壮大法治宣传阵地。各级广播电视和网络视听媒体坚持普法宣传与服务指向，深入学习宣传贯彻习近平法治思想、大力弘扬宪法精神。全面落实“谁执法谁普法”普法责任制，圆满完成“七五”普法工作，全国广电系统有 6 家单位和个人荣获“七五”普法先进称号。广电总局制定《贯彻落实〈中央宣传部、司法部关于开展法治宣传教育的第八个五年规划（2021—2025 年）〉的通知》，奋力推动“八五”普法开新局。健全媒体公益普法制度，引导报社、电台、电视台、网站、融媒体中心等媒体自觉履行普法责任，开办《普法说》《法治进行时》等一大批法治宣传和舆论监督栏目，增强了法治宣传吸引力和感染力。法治题材视听作品日益繁荣，《巡回检察组》《扫黑风暴》等视听作品再现法治实践，讲述法治故事，成为建设社会主义法治文化的生动载体。

组织开展法治培训等工作，寓普法于服务管理中。提升普法的针对性和时效性。充分利用“12・4”国家宪法日、“4・15”全民国家安全教育日等活动契机，加大宣传宪法、总体国家安全观等法律法规。广电总局及福建、陕西、贵州等省广电局围绕习近平法治思想、广播电视法律法规等内容开展形式多样的专题学习培训，提高依法行政、文明执法的能力和水平，不断增强广电行政执法工作的责任感和使命感。

“法治兴则民族兴，法治强则国家强”。新时代新征程对法治建设提出新的更高要求，广播电视和网络视听行业将坚持以习近平法治思想为指导，把以人民为中心的工作导向和社会主义核心价值观融入法律法规规章立改

废释全过程，加快完善《广播电视法》以及相关配套行政法规、部门规章的制修订工作，指导推动地方立法，实现各项工作有法可依、有矩可循。与此同时，深入推进依法行政，进一步完善事前事中事后监管配套制度保障，健全重大行政决策、重大执法决定、重要合同合法性审查机制，加强法治机构和法治工作队伍建设，切实推进广播电视各项工作法治化，为广播电视和网络视听高质量创新性发展提供坚强法治保障。

（执笔人：陈　林　张庆男，国家广播电视总局发展研究中心）

第二节 行业综合治理

提要：2021 年，广播电视和网络视听领域管理优化工程深入实施，治理体系日益健全，治理能力明显增强，文娱领域综合治理取得重大成效，文艺节目及行业人员管理规范进一步明确，管理力度加大，频率频道精简精办成效初显，网络视听领域专项治理持续深入，行业综合治理不断夯实。

一、文娱领域综合治理重拳出击

在中宣部关于文娱领域综合治理的统一部署下，各有关部门协同发力、综合施策、标本兼治，从严从实、纵深拓展，开展了近年来力度最大、效果最显的文娱领域综合治理专项行动。广电部门结合实际，紧盯问题，守土负责、守土尽责，大力推进文娱综合治理，有效遏制歪风邪气，全面净化行业生态。

（一）多部门协同、全方位整治

近年来，我国文艺事业取得历史性成就，但在快速发展过程中，也出现了追星炒星、过度娱乐化、价值导向偏差、片面追逐商业利益等突出问题。2021 年 9 月初，中宣部印发《关于开展文娱领域综合治理工作的通知》，针对流量至上、“饭圈”乱象、违法失德等文娱领域突出问题，作出综合治理总部署。

各有关部门立即行动，结合管理职能职责，集中采取措施，覆盖文娱领域各方面各环节，形成系统性治理合力。广电总局印发《关于进一步加强文艺节目及其人员管理的通知》（广电办发〔2021〕267号）等文件，组织召开广播电视和网络视听从业人员座谈会，约谈重点机构，研究片酬管理举措，要求坚决反对唯流量现象、坚决抵制泛娱乐化、坚决抵制违法失德人员、坚决抵制高价片酬。中央网信办印发《关于进一步加强“饭圈”乱象治理的通知》，出台整治“饭圈”乱象的具体措施；印发《关于进一步压实网站平台信息内容管理主体责任的意见》，促进网站平台规范管理、有效履责。文化和旅游部印发《网络表演经纪机构管理办法》（文旅市场发〔2021〕91号），规范网络表演经纪机构运营行为。国家税务总局印发通知，加强明星艺人、网络主播经纪公司和经纪人及相关制作方的税收管理，依法依规加大对文娱领域偷逃税典型案件查处震慑和曝光力度。这些措施高频次、强有力，聚焦文娱领域乱象各关键环节和重点领域，靶向性强，全方位用力，见招拆招，治标治本，形成前所未有的治理广度、力度、深度，形成了立规正矩、教育引导、打击震慑、建立长效机制的诸多成果。

（二）广电领域文娱综合治理取得重大进展

文娱综合治理推出一系列真招实招，条条切中问题要害，有效廓清行业风气，遏制行业不良倾向，让人民群众切实看到变化、见到实效。

持续整治不良倾向和不正之风。一是密集出招，坚决抵制泛娱乐化。2021年9月9日，广电总局网络视听节目管理司召开座谈会，强调网络视听节目服务机构要坚持把社会效益放在首位，要坚决抵制调侃丑闻、炒作负面热点、制造对立等错误做法。10月29日，中宣部、广电总局就卫视节目存在的过度娱乐化问题，约谈在全国具有重要影响的上海、江苏、浙江、湖南四个省级台，要求对不同程度存在的过度娱乐化、追星炒星等问题坚决整改，加快转型发展，用更多高品质的电视节目丰富和引领人民群众的高质量精神文化生活。二是树立节目正确审美导向。抵制“唯流量”“唯颜值”的畸形文化，严格把握演员和嘉宾选用、表演风格、服饰妆容等，坚决杜绝“娘炮”等畸形审美。三是开展专业权威文艺评论。坚持正确政治方向、舆论导向、价值取向，弘扬真善美、批驳假恶丑，充分发挥价值引导、精神引领、审美启迪作用，严肃客观评价节目。四是科学看待收视率、点击率等量化指标，加大“中国视听大数据”推广应用力度，有效发挥视听大数据价值引领作用。

强化内容把关和监管。一是加强电视剧全面全程全效质量管理。广电总局严格内容监管，坚决整治泛娱乐化、跟风创作、粗制滥造等问题，颁布《电视剧母版制作规范》，提升剧集制作规范化水平，整改剧集注水、署名争番等乱象。二是加强综艺节目管理。开展全国性网络综艺节目专项整治工作，坚决整治炒星追星乱象，禁止播出偶像养成类节目、明星子女参加的综艺娱乐及真人秀节目，对于选秀类节目严格控制投票环节设置，坚决制止以购物、充会员等物质化手段变相花钱买投票的现象。各省局全面加强对真人秀节目和社会类、娱乐类新闻管理，指导省市台开展专项整治工作。广东局针对文娱领域综合治理组织成立专项治理工作小组，召开8个行业专项会议，共清查341个广播电视节目，下架5个播出机构21个问题节目，下架违规网络视听节目共计731万部（条）。三是开展短视频专项治理。广电总局督导抖音、快手等10多家短视频平台开展为期2个月的短视频节目和账号专项治理工作，持续清理违规账号38.39万个，违规短视频节目102.40万条。一大批“伪正能量”节目、借“网红儿童”牟利账号、“低级红、高级黑”内容得到清理。①

坚决不用违法失德艺人。文娱领域综合治理注重强化行业队伍建设，及时惩治违法失德人员，打歪风树正气。广电总局印发通知，聚焦重点问题，明确坚决抵制违法失德人员、切实加强从业人员管理等要求，提出违法失德人员“坚决不用”的标准，不为违法失德人员提供出镜发声的机会和平台。与此同时，举办推动电视剧创作生产高质量发展演员和经纪人培

---

① 《国家广播电视总局开展短视频专项治理取得实效》，广电总局官网，2022年1月11日。

训班，提高队伍职业素质，建立重点网络综艺节目主要嘉宾承诺制度，全面加强队伍建设和行业自律。

坚决整治“阴阳合同”“天价片酬”和偷税漏税等问题。2021 年，广电总局采取一系列有力措施进一步加强演艺人员片酬规范管理，印发《关于进一步净化电视剧行业生态 加强电视剧片酬管理的通知》，坚决整治“阴阳合同”“天价片酬”和偷税漏税等，遏制资本不良牟利，促进演员收入公开透明、依法纳税。广电总局与税务部门密切协作，深入开展影视行业税收秩序综合治理，完善跨部门常态化联动监管机制，针对郑爽偷逃税案等相关企业和人员涉税问题开展全面深入检查。税务部门依法严肃处理偷逃税典型案例和曝光各类恶意偷逃税行为，产生极大震慑作用。

加强电视剧网络剧制作的标准化、制度化建设。2022 年 4 月 1 日，广电总局发布的《电视剧母版制作规范》正式实施。4 月 26 日，中国广播电视社会组织联合会、中国网络视听节目服务协会联合发布《电视剧网络剧摄制组生产运行规范（试行）》，就制片人职责、安全与保障、劳务报酬等进行具体规范。5 月 7 日，两协会联合发布《演员聘用合同示范文本（试行）》，对演员片酬、纳税、艺德、作品署名等方面，作出了详细的规范化指导。这些措施是对文娱领域综合治理成果的深化与巩固。

二、进一步加强广播电视机构管理

（一）广播电视频道频率精简精办取得重要进展

积极推进广播电视频率频道精简精办。广播电视和网络视听传播格局、观众需求正在发生深刻变化，原有的频率频道供给结构亟待优化调整。全国广电系统将频率频道的精简精办纳入深化供给侧结构性改革和高质量创新性发展整体部署，各地采取撤销、合并、调整等方式处置有关频率频道，优化频率频道结构。广电总局 2021 年批准撤销 23 个电视频道和 7 个广播频率，2022 年前 4 个月又先后批准撤销 1 个县级播出机构和 23 个频道频率。

持续推动专业频道发展。按照定位更准确、特色更鲜明和更有利于融合发展的要求，广电总局确定推动专业频道发展的基本方针是整合资源、调整结构、优化布局。各类专业频道积极适应媒体深刻变革和分众化、差异化传播新趋势，突出内容专业特色，增强专业节目制作能力。2022 年一季度监测显示，少儿、文化科教、新闻、影视剧等专业频道专业节目播出比例达标率从 2021 年年初的 57% 提高至 74%，少儿类、纪实类等频道专业节目播出比例达标率高于 95%，① 专业化定位与特色化发展方向进一步明确。

加快发展高清超高清电视。截至 2022 年 3 月底，全国地级及以上播出机构经批准开办高清电视频道 1015 个，4K/8K 超高清电视频道 10 个，中央广播电视总台、28 个省级台基本实现全部电视频道高清播出，地级台频道高清化率超过 80%。② 在一系列政策支持和北京冬奥会推动下，超高清视频应用加速落地，2021 年 12 月 31 日北京台冬奥纪实 8K 超高清试验频道正式开播，2022 年 1 月 24 日 CCTV–8K 超高清频道正式开播，同日“百城千屏”公共大屏项目启动，8K 超高清数字电视服务的精彩亮相成为中国电视繁荣发展的重要标志。

（二）传媒机构管理进一步加强

加大传媒机构监管和违规查处力度。全国广电系统加强广播电视传媒机构管理，纠正播出机构违规行为，持续查处存在违规问题的网络公司和付费频道、关停未经批准开办的移动数字电视频道、清理违规购物和医疗养生类节目等。各省局持续强化监测、通报、查处、反馈等工作机制，指导各级播出机构、发射台站全面自查整改开办频率频道、播出广告、传输发射节目等业务的违法违规问题，开展境外电视传播秩序专项整治，强化广播电视传播秩序监管工作。

深入整治“黑广播”“灰广播”。2021 年广电总局进一步加大了对违

① 《广电总局扎实推进广播电视频道频率精简精办和高质量创新性发展》，广电总局官网，2022 年 4 月 27 日。

② 同上。

规设台用频行为的治理力度，印发《关于加强调频广播秩序管理的通知》，在全国范围部署加强调频广播秩序管理，开展专项治理行动，有关省局积极行动，整治“黑广播”“灰广播”取得明显成效。广电总局重点组织开展京津冀地区“灰广播”及非法医药广告播出整治工作，进一步加强地区协同，净化空中电波环境。

进一步加强广告管理。2021 年，全国广电系统坚决纠正广告违规问题，采取措施迅速有力地开展多个专项清理整治。一是坚决整治利用广播电视广告形式进行的电信、金融诈骗。二是坚决整治借庆祝建党百年名义、利用庆祝建党百年活动标识进行的商业炒作和牟利。三是叫停宣传推销槟榔及其制品，全面清理利用广播电视和网络视听节目对槟榔及其制品的宣传推销。四是停播“美容贷”“减肥传奇瘦身贴”及类似广告。

（三）深化落实“放管服”改革

持续深化“放管服”改革。实施许可事项清单管理，推进“证照分离”改革，进一步优化简化行政审批流程。2021 年，广电总局在全国范围内取消 1 项审批，优化 8 项行政许可审批服务，在自贸区取消审批 1 项，实行告知承诺 2 项。推进“互联网 + 政务服务”，各地广电局探索推进政务数据资源管理与应用改革，取得明显成效。以广东为例，至 2021 年年底广东局共有依申请事项 69 项，事项办理时限压缩率达 84.21%，即办件占比达 39.13%，所有事项均可全程网办。① 广西局构建了“一云承载、一网通达、一池共享、一事通办、一体安全”的“五个一”政务数据治理新模式，成效显著。

推进企业社会责任建设与社会效益评价考核。2021 年 12 月 1 日，广电总局印发《关于推动广播电视和网络视听企业坚持正确导向履行社会责任的实施办法》（广电办发〔2021〕363 号）并在各地实施，把对节目、电视剧制作经营机构的管理和社会效益评价考核工作结合起来，着力引导推

① 《广东局持续深化“放管服”改革》，广电总局官网，2022 年 1 月 17 日。

动广播电视和网络视听企业切实增强坚持正确导向、履行社会责任的自觉性，引导行业健康有序发展。此外，落实“双随机、一公开”制度，探索构建以信用为基础的新型监管机制，建立完善守信联合激励和失信联合惩戒制度，部分省局建立完善用户诚信档案，对违法失信主体密检查、强监管。

三、扎实开展网络视听治理

（一）“清朗”行动持续深入

“清朗”系列专项行动由中央网信办牵头，广电、工信、公安、文化、工商等多部门共同参与，是网络空间治理的重大举措。2021 年“清朗”系列专项行动开展了“饭圈”乱象整治、未成年人网络环境整治、互联网账号运营乱象整治等 15 项专项治理，其中，涉及未成年人的网络乱象治理是重中之重。2021 年“清朗”系列专项行动累计清理违法和不良信息 2200 万余条，处置账号 13.4 亿个，封禁主播 7200 余名，下架应用程序、小程序 2160 余款，关闭网站 3200 余家。①

习近平总书记指出，网络空间风清气正，是人民的共同期待。2022 年“清朗”系列专项行动进一步聚焦影响面广、危害性大的问题开展整治，具体包括打击网络直播、短视频领域乱象，打击网络谣言，整治暑期未成年人网络环境，整治应用程序信息服务乱象，算法综合治理，打击流量造假、黑公关、网络水军等 10 个方面的重点任务，更加突出效果导向，更加突出对症下药，深入整治网上各类违法违规问题乱象。

（二）健全网络视听综合治理体系

坚持网上网下一体化治理，强化主体责任。各级广电行政部门认真落实属地管理和主管主办责任，确保网络视听内容安全和播出安全，规范节目传播秩序。一是深入推进网络视听平台管理工作。压实平台主体责任，

---

① 《2021 年“清朗”专项行动清理违法和不良信息 2200 万余条》，光明网，2022 年 3 月 17 日。

督导各网络视听平台不断完善内部管理制度，配强审核力量，把好导向关、内容关、质量关、传播关、人员关，健全节目审核和播出流程，加强网上有害视听内容排查整治。北京局坚持管服并重，果断处置爱奇艺《青春有你3》舆情事件，及时发布措施加强网络综艺节目管理，全面叫停偶像养成类网综、“耽改”题材网络影视剧，认真开展网络影视剧、短视频、直播领域专项清查。二是进一步规范互联网电视行业秩序。针对互联网电视集成平台传播违规节目等违规行为进行重点整顿，压实平台内容安全管理责任，2021 年共处置 191 个非法互联网电视视听类软件。三是扎实开展全国 IPTV 分平台内容安全检查。广电总局下发《关于对 IPTV 集成播控分平台开展年度内容安全检查的通知》，针对排查出的违规链接公网、以 IPTV 名义开展 OTT 业务、开设不符合管理要求的内容专区、传播未经管理部门批准引进的境外剧等问题，逐一下发整改通知、逐一进行整改督办。

加强技术治网管网，提升智能化治理能力。广电行政部门结合监管职能，加强新技术应用，提升精准监管能力、严把内容审核关，从源头拦截处置有害信息，严厉整治流量至上、“饭圈”文化、畸形审美等乱象和拆条侵权、教唆虚拟货币“挖矿”等行为。一年来，网络综合治理能力全面提升，治理机制和监管体系日益完善，算法安全综合治理格局逐步建立，基于自主技术的广播电视节目收视综合评价大数据系统进一步建设和完善，现代化监管体系初步形成，管理效能不断提高。

加强制度建设，建立长效机制。广电总局与中央网信办等九部门联合发布《关于加强互联网信息服务算法安全治理的指导意见》，出台《未成年人节目管理规定》等部门规章和规范性文件，综合施策，将治标与治本、树导向和明惩戒结合起来，实现有规可循、依规管理。与此同时，中国网络视听节目服务协会发布《网络短视频内容审核标准细则（2021）》，为海量的短视频内容审核管理提供了具体规范。

广播电视和网络视听行业综合治理日益完善，但随着信息技术和新媒体新应用新业态的不断发展，面临的形势更复杂、挑战更严峻。下一阶段，需不断适应新形势新变化，进一步巩固扩大文娱领域综合治理成果，将经验做法上升为法律法规，健全网络视听管理和协同治理机制，建立长效机制，提升治理的预见性和科学性，为行业健康有序繁荣发展强化治理支撑。

（执笔人：王小溪，国家广播电视总局发展研究中心）

第三节　安全传输保障建设

提要：广播电视战线树立“大安全理念”，深化拓展“安全播出工程”，切实加强安全播出、网络安全、设施保护工作管理力度。截至2021年年底，全国广电行业广播电视重大事故发生次数和累计停播时长连续八年保持递减趋势，2021年广电总局共接报处置安全播出重大事故49起，同比停播时长下降63.24%，安全播出总体态势良好。

2021年，广电战线统筹安全与发展，推进传播安全保障体系和能力现代化建设，推动广播电视传输覆盖网优化升级，加强广播电视传输覆盖网秩序管理；坚持“智慧运维”“智慧监管”双轮驱动，广播电视传播安全智慧化水平迈上新台阶；统筹台站网、传输、监管和播出、技术和内容，着力构建新型无缝衔接的多层次、全覆盖、立体化的传播安全保障格局。

一、安全播出再创佳绩

2021年，全国广电战线严格落实中宣部和广电总局关于重要保障期和重点播出时段的安全播出保障要求，在做好疫情防控工作的同时，积极开展各项安全保障工作。中宣部、广电总局联合印发关于做好迎接中国共产党成立100周年全国广播电视和网络视听安全播出保障专项工作的通知；各省（区、市）委宣传部、各省局也对本地区迎接中国共产党成立100周年广播电视和网络视听安全播出保障工作作出部署，组织广电系统开展安全播出大检查。各广播电视机构制定专项工作方案和应急预案，各安全播出责任单位进一步强化责任意识，消除风险隐患，提高应急处置能力。

广电总局历时半年在全行业扎实开展安全播出大检查，采取自查检查相结合，积极探索新模式，增加现场安全播出应急演练和网络安全攻防实战演习，实施“安全播出季”高等级保障等，确保建党 100 周年庆祝大会安全播出的万无一失。围绕建党 100 周年广播电视和网络视听播出安全工作主线，全国广播电视行业圆满完成庆祝中国共产党成立 100 周年大会、脱贫攻坚总结表彰大会、十四届全运会开幕式、烈士纪念日敬献花篮仪式、十九届六中全会新闻发布会以及元旦、春节、全国两会等党和国家重大活动及日常的各项安全保障工作，全国安全播出工作再创佳绩。

监测监管数据显示，2021 年广电总局共接报处置安全播出重大事故 49 起，累计停播时长 91 小时 54 分 57 秒，同比停播时长大幅下降 63.24%，重大事故发生的次数和累计停播时长已连续八年保持递减趋势，安全播出总体态势良好。据统计，天津、黑龙江、上海、江苏、浙江、安徽、湖北、湖南、广西、四川、甘肃、新疆兵团等省（区、市）全年未发生重大停播事故。

二、建立健全安全播出长效机制

一是完善相关法规制度。为适应安全播出管理新情况新任务新要求，推动安全播出管理向新媒体领域延伸，广电总局组织修订《广播电视安全播出管理规定》（总局 62 号令）和事件事故实施细则、IPTV 管理实施细则等安全播出相关规章。黑龙江、安徽、湖北、广西等省局编制或修订了本省（区、市）广播电视重大播出工作安全保障制度，制定重保期安全播出工作规程和流程图。

二是强化应急管理。广电总局修订更新相关卫星转星应急预案以及直播卫星集成播出平台容灾应急预案，顺利完成中星 9A 卫星失效离轨、中星 9 号卫星 9A 转发器故障等应急处置工作，中星 9B 卫星成功发射交付运行成功接替中星 9A 有关业务等。

三是加强安全播出指挥部工作职能。广电总局抓统筹，加强完善安全播出保障工作机制；找问题，以查促改加强跟踪问效；定期召开安全播出指挥部会议、季度安全播出工作电视电话例会，总结分析安全播出、网络安全和设施保护工作，交流各地各单位安全播出工作经验。安全传输保障职能部门做好例行检修和临时停播管理，审批备案中央、地方安全播出责任单位报送的例行检修和临时停播申请 1210 份。

四是健全安全播出事件事故处置全流程闭环管理机制。广电总局加强事件事故调查处理和通报，重点督查通报了山西联通和广电新媒体公司、鼎视集成平台、中国教育电视台等单位的重大安全播出事故，约谈部分重大事故责任单位和省局。

五是推进广播电视技术系统“智慧运维”。智慧化监测监管和安全防护体系不断完善，技术系统不断改进和优化，“十四五”重点安防项目加快实施，网络视听新媒体智能监管工程持续推进，互联网电视、5G 环境下视听新媒体监测监管等项目稳步实施。

三、建设新型网络安全管理系统

不断健全相关制度。广电总局组织全行业学习宣传贯彻《网络安全法》《关键信息基础设施安全保护条例》等法律法规，贯彻落实《党委（党组）网络安全工作责任制》，将广播电视关键信息基础设施纳入重点管理，对照《“十四五”网络安全规划》组织研究编制《网络安全审查办法广电行业预判指南》，确立保护目标、基本要求、工作任务和具体措施，与此同时，编制印发《广播电视网络安全等级保护基本要求》等行业标准，加强网络安全各项工作开展，促进网络安全整体保障能力的提升。北京、江苏、浙江、山东等省局编制或修订省广播电视网络安全管理办法、省广播电视网络安全事件应急预案、省广播电视行业网络安全责任制实施办法等，为安全播出和网络安全提供制度保障和规范依据。

加强网络安全技术防护和安全监测。2021年，广电战线全力以赴做好建党百年等国家重要活动、重大节日、重点时段的网络安全保障工作。广电总局组织开展行业首届网络安全攻防演习，以攻防双方实战对抗方式开展网络安全应急演练，全面检验了行业关键信息基础设施运营单位面对网络攻击的安全监测发现能力、安全防护能力和应急处置能力。全年共发现行业相关网络和信息系统高危漏洞67个，中危漏洞200个，下达整改通知66份，通过建设中的IPTV网络安全监测系统处理异态告警414万条，进一步提升了行业重要网络和信息系统的安全保障能力。北京、浙江、江苏等省局也相继建立制度建设与技术防护、联合检查与专项测评、风险分析与实战演练相结合的工作机制，各省网络安全管理得到加强。

加快建设现代新型监测监管系统。广电总局统筹部署和大力推进广播电视“智慧监管”工作。一是组织编制《广播电视与视听新媒体智慧监管白皮书（草案）》和建立统一监测监管标准框架。以《全国广播电视与视听新媒体监测监管总体发展规划（2019—2025）》《广播电视和网络视听“十四五”科技发展规划》为指导，立足互联网思维，基于云平台架构，积极应用人工智能、语音识别、图像识别、区块链、数据挖掘等音视频处理与大数据技术，统一数据接口标准，整合现有系统软硬件资源，对接全部监测监管业务系统，建设广播电视和网络视听监测监管云平台，实现监管中心和监测监管行业融合互联互通互动。二是推进中央和地方监测监管系统互联互通和数据共享试点。广电总局监管中心与新疆、江苏、广东、吉林四省安全播出数据资源共享，与吉林、江苏、广东地面和有线数字电视监测系统共享，与全国地球站网管系统数据、事件事故案例库同地方共享，与广电总局监管中心监测台广播电视播出异态数据、广播调度数据、运行图数据、中波三满数据同地方共享工作均顺利推进，有的已经实现。开展安全播出数据资源共享试点及信息编码标准研究，编制完成《总局与地方安全播出责任组织机构共享数据编码及接口标准》。三是健全工作机制。完善监测监管流程，构建和完善包含制度规范、机制运行、技术支撑、分析研判、应急处置等方面的监测监管结构化体系，推进技术检测与内容监管一体融合。

四、进一步提升广播电视设施保护工作水平

2021 年，全国各省（区、市）广电部门深入贯彻落实相关法律法规，以中国共产党建党 100 周年庆祝活动安全播出保障工作为重点，加强人防、物防、技防体系建设，加强重要设施、重要传输线路联防、联动、联合处置机制，进一步完善“三电”设施安全保护长效机制，密切配合公安机关严厉打击盗窃破坏广播电视设施的违法犯罪活动，积极预防因自然灾害、外力施工损坏广电设施案（事）件的发生，深入开展广播电视设施保护宣传，不断提升广播电视设施安全保护工作水平。

2021 年，全国各省（区、市）均已按广电总局制定的方案开展相关设施改造，采取措施开展保护 C 频段广播电视卫星接收站免受 5G 基站干扰工作，并建立有效协调机制，全流程跟踪、督促、落实干扰协调工作开展，全国各地广播电视卫星接收站受 5G 基站干扰情况已大幅减少。全年各省（区、市）发生盗窃破坏广播电视设施案件 586 起，造成经济损失 566.4 万元；发生外力损坏事件 9092 起，造成经济损失 5155.9 万元。广电总局无线局、贵州局、四川局、山东局等创新广电设施保护工作新模式，为各地推广借鉴积累了经验。

五、构建新时代广播电视传输覆盖网

地面电视传输覆盖实现全面数字化。全国各地根据《全国地面数字电视广播频率规划》和《关于加快推进本地节目地面数字电视覆盖网建设的通知》，加快地面广播电视数字化建设，全面推动无线传输覆盖网的数字化转型升级。到 2021 年年底，中央和地方模拟节目基本关停，全国全面进入地面数字电视时代，人民群众可享受到更高质量的地面电视公共服务。

有线电视IP化、智能化升级加速。随着全国有线电视网络整合与广电5G建设一体化工作的推进，有线电视网络双向化、IP化改造及光纤入户进展明显加速，不断提高宽带接入能力，基本完成骨干网、省干网IPv6的改造，各地有线电视IPv6设备在逐步替换。有线电视的专网运营，确保了广播电视信号制作传输服务优质高效。2021年超高清电视在覆盖网传输实现常态化。

卫星广播电视高清化、融合化水平不断提升。2021年9月，中星9B卫星成功发射，为直播星提供了更加丰富的资源、功能和容量。中星9B卫星搭载转发器支持超高清电视节目传输，增强对西南区域信号覆盖，支持应急广播、教育医疗党建等行业信息服务，更加有力保障1.48亿直播卫星用户的收看，中央广播电视总台和25家省级台电视频道基本实现高清化。

传输覆盖网秩序逐步规范。一是优化无线电频率管理服务。2021年《广播电视无线传输覆盖网管理办法》（总局45号令）修订完成，这为提高依法行政水平、维护良好的传输覆盖网秩序提供了制度保障。二是进一步加大对违规设台用频行为的治理力度。2021年先后印发《关于加强调频广播秩序管理的通知》《关于开展京津冀地区调频广播秩序治理专项行动的通知》，在全国范围部署加强调频广播秩序管理，推动建立京津冀地区调频广播秩序治理工作机制，开展专项治理行动，推动加强地区协同，净化空中电波环境。甘肃、山东等省局严格履行“属地管理、主管主办”职责，采取固定监测站点与移动监测车相结合等多种方式全面开展监测排查，查处处置“黑广播”“灰广播”，有效打击了乱播乱放违法行为，维护了广播电视传播秩序。

中国特色应急广播体系日益健全。一是国家应急广播体系的制度构架日趋完善，协同工作机制初步建立。与应急管理部联合发布《应急广播管理暂行办法》（广电发〔2021〕37号），明确了应急广播功能定位、播出管理、系统构成、技术要求和运行维护等内容，确立了应急广播的宗旨和长效运行保障机制。二是加快各级应急广播平台建设，推动平台互联互通。2021年，中央应急广播平台实现与11个省应急广播平台的对接，同时为提高传输可靠性，降低网络传输成本，广电总局和国家电子政务外网管理中心印发《关于做好应急广播平台接入国家电子政务外网工作的通知》，要求各级平台增加国家电子政务外网的网络传输通道。“国家应急广播自动适配系统”项目的标准化改造扩容已经完成，联通了应急管理部、中国地震局、中国气象局等国家级应急信息源，实现与已建成的省级应急广播平台以及直播卫星等国家级传输覆盖资源的系统对接，初步具备了应急广播消息发布、资源同步及播发反馈的能力。三是国家应急广播协同工作机制初步建立。“国家应急广播”微信公众号及企业微信已经开通，与全国32个省级应急广播部门建立工作协同机制，初步具备通过互联网实现应急广播信息采集管理的功能。四是完善技术标准，优化技术体系。广电总局印发《应急广播系统建设白皮书》。修订14项、制定3项应急广播标准，推动应急广播在广电5G、IPTV、OTT等领域的应用研究。应急广播在应急响应、信息发布、政策宣讲、心理疏导以及党史学习、基层党建等方面发挥了重要作用，应急广播的覆盖面、有效性、精准性不断提升。

（执笔人：陈秀敏，国家广播电视总局发展研究中心）

第十章

党的建设与人才队伍建设

课题指导：

国家广播电视总局人事司司长　桂本东

国家广播电视总局机关党委常务副书记　杨国瑞

第一节　党的建设

提要：2021 年，全国广电系统以党的政治建设为统领，深入开展党史学习教育，结合行业特点，深入实施党建“提质铸魂”工程，各部门各机构各媒体党建工作不断创新创优，推动形成以高质量党建引领广播电视和网络视听事业产业高质量发展的新格局。

一、提升政治能力，建设模范机关迈出新步伐

带头做到“两个维护”。2021 年，广电总局深入学习贯彻习近平总书记在中央和国家机关党的建设工作会议上的重要讲话精神，以党的政治建设为统领，坚持和加强党的领导，坚持以上率下、以机关带系统，推动政治机关意识教育向基层延伸，推进党建和业务工作深度融合。与此同时，督促指导各级党组织和党员干部结合广播电视和网络视听工作实际，加强思想淬炼，强化政治历练，发扬斗争精神，不断提高政治判断力、政治领悟力、政治执行力。各级党组织聚焦党建主要目标，把习近平总书记关于广播电视工作的重要指示批示精神和党中央决策部署转化为推进工作的具体措施，把对党忠诚体现到各项工作中，以担当尽责、干事创业的实际行动做到“两个维护”。

持续推动理论武装走深走实。结合党史学习教育，广电总局党组带头

深学细悟笃行习近平新时代中国特色社会主义思想，及时跟进学习贯彻习近平总书记重要讲话和重要指示批示精神，理论学习中心组组织集体学习23次，在全系统产生良好示范作用。广电总局作出部署，要求把学习贯彻十九届六中全会精神作为深化党史学习教育和今后一个时期重大政治任务，构建“课堂＋基地”线下实训和“智慧党建”线上培训模式，集中举办全会精神培训班，开展线上专题讲座和知识答题，实现学习教育全员覆盖。地方台纷纷开设理论宣传节目，推动理论武装。

严格落实意识形态工作责任制。确定三个工作重点：一是将贯彻落实意识形态工作责任制实施细则和网络意识形态工作责任制实施意见，作为重点任务和长线任务，狠抓主管主办责任落实，加强对意识形态阵地的建设和管理。二是不断深化马克思主义理论研究和建设，推动全行业用党的创新理论武装头脑、指导实践。三是贯彻落实《关于新时代加强和改进思想政治工作的意见》，规范干部职工工作时间之外政治言行，落实干部职工思想动态分析报告制度和思想领域风险防控应急管理预案。

二、筑牢政治信仰，党史学习教育取得新成效

周密组织实施。广电总局以习近平总书记关于党史学习教育的一系列重要论述为根本遵循，高标准谋划、部署、推进党史学习教育。一是第一时间成立党史学习教育领导小组，成立15个指导组，及时组织召开党组扩大会、领导小组会、动员大会、领导小组办公室会议，制定各类配套方案19个，将学习教育抓紧抓实。二是组织深入学习领会习近平总书记在党史学习教育动员大会、在庆祝中国共产党成立100周年大会上的重要讲话精神，深入研读指定学习教材，切实开展“四史”宣传教育，组织党组专题读书班4期、集体学习研讨13次、各类学习会议23次、专题培训班7期，购买学习用书47种，推动各级党组织抓实中心组、党支部和青年理论学习小组的学习教育，确保学习教育方向正确、取得实效。一些省台利用本地红色教育基地，开辟“党性教育基地”，为各级党组织搭建学习交

流平台；一些省台推出党史知识竞赛、党史文化长廊等特色活动，确保党史学习教育全年不断线。

锤炼坚强党性。一是善于利用红色资源，注重加强内容、载体、形式、方法的创新，邀请时代先锋、模范代表作先进事迹报告，先后举办红色闽西故事宣讲报告会和红色广电历程展，组织红色主题参观、学习接力赛、红色电影观摩、红色广电故事讲述等特色活动。二是广电总局机关党委组织“党课开讲啦”展播活动，集中展播党组织书记党课视频。三是开好专题民主生活会和专题组织生活会，党员干部接受了全方位的政治教育、思想淬炼、精神洗礼。有的省台组织青年理论宣讲团，把理论宣讲与党性锤炼结合起来，彰显党史学习教育的“广电特色”。

办实事解难题。各级各地广电单位开展“我为群众办实事”实践活动。广电总局以“身在政治机关，心怀群众关切”为主题，聚焦群众需求，创新方法举措，形成项目清单 199 项，举办两期“百年·百姓·百事——我为群众办实事”实践活动成果展示。北京台推出全国第一个“为群众办实事”专题节目《我为群众办实事之接诉即办》，深入一线察实情、办实事、求实效，微博话题阅读量超 27 亿，视频总播放量达 4 亿次，形成现象级传播。许多台发挥优势，开办民生专栏，帮助百姓解决急难愁盼问题。

注重宣传引领。广电系统高度重视党史学习教育的宣传推广。广电总局编发简报 90 期、专刊 15 期，制作宣传视频 10 部，选送的“践行‘两个维护’狠抓贯彻落实”等 10 项党建亮点工作项目在新时代中央和国家机关党的建设成就巡礼展上展出。广电总局还运用官网党史学习教育专栏、《广电党建》杂志和“广电党建”“清风广电”“青春广电”“广电党建云学堂”等信息载体，不间断推出党史学习要闻和相关知识。全系统积极运用“学习强国”“共产党员”学习平台和“支部工作”APP 等，宣传广电党建工作新成效。辽宁台等省台开辟栏目展现全省党史学习教育的进展和成果；北京台等单位在自有 APP 开设“智慧党建”平台，推动党建工作实现智能化、移动化、常态化。这些做法在各台均有探索。

三、强化政治功能，强基固本取得新进步

夯实基层基础。广电总局加强基层组织建设，完成基层党组织换届调整，进一步提升组织力。一是深化“四强”党支部和党支部标准化规范化建设，建立在职党支部落实组织生活制度情况动态跟踪和定期通报机制。二是加强离退休人员党支部指导，引导广大离退休党员为党和人民事业增添正能量。地方广电结合实际创新基层党建，有的还编写《基层党务工作手册》和党支部工作情景展示，为基层党建提供指引。

选树先进典型。广电总局积极推进红旗党支部、优秀党小组创建、推优和经验交流。向广电总局系统519名党员发放“光荣在党50年”纪念章，开展“两优一先”评选表彰，对荣获中央和国家机关、广电总局优秀党员、优秀党务工作者和先进基层党组织称号的集体和个人予以通报表彰，开展首届创建模范机关标兵单位、先进单位的评选表彰和经验交流。许多省级广电启动先进集体和先进工作者评选，掀起学典型、学榜样、学先进的热潮。

加强分类指导。广电总局强化“政治机关，政治工作”意识，开展机关党小组“亮旗筑堡”行动，突出政治功能、强化政治引领，推动机关党员干部对标职责任务，提高政治判断力、政治领悟力、政治执行力。同时，加强企事业单位党的领导，推动事业单位实行党委领导下的行政领导人负责制，制定了加强直属企业党的建设的实施意见，把党的领导融入公司治理各环节。建立全国广电系统党建联系工作机制，推动社会组织党的组织和党的工作“两个覆盖”，指导多个剧组成立临时党支部，不断扩大党的吸引力、凝聚力、感召力。

深化融合创新。广电总局出台《关于推动党建与业务工作深度融合的实施意见》，把党的全面领导与“六大工程”实施有机结合，组织开展总局“党建融合创新”评选展示交流活动。广电总局无线局《以“双优机房”为抓手、推进党建和业务工作深度融合》获第三届党建创新成果展示交流

活动“十佳案例”金奖，广电总局科技司《守正创新 砥砺奋进 智慧广电服务疫情防控》和卫星直播中心《直播卫星“空中课堂”助力国之大计党之大计》获“百优案例”。

四、增进政治本色，正风肃纪展现新气象

深化全面从严治党工作机制。广电总局在机制建设上下功夫，在各个方面取得新进展。召开 14 次党组会和党建工作领导小组会议，专题研究党建形势，部署重点工作任务；召开全面从严治党暨警示教育大会，与部门单位主要负责人签定全面从严治党责任书；结合党史学习教育进行年中督责检查，组织部门单位党政主要负责人向党组集中述职；及时上报全面从严治党主体责任、贯彻落实党内法规执行责任制情况、干部职工思想动态等情况；做好驻部纪检监察组与广电总局党组年中会商工作；探索建立“十四五”时期重点项目监督保障工作机制，推动把监管监督贯穿重大项目建设全过程；完善党风廉政建设分析研判机制，对各部门各单位党风廉政建设情况精准“画像”，进一步落实“一岗双责”。中央和国家机关党的建设专项督查结果显示，工作机制的完善增强了全面从严治党工作的成效。有的省局出台全面从严治党“五张责任清单”，形成了闭环监督机制，成效明显。

持续强化作风建设，纠“四风”树新风。广电总局党组始终坚持作风建设永远在路上，大力营造风清气正的政治氛围。一是持之以恒落实中央八项规定及其实施细则精神，紧盯关键时间节点纠治“四风”。二是持续开展酒驾醉驾问题专项整治和专题警示教育。三是对直属企业差旅报销、公务接待等制度执行情况进行专项检查。四是深入开展政策性住房使用管理专项整治，持续推动做好清退住房的合理分配使用。五是多措并举加强廉政文化建设，举办全国广播电视和网络视听行业“激情·奉献·廉洁”先进事迹报告会，召开警示教育大会，组织新任职干部集体廉政谈话，用好身边正反两方面典型，加强廉政教育。六是用活“清风广电”微信公众

号廉政教育平台，坚持每个工作日推送党风廉政信息。一些省级台等通过教育培训、网上答题、身边案例警示等多种方式，筑牢廉政思想防线。

严肃执纪问责，加强内部巡视。广电总局保持高压态势快查快办，用好“四种形态”，特别是第一种形态。一是加强制度建设，起草《问责工作流程》《关于失实检举控告澄清工作的实施办法》《被问责和受处分人员回访实施办法（试行）》，做到有规可循。二是建成纪检信息化综合业务应用系统，提升了监督执纪规范化水平。三是坚持问题导向，建立党组成员全程参与、支持巡视工作机制，会同相关职能部门和巡视组，合力抓好巡视整改。四是健全巡视制度体系，制定《关于提高巡视报告质量的工作机制》。地方广电大多设立监督举报电话，进一步拓宽了监督举报渠道。

五、发挥政治引领，宣传团结群众实现新作为

做好思想政治引领和关心关爱工作。2021 年广电总局开展“永远跟党走”群众性主题宣传教育活动，举办红色广电历程展、庆祝建党百年“永远跟党走”文艺汇演、书画摄影集邮展，群众反响热烈。与此同时，深入开展“建功十四五 奋进新征程”“巾帼建功”“书香三八”“关爱基层 温暖人心”等活动，慰问干部职工，补助重病职工，关心关爱疫情常态防控下干部职工身心健康，积极推动群众性体育健身运动。各台深入开展“为群众办实事”的主题报道，推动解决各类困扰群众生活的急难愁盼问题，有的推出中小学生公益教育帮扶活动，为全省广大师生，为农村地区中小学生利用广播电视进行在线学习、免费享受优秀教育教学资源提供了便捷途径。

做好凝心聚力工作。广电总局积极落实《统战工作条例》，加强党外知识分子思想教育和政治引领，举办统战人士专题培训班，更新统战人士信息库，更好服务统战工作大局。同时深入开展精神文明建设，积极践行和培育社会主义核心价值观。实施青春建功“十四五”行动，举办“信仰的力量”全国广电行业青年主题演讲比赛，深化“根在基层”调研实践活

动，推动年轻干部走基层、接地气、建新功。

做好定点帮扶。广电总局巩固拓展脱贫攻坚成果同乡村振兴定点帮扶有效衔接，开展智慧广电专项帮扶行动，组织各级党组织与定点地区结对帮扶，组织各级工会购买当地农副产品助力帮扶，构建抓党建促进定点帮扶、抓帮扶推动党组织建设的格局。各级各地广电机构积极开展定点帮扶工作，成为广电系统服务群众的品牌活动。

2022 年，全国广电系统将以学习宣传贯彻习近平新时代中国特色社会主义思想为首要政治任务，突出迎接宣传贯彻党的二十大，深入推进广电党建“提质铸魂”工程，以史为鉴、开创未来，埋头苦干、踔厉前行，为新时代广播电视和网络视听高质量发展提供坚强政治保证和强大精神动力，以优异成绩迎接党的二十大胜利召开。

（执笔人：刘继生，国家广播电视总局发展研究中心）

第二节　人才队伍建设

提要：2021 年以来，广播电视和网络视听行业贯彻落实中央人才工作会议精神，加强和创新人才队伍建设，聚焦行业需求，强化政策引导，坚持改革驱动，加强从业人员规范管理，推进人才队伍选拔培养，深化人事和分配制度改革，人才队伍结构不断优化，行业人才队伍建设取得新成效。

一、人才政策创新取得新进展

（一）政策引导与规划进一步强化

2021 年 9 月，习近平总书记在中央人才工作会议上强调要坚持党管人才，坚持面向世界科技前沿、面向经济主战场、面向国家重大需求、面向人民生命健康，深入实施新时代人才强国战略，全方位培养、引进、用好人才。这一重要论述明确了新时代我国人才强国战略方向，为广播电视和网络视听人才队伍建设提供了根本遵循。广电总局深入贯彻落实中央人才工作会议精神和党中央关于新时代人才工作的各项决策部署，对全行业学习贯彻习近平总书记重要讲话精神作出部署安排，研究贯彻落实措施，推动新时代人才队伍建设。

加强人才队伍建设规划。2021 年，广电总局先后出台《广播电视和网络视听“十四五”发展规划》《广播电视和网络视听“十四五”科技发展规划》《“十四五”中国电视剧发展规划》，进一步突出人才建设在全局工作中的地位，明确人才队伍建设的基本路径，强调坚持党管人才原则、深化选人用人改革、深化人才发展体制机制改革、强化“人才是第一资源”的理念，部署实施高层次人才培养、专才优才教育培训、完善职业资格管理体系等项目，着力打造政治过硬、本领高强、求实创新、能打胜仗的高素质专业化的人才队伍。各省市广电系统也在规划中有针对性地部署人才队伍建设工作，北京局实施视听人才队伍建设工程，湖南局、江苏局实施人才服务保障工程，以这些省市广电部门为典型代表，全国广电系统不断加强人才队伍建设的政策引领。

（二）从业人员规范管理体制机制进一步健全

完善职称评价体系。广电总局加强制度构建，一是深化职称制度改革，2021 年 1 月，人社部和广电总局印发《关于深化播音主持专业人员职称制度改革的指导意见》，在健全职称制度的同时，促进职业资格制度和职称制度相衔接；二是完善新文艺组织和新文艺群体人才的初、中级职称评价标准，符合其人才特点的职称评价机制初步形成。各省广电行政部门结合实际制定完善《播音主持系列职称评价条件标准》《广播电视工程专业技术职务任职资格申报评审条件》等，促进不同体制、不同身份的从业人员平等享受各类职称政策。

强化播音员主持人职业资格管理。广电总局出台系列举措，一是加强对播音员主持人的教育引导和规范管理，2022 年 1 月，中宣部办公厅、广电总局办公厅印发《关于进一步规范播音员主持人职业行为和社会活动管理的意见》，从聚焦政治素质培养、加强职业道德建设、明确审批管理要求、规范网络信息发布等方面强化规范管理，并要求各单位所属新媒体、网络视听机构等从事播音主持工作的人员参照该意见精神管理。二是强化广播电视播音员主持人持证上岗和执业注册管理，加强广播电视重要关键岗位的人员准入管理。三是推动建立统一的广播电视和网络视听播音员主持人职业资格制度，努力实现传统媒体和新兴媒体一个标准、一体管理。

加强演艺人员和视听新业态从业人员规范管理。广电总局强化政策措施，一是加强违法失德艺人参与制作电视剧播出管控，制定演员合同范式文本，促进演员收入公开透明、依法纳税，并推动建立经纪人委员会和资格准入制度；二是加强网络视听文艺人员管理，严把网综网剧人员关，并建立重点网综主要嘉宾承诺制度；三是规范网络直播带货从业人员行为，2021 年 10 月，人社部办公厅、中央网信办秘书局、广电总局办公厅发布《互联网营销师国家职业技能标准》，进一步规范网络直播带货相关从业人员行为；四是加强游戏主播行为规范引导，2022 年 4 月，广电总局网络视听节目管理司、中宣部出版局发布《关于加强网络视听节目平台游戏直播管理的通知》，规范网络主播行为，严禁违法失德人员利用直播发声出镜，要求网络直播平台在主播和嘉宾选用上严格把关。

二、人才队伍结构不断优化

2021 年，全国广播电视从业人员 105.01 万人，同比增加 3.91 万人，同比增长 3.87%，近 5 年持续保持增长，其中女职工 44.68 万人，占比 42.55%，同比增长 4.93%，略高于总体增幅，人才队伍日益壮大。

从人才队伍岗位结构上看，管理人员 17.37 万人，专业技术人员 53.70 万人（含播音员、主持人 3.01 万人，编辑、记者 18.02 万人，艺术人员 3.22 万人，工程技术人员 14.98 万人），其他人员 33.94 万人，分别占比 16.54%、51.14%、32.32%，其中专业技术人员占比近 5 年均在 50% 以上，人才队伍呈现专业化特点。

从人才队伍学历水平上看，研究生及以上学历 6.93 万人，本科及大专学历 82.70 万人，高中及以下学历 15.38 万人，其中大专及以上学历人员占比 85.35%，且近 5 年占比均保持在 80% 以上并稳定增长，人才队伍呈现高学历化特点。

从人才队伍年龄结构上看，35 岁以下人员 47.18 万人，36 岁至 50 岁人员 44.02 万人，51 岁及以上人员 13.81 万人，分别占比 44.93%、

41.92%、13.15%，其中 35 岁以下人员占比近 5 年均在 44% 以上，人才队伍呈现年轻化特点。

综合近期各广电视听机构招聘信息，行业人才专业需求基本稳定，但有些许变化。新闻学、传播学、广播电视学、广播电视编导、戏剧影视导演、播音主持、摄影摄像、广播电视工程等专业仍是基础性需求，编辑记者、播音主持、编导、摄影、广播电视技术等岗位需求仍然旺盛。随着媒体深度融合发展，网络与新媒体、新媒体技术、计算机科学与技术、软件工程等专业的需求在快速增长，全媒体编辑记者、新媒体运营、短视频编导策划、网络系统运维工程师等新岗位人才紧缺。与此同时，国际传播人才需求扩大，英语、德语、俄语、阿拉伯语等专业的需求明显增多。

三、深入推进人才队伍选拔培养

（一）深入开展政治思想教育活动

广电总局把学习贯彻习近平新时代中国特色社会主义思想作为干部教育培训的首课主课必修课，实施视听行业思政素质涵育工程，在广电总局党校、电视剧内容管理培训班、精品电视剧创作经验交流培训班、审核员培训班、纪录片人才培训班等行业重点培训项目中注重用好红色资源，推动思政涵育常态化。各级广电系统围绕“学党史、悟思想、办实事、开新局”，组织理论学习中心组学习、领导干部专题读书班等活动，有效提升从业人员的政治理论素养，引领广大党员干部加强思想淬炼、政治历练、实践锻炼、专业训练。

（二）大力培育高层次人才

广电总局深入实施全国广播电视和网络视听行业领军人才工程、青年创新人才工程，坚持培养与选拔并重，举办 5 期“两个人才”工程示范研修班和专题研修班，开展“两个人才”工程首批人选服务基层系列实践活动，通过多种形式做好入选人才培养工作，发挥示范引领作用；举办全国广播电视和网络视听行业运营及管理高级研修班、文化企业负责人内容安全风险管理示范培训班等，加强对全行业高层次人才的培养。北京、湖南、江苏、河北、四川、河南等地结合各省市实际情况，深入实施全省（市）广电行业人才工程，在项目、资金、政策等方面给予重点支持，培育高层次人才和高水平创新团队。

（三）加强重点领域人才队伍建设

加强全媒体人才队伍建设。广电总局实施全媒体人才培养专项计划，举办全媒体人才示范研修班，重点培养适应媒体融合发展要求的全媒体优秀人才；组织开办全国广播电视媒体深度融合专题培训班等，重点培训中央、省、市三级广电机构负责人，推进全媒体人才队伍建设。江苏、广东、福建、河南等省级广电部门，系统培育全媒体人才队伍，加大全媒体人才在岗培训力度，取得明显成效。

推进创作人才队伍建设。广电总局扎实推动增强“四力”教育实践，重点围绕文艺节目创作、网络视听节目创作等安排培训，举办演员和经纪人培训班、广播电视文艺节目精品示范班、文艺节目播音员主持人培训班、动画创作人才培训班、纪录片创作人员培训班与网络视听节目审核员培训、大湾区网络视听主播研修班等，统筹建设体制内外的创作人才队伍。2021年，广电总局累计开展30期线上线下相结合的文艺业务骨干培训，3500余人次参加学习，提升从业人员的政治素养与文艺修养。全国广电系统根据自身发展特点，采取集中授课和实训辅导相结合的方式，培育各类创作人才队伍。

加强技术人才队伍建设。广电总局重点围绕5G、4K超高清、人工智能、大数据、云计算、区块链等新技术的融合应用，举办广播电视高新技术培训班、广播电视安全保障管理培训班等；充分发挥“智慧广电学院”网络平台作用，实施精品课程建设推广计划，通过点播、直播课堂等多种形式，组织对工程建设标准、智慧广电优秀案例等进行在线学习，全国约25万人次参加各类专题学习，高素质专业化广电技术人才队伍培育形式更加多样；持续举办全国广播电视技术能手竞赛，为行业高质量发展提供专业技术人才支撑。湖北、江苏、安徽、山东、重庆等地也积极开展竞赛培训，选拔培养在工程技术、监测监管、高新技术等领域的专业技术人才，取得积极进展。

加强基层公共服务人才队伍建设。坚持围绕乡村振兴战略，面向新疆、西藏等边疆民族地区提供“菜单式”定制培训，通过脱产培训、专项培养、跟班学习、网络培训等多种方式加强基层公共服务人才培养，举办安全传输能力培训班、广播电视技术交流培训班、边疆民族地区新闻采编实训班、对口援藏培训班等，助力乡村振兴。

四、人才队伍建设改革举措不断深化

（一）人事管理制度进一步优化

针对引才育才留才等问题，越来越多的广电媒体在实践中推进改革，破除束缚人才发展的思想观念，不断调整完善用人机制，着力选拔优秀人才。一是建立全员岗位聘用制度。一些省市台推行此制度，除省管或市管干部外，进行全员竞聘、竞争上岗，人事管理实现由身份管理向岗位管理转变，做到定岗定责、能上能下。二是补充晋升通道。部分广电台推行首席制，从经费使用、年度目标与考评等方面对首席进行动态管理，建立首席与新进员工“师带徒”制度，拓宽发展通道。三是打通进编与职称评审通道。一些广电媒体特别是基层广电媒体通过争取当地党委政府的支持，与编办、人社等部门沟通协调，为编外人员参加公开招聘解决事业身份创造条件。四是充实中青年优秀人才到关键岗位。一些广电机构优化人才队伍年龄结构，选拔 80 后、90 后作为中层和基层干部，给予更多熟悉互联网与新媒体的中青年优秀人才实现人生价值的平台与机会，缓解人才队伍断层问题。

（二）考核分配机制进一步完善

全国广电系统进一步建立健全工资分配机制，充分发挥工资分配激励导向作用，激发人才创新创造活力。根据《国务院关于印发实施〈中华人民共和国促进科技成果转化法〉若干规定的通知》《人力资源社会保障部财政部关于完善事业单位高层次人才工资分配激励机制的指导意见》《人力资源社会保障部关于支持和鼓励事业单位专业技术人员创新创业的指导意见》等政策文件，广电总局制定印发了《关于完善直属事业单位高层次人才工资分配激励机制的实施方案》，加大绩效工资对高层次人才的倾斜力度，落实科技成果转化现金奖励政策，保障高层次人才兼职或创业待遇，推动形成符合广电事业单位高层次人才特点、体现高层次人才价值、激发高层次人才活力、规范有序的工资分配激励机制，充分调动高层次人才的积极性、创造性。

一批广电媒体因地制宜、因势利导，立足实际搞创新，建立符合政策精神和行业特点的考核分配机制，着力激发和释放人才创新创造活力。一是实行全员岗位工资制，制定公平合理的分配考核方案，对接市场薪酬标准，以岗定薪、同工同酬、量化考核、多劳多得，提高对人才的吸引力。湖南、上海、重庆、海南等地的广电媒体根据实际运营情况，建立了市场化导向的激励机制，根据工作量、工作岗位重要性以及单位经营情况动态调整管理绩效奖金，调动人才的主动性。二是在考核分配上加大对一线岗位、融媒体岗位的倾斜力度，推动薪酬分配向作出突出贡献的人才倾斜，提高人才的积极性。江苏、内蒙古、黑龙江、深圳、嘉兴等地的广电媒体采取一系列举措，或建立高效的全媒体采编播发机制，激发采编人员积极向新媒体提供更快更优的稿件；或提高融媒体绩效总额，并向新闻内容、节目生产等一线岗位倾斜，合理拉开二次分配差距，提升薪酬分配激励性。

案例：安徽台以工作室制为枢纽，深化人才体制机制改革

安徽台把融媒体工作室作为改革的突破点，深化改革措施、推出创新举措，培育高质量人才队伍。

一是充分放权激活。赋予工作室选人用人权、自主运营权、资金支配权、资源使用权，允许弹性工时，及时兑现激励政策，规定部门工作室开展的非广告业务按比例进行利润奖励，个人工作室在培育期内净收益归个人，正式运营后给予50%净利润奖励。

二是加强头部培育。在分类考核的基础上，对三星以上工作室进行重点扶持，允许五星工作室专职运营，具备公司化运营条件的可探索股权激励。

三是强化动态进出。对不参加年度考核以及年度考核不合格的，予以淘汰退出，并启动新增工作室的申报立项，实现能进能出。

四是推动两个覆盖。将工作室制覆盖所有内容生产部门与所有内容生产人员，重点是栏目组、节目组、活动团队、制作团队的工作室化，成建制地完成人才队伍的重塑。

五是着力三个升级。实现公司化、MCN方向、全媒型转型升级，推动头部工作室早日成为市场主体和利润中心，大力发展名记者、名主持人、名导演、名制片人工作室，推动同类工作室强强联手、不同类型工作室优势互补。

随着5G、4K/8K、大数据、云计算、区块链、人工智能等技术不断发展，超高清、沉浸式、互动、VR/AR/MR视频等内容形式不断创新，大屏连小屏、小屏回大屏、多屏连用户等新模式不断涌现，广播电视和网络视听对各类人才的需求日益增多。面对新形势，人才队伍目前还存在高层次人才缺乏、全媒体人才不足、国际传播人才奇缺、关键核心技术领域的战略科技人才不够等短板，一些单位用人和分配的双轨制等较普遍，改革资源缺乏、激励手段有限等困难较难解决，人才流失、人才缺乏、人才引进难、人才活力不足等问题依然突出，亟待进一步改革创新。

针对新任务新挑战，广播电视和网络视听行业要深入学习贯彻习近平总书记关于新时代人才工作的新理念新战略新举措，不断优化人才队伍的制度设计与战略谋划，持续深化人才发展体制机制改革，发挥用人主体在人才培养、引进、使用中的积极作用，着力解决留才引才育才难的问题，努力打造一支高水平人才队伍，为广播电视和网络视听高质量创新性发展提供持续动能。

（执笔人：索东汇，国家广播电视总局发展研究中心）

第十一章

发展亮点报告

第一节　中央广播电视总台：牢记领袖嘱托 坚持守正创新　奋力打造国际一流新型主流媒体

中央广播电视总台

2021 年是党和国家历史上具有重要里程碑意义的一年，也是中央广播电视总台（以下简称总台）创业史上极不平凡、极其重要、极为难忘的一年。特别是习近平总书记 1 年 3 次、3 年多 5 次给总台发来贺信，给总台以鼓励、以指导、以期望，这是对总台忠诚履职尽责的最大肯定、最大褒奖、最大激励！在以习近平同志为核心的党中央亲切关怀和坚强领导下，在中宣部归口领导下，总台深入学习贯彻习近平总书记对总台工作的一系列重要指示批示特别是贺信精神，坚决拥护“两个确立”、做到“两个维护”，深化“三个转变”，围绕开局“十四五”、奋进新征程，突出庆祝中国共产党成立 100 周年这条主线，圆满完成了一系列重大任务，有力有效服务好党和国家工作大局，海内外引领力、传播力、影响力显著提升。

2021 年是当之无愧的创新之年、实干之年、丰收之年。总台这艘当今世界体量规模最大、业务形态最多、覆盖范围最广的综合性国际传媒航母，已驶入“海阔凭鱼跃，天高任鸟飞”的宽广天地，全台上下攻坚克难、不辱使命，各项工作稳中有进，发展态势持续向好，综合实力显著跃升。

一、高举旗帜、凝心聚力，推动新时代党的创新理论“飞入寻常百姓家”

总台坚持以领袖的高度就是宣传报道追求的高度为标准，充分发挥融合传播优势，以绝对领先的发稿时效、覆盖全球的传播优势、锐利深刻的评论言论和生动鲜活的“爆款”产品深入开展领袖宣传报道。

打造“总台时政”品牌集群。通过时政快讯、独家视频、时政微视频、时政现场评等，让习近平新时代中国特色社会主义思想天天见、天天新、天天深。《新闻联播》等重点新闻栏目自主策划高质量、成系列主题主线报道；央视新闻发布时政稿件3000余篇，全网首发首推510条时政快讯，播放量达70亿次；央视网时政稿件1300余条获中央网信办全网置顶通发，连续五年稳居全国新闻单位首位；融媒体多版本图书《平“语”近人——习近平总书记用典》累计发行400余万册，创总台图书发行量新高。

新语态阐释新思想。创新打造《平“语”近人——习近平喜欢的典故（第二季）》，总触达人次达47.98亿；改版升级《主播说联播》，以年轻态、生动化的表达宣传阐释党的创新理论，总阅读量达102亿次。进一步擦亮《央视快评》《国际锐评》《玉渊谭天》《央广时评》《总台海峡时评》《大湾区之声热评》和CGTN评论矩阵等言论评论品牌，持续引领舆论场。《央视快评》130余篇评论获中央网信办全网置顶通发；《玉渊谭天》成功实现破圈传播，全网总触达量超百亿次。

提升领袖报道对外传播实效。充分发挥总台44种语言、网红工作室、CGTN融媒体平台等海外传播优势，面向不同对象国受众群体，讲好总书记的故事、传播好总书记的思想。CGTN对外发布110篇总书记时政特稿，被2276家海外网媒转载近8万次；纪实情景访谈微纪录片《经典里的中国智慧——平“语”近人（国际版）》全球触达人数超6亿，创总台外宣时政微视频单品报道海外传播之最；《领航新时代 开启新征程——习近平总书记今年以来治国理政纪实》译成20余种语言文字对外发布；国际视频通讯社对外发布的相关新闻素材和直播信号被 126 个国家和地区的 2304 个电视台及新媒体平台累计播出超 12.4 万次，其中 G7、G20 国家媒体占比分别达 69%、76%，再创新高。

二、围绕中心、服务大局，唱响爱党爱国爱社会主义的时代主旋律

总台忠诚履行党的宣传报道主力军压舱石职责使命，完美呈现建党百年盛世盛典的永恒华章，精心做好重大主题宣传报道，奋力营造共庆华诞、共创伟业的浓厚氛围。

党的盛典，人民的节日。总台强化“思想 + 艺术 + 技术”的创新融合，实现以最先进的技术手段应用、电影级的画面呈现、最顶尖的直播水准，打造史诗级视听盛宴。2500 多名采编播人员气势如虹，圆满完成“七一”庆祝大会、“七一勋章”颁授仪式、文艺演出《伟大征程》等重大宣传报道任务，创下自主研发高新技术应用最多、融合报道产品数量和传播数据最大、国际主流媒体采用时间最长、海外落地覆盖最广等多项“史上最好”新纪录。建党百年相关报道跨媒体总触达超 112 亿人次，国际视频通讯社对外发布的直播信号和新闻素材被全球 1057 家主流媒体转播转载，覆盖海外受众 16 亿人次，发稿“快”、推送“准”、外媒采用“多”、国际传播效果“空前”，实现中国重大庆典对外传播历史最好水平。

精品力作，深情礼赞百年华诞。精心推出《敢教日月换新天》《美术经典中的党史》《山河岁月》《跨过鸭绿江》《大决战》《绝笔》《红色档案》《今日中国》《红色财经 · 信物百年》《百年礼赞》《全国大学生党史知识竞答大会》《全国红色故事讲解员大赛》《党史经典影像素材 4K/8K 超高清修复工程》等一大批庆祝建党百年重点项目和精品力作，受到海内外受众特别是青年受众的高度赞誉。

精益求精，做好重大主题宣传。围绕脱贫攻坚、乡村振兴、全面建成小康社会等重大主题宣传报道，精心策划打造精品力作。大型政论专题片

《摆脱贫困》跨媒体触达受众12.22亿人次；推出《人民的小康》《一村一寨总关情》《走进乡村看小康》《雪莲花开——对口援疆纪实》《情怀与担当——脱贫攻坚子弟兵在行动》《远山的回响（第二季）》以及“乡村振兴人物榜”“看见美丽中国”全国短视频大赛等专题节目、主题活动，受到海内外受众特别是青少年受众的广泛赞誉喜爱。

三、以效果为导向，塑造可信、可爱、可敬的中国形象

总台全面提升国际传播效能，抢首发、敢亮剑、争独家，谋划“整体战”、打出“组合拳”、奏好“交响曲”，坚持“一国一策”、探索“一群一策”，有理有据开展国际舆论斗争引导，大国媒体权威声音引领国际舆论场，“朋友圈”越来越大、声音越来越响，国际传播力继续骤升。

不当“二传手”，突破西方媒体的新闻垄断。在中美高层战略对话、阿富汗局势、美国国会骚乱、几内亚局势、汤加火山爆发、孟晚舟回国等一系列重大报道中，总台记者第一时间深入现场、开展报道，一大批独家新闻成为全球媒体主要信息来源，首发率、自采率、到达率不断提升，总台报道声震国际舆论场。在西方媒体纷纷撤退背景下，CGTN话筒成为塔利班在美军撤离后首场新闻发布会台上唯一媒体话筒，总台相关报道触达受众超73亿人次，持续揭批美军滥杀无辜的真相，冲破西方媒体对重大国际新闻垄断，彻底打破以往国际突发事件中国媒体只能充当“二传手”的尴尬，让全世界听到中国媒体声音。

善于“交朋友”，在全球媒体格局中的地位分量持续跃升。“媒体外交”风生水起，配合国家外交战略，与尼加拉瓜通讯和民政委员会签署合作交流备忘录，迅速成立总台马那瓜记者站。创新举办首届全球媒体创新论坛，习近平总书记发来贺信，全球78个国家和地区的145家媒体机构和国际组织负责人参加。举办“东盟伙伴”“非洲伙伴”“丝绸之路电视共同体高峰论坛”等媒体活动，开展“大使系列”外事会见和国际媒体“云会见”，与国际主流媒体负责人和国际友人往来信函658件，“好感传播”持续深化。

四、追求卓越、创造一流，打造“总台出品”金字招牌

总台牢牢把握创新这一工作的主基调主旋律，深化内容生产供给侧结构性改革，媒体引领力、传播力、影响力不断提升。

硕果累累，科技创新走在世界第一方阵。在“5G+4K/8K+AI”战略格局下，总台媒体科技创新实力稳步走在世界第一方阵。积极推进8K超高清电视制播科技创新，打造冬奥高铁5G超高清演播室，成功实现全球首次通过8K电视频道进行重大活动直播，成功开播8K超高清电视频道，打造“百城千屏”超高清产业项目，突破国外在4K/8K超高清电视上的技术垄断。一系列科技创新成果，标志着我国在超高清电视领域已经实现从并跑到领跑的跨越。

勃勃生机，高质量发展推动精品力作井喷式增长。2021年春晚新媒体端用户激增，参与互动人次达703亿次，创历史新高，成为全球首次8K电视频道直播的重大活动。东京奥运会报道实现全球首次4K超高清频道奥运赛事直播，通过总台全媒体平台收看人次达479亿次。创新举办总台首届创意大赛，面向全台员工广泛征集“金点子”，激发全台创新创意热情。台海之声、大湾区之声等改版升级，发挥对港澳台传播主力军主阵地作用。打造《典籍里的中国》《故事里的中国（第三季）》《中国国宝大会》《中国考古大会》《澳门之味》《大国建造》《零容忍》等一大批精品力作，推出“大头+”“熊猫+”等系列动漫产品，出品总台首部故事片电影《跨过鸭绿江》，取得“两个效益”双丰收。

深度融合，新媒体新平台影响力显著提升。加强发展战略规划顶层设计，促进媒体深度融合。央视频上线2.0版本，累计下载量3.61亿次，最高月活达7265万人，“国聘行动”“央young”系列等创新产品刷屏“破圈”。央视新闻新媒体用户规模达8.26亿，同比增长62.9%。云听客户端用户规模超1亿，增速位居音频行业第一。

五、迎难而上、逆势上扬，奋力开拓产业发展新局面

总台积极应对百年变局和世纪疫情交织、经济形势复杂严峻等外部不利因素，居危思危、以变应变，多措并举稳定经营大盘。

勇于突破，创佳绩。创新升级“品牌强国工程”融媒体传播服务，充分发挥顶级赛事资源优势，深入挖掘精品节目营销空间，不断创出营销佳绩。“品牌强国工程”创收同比增长20%，“双奥”营销突破传统模式，春晚营销空间大幅拓展。

积极探索，迎新绩。全面提升媒体融合经营能力，有效盘活总台各项资源价值，策划推出多档爆款原创新媒体IP节目，全年直播带货、权威发布、工厂探访、内容共创、短视频定制等创新性产品层出不穷，新媒体营收是2020年的3倍、2019年的8倍；大力创新版权营销模式，拓宽版权开发类型，规范版权经营管理，抓住“奥运年”“大赛年”宝贵机遇，版权创收同比增长77%，取得历史最好成绩。

砥砺奋进，促发展。有力推动台属企业改革发展，不断优化企业投资管理模式，企业经营能力逐步提升，总台文化创新基地、央视融媒体产业投资基金、中国文化产业投资基金二期等项目进展顺利，总台产业规模不断扩大。

胸怀大局，有担当。围绕重大主题制播大量精品公益广告，推出“品牌强国工程”2021年助力湖北专项公益活动、“乡村振兴行动”等媒体公益行动，有力服务国家经济社会发展大局，积极助力构建新发展格局，充分彰显了总台作为党的意识形态重镇的责任担当。

六、砥砺初心、立根铸魂，加快培养政治过硬、本领高强、求实创新、能打胜仗的“新闻铁军”

总台全面贯彻新时代党的建设总要求，全体党员干部思想淬炼、政治历练、实践锻炼、专业训练持续深化。

走深、走心、走实，不断提高政治判断力、政治领悟力、政治执行力。坚持把学习宣传贯彻习近平新时代中国特色社会主义思想作为首要政治任务，总台党组传达学习习近平总书记重要讲话和指示批示精神、中央文件、中央领导同志讲话要求等共74次。深入开展“学重要讲话、抓《意见》落实、改突出问题、强作用发挥”活动。

学党史、悟思想、办实事、开新局，引导党员干部明理增信、崇德力行。突出总台特色，创新开展“四个一百”系列活动，持续深化对口帮扶四川喜德县和甘肃新时代文明实践中心建设。加强基层基础建设，充分发挥基层党组织战斗堡垒作用和党员先锋模范作用。“民心工程”情暖人心，用力托起员工“稳稳的幸福”。

选人才、配队伍、抓后备，努力建设一支高素质人才队伍。坚持党管干部原则，选优配强各级领导班子。大力培养选拔优秀年轻干部，选派首批青年业务骨干赴地方总站“蹲苗”历练。实施“人才强台”战略，打造人才雁阵格局。

在回望百年辉煌中砥砺初心使命，在展望美好未来中激发奋进力量。2022年，总台将更加紧密地团结在以习近平同志为核心的党中央周围，高举习近平新时代中国特色社会主义思想伟大旗帜，始终牢记领袖嘱托，海阔天空想、脚踏实地干，奋力打造具有强大引领力、传播力、影响力的国际一流新型主流媒体，以实际行动迎接党的二十大胜利召开！

第二节 2021年全国各省（区、市）管理与发展亮点

一、抓创作聚主线促繁荣 推进北京新视听高质量发展

北京市广播电视局党组书记、局长 王杰群

2021年，北京局守正创新，砥砺奋进，推动首都广播电视网络视听高质量发展。2021年，广播电视和网络视听行业实际创收收入4022.27亿元，同比增长约38.22%，约占全国创收收入的41.58%，比2020年同期提高3.84个百分点，行业发展势头强劲。

（一）抓好“十四五”开局，事业产业发展再谱新篇

注重顶层设计。编制发布《北京市“十四五”时期广播电视和网络视听发展规划》，13大类81个项目全面谋篇引领五年首都新视听发展。发布《关于推动北京广播电视网络视听高质量发展的意见》《关于加快推进北京市广播电视媒体深度融合发展的三年行动计划（2021—2023）》等系列政策文件。

注重营商环境。积极推进“两区”建设，中国（怀柔）影视产业示范区国际影视摄制服务中心挂牌成立，与怀柔区政府签署《共同推动中国（怀柔）影视产业示范区高质量发展全面战略合作协议》。中国（北京）高新视听产业园区正式获广电总局批复成立，成为全国首个覆盖视听全产业链

的示范园区。推进南城视听产业集群发展，探索京津冀视听走廊建设，筹建区域协同平台，有力激发产业集聚发展新动能。

注重深化融合。持续推进智慧广电建设，评审奖励 30 个智慧广电专项资金优秀项目，15 家行业领军单位获评第二批智慧广电重点实验室，智慧广电重点实验室纳入市级重点实验室评价体系。北京局智慧广电建设经验被广电总局向全国推广。中国（京津冀）广播电视媒体融合发展创新中心有序运行，与江苏、浙江等 6 家广播电视媒体融合发展创新中心达成跨区域战略合作。创办新视听媒体融合创新创意大赛，开展媒体融合创新技术与服务应用遴选推广计划，17 个区级融媒体中心实现《信息网络传播视听节目许可证》全覆盖，新型首都主流媒体进一步做优做强。

注重创新升级。统筹线上线下，成功举办中国服贸会北京新视听展、中国广电媒体融合发展大会、北京电视节目交易会、北京纪实影像周、北京国际公益广告大会等系列节展活动，首都新视听品牌活动影响力进一步提升。线上线下创新开展北京优秀影视剧海外展播季等中外视听交流活动，与阿拉伯国家广播联盟签署《关于视听合作的谅解备忘录》，与中国香港贸易发展局签署视听战略合作协议，国际传播力专项资金奖励扶持 92 个重点项目。

（二）聚焦建党百年主线，服务冬奥，主流思想舆论强势引领

强化主题主线宣传。坚持核心宣传与主题宣传相结合，深化广播电视“头条”建设、精品栏目建设和网络视听媒体“首页首屏首条”建设，持续抓好习近平新时代中国特色社会主义思想和十九届历次全会精神学习宣传阐释。统筹全市广播电视和网络视听媒体打造建党百年宣传矩阵，开设“奋斗百年路 启航新征程”专栏专区，组织开展“理想照耀中国”“信仰的力量”优秀剧目展播展映，做好建党百年庆祝大会、颁授“七一勋章”等重大活动宣传报道和直播转播工作，开展“京津冀红色视听之旅”融媒行动和“视听零距离”等群众性主题宣传活动，“党的盛典、人民的节日”氛围广泛营造。创新开展主题宣传，推出全国首个“我为群众办实事”电

视专题片《我为群众办实事之局处长走流程》等优秀作品。

强化“大宣管”模式。健全重大宣传报道一体化机制，聚焦重大主题持续开展形式多样、触达广泛、互动性强的全媒体矩阵式宣传。主动融入首都社会发展和城市治理，协调完成各类主题宣传40余次。圆满完成全国和北京市两会等宣传报道，做好疫情防控宣传引导。

强化冬奥服务保障。推出《冬梦之约》等广播电视节目、《冬奥的脚步》大型融媒体系列报道及短视频征集、直播答题等线上活动，新浪微博“北京2022”话题总阅读量达27.6亿，营造浓厚“冬奥氛围”。冬奥广电专网北京段干线225.3公里全部完成，22个场馆完成有线电视软硬件全覆盖。开展冬奥4K超高清电视直播和重点赛事、重大活动8K超高清试验直播测试。扎实做好涉奥场所境外卫星和有线电视信号的收视服务保障。

（三）深化精品创作和文娱综治，京产文艺创作持续繁荣

精品创作北京模式持续发力。北京广播电视网络视听发展基金精准赋能，2021年共投入9462万元，扶持优秀作品168部。电视剧《玻璃杯》《三棵树》《胡同》获得广电总局电视剧引导扶持专项资金剧本扶持，《觉醒年代》获得第27届上海白玉兰奖最佳导演、原创编剧、最佳男主角三项大奖。《花儿向阳 童心向党》等5个节目入选“庆祝建党100周年重点广播电视节目”，《运河之上》等3个节目入选2021年“中华文化广播电视传播工程”重点项目，《中国共产党领导力密码》入选“理论传播创新工程”重点项目，《百年巨匠》等15部纪录片入选广电总局“十四五”纪录片重点选题，9部纪录片入选广电总局建党百年重点选题。《毛毛镇之冰雪加油队》等动画片、《冬梦之约》等广播电视节目、《冰球少年》等网络剧、《云中居三子》等网络动画片共数十部作品入选广电总局各类扶持、推优、推介项目。

文娱综治阵地管理全面有力。坚持优选资质、优审内容、优化服务，全面加强党对广播电视网络视听领域的领导。开展网络原创影视剧创作人员、网络综艺及专题节目培训，讲好文娱领域综合治理主题思政课，全面加强从业人员管理，进一步廓清行业风气，引领构建首都广播电视和网络视听向上向善、崇德尚艺的良好行业生态。认真贯彻“字字千钧、秒秒政治、天天考试”理念，统筹内容、播出、传输、设施、网络“五个安全”，加强安全传输治理体系和治理能力现代化建设，充分发挥广播电视节目监管系统、网络视听综合监管平台等协同监管效能，推进智慧运维、智慧监管。

2022 年，北京局将始终坚持首善标准，以迎接宣传贯彻党的二十大为主线，做好主题宣传、精品创作、公共服务、智慧广电、媒体融合、产业发展等方面工作，全力推进北京新视听高质量发展。

二、天津广电：牢牢把握正确政治方向、舆论导向、价值取向　做强做优广电事业

天津市文化和旅游局党组成员、一级巡视员，天津市广播电视局局长　游庆波

2021 年，天津广电系统紧密围绕广电总局“六大工程”和“一五一”工作格局，推动天津广播电视和网络视听各项工作取得新成效。

（一）统筹谋划、精心组织，庆祝建党 100 周年主题宣传浓墨重彩

结合庆祝建党 100 周年重要时间节点，聚焦“党的盛典、人民的节日”主基调，组织全市广播电视和网络视听机构以高度的政治责任感，牢牢把握正确政治方向和舆论导向，弘扬主旋律、传播正能量，浓墨重彩推进主题主线宣传。各级播出机构开展庆祝建党百年广播电视节目、动画片、纪录片播出工作，营造了同庆百年华诞、共铸历史伟业的浓厚氛围。各级各类网络视听媒体充分发挥内容优势、资源优势、传播优势、渠道优势，通过 IPTV、网站专区、首页首屏、移动 APP、短视频、H5 产品等多种传播形式，推出了一批接地气、聚人气、有情感、有温度的精品佳作，凝聚起奋斗百年路、启航新征程的强大精神力量。

（二）守正创新、精益求精，广播电视精品生产创作蓬勃发展

树立精品创作意识，持续引导现实、革命、历史题材创作，着力提高广播电视和网络视听节目生产创作质量。电视节目《青春正当时》、纪录片《曙光》《走过世纪》、动画片《梦娃（第三季）》被广电总局评为庆祝建党百年重点广播电视节目、纪录片、动画片。电视新闻作品《“领导过问”才办反映了什么》、纪录片《香事中国》、少儿广播节目《童年童话——童言童语说防疫》、电视动画短片《大医至诚——人民英雄张伯礼》等 10 个项目入选广电总局各类评优推介、资金扶持名录。现实题材电视剧《你好检察官》在浙江卫视和优酷同步播出，重大革命历史题材电视剧《我们的

队伍向太阳》获许发行。

（三）坚守导向、把握主动，广播电视和网络视听意识形态阵地管控有力

始终坚持正确政治方向，牢牢把握正确舆论导向，进一步强化广播电视和网络视听领域意识形态建设管理主体责任。组织全市广播电视播出机构和网络视听持证机构积极开展“中国梦”、全面建成小康社会、决战决胜脱贫攻坚、新冠肺炎疫情防控等主题宣传活动，大力弘扬社会主义核心价值观，唱响主旋律、传播正能量，着力营造清朗空间和良好舆论氛围。扎实落实文娱领域综合治理任务要求，进一步加强影视节目内容审查管理，严格落实卫视频道节目备案、影视剧成本配置比例和片酬管理告知承诺、网络视听编播计划备案和首页首屏审查等制度，有效遏制行业乱象。加强对影视作品内容导向、价值取向、审美风向的审查把关，完成电视剧备案公示 12 部 444 集、电视剧及电视动画片审查发证 5 部 145 集；完成重点网络影视剧立项审查 456 部、通过 162 部，完成上线审查 53 部、通过 38 部。加强广播电视和网络视听监测监管，及时处置违规传播涉政、涉黄、涉暴等有害视听内容的网站 124 家，维护了网络视听领域意识形态安全。

（四）靠前指挥、强化保障，广播电视安全播出平稳有序

组织全市各级播出机构严格落实安全播出各项规章制度，认真完善各类应急预案，健全应急响应机制，加强重要设施和传输线路的巡查、值守，及时排查消除隐患和故障，确保节目传输、接收正常。圆满完成了“元旦”“春节”、全国两会、庆祝建党百年、“十一”等重要保障期和日常安全播出工作，未发生安全播出事故。特别是庆祝建党百年重要保障期期间，各级领导干部靠前指挥，精心组织开展安播大检查，切实加强值班值守，有力确保了建党百年安全播出工作。

（五）履职尽责、担当作为，行业管理提质增效

扎实推进广播电视频率频道专业化规范化建设，组织天津台文艺频道、体育频道等专业频道提升专业节目比例，指导推进专业电视节目融合创新。

组织开展“灰广播”和非法医药广告集中治理，进一步保障了京津冀地区广播传输秩序规范。注重发挥天津市境外电视传播秩序专项整治工作联席会议的综合协调机制作用，切实开展非法设备流通环节的治理、严格把控非法外来接收设备入境关口、开展整治工作宣传教育，推动综合治理，消除和遏制居民小区、城乡结合部等地非法安装接收现象。

（六）拓展平台、深化合作，媒体融合发展再上台阶

天津获批 IPTV 集成播控分平台牌照。按照广电总局部署，积极推动天津 IPTV 集成播控分平台与广电总局监管系统对接，开展集成播控分平台年度内容安全检查，对资格不符或内容违规的专区及节目予以下线处理。2021 年 6 月，天津 IPTV 集成播控分平台正式获得广电总局批复，天津台取得 IPTV 集成播控服务业务牌照。

持续深化京津冀广播电视协同发展机制建设。与北京局、河北局研究审议并通过了《中国（京津冀）广播电视媒体融合发展创新中心项目管理办法》，积极推进京津冀媒体融合发展创新中心建设，平台引领机制进一步得到发挥和彰显。2021 年 10 月，津云新媒体作为京津冀媒体融合发展创新中心的依托单位之一，代表京津冀与全国 7 家广播电视媒体融合发展创新中心联合签署了《全国广播电视媒体融合发展创新中心协同推进媒体融合创新发展战略合作协议》，共同促进各区域、各媒介资源、各生产要素协同配合和信息共享，加强在理论研究、传播手段、传播矩阵、主题宣传等方面的合作。

三、开拓进取 锐意创新 河北广电高质量发展取得新成效

河北省广播电视局党组书记、局长 王离湘

2021年，河北局围绕开局“十四五”、启航新征程，突出庆祝中国共产党成立100周年这一主线，全力推动“智慧广电、法治广电、魅力广电”建设，为庆祝党的百年华诞提供了良好的舆论环境和智力支持。

（一）持续推动学习宣传贯彻习近平新时代中国特色社会主义思想走深走实走心

组织理论学习中心组学习9次、领导干部专题读书班1期、处级以上干部培训班1期、党史专题网班2期，举办广电大讲堂7期。河北局主要领导为增强基层宣讲的针对性和实效性，带队赴昌黎县宣讲“七一”重要讲话精神；为深化理论研究阐释，撰写了《提升广电内容监管能力的路径与措施研究》《构建“三全三系三制” 推动广电科技成果转化赋能行业高质量发展》等应用性研究成果。

（二）着力为庆祝中国共产党成立100周年营造浓厚氛围

指导广播电视媒体打造广播电视节目、纪录片、广播剧三类14档重点节目。组织开展了全省季度优秀广播电视新闻作品推优活动，28件优秀新闻作品在全省通报表扬。组织开展纪录片重点扶持项目征集评选，7部作品给予重点扶持，《滹沱记忆》《初心李大钊 妙手著文章》《太行号角》入选广电总局庆祝建党100周年重点节目名单。荣获“中华红声——红色经典诵读活动”优秀组织单位和“红色记忆·唱支山歌给党听”第三届“三月三”网络短视频大赛优秀组织奖。开展河北省第六届广播电视公益广告优秀作品展播工作和第七届广播电视公益广告优秀作品征集活动，荣获广电总局2020年度公益广告创作生产优秀组织机构称号。

（三）巩固壮大主流舆论阵地

成立京津冀新视听媒体融合学院河北分院，建立2家“京津冀新视听媒体融合学院实训基地”，向广电总局推荐媒体融合先导单位3家、典型案例5例、成长项目5个。全媒体智慧监管平台顺利通过广电总局软件测评并正式上线。完成崇礼、怀来地区监测站建设，实现对11个设区市和2个直管县的地面数字电视监测，填补了监测业务空白。

（四）落实意识形态工作责任制

审查备案河北卫视重点时段、重点类型节目15档，查处4起违规问题。规范网络视听行业监管，协调查处部分网站有害视频内容。开展广播电视播出和传送秩序专项整治行动，对“灰广播”及非法医药广告进行了重点整治，胡启生副省长两次作出肯定性批示。整顿失范失序播出调频广播频率33个、违规地面数字电视频道85个。

（五）电视剧创作掀起收视热潮

电视剧《向警予》《香山叶正红》等重大革命历史题材电视剧在总台央视综合频道、电视剧频道等播出；革命历史题材电视剧《前行者》在北京卫视、爱奇艺、腾讯视频热播；由河北省摄制或联合出品的电视剧《海棠依旧》《太行山上》《我的故乡晋察冀》《最美的青春》《营盘镇警事》《聂荣臻》被中宣部、广电总局列为庆祝中国共产党成立100周年优秀电视剧展播剧目。一系列精品剧目掀起收视热潮，成为党史学习教育的生动教材，为庆祝建党百年营造了浓厚氛围。反映李大钊革命生涯的重大革命历史题材电视剧《太阳出来了》报广电总局审查备案，冬奥题材电视剧《冰雪之名》列入广电总局重点项目，反映“一带一路”建设成就的电视剧《时间的果实》获中宣部重点扶持。

（六）网络视听事业取得可喜成绩

组织“永远的信仰”第二届河北网络视听原创精品征集活动，征集作品1650部，推选优秀作品43部。组织“抗疫一线党旗红”河北网络视听优秀短视频征集活动，收到510部视频作品，其中优秀作品142部，累计

180 部（次）入驻视听新媒体平台，优秀作品展播覆盖全省电视端受众超 800 万户，新媒体点击量累计超过 1500 万次。联合举办“中华红声——红色经典诵读活动”音频作品征集活动，从 600 余部作品中选出 100 部优秀作品，其中河北省 9 部作品入选“百部优秀诵读作品”。组织《唱支山歌给党听》全媒体活动视频作品创作展播，全省入选作品 5 部，数量居全国前列。组织推动“向光而行”全国微纪录片征集活动，河北省有 55 部作品获资助扶持，其中 3 部作品入选特等奖、9 部作品入选一等奖。

（七）应急广播体系建设稳妥推进

应急广播建设列入《河北省“十四五”时期国民经济和社会发展规划纲要》，编制完成《省级应急广播调度控制平台建设项目书》。充分发挥农村应急广播设施作用，17.2 万多个农村大喇叭强劲发声，让党的创新理论和习近平总书记声音“飞入寻常百姓家”，解决基层宣传引导“最后一公里”问题，在应急处置、抢险救灾、社会治理、舆论引导和疫情防控常态化宣传等方面发挥了重要作用，经验做法被人民日报、中央广播电视总台、学习强国、河北日报等中央和省级媒体报道。实施 37 个老少边及欠发达地区应急广播体系建设，2021 年年底前完成首批 19 个任务县建设任务。

四、山西广电：牢记使命　守正创新　不断开创高质量发展新局面

山西省广播电视局党组书记、局长　赵晓春

2021年，山西省广播电视工作牢牢把握正确政治方向、舆论导向、价值取向，巩固壮大主流思想舆论，繁荣文艺创作，推进智慧广电建设，强化阵地管理，坚持全面从严治党，推动全省广播电视和网络视听行业高质量发展取得新进展新成效。

（一）主题主线宣传浓墨重彩

持续深化习近平新时代中国特色社会主义思想宣传，强化广播电视媒体"头条"建设和网络视听媒体"首页首屏首条"建设。精心做好建党百年主题宣传。高效完成党的十九届六中全会、省第十二次党代会、"十四五"开局、能源保供、疫情防控等重大宣传任务。继续办好《全方位推进高质量发展》等专题专栏。贯彻落实习近平总书记重要讲话精神、中国共产党人的精神谱系、山西灾后集中安置等宣传报道和理论节目《思想的田野·山西篇》，受到广电总局表扬。新闻评论《一场大讨论 解开了一桩"两难"事》荣获中国广播电视大奖。

（二）广播电视文艺繁荣发展

2021年完成电视剧4部、备案公示6部，重大题材电视剧《走向胜利》已报广电总局审查。完成动画片3部66集、备案6部126集，《叽哩与咕噜》成为山西省首部走出国门的动画片，并获全国优秀电视动画片和优秀海外传播作品；《狐桃桃和老神仙》入围全国优秀作品。推选出19档优秀广播电视节目、69个优秀广播电视新闻作品，《课文里的红色篇章》获全国创新创优节目。《这一年》《旱井》获评优秀国产纪录片，《红色风华——讲给青少年的山西故事》入选全国庆祝建党百年重点纪录片片目。61部重

点网络影视剧规划备案，15 部取得备案号。开展“百年潮 看中国——我身边的变化”等四项网络视听作品征集活动，征集作品 1303 部，其中 50 余部优秀作品在新媒体平台展播。

（三）广电媒体融合持续深化

启动全省广播电视媒体深度融合发展三年行动计划，加快媒体深度融合发展。为 62 个市县两级新闻单位核发《信息网络传播视听节目许可证》。开展媒体融合发展示范单位评选工作，细化量化评分标准，评出 6 个媒体融合发展示范单位。与浪潮集团、山西传媒学院、中国银行山西省分行签署战略合作协议，抓住智慧广电、5G、超高清建设的重要战略机遇，实施一批重点项目，助力山西广电高质量发展。积极参加全国广电科技创新大赛获佳绩，6 个项目获奖，数量居全国前列。

（四）公共服务能力不断提升

争取中央资金 1801 万元在 4 个县实施老少边及欠发达地区县级应急广播体系建设工程。完成 26 个深度贫困县应急广播体系建设总体验收。加大资金项目和广电精品帮扶，助力灵丘县、平顺县乡村振兴，深入开展文化润疆工程。制作公益广告 3851 条 3831 分钟，累计播出 291 万条次 270 万分钟。举办庆祝建党 100 周年公益广告作品征集暨展播活动。11 个广播电视无线发射台站基础设施改造工程完成建设任务。开展全省《名师公益课堂》中小学生电视公益教育帮扶活动，采用“智慧广电 + 优质教育”跨界融合新模式，推动优质教育资源共享。

（五）管理治理能力显著增强

精心部署开展迎接中国共产党成立 100 周年安全播出保障专项行动，全年共计保障完成 37 次 / 日重要保障期的安全播出保障任务，圆满完成“七一”重要保障期保障任务。坚持网上网下统一导向、统一标准，坚持宣传例会和通气会机制，持续健全完善审查、备案机制。圆满完成全省广电领域“护航党的百年华诞”维护政治安全专项行动。扎实开展文娱领域综合治理、深入开展境外卫星专项整治、建立网上“扫黄打非”工作多方联动应急处置机制、严格广播电视商业广告治理，推动行业健康有序发展。加强行业协会建设管理，成立山西省网络视听节目服务协会，完成山西省广播电视协会换届工作，出台《关于加强和规范省级广电协会工作的实施意见》。坚持依法行政，优化营商环境，出台《推进“证照分离”改革全覆盖实施方案》《广播电视节目制作经营许可证审批勘验规定》，深入推行“一枚印章管审批”改革，实现纸质许可证和电子许可证同步发放。

（六）党的建设和干部队伍建设全面加强

统筹领导和推进落实全面从严治党工作，建立自上而下、层层负责、运转高效的党建工作责任体系。深入开展党史学习教育，扎实推进“高速公路畅通行动”等“我为群众办实事”实践活动。完成事业单位重塑性改革后各单位党组织换届。坚持“三不”一体推进，着力构建长效机制。加强作风建设，严格落实中央“八项规定”精神及实施细则，持续整治形式主义、官僚主义突出问题。强化从业人员管理和资格准入，完成广播电视编辑记者、播音员主持人资格考试，各专业技术职称评审等工作。大力提升干部队伍素质，组织开展科技、新媒体、宣传、节目制作等各类培训，联合省人社厅、省总工会成功举办2021年广播电视技术能手竞赛，山西局荣获全国广播电视技术能手竞赛决赛团体一等奖。

五、内蒙古广电：聚焦主责主业 推动新时代新征程广电高质量发展

内蒙古自治区广播电视局党组书记、局长 王笑铁

2021 年，内蒙古自治区广播电视行业以智慧广电建设为牵引，聚焦主责主业，推动广播电视和网络视听高质量发展取得新突破。

（一）坚持政治统领，宣传引导有力有效

内蒙古广电系统把学习宣传贯彻习近平新时代中国特色社会主义思想作为首要政治任务，加快推进广播电视媒体“头条”、网络视听媒体“首页首屏首条”建设，确保习近平总书记重要思想、重要活动、重要会议高光聚焦、宣传到位。牢牢把握庆祝建党 100 周年这一主线，紧紧围绕党和国家发展大局，压实宣传引导职能职责，建立广播电视宣传工作周例会制度，协调指导全区各级广播电视播出机构开展建党 100 周年、党史学习教育、铸牢中华民族共同体意识和疫情防控等重大主题、专题宣传。加快迈向网络视听主阵地，面向全区征集“十四五”期间重大网络视听宣传项目，组织推出“辉煌 100 年”等网络主题宣传专区 6 个，播出各类主题作品 700 余部。发挥广播村村响在舆论引导、文化服务等方面的独特作用，结合党史学习教育，组织制作 100 期主题广播节目，整理播出 200 余集红色广播剧，统筹播放疫情防控、乡村振兴等重要政策信息，让农牧民群众足不出户听到党的声音。加强面向蒙、俄的国际传播能力建设，组织落实“丝绸之路视听工程”，推动内蒙古广播电视台与蒙古国合办《跟我学中文》（80 期）、《你好，中国》（52 期）两档节目。

（二）营造创作氛围，内容生产繁荣发展

修订广播电视和网络视听节目栏目创新创优三年行动计划，组织开展“我们的新时代”展播活动、“内蒙古自治区广播电视局优秀主题广播电视

节目展播活动”“理想照耀中国——庆祝建党100周年公益广告制作展播活动”暨全区第三届广播电视公益广告大赛等，推出了一批群众喜闻乐见的文化精品。栏目《开卷有理——光辉的足迹》、纪录片《逐梦草原》被列为广电总局庆祝中国共产党成立100周年重点节目；《鸿雁》被列入全国第三批百部重点选题电视剧名单；《看中国生态建设及脱贫攻坚》等2个节目栏目获得中国广播电视大奖；公益广告作品《崇尚自然 敬畏生命》《精准扶贫一个都不能少》分别被广电总局评为电视作品一类、广播作品三类扶持项目，内蒙古局被评为公益广告扶持项目优秀组织机构；牵头创作的“三千孤儿入内蒙”主题纪录片《梦中的额吉》、网络微纪录片《老兵》在腾讯视频、央视频等重点网络平台播出，取得良好反响。

（三）注重规划先行，行业管理规范有序

编制发布《内蒙古自治区“十四五”广播电视和网络视听发展规划》，充分发挥规划对广播电视高质量发展的战略统筹作用。推进广播电视媒体深度融合，组织指导13家广播电视播出机构制定广播电视媒体深度融合三年行动计划。重新修订《电视剧审查工作制度》，修订印发《重点网络影视剧审查制度（内部试行）》，严把正确政治方向、舆论导向和价值取向。组织开展广播电视领域打击新闻敲诈和假新闻专项行动，安排部署广播电视文娱领域综合治理工作，依法查处网站6家，责令整改违规网站5家，下架违规网络视听作品1500余部，有效廓清行业风气。建立广播电视广告播出监管“月会商研判”机制，开展“全区广播电视违规广告专项整治行动月”活动，下发广播电视违规广告整改通知书5份，及时处理观众投诉广告11件，有力维护良好传播秩序。推进高清内蒙古卫星传输和监测监管平台建设，推动信号质量监测向“信号+内容”监测并重转变。开展“全区打击非法卫星电视地面接收设施专项整治行动月”活动，查没、拆除非法接收设施7922套，确保意识形态阵地安全。开展全区广播电视安全播出大检查等活动，圆满完成庆祝建党百年、党的十九届六中全会等重保期安全播出任务。

（四）以人民为中心，公共服务效能提升

完成牧区“智慧广电”宽带网络覆盖与服务工程基本建设任务，累计敷设光缆23700多公里，新建、租用铁塔1914座，覆盖33个牧区旗县（市）12.12万户农牧民群众，该项目已连续两年被写入内蒙古自治区政府工作报告，列入“我为群众办实事”省级层面项目清单。编制《智慧广电固边工程建设方案》，推动边境地区固边工程建设，累计敷设光缆377.63公里，建成无线站点70座，为筑牢北疆安全稳定屏障作出广电贡献。扎实推进高清内蒙古工程，制定《旗县级广播电视播出机构综合频道高清播出规范（试行）》，加快内蒙古卫视高清频道上星播出，全区盟市级以上频道高清化率达92%。深入实施“台站标准化建设2.0版”工程，扎实推进700兆频率迁移工作，完成局属68个台站的光纤联网工程建设，累计敷设光缆574.72公里，各台站光纤、卫星信号双备份基础条件基本达成，进一步提高了广播电视公共服务能力。

（五）深化党建引领，人才队伍建设不断加强

举办党史专题读书班，召开党史专题讲座，组织开展“永远跟党走”主题党日等庆祝建党100周年系列活动，深入开展“我为群众办实事”实践活动、“五合一”下基层活动，确保党史学习教育走深走实。严格落实意识形态工作责任制，持续压实全面从严治党责任，健全完善精准监督机制，被命名为自治区直属机关首届“创建北疆模范机关先进单位”。全面贯彻新时代党的组织路线，高站位、高标准推动干部人才队伍建设，圆满完成内蒙古自治区深化事业单位改革试点工作各项任务。

六、坚持守正创新　主动担当作为　辽宁广电实现“十四五”良好开局

辽宁省广播电视局党组书记、局长　梅玉良

2021 年，辽宁省广播电视行业围绕新时代辽宁全面振兴全方位振兴大局，坚持守正创新，主动担当作为，各方面工作取得新成效，实现“十四五”良好开局。

（一）重大主题宣传有力有效

持续推动学习宣传贯彻习近平新时代中国特色社会主义思想往深里走、往实里走、往心里走。深化广播电视媒体“头条”建设和网络视听平台“首页首屏首条”建设，精心策划新闻报道、专题节目、网络视频和融媒体作品，辽宁省直主要媒体播发报道 760 余篇。深入宣传党的十九届六中全会精神，推出“一起来学习——六中全会精品课”等专题专栏，教育引导全省干部群众用党的百年奋斗重大成就和历史经验，鼓舞斗志、凝聚力量。围绕党史学习教育，全方位、多层次开展宣传，推出“奋斗百年路 启航新征程”“信仰的印记”等专题报道，以丰富的内容、多样的形式，凝聚起知史爱党、知史爱国的精神力量。

（二）庆祝建党百年各项工作圆满完成

推出一批主题报道、专题专栏，形成强大宣传声势，营造共庆百年华诞、共创历史伟业的浓厚氛围。纪录片《红星闪耀时》《李兆麟》入选广电总局庆祝建党 100 周年重点纪录片，公益广告《百年奋斗路 启航新征程》入选广电总局优秀公益广告作品库，大型电视晚会《光辉的历程》反响热烈。“百年征程 辽海声屏”优秀作品主题联展、庆祝建党百年全省优秀电视剧广播剧展播及公益广告展播、“永远跟党走”主题原创网络视听作品推优活动、“大美辽宁”主题公益广告征集活动成功举办。各广播电视播出、

传输、发射机构自觉把好关口、守好阵地，认真开展安全播出大检查，扎实做好安全播出保障工作，“七一”重要保障期全行业做到了安全平稳有序播出。

（三）精品创作生产推优出新

精心实施全省广播电视和网络视听提质创优工程，开展广播歌曲、广播剧、电视纪录（专题）片、少儿节目、公益广告、网络短视频等系列大赛，评选推出各类优秀作品近200件。建立辽宁省“十四五”重点纪录片库。开展优秀电视剧剧本征集活动，《明天之前》等14部作品获评优秀剧本。各广电和网络视听制作机构推出一批优秀作品，广播新闻专题《大山里的“摩托书记”》获得2019—2020年度中国广播电视大奖和第三十一届中国新闻奖二等奖，广播节目《见信如面》获评广电总局广播电视创新创优节目，少儿节目《宝贝好榜样》入选广电总局少儿节目扶持项目，公益广告《参军报国 不负韶华》和《防汛应急演练》获得广电总局重点扶持和推介，“2021辽视春晚”收视良好，电视剧《霞光》在总台央视黄金时段播出，收视反响热烈。

（四）广电基础建设扎实高效

完成省本级广播电视节目无线数字化覆盖二期工程建设，实现全省城乡群众免费收看12套中央广播电视总台和8套辽宁广播电视台电视节目的目标。完成应急广播省级前端播发平台建设，创新设计开发省级应急广播机动播发平台，设立辽宁应急广播呼号。完成已经建成的应急广播示范系统终端补点工作。科技创新力度不断加大，在广电总局首届人工智能应用创新大赛和首届高新视频创新应用大赛评选中，辽宁省共有8个项目获奖。

（五）高质量发展步伐加快

强化规划引领、政策引导。印发《辽宁省“十四五”广播电视和网络视听发展规划》。全省市以上广播电视机构制定深度融合发展三年行动计划。辽宁台和沈阳、大连等8家市级台完成高清化建设。持续推进频率频道精简精办，全省 31 个图文信息栏目全部关停，10 家县级广播电视机构提前实现“一县一广播一电视”。全方位推进广电剧目“走出去”，纪录片《辽宁历史文化名城名镇》《手艺辽宁》在多国播出，中国·辽宁东北亚语言交流译配中心建设按期完成。

（六）意识形态阵地管理规范有力

推进全行业落实意识形态工作责任制。进一步强化风险防范，出台《意识形态重大风险防控总体预案》及 6 个分预案，配套建立研判、评估、防控协同、防控责任 4 项机制和意识形态管理正面、负面清单。深入推进文娱重点领域综合治理，坚决整治艺人违法失德、“天价片酬”“阴阳合同”等突出问题，强化文艺节目管理和电视剧网络剧题材、内容审核把关。持续强化行业规范管理。组织开展全省广播电视违法违规广告专项集中整治行动，强力整治境外卫星电视接收秩序。

（七）党的建设和队伍建设持续加强

坚持以政治建设为统领，持续深化全面从严治党。深入开展党史学习教育，组织多种形式的专题学习和主题活动。辽宁局被省委省政府授予“辽宁省脱贫攻坚先进集体”荣誉称号。坚持抓党建、强队伍，创新开展线上线下教育培训，完成全省好记者、好编辑、好编导、好主持、好工匠“五好人才”争创评比工作，132 名行业骨干获评“五好人才”。

七、聚焦主责主业　把握主题主线　奋力开创吉林广电事业发展新局面

吉林省委宣传部副部长，省广播电视局党组书记、局长　马少红

2021 年以来，吉林省广播电视行业聚焦举旗帜、聚民心、育新人、兴文化、展形象的使命任务，恪尽职守、守正创新，奋力实现全省广播电视和网络视听“十四五”良好开局，为吉林全面振兴作出了积极贡献。

（一）凝心聚力开展重大主题宣传

深化广播电视“头条”建设和网络视听媒体“首页首屏首条”建设，持续深化对习近平新时代中国特色社会主义思想大众化、通俗化传播表达；围绕庆祝建党 100 周年，指导开设广播电视专题专栏 200 余个、全媒体发稿 1 万余篇、新媒体点击量超过 2000 余万次，全景式、立体化呈现中国共产党百年奋斗的光辉历程；全面落实意识形态工作责任制，通过召开宣传例会、开展实地督查等手段，稳妥做好热点问题和敏感问题的舆论引导。

（二）发挥优势推进精品创作

《红旗·征途》《信仰·笃行》入选首批国家重点纪录片，《好好学习》等入选广电总局庆祝建党 100 周年重点广播电视节目，《中医药文化》等入选“中华文化广播电视传播工程”重点项目；电视剧《鲜花盛开的山村》先后登陆总台央视八套、一套和四套，连续多日取得同时段收视率全国第一的佳绩；2021 年申报重点网络影视剧 171 部、同比增长 79.1%，审核成片 14 部、同比增长 75%；组织开展广播电视节目推优等活动，向广电总局推荐优秀作品 120 余部，《松花江》等 30 余部作品获奖；积极拓展对外宣传渠道，“中俄 MCN 融媒矩阵（第 2 期）”和“融媒体朝鲜语译制专题《乡土情》制作与推广”入选“丝绸之路视听工程”，对俄传播重点短视频《瓦列里的词典》入选广电总局优秀海外传播作品；举办“庆祝中国共产党成

立 100 周年广播电视公益广告大赛”，征集参赛作品 128 件、评选优秀作品 29 件，《百年守候 信仰永恒》入选广电总局庆祝建党百年优秀公益广告作品。

（三）持续推动深度融合发展

以落实《国家广播电视总局 吉林省人民政府 长春市人民政府广电 5G 创新应用战略合作备忘录》为契机，推进“广电 5G+ 政务 + 服务”等业务落地，广电 5G 智能交通应用研究实验室通过初审，实现智慧广电融合发展与社会化应用；争取国家资金 1.2 亿元，用于 10 个边境地区开展智慧广电固边工程建设，争取民族地区有线电视高清交互数字电视机顶盒普及项目在吉林省落地；制定印发《吉林省广播电视媒体融合三年工作行动计划》，列入省政府重点工作目标责任制，初步建成覆盖全省的新兴媒体传播矩阵。

（四）努力提升公共服务质量

投入资金 8500 多万元，完成年度应急广播体系建设任务，48 个台站完成发射机及天馈系统的安装调试工作，升级改造直播卫星“户户通”1.38 万户；开展“学习强国”乡村大喇叭播报工作，汪清县、通榆县等 17 个县（市），1595 个行政村、5718 个终端点位、11124 个终端大喇叭已经播报 82 期，覆盖人口近 200 万；推进少数民族语言译制电视剧片源捐赠项目，为延边州选取 10 部（362 集）国产电视剧进行译制，开展“助力乡村振兴 优质节目下基层”赠播行动，为白城等 32 家广播电视台赠播《毛泽东三兄弟》《亮剑》等电视剧。

（五）全力以赴保障安全稳定

组织开展迎接建党 100 周年安全播出大检查，成立 3 个联合检查工作组，对全省 9 个市（州）相关责任单位开展全方位检查，及时发现安全隐患和漏洞，全面抓好督促整改落实，顺利通过广电总局检查验收，连续 8 年获得吉林省政府安全生产目标责任制考核优秀等次；全省广电行业累计投入 18235 人、连续奋战 168 小时，以零差错的优异成绩圆满完成庆祝中国共产党成立 100 周年广播电视安全播出保障工作。

（六）依法依规加强行业治理

经过调研论证、征求意见，历时近一年的时间，《吉林省广播电视和网络视听发展“十四五”规划》编制完成并印发执行；深化“放管服”改革，行政审批办理时限压缩 50% 以上、材料减少 60% 以上，2021 年发放电子证照 184 件；开展广播电视广告专项整治行动，下达专项整治督办单 66 份，整改、停播违规广播电视广告 373 条；落实文娱领域综合治理部署，下架存在问题的广播电视节目 58 档、网络视听节目 1213 个、电影 32 部、歌曲 139 首。

（七）切实加强干部人才队伍建设

全面贯彻新时代党的组织路线，严格落实“三会一课”、主题党日等制度，在吉林省直机关基层党组织星级达标考评中，5 个党委、32 个党支部全部达到 5 星标准；持续深化教育培训，完善人才评价标准和考核机制，26 人入选广电总局“两个人才”工程、2 个集体入选全国青年文明号；压紧压实全面从严治党责任，制定印发党风廉政建设工作要点，在常态化、长效化上下功夫，用身边事教育身边人，一体推进不敢腐、不能腐、不想腐。

八、黑龙江广电：守正创新担使命　砥砺奋进再启航

黑龙江省委宣传部副部长，省广播电视局党组书记、局长　徐　峰

2021 年，黑龙江省广电行业坚持稳中求进、守正创新，坚持围绕中心、服务大局，统筹疫情防控和行业发展，聚焦“庆祝中国共产党成立 100 周年”这条主线，扎实有序开展党史学习教育，广播电视和网络视听工作不断取得新进展，实现“十四五”良好开局起步。

（一）主题主线宣传氛围浓厚

深入实施“宣传引导”工程。一是建党百年主线宣传高光聚焦。开设“奋斗百年路 启航新征程”等专题专栏专区 1400 多个，播发建党百年主题宣传报道 14.6 万余条，网络视听平台推送相关信息 6 万余条，营造了“党的盛典、人民的节日”浓厚氛围。二是党史学习教育主题宣传有声有色。开办“红色印记在龙江”等专题专栏 670 个，播发宣传报道 8.5 万条。《百年奋斗》等 3 部重大理论文献电视片通过广电总局立项。三是办实事开新局实践宣传出新出彩。围绕全国全省两会、全面建成小康社会等主题开展经济社会发展实践宣传，为龙江全面振兴发展加油鼓劲。常态化做好疫情防控宣传引导，开设专题专栏 256 个，播发报道 10 万余条。四是迎冬奥特色宣传多姿多彩。组织开展全省迎接北京冬奥会冰雪主题优秀网络视听作品征集展播活动。电视剧《超越》登陆总台央视综合频道黄金档，在网络视听平台热播，展现龙江冰雪的独特魅力。

（二）主题创作亮点纷呈

深入实施“精品创作”工程，推动龙江品牌的精品力作持续涌现。一是重点选题屡获殊荣。《抗联英雄传》等 6 个选题入选广电总局建党百年重点项目，《中华国苑》入选“中华文化广播电视传播工程”重点项目，电视剧《青山不墨》获得发行许可。二是推优评优再创佳绩。《希望的田野：

乌苏里新歌》获评优秀国产纪录片，6档节目栏目获评广电总局创新创优节目，2档节目获评全国优秀少儿节目，5件公益广告作品获评年度扶持项目。黑龙江局先后获得少儿节目扶持评审、广播电视创新创优和公益广告扶持项目优秀组织机构奖励。三是展播活动效果显著。先后开展了庆祝中国共产党成立100周年优秀电视剧展播、“理想照耀中国”全省广播电视和网络视听作品征集展播等系列活动，在荧屏声频和网络视听平台同频共振、立体发声。

（三）安全播出保障坚实有力

全省各级安全播出责任单位以完善制度体系、化解风险隐患、提升保障能力为重点，深入开展安全播出大检查、应急演练和网络安全演习，坚守岗位、严防死守，共同确保播出安全、传输安全、网络安全。一是动员部署及时有序。黑龙江局2次安排部署和调度重保期安全播出保障工作，发布预警信息和调度指令13.9万余条。二是隐患排查落实到位。建立整改工作台账和立项销号制度，302项问题全部于2021年“七一”之前整改完成。三是应急处置能力持续提升。修订《黑龙江省广播电视重大播出工作安全保障制度》，制定重保期安全播出工作规程和流程图，组织开展全行业应急演练，有效提高应急处置能力。四是保障任务圆满完成。全行业克服洪水、冻雨、冰雪等自然灾害影响，圆满完成了庆祝建党100周年等6个重要保障期、21个重要保障日、9场重大活动、3次并机直播的安全播出保障任务，实现了全省安全播出零事故，向党和人民交上了一份合格的答卷。

（四）事业发展加快推进

深入实施“公共服务”“智慧广电”和“改革赋能”工程，迈出高质量发展坚实步伐。一是规划引领持续发力。编制完成全省广播电视和网络视听“十四五”发展规划、科技发展规划、媒体深度融合发展三年行动计划等全省性、综合性规划，为“十四五”时期实现行业高质量发展筑牢基础、汇聚力量。二是智慧广电建设持续加强。跟踪推进21个全省智慧广电建设重点项目，取得阶段性成效。制定印发《黑龙江省智慧广电固边工程建设总体方案》，将 18 个边境县纳入建设范围。三是媒体融合持续深化。建立媒体融合发展工作联系点制度，举办全省智慧广电建设和媒体融合发展培训班。黑龙江台“凯小淇虚拟主播对话机器人研发与应用项目”入选全国广播电视媒体融合成长项目。12 家市级融媒体中心挂牌成立。全省信息网络传播视听节目许可证持证机构达 85 家。四是公共服务持续优化。实施年度广播电视基础设施建设和更新改造项目 72 个，全省广播电视基础建设水平大幅提升。争取中央补助资金用于 9 个老少边及欠发达县（市）应急广播平台建设，已进入实施阶段。全省新增 10 个高标清同播频道，电视高清化建设步伐取得新进展。五是优质节目供给持续丰富。黑龙江局协调省内相关机构建成全省广播电视和网络视听节目资源库，为各级播出机构和服务机构提供 783 档（件）节目栏目、240 余部（集）网络视听节目的免费授权下载等服务。

（五）行业管理规范有序

深入实施管理优化工程，落实主管主办和属地管理责任，管理职能得到强化、管理秩序得到巩固、管理效能得到增强。一是落实落细意识形态工作责任制。修订制定意识形态工作责任制实施细则、规范广播电视和网络视听编播流程等管理制度，动态排查梳理风险点 14 项，制定防控管控措施。二是抓严抓实违规问题治理。制定《黑龙江省广播电视行政处罚自由裁量基准》，进一步规范行政执法行为。印发《关于进一步净化电视剧行业生态 加强电视剧（网络影视剧）片酬管理的通知》，组织全行业开展行业乱象综合治理工作。加强广电制播机构管理，及时查处各类违法违规行为。全省存量非法卫视接收设施清零的工作目标基本实现。三是强化政务服务效能。黑龙江局承接“特定机构统一审”试点任务，推行 3 项行政审批事项的信用承诺制改革，制定“办事不求人”行动计划。全省各级广电行政部门持续深化“放管服”改革，优化审批流程，“网上办”质效水平持续跃升，新审批设立制作机构 40 家，为全省 183 家制作机构换发许可证，行业发展呈现新气象。

九、聚焦建党百年　坚持守正创新　奋力推进新时代上海广电事业高质量发展

上海市文化和旅游局（上海市广播电视局、上海市文物局）
党组书记、局长　方世忠

2021年，上海广电系统聚焦举旗帜、聚民心、育新人、兴文化、展形象的使命任务，紧扣庆祝建党百年主题主线，坚持守正创新，坚定追求卓越，奋力推进上海广播电视和网络视听高质量创新性发展，为“十四五”开局起步提供有力舆论支持和强大精神力量。

（一）聚焦建党百年，主题主线宣传有声势

聚焦庆祝建党百年主题主线，大力唱响时代主旋律，充分营造共享伟大荣光、共铸复兴伟业的浓厚氛围。一方面，充分发挥好主力军作用。上海台推出全媒体大直播节目《理想照耀中国》《百年大党正青春》，全力彰显上海作为党的诞生地的重要地位；推出主题电视节目《时间的答卷》，勾勒不同时期优秀共产党员的鲜活群像；精心策划理论节目《这就是中国》，推出《这就是中国——恰是百年风华》献礼建党百年系列特别节目；开辟“奋斗百年路 启航新征程”专栏，开展《那些照亮未来的灯塔》全媒体新闻行动、《百年大党——老外讲故事》上海解放特辑系列短视频等宣传报道。另一方面，持续做亮主题化宣传。组织开展“一月一主题”网络视听宣传活动，与重点网络视听机构合作，推出《妈妈教我一支歌》《我的祖国》等“小体量、大情怀、微传播”的系列视听精品。庆祝建党百年主题公益广告大赛征集576件作品，评选出《我也100岁了》《声声不息》等38件获奖作品，集中在移动电视、bilibili、喜马拉雅等平台滚动播出，取得良好社会反响。

（二）坚持以人民为中心，重大主题创作有突破

践行大历史观、大时代观，坚持以人民为中心的创作导向，聚焦重大现实、重大革命、重大历史题材创作，推动涌现更多的“上海原创”“上海出品”“上海制作”。一方面，打响“沪产电视剧”品牌。《功勋》《光荣与梦想》等入选广电总局庆祝建党百年展播重点剧目，网络剧《启航：当风起时》、网络电影《我们的新生活》等列为广电总局重点网络影视项目，23部沪产电视剧首轮播出，纪录片《诞生地》《青春龙华》《同心——永远和党在一起》《播火1920》和动画片《百岁少年请回答》《火星计划：哈哈地球人》等一批视听精品，深受观众和网民喜爱。另一方面，强化“重点项目库”建设。完善“一一四三”项目推进机制，健全“选题孵化推进平台”“拍摄服务保障平台”“片单基金申报平台”“宣传推介展示平台”四大功能平台，做到重点项目专班管、专人盯。2021年，累计储备重点项目60余个，包括电视剧《超越》《心居》《战上海》，以及围绕党的二十大召开、全面建成小康社会的电视专题片《走向共富》、全媒体系列专题报道节目《时代之路》《我们这十年》和网络动画片《上海故事》等，实现精品创作有序衔接、滚动实施、压茬推进。

（三）把好政治导向，坚守阵地安全有力度

始终坚持党管意识形态，深化落实意识形态工作责任制，牢牢把握正确的政治方向、舆论导向、价值取向，确保上海广电工作体现党的意志、反映党的主张。一方面，深入开展文娱综合治理。坚持以社会主义核心价值观为引领，将树导向和明惩戒紧密结合，营造天朗气清的文娱空间。一手抓“激浊”，坚持“零容忍”，下线各类问题影视剧50部，综艺15部，短视频内容45万条，关闭账号6000余个。一手抓“扬清”，树立“风向标”，开展从业人员艺风艺德教育培训，对文艺精品优品给予全方位、精准化的支持扶持，涵养优良的广电文艺生态。另一方面，从严实施广电专项整治。在全市范围内开展卫星地面接收设施专项整治，全年拆除非法卫星地面接收设施44413个，拆除率100%。开展网络视听有害信息专项整治，排查

清理涉传教违规内容 38.7 万余条、涉历史虚无主义内容 1.2 万余条、儿童邪典内容 3.7 万余条。开展广告播出专项整治，下线含有违规内容视听节目和广告 2538 条次，处理违规用户账号 476 个，有效净化广电视听行业生态。

（四）夯实基础工作，政务服务能力有提升

坚持管导向、把关口、保安全，在科学监管、优化营商上提质升级，提高广电治理体系和治理能力现代化水平。一方面，健全制度机制。完善广电领域各项工作例会制度，2021 年召开宣传管理例会、网站总编辑工作例会、制作机构总编辑例会 65 次。健全舆情风险防范处置机制，按照“信息灵、反应快、处置得当”的要求，主动开展对重点平台、重点项目的日常舆情监测。另一方面，优化营商环境。在确保防疫安全的前提下，成功举办第 27 届上海电视节，组织开展“白玉兰绽放”颁奖典礼、“百年风华 · 视听共享”全球播映、互联网影视峰会等重点活动，进一步优化中国电视创作推动平台、中外电视交流展示平台、电视成果人民共享平台，助力中国电视事业高质量发展。以推进“品质直播第一城”建设为抓手，挖掘培育具有发展潜力的 MCN 机构，指导 MCN 产业促进会挂牌，签署 MCN 行业自律责任书，鼓励优质内容创作生产，培育壮大广电数字新经济、在线文旅新消费。

（五）实施创新驱动，智慧广电建设有作为

坚持以实施智慧广电建设为牵引，优化资源配置，升级传播体系，加快创新发展，提升广电服务能力和水平。一方面，加快推进广播电视深度融合。指导上海台以“BesTV+ 流媒体视频平台”战略为核心，实现对产业板块中多品类服务的资源共享、权益互通、统分协同、交叉赋能，并与在线新经济充分结合，打造全方位的“品质生活”服务体系。2021 年，百视 TV 月新增注册用户增长迅速，月活跃用户（MAU）已超过 1000 万，创历史新高。另一方面，加快提升数字广电治理能力。完成上海市 IPTV 二级集成播控平台、六级用户终端信号和 EPG 等信息采集，纳入现有技术监测系统和安播值守系统平台；持续优化音频智能监测系统，覆盖至本市重点原创网络视听节目及平台引进和播出的境外影视节目，为广电节目内容监管提供支撑。2021 年，按照“字字千钧、秒秒政治、天天考试”要求，圆满完成全国两会、庆祝建党百年等重要保障期安播任务。此外，在广电总局支持和指导下，创建“智慧广电安全生态创新研究”“高新视频云游戏创新应用”等部级实验室，为广电事业融合化、高清化、特色化发展提供有力的技术支撑。

十、江苏广电：大力推进智慧广电乡镇（街道）建设

江苏省广播电视局党组书记、局长　缪志红

江苏广电系统依托覆盖城乡的有线电视网络，发挥“党媒政网民屏”优势，率先在全国组织开展智慧广电乡村工程建设，积极探索“智慧广电+公共服务+社会治理+产业振兴”新路径，着力为农村地区提供更加优质的公共文化、涉农信息、乡村治理和产业支撑等服务，实现由“看电视”向“用电视”的新跨越。

（一）创新思路、完善机制，推动智慧广电乡镇（街道）建设落实落地

2021年，江苏广电系统以“200个智慧广电乡镇（街道）建设”纳入省政府年度民生实事项目为契机，上下联动、左右协同、集思广益，把做什么、怎么做、如何做好贯穿全过程，从试点先行、总结经验到精准定策施策、标准规范引导，高标准推动智慧广电乡村工程取得阶段性成效，受到建设所在地党委政府和基层群众的普遍欢迎。

一是坚持多向发力，争取关心支持。积极争取省委省政府重视和相关厅局支持，智慧广电乡村建设工程列入江苏省“十四五”经济社会发展主要建设项目清单，写进《美丽江苏建设总体规划（2021—2035年）》和《江苏省“十四五”全面推进乡村振兴加快农业农村现代化规划》，纳入发改、工信、网信等部门编制的多个专项规划中，以规划纲要明确了广电在乡村振兴中的角色，引领智慧广电乡村工程建设。

二是注重政策指导，强化统筹推动。印发《关于推进江苏智慧广电乡村工程建设的通知》，对工程建设作出具体部署；出台《江苏智慧广电乡村工程建设规范（试行）》，明确了智慧广电乡镇（街道）建设标准；下发《关于开展智慧广电乡镇（街道）建设评估工作的通知》，明确各级广电行政

主管部门开展评估工作的具体指标、评估步骤和评估内容等，指导各地工程建设有序推进；省市县三级各司其职，聚向用力，多次召开协调会、情况通报会等，不断推进智慧广电乡镇（街道）建设走深走实。

三是加强过程管理，加快建设进程。及时下发《关于下达2021年度省政府民生实事建设任务分解的通知》，将200个镇的建设任务细化到每个乡镇（街道）。对有建设任务的乡镇做好进度跟踪，建立月报制度，设立“筹划、启动、建设、完成、初审、复审”等6个进度节点，细化建设进程，实时了解建设动态。积极深入基层，通过培训座谈、调研督查等方式，分别在苏州、南京等地召开现场推进会，进一步统一思想认识，理解建设要求，分享建设经验，明确建设任务，推进建设进程。

四是规范评估验收，深化建设效果。坚持以效果为导向，统一工程规划、建设标准、评估要求，严格评估流程、评估标准、申报材料等各环节要求，提高评估工作的正规化、程序化、透明化。把握“乡村振兴”“数字乡村”的战略机遇期，不断创新智慧广电乡村工程服务业态的内涵和外延，因地制宜推动符合当地发展实际需要的智慧业态发展，全面融入便民惠民、基层治理、产业振兴等内容，以做优“客厅文化小盆景”成就“乡村民生大幸福”。

（二）探索经验、创新模式，智慧广电乡镇（街道）服务有力有效

通过一年来的建设，纳入省政府民生实事项目的200个智慧广电乡镇（街道）的建设任务圆满完成，“一镇一屏”覆盖3400多个村，有线网络双向化覆盖率达98%，高清电视普及率达80%，有效推动了有线网络基础网络提档升级和智慧业态的转型发展。

一是打造区域电视门户，“一镇（村）一品（屏）”呈现特色化。围绕乡村振兴战略中“一镇一品、一村一特色”建设要求，依托电视大屏传播主渠道，创新打造“一镇（村）一品（屏）”区域电视门户，成为基层乡镇（街道）专属电视平台，全面融入地方党建、文化、旅游、农业等地方

特色内容，让基层党委政府“信息发布有了新渠道、党建工作有了新阵地、文化传播有了新平台”，全省 200 个智慧广电乡镇全部建成一镇一屏，宜兴 18 个镇 256 个村实现镇村两级全覆盖。苏州地区在“十三五”时期实现“有线智慧镇（街道）”全覆盖基础上，高标准完成 81 个智慧广电乡镇（街道）建设。

二是提升基层治理能力，促进治理精准化。加快推进“智慧广电＋社会治理”向乡村延伸，在全省 15360 个行政村应急广播系统全覆盖基础上，继续提档升级，为各级党委政府和相关部门提供日常宣传和应急信息快速发布平台。发挥“党媒政网”优势，推动党务学习、活动、监督管理等线上线下协调发展，提高县、乡、村三级党建工作的智能化水平。推进党务、村务、财务网上公开，开展村民自治线上活动，促进村委会规范化建设，全省 13 个设区市、20 多个县（市、区）开展试点接入工作，其中无锡地区实现全域 927 个村全覆盖。提升广播电视对“雪亮工程”和“平安乡村”建设参与度，推进乡村公共安全视频监控体系建设和应用拓展，建立健全网格化、精准化、智慧化乡村综合治理体系。苏州地区有线智慧乡镇（街道）拓展的综合治理平台建设先后接待各级领导机关参观 400 余批次，体现了行业智慧广电标杆水平。

三是建强宣传文化阵地，促进乡村信息化。把“智慧广电＋公共服务”作为广播电视发展转型的重要突破口，大力开拓各类服务领域。主动融入文化大数据体系建设，参与新时代文明实践中心、数字博物馆、数字图书馆等公共文化服务建设。新时代文明实践智慧云平台已覆盖全省 37 个实践中心、785 个所、8175 个站。

四是助力产业模式升级，促进经济数字化。围绕“智慧农业”发展，利用智慧广电的传输覆盖、数据采集计算能力，积极参与农业农村和重要农产品数字化建设，为农业精细化运作、农业信息监测预警、农产品仓储物流等涉农产业提供智慧融合服务。

江苏广电注重需求侧引导，强化创新驱动，发挥广电网络的资源、平台和服务优势，培育新业态、拓展新服务，力争到“十四五”末实现全省智慧广电乡镇（街道）建设全覆盖，智慧广电公共服务惠及城乡，使智慧广电乡村工程成为数字乡村建设的重要支撑，打造智慧广电赋能乡村振兴战略的江苏样板。

十一、浙江广电：争当排头兵 勇作领跑者

时任浙江省广播电视局党组书记、局长 沈铭权

2021 年，浙江广电系统争当新时代文化高地建设的排头兵，勇作全国广电事业发展的领跑者，聚焦庆祝建党百年主题主线，深入开展党史学习教育，各项工作取得重要进展。

（一）围绕中心、服务大局

聚焦庆祝建党百年工作主线，勇于担当、主动作为，唱响新时代主旋律。一是主题宣传出新出彩。精心做好建党百年庆祝活动等直播转播和宣传报道，深入开展“奋斗百年路 启航新征程”重大主题宣传，组织中国梦（浙江）网络视频大赛等主题活动。二是主题创作精彩纷呈。精心策划庆祝建党百年重大题材视听文艺创作生产，《大浪淘沙》《精神的力量》《和平之舟》等重大题材浙产剧获得好评，5 部作品入选广电总局建党百年展播目录。三是安全播出有力有效。建立“126”专项工作体系，深入细致开展安全播出大检查、应急演练和网络安全演习，坚守岗位、严防死守，圆满完成庆祝建党百年等重保期安全播出任务，并在全国安全播出工作会议上作经验介绍。

（二）壮大主业、促进转型

聚焦主责主业，加快推进融合转型，不断提升新闻传播“四力”。一是新闻舆论形成声势。围绕高质量发展建设共同富裕示范区、数字化改革、疫情防控、防台抗洪、“双减”政策等工作大局开展宣传报道，为浙江省委省政府中心工作提供了卓有成效的舆论支持。全省广电系统有 10 件新闻作品获第 31 届中国新闻奖，5 件作品获中国广播电视大奖，10 件作品入选广电总局季度优秀新闻和创新创优节目扶持。二是融合转型有效推进。中国（浙江）广播电视媒体融合发展创新中心、“智慧家庭创新研究与应

用国家广电总局实验室”落户浙江，88 家县级融媒体中心获发《信息网络传播视听节目许可证》，4 家单位被评为全国广电媒体融合先进单位，省级电视频道全部实现高清播出，市县两级电视频道高清率均达到 85.1%。三是国际传播成效显著。成功举办第五届中国——阿拉伯国家广播电视合作论坛，有效促进中阿文化交流，深化浙阿广电合作。中国国际动漫节、MIP CHINA 杭州·国际电视内容高峰论坛、中国视听创新创业大会、西湖纪录片大会等活动的产品交易指标再创新高。中国（浙江）影视产业国际合作区“华剧场”入选首批国家文化出口基地创新案例。

（三）深化改革、推动发展

聚焦发展的新阶段、新理念、新格局，突出重点、攻坚克难、开拓进取，推动事业产业实现高质量发展。一是数字化改革工作初见成效。全省广电系统应用场景建设取得新进展，“浙里视听”“浙里有线”两大应用成功上线“浙里办”。深化广电领域“放管服”改革，在杭州艺创小镇、东阳横店、象山影视城等地设立“网络影视剧审查中心”，进一步优化服务，提升效率。二是精品创作持续繁荣。2021 年共生产电视剧 30 部，其中 11 部在总台央视首播，创历年最好成绩；生产电视动画片 45 部 13055 分钟，其中 8 部获广电总局推优，居全国第一位；备案电视纪录片 165 部，规划备案网络剧 1406 部，通过上线备案 209 部。三是公共服务提质升级。湖州市和嘉兴秀洲区完成全国广播电视“智慧广电 + 公共服务”试点，为全国广电公共服务标准化作了先行探索。对农节目服务工程持续深化，征集扶持 330 多个优秀通用性电视节目。全国首家“国字号”中国动漫博物馆在杭州正式开馆，中国广播电视艺术资料研究中心落户浙江传媒学院。

（四）强化治理、守牢阵地

严格落实意识形态工作责任制，守土尽责、守土负责，阵地管理更加坚强有力。一是文娱领域综合治理持续推进。落实文娱领域综合治理部署，严格片酬管理，落实告知承诺制度，建立与税务部门协作的信息通报机制。督促播出机构切实履行主体责任，及时下架劣迹艺人参演作品。指导推动在浙影视拍摄剧组成立临时党支部，相关做法得到中央和省委党史学习教育指导组及广电总局肯定。二是内容导向管理持续深化。严格广播电视广告播出管理，持续开展医药广告、保健食品广告专项整治。编发《广电视听评议》《网络视听评议》《网络舆情》等刊物200余期，及时严肃处理和督促整改违规问题，有效发挥监测评议和舆情分析研判作用。三是重点领域执法持续加强。对从事网络秀场直播和电商直播的视听机构纳入备案管理，对66家直播机构予以备案登记。加强频率违规行为治理，并对部分案件予以立案查办。加强境外卫星电视管理和地卫整治，开展执法4864次。

（五）坚定信念、强基固本

坚持政治统领，强化理论武装、着力强基固本，推动党的建设和队伍建设不断加强。一是党史学习教育贯穿始终。全省广电系统深入开展党史学习教育，组织多种形式的专题学习和主题教育。深入开展“三为”专题实践活动，为基层、企业、群众解决了一批实际问题和困难，浙江局“保姆式服务节目制作”入选省直机关“最佳服务项目”优秀案例。二是从严治党责任压紧压实。出台全面从严治党“五张责任清单”，构建闭环监督机制。建立完善浙江局机关财务管理办法、每周工作例会、干部选拔任用和管理等一系列工作制度。三是人才队伍得到加强。实施广播电视和网络视听行业人才“新光计划”，选拔20名青年编导等创作人才进行重点培养，组织广电行业各类培训21期3144人。全国技术能手竞赛取得优异成绩，浙江局荣获团体一等奖。

十二、安徽广电：坚持勇毅前行开新局

安徽省广播电视局党组书记、局长　陈　烨

2021年，安徽广电系统围绕庆祝建党100周年这条主线，聚焦“举旗帜、聚民心、育新人、兴文化、展形象”使命任务，坚持守正创新、勇毅前行，积极服务发展大局，广播电视和网络视听高质量发展取得新成效、展现新作为，实现了“十四五”良好开局。

（一）聚焦主题宣传有新呈现

牢牢把握“党的盛典、人民的节日”定位，紧扣习近平总书记考察安徽一周年重要时间节点，开设“总书记，请您检阅”“牢记嘱托的实践”等新闻专栏，推出《“皖”美发展开新局》等一批重点报道，推动党的创新理论“飞入寻常百姓家”。庆祝建党100周年重点广播电视节目、纪录片、电视剧、公益广告及微纪录片集中展播活动精彩纷呈，纪录片《我家住在长江边》《向水而生》和电视理论节目《思想的田野》《思想有力量》广受好评。主题宣传有声有色，4件作品荣获第31届中国新闻奖，4件作品荣获中国广播电视大奖，7件作品入选广电总局庆祝建党100周年重点节目，“百年路 新征程”“美好生活 百年印记”庆祝建党百年短视频征集评选活动反响热烈。

（二）聚焦文艺创作有新突破

庆祝建党百年电视剧《觉醒年代》持续“刷屏”“破圈”，荣获白玉兰奖三大奖项，成为高峰之作。纪录片《刘铭传在台湾》《八月桂花遍地开》入选广电总局优秀国产纪录片并形成收视热潮。节目《诗话二十四节气》《传承进行时（第二季）》入选广电总局“中华文化广播电视传播工程”重点项目，网络剧《量子的创新年代》入选广电总局网络视听节目精品创作传播工程，网络动画片《史豆豆历史故事（第一季）》获评中国经典民间

故事动漫创作工程重点扶持项目，纪录片《纪录百年 光影当下》等2个项目入选广电总局丝绸之路视听工程。“皖美呈现——影像安徽记录计划”创作主题纪录片26部，传播力和影响力全面提升。红色微电影盛典征集作品近万部，线上话题传播量累计超10亿。

（三）聚焦惠民工程有新进展

基本完成全国气象预警信息应急广播播发试验项目试点任务，88%的县区完成应急广播体系建设任务，18万个终端覆盖1.6万多个行政村（社区），平均在线率在85%以上。公共服务体系持续完善，肥西、阜南、青阳、全椒县和南谯区等5个县区成功入选全国广播电视基本公共服务标准化建设试点，无线发射台站基础设施更新改造工程、省一套综合广播调频覆盖优化工程全面完成，省级广电传输覆盖网进一步优化。“放管服”改革不断深化，安徽局政务窗口连续13年获评安徽省政务服务优秀单位。安徽广电系统主动助力乡村振兴，一批业务骨干担任驻村帮扶“第一书记”，组织开展“十大皖美好物”评选、“皖里有货”“皖美好物走进大湾区”等系列活动和470多场直播带货，助销农产品9000余万元。安徽局荣获安徽省实施乡村振兴战略实绩考核优秀单位。

（四）聚焦产业发展有新活力

制定出台安徽省广播电视和网络视听“十四五”发展规划、智慧广电建设实施意见和媒体深度融合发展三年行动计划，安徽广电机构共享平台顺利建成，已共享各类节目1200余部。中国广电安徽网络股份有限公司正式组建，有线网络整合稳步推进。16个市级台、38个频道全部实现高标清同播。撤销、整合、升级频率频道8个，资源整合和专业化差异化发展取得突破。深入实施长三角一体化战略，举办首届“长三角动漫区域合作论坛”，参加长三角广电网络数字经济联盟，与沪苏浙广电系统联合打造大型文艺晚会《潮涌长三角》。以“双招双引”赋能广电产业转型升级，安徽广电系统在谈项目15个，签约项目13个，签约总金额23.36亿元。

（五）聚焦行业治理有新举措

组织开展献礼建党百年安全播出保障专项行动，组织网络安全攻防演练，全省广电系统1万多名干部职工坚守岗位，圆满完成庆祝建党100周年等重要保障期安全播出任务。严格落实意识形态工作责任制，深入推进文娱领域综合治理，对34档综艺节目、6部电视剧完成片和318部网络影视剧进行审查，完成8批28人次境外来皖参演艺人初审备案，清理下线网络视听平台劣迹艺人参演节目250多部（集）。拆除、收缴或置换不规范卫星地面接收设施近11万套，停播、整改违规广告80条、违规购物和医疗养生类节目65档，处置网络视听违规节目500余个，对全省452家审核合格的广播电视制作机构换发新证，对29家国有制作企业开展社会效益评价考核，全省471个农村小片网和18家农网实现规范化管理。

（六）聚焦党的建设有新作为

全面落实从严治党主体责任，安徽广电系统政治生态风清气正。坚持学党史、悟思想、办实事、开新局，深入开展“我为群众办实事”实践活动，组织“乡村大喇叭”同期传送习近平总书记重要讲话、生动鲜活讲述党史故事，推动红色纪录片、党史电视剧进校园，为大别山革命老区和脱贫地区捐赠影视节目，解决了一批群众急难愁盼问题。举办首期智慧广电建设高级研修班、首届县级融媒体中心主持人大赛，做强广播电视技术能手竞赛品牌，安徽局荣获2021年度全国广播电视技术能手竞赛决赛团体第一名，29人分别入选全国广播电视和网络视听行业领军人才工程、青年创新人才工程。

十三、福建广电：贯彻新发展理念　推进高质量发展

福建省广播电视局党组书记、局长　庄志松

2021 年，福建广电系统立足新发展阶段、贯彻新发展理念、积极服务和深度融入新发展格局，统筹事业和产业、创作和传播、内宣和外宣、发展和安全，推进全省广播电视和网络视听高质量发展取得新成效，实现“十四五”良好开局。

（一）舆论宣传有力有效

一是核心宣传不断强化。坚持把学习宣传贯彻新思想作为首要政治任务，兴起学习宣传贯彻习近平总书记“七一”重要讲话和来闽考察重要讲话精神、党的十九届六中全会精神的热潮，办好《思·享 2021》等电视理论节目，《中国正在说》入选广电总局“创新理论传播工程”扶持项目。深化广播电视媒体“头条”建设和网络视听平台“首页首屏首条”建设，策划“理想照耀中国·讲好福建故事”庆祝建党百年网络视听系列活动。

二是宣传方式不断创新。组织优秀广电精品节目展播，开展庆祝中国共产党成立 100 周年优秀新创作歌曲、优秀广播剧展播活动等，主动出题、策划、布局，举办“闽山闽水映深情”“理想铸丰碑·我说新福建”“村村美·奋进新征程”“党史学习教育‘进万村·天天响’”等主题活动，推进“点亮福建地图——百万学子心中的故事”短视频、“老兵讲党史”百集短视频等征集评选展播。

三是海外传播不断扩大。深入实施“视听福建”海外播映工程，推动菲律宾菲中电视台中文电视频道平台共建项目，组织开展“百年风华·视听共享”2021 菲律宾·中国福建（泉州）电视周活动，电视剧《山海情》等在境外平台播出。积极探索海峡两岸融合发展新路，办好第十三届海峡论坛·海峡影视季，举办两岸业界青年研修交流暨两岸高校海峡影视季作

品交流论坛。

（二）精品创作出新出彩

紧扣庆祝建党百年，组织开展“理想照耀中国·讲好福建故事”主题创作展播活动，出台《福建省电视剧网络剧创作生产专项资金管理办法》，把重大主题创作推向新高度。

一是电视剧创作成效明显。推动策划拍摄和审查发证《山海情》《绝密使命》等 11 部电视剧，《浴血荣光》《大金湖》等 26 部电视剧获广电总局批准备案，数量居全国前列。其中，《山海情》在总台央视、省级卫视及各大网络平台热播，受到社会各界普遍好评，荣获第 27 届上海电视节白玉兰奖“最佳中国电视剧”等 4 项大奖；《绝密使命》在总台央视一套黄金时段首播。

二是纪录片创作势头良好。《红色摇篮》《誓言的回声》入选广电总局建党百年纪录片重点选题，《闽宁纪事》《红色摇篮》等 7 部纪录片在总台央视播出，《闽宁纪事》荣获第 31 届中国新闻奖一等奖并被广电总局列入“记录新时代”传播工程和“十四五”重点选题规划。

三是网络影视剧创作持续活跃。1502 部重点网络影视剧在福建省申请立项，广电总局复核 340 部，跻身全国前 5 位，投资过亿的项目实现零的突破，增长到 19 个。

四是广播剧创作稳步推进。《林俊德》入选全国庆祝建党百年优秀广播剧展播作品，“信仰的力量”系列微广播剧在全省广播媒体、农村有线广播村村响等展播，《阿美书记》在总台央广中国之声、经济之声等播出。

五是公益广告创作质量提升。开展年度综合类公益广告征集评选活动、“党旗飘扬 筑梦中国”主题公益广告征集评选展播活动，共征集作品 267 部，扶持 45 部优秀作品和 8 个优秀传播机构。《路》《有福相见》《一茶的时间》等 5 部作品获广电总局表彰。

（三）产业发展提速提质

一是行业品牌活动办出特色。承办广电总局智慧广电展馆亮相第四届数字中国建设峰会成果展览会，积极推进中国电视剧大会、中国短视频大会等筹办工作。

二是行业迭代升级持续推进。实施《关于推动新时代广播电视播出机构做强做优的实施意见》《加快推进福建广播电视媒体深度融合发展三年行动计划（2021—2023年）》；成立省级广电MCN，设区市级、县级融媒体中心建设加快发展，成立沉浸式高新视频产业联盟，省、设区市35个电视频道均完成高清化改造。

三是网络视听产业加快发展。指导中国（厦门）智能视听产业基地做大做强，新增入驻企业47家，注册资本达3.44亿元。支持各地依托县级融媒体中心建立乡村振兴直播产业基地，评选出首批10个“乡村振兴直播产业基地”。

（四）公共服务重效求效

一是标准体系得到完善。印发《福建省农村广播电视基础设施管护指南》，为做好广播电视基础设施管护工作提供政策指导。

二是试点建设梯次推进。深化智慧广电乡村工程试点，指导福建广电网络集团建设8个试点乡镇和100个试点村。改造提升20个乡镇广播电视公共服务网点。推进省级应急广播系统建设。

三是对口支援有效落实。落实广电总局援疆援藏工作部署，与新疆昌吉州、西藏昌都市广电部门签订对口支援框架协议，积极筹措并捐赠电视剧、纪录片等15部257集。

（五）行业监管从严从实

一是安播能力不断提升。实施献礼建党百年安全播出保障专项行动，圆满完成重要时期、重点时段安全播出保障工作。组织开展迎接建党百年广播电视安全播出应急演练，对65个安全播出责任单位和管理部门进行安播抽查。

二是行业管理不断规范。抓好文娱领域综合治理。开展全省播音员主持人资质专项督查工作。推动签订《福建省广播电视与网络视听从业人员职业道德自律公约》。完成为县级广播电视台颁发《广播电视频道许可证》和市、县级广播电视媒体颁发《信息网络传播视听节目许可证》。

三是法制建设不断深化。印发《2021 年全省广播电视法治工作要点及任务分工》《福建省广播电视和网络视听系统法治宣传教育的第八个五年规划（2021—2025）》，组织全省广电系统开展“美好生活 · 民法典相伴”主题宣传活动。深化“放管服”改革，推进政务服务线上线下融合，实行无差别受理、同标准审批。新批准设立广播电视节目制作经营持证机构 517 家，同比增长 39.4%。

十四、聚焦主线　守正创新　推动江西广电高质量发展

江西省委宣传部副部长，省广播电视局党组书记、局长　杨六华

2021年，江西广电各方面工作取得新成效，实现“十四五”良好开局。

（一）主题宣传高光聚焦

组织全省各级广播电视和网络视听媒体，用心用情用功做好习近平总书记“七一”重要讲话、“十四五”开局、党的十九届六中全会、江西省第十五次党代会等重大主题宣传，获得广电总局和江西省委省政府的肯定。围绕庆祝建党100周年开展形式多样的主题宣传，电视节目《闪亮的坐标》《闪耀东方》生动诠释东方奇迹的产生，用群众耳熟能详的语言、喜闻乐见的形式解读建党百年伟业。在全国庆祝中国共产党成立100周年宣传工作专题电视电话会议上，中央领导对江西台的电视节目《闪亮的坐标》给予高度评价，称赞《闪亮的坐标》等作品以新的姿态、新的表述，成为爆款作品。

（二）精品创作亮点纷呈

在第三十一届中国新闻奖评选中，江西台的《一墙之隔，两种景象》《鄱阳湖最后的渔民》和抚州台的《资溪“两山银行”：存储“绿水青山”，收益“金山银山”》等3件作品获二等奖。《江西为候鸟留下“口粮田”》《新闻1+2》等4件作品获得2019—2020年度中国广播电视大奖，在各省市区综合排名中并列第6位，位列全国第一方阵。公益广告作品《爱心厨房》获2021年中国公益广告“黄河奖”银奖，实现历史性突破。分宜县融媒体中心荣获广电总局公益广告优秀传播机构、宜春市文广新旅局荣获广电总局公益广告优秀组织机构。

（三）公共服务务实高效

扎实推进“我为群众办实事”实践活动，从近年来江西省创作生产的

优秀作品中精选一批红色题材的优秀节目，搭建红色题材广播电视和网络视听优秀节目共享平台，推出《可爱的中国》《跨越时空的回信》等148部作品，受到群众普遍欢迎。积极推进老红军、老红军遗属、残疾人等特殊用户群体的有线数字电视基本收视维护费政策落地，共为10万余户减免收视费，同比增长23.02%，抽样调查满意率达100%。扎实推进应急广播建设，在省级平台建设、与广电总局平台对接速度和全省覆盖率等方面，走在全国前列。

（四）行业发展动能增强

谋划推进广电5G一体化发展工作，得到江西省委省政府高度重视和高位推动，中国广电5G核心网南昌接入站点建设项目写入江西省《政府工作报告》。积极推动行业改革发展，江西省、市广播电视台全面启动媒体深度融合发展三年行动计划。积极推动高清电视发展，设区市市级电视频道高清化率排全国第7位。积极推动放管服改革，江西局行政许可事项办理时限压缩77.2%、备案事项压缩61%，为行业发展提供了良好政务服务环境。

（五）依法治理卓有成效

规范做好网络视听节目许可证核发工作，如期完成全省县级播出机构更名审批工作。开展违法违规商业广告治理行动，对违规行为及时下达《违规整改通知书》，作出行政处罚。精简电视频道1个。深入开展境外电视传播秩序专项整治，成功查获2起非法销售境外电视网络接收软件案件。大力开展打击非法卫星地面接收设施专项整治行动，取得明显成果，江西专项整治工作持续位列全国第一方阵。深入推进文娱领域综合治理，重点围绕“八个严格”从严加强排查和整治，及时下架违法失德艺人账号和相关节目，有效整肃行业风气。

（六）安全保障坚实有力

全省广电和网络视听行业深入细致开展安全播出大检查，“七一”重要保障期党员干部职工坚守岗位、严防死守，圆满完成安全播出工作。认真落实江西省领导批示精神，在三个月内圆满解决了江西移动 OTT 用户收看江西卫视节目问题。在其他安全播出重要保障期，全行业发扬斗争精神，严防政治有害视听内容渗透传播，有力维护政治安全、意识形态安全，上星节目连续第 8 年实现“零停播”。

（七）党的建设扎实过硬

坚持把深入学习贯彻习近平新时代中国特色社会主义思想作为党组会议第一议题、党组理论学习中心组学习的首要内容和干部教育培训的第一课题，把做到“两个维护”、坚决贯彻执行习近平总书记重要指示批示精神作为最重要的政治原则，全年共开展党组中心组学习专题研讨 13 次，江西局系统各党组织开展专题学习 408 次。扎实开展党史学习教育，制定富有广电特色的工作方案，党史学习教育启动有力、开展有序、推进有效。持续强化正风肃纪，压紧压实主体责任，做实政治谈话，2021 年召开全面从严治党专题会议 4 次，研究全面从严治党方面议题 57 个，进一步营造了风清气正的政治生态。

十五、山东广电：奋力守正创新　开创高质量发展新局面

山东省委宣传部副部长，省广播电视局党组书记、局长　李昌文

2021 年，山东广电系统坚持以强化党的建设为统领，以落实意识形态工作责任制、创建模范机关和全国文明单位为抓手，“规定动作”做到严丝合缝，在常态长效上下功夫；“自选动作”突出广电特色，在品牌上下功夫；“创新动作”在全国层面找位子，在亮点上下功夫，加强内容建设、阵地建设、制度建设、队伍建设，各项工作取得新成效。

（一）以庆祝建党百年为主线，营造喜庆热烈舆论氛围

全省各级播出机构开设系列专题专栏，牢牢把握“党的盛典、人民的节日”基调定位，扎实开展庆祝建党 100 周年重大主题宣传。组织网络视听节目网站以及 IPTV 平台、有线电视点播平台，统一建党百年宣传标识，营造浓厚氛围。开展“信仰引领下，红星耀百年——庆祝中国共产党成立 100 周年主题广播电视和网络视听节目展播”活动，以及“展示辉煌成就激发爱党热情——庆祝中国共产党成立 100 周年”精品电视剧展播活动，打造荧屏亮点、形成声势高潮。

（二）以完善引导机制为手段，推出系列优秀作品

创新主题创作事后奖励机制，开展全流程服务，优化创作生产环境。一是加强电视剧创作引导。《经山历海》在总台央视一套黄金时间播出，《铸匠》在总台央视电视剧频道播出；《温暖的味道》《好雨知时节》等分别在省级卫视播出。二是强化纪录片、动画片和短视频创作播出。推出《蔬菜改变中国》《邓恩铭》《新沂蒙扶贫“六姐妹”》《光耀齐鲁——100 位优秀共产党员的故事》等一批有质量、有内涵的纪录片。动画片《五色奇玉记之灵云代码》在腾讯视频获得较高播放量；《汉画故事》入选广电总局重点扶持项目。《红色齐鲁 · 百年记忆》《跨越时代的旋律》等新媒体产品广泛

传播。三是网络影视剧取得突破。规划备案网络影视剧350部、上线31部，部分作品热播。四是做优节目栏目。理论节目《理响中国》、传统文化节目《国学小名士》《齐鲁文化大会》等节目反响良好，《寻声记》《我们的新时代》《光影里的来时路》入选广电总局庆祝中国共产党成立100周年重点电视节目。

（三）以应急广播体系建设为重点，提高公共服务质效

建成省级应急广播管控平台，与国家应急广播平台和省应急指挥中心完成对接，与有线电视、IPTV、无线发射台等实现链接。建成县级应急广播平台82个，配置终端7万多台，向音柱、户外大屏、手机客户端拓展，覆盖群众5000多万，打通了信息传递“最后一公里”。加强应急信息发布，在疫情防控、应急抢险中发挥了重要作用。

（四）以提升传播力为目标，建成新型节目共享平台

建成“山东省广播电视和网络视听节目共享平台”，列入山东省委深改委工作要点和全省“我为群众办实事”重点民生项目。围绕庆祝建党百年，首批提供4万分钟电视节目、600集主题电视剧和公益广告，营造了热烈喜庆的氛围。整合各级优秀存量节目资源，上传各类节目9000多个，实现共享共用，提高县级台节目内容的丰富性、吸引力。集成敏感人物识别系统，实现对落马官员、问题艺人的有效筛查，提高内容审查能力。集成应急广播功能，实现应急突发信息第一时间获取、面向全省推送。

（五）以闭环式监测体系为抓手，全面加强行业治理

加快广播电视和网络视听综合监管平台建设，抓住“发现、处理、整治、预防”等关键环节，构建一体化闭环式的监管体系。深入推进文娱领域综合整治，加强对违法失德艺人、天价片酬、泛娱乐化等问题的治理。开展广播电视播出秩序集中整治行动、广告专项整治行动，对188个电视频道、164个调频广播频率进行全面监测，停播市、县级违规养生类节目14档，对3个县级播出机构违规播放养生类节目问题通报批评。开展“净网”行动，关闭违规网络视听网站84家。实施“全省广电行业安全传输保障能力建设提升专项行动”，圆满完成庆祝建党100周年等重大活动、重点时段的安全播出保障任务。

（六）以融合发展为动力，建设新型主流媒体

印发《山东省广播电视媒体融合发展三年行动计划（2021—2023）》，青岛台、寿光市融媒体中心分别入选全国广播电视媒体融合先导单位、典型案例。制定《关于进一步推进县级融媒体中心管理和发展的意见》，引导县级融媒体中心拓展服务功能、提升服务能力，县级融媒体中心客户端全省人口下载率达14.8%，逐步成为基层社会治理的总服务台。推进高清化、专业化建设，全省电视频道高清化率达98%。

（七）以党史学习教育为载体，锤炼过硬能力作风

持续深入学习贯彻习近平新时代中国特色社会主义思想，认真落实习近平总书记视察山东重要讲话精神和重要指示要求，坚定捍卫“两个确立”，坚决做到“两个维护”。山东局组织党员干部学好“四史”，开展“我为群众办实事、我是党员我服务”志愿服务活动。深化模范机关和文明单位创建，支部品牌入选全省机关党建创新优秀案例，党建与业务同频共振、全面提升。深化机制改革，成立省广播电视传输保障中心，整合微波、中波和发射台站资源，提升传输覆盖能力。组建“宣传工作委员会”“科技工作委员会”，全面整合资源、提高效率。探索在党建、人事、财务、老干部、后勤等五个方面实行“一体化”管理，做到工作统一标准、人员统一使用、资源统一配置。大力倡导“严真细实快”工作作风，推行“五化”“十要”工作法，实行项目化、清单化管理，开展常态化、融合化督查，形成重落实、快落实、真落实的良好氛围。

十六、河南广电：在推动文化繁荣兴盛中出圈出彩

河南省广播电视局党组书记、局长　李宏伟

2021年，河南广电行业牢记习近平总书记视察河南时关于“推动文化繁荣兴盛”的嘱托，坚持守正创新，充分发挥广电内容优势、表达优势、传播优势，大力传承弘扬优秀传统文化，努力打造新时代精品力作，积极助力文旅文创融合发展，《唐宫夜宴》等“中国节日”系列节目连续出圈爆圈，电视剧《花开山乡》《红旗渠》接连登陆总台央视一套黄金档，被誉为“河南广电现象”，为推动文化繁荣兴盛贡献了广电力量、汇聚了浓墨重彩。

（一）“中国节日”系列节目连续出圈爆圈，有力推动优秀传统文化创造性转化、创新性发展

河南是中原文化腹地、中华文明的重要发祥地，历史悠久，文化厚重，习近平总书记视察河南时形象地说：“伸手一摸就是春秋文化，两脚一踩就是秦砖汉瓦。”这为河南广电创办文化类节目提供了丰富的文化资源和深厚的文化自信。近年来，河南局坚守正能量的总要求，指导全省广电行业扎根中原文化沃土，深入挖掘黄河文化蕴含的时代价值，在仰韶文化、河洛文化、殷商文化、三国文化、古都文化、文字文化、功夫文化等传统文化题材上精准发力，在文化遗产、文物考古、文学艺术、典籍著作、传统节日、人文风俗等方面深耕细作，《汉字英雄》《成语英雄》《梨园春》《武林风》《华豫之门》等优秀文化类节目不断涌现、竞相出彩。特别是2021年春节以来，河南台先后推出《唐宫夜宴》《元宵奇妙夜》《清明奇妙游》《端午奇妙游》《七夕奇妙游》《中秋奇妙游》《重阳奇妙游》等“中国节日”系列节目，连续出圈爆圈，赢得高度赞誉，受到中央领导充分肯定。“中国节日”系列节目坚持创意驱动、美学引领、艺术点亮、科技赋能，通过

活态化展现、具象化传播，把优秀传统文化变成看得见、摸得着、可体验的融媒产品，不断推动优秀传统文化创造性转化、创新性发展，使优秀传统文化的吸引力、感染力、影响力更加彰显。2021 年 7 月 16 日，广电总局在郑州召开“中国节日”系列节目暨文化节目创作座谈会，总结推广河南广电成功经验，引发全国文化文艺界热议和深度研究。

（二）重大题材电视剧接连登陆总台央视一套黄金档，精彩讲好河南故事、奏响河南强音

习近平总书记指出“推动文艺繁荣发展，最根本的是要创作生产出无愧于我们这个伟大民族、伟大时代的优秀作品”“没有优秀作品，其他事情搞得再热闹、再花哨，那也只是表面文章，是不能真正深入人民精神世界的，是不能触及人的灵魂、引起人民思想共鸣的”。河南局深入学习贯彻习近平总书记关于文艺工作的重要论述，按照“找准选题、讲好故事、拍出精品”的重要指示，狠抓重大现实、重大革命、重大历史题材电视剧创作生产。2021 年，河南广电紧紧围绕庆祝建党百年这条主线，着力为国家写史、为民族塑像、为时代铸魂、为中原出彩，推出了一批反映时代新气象、讴歌人民新创造、具有中原风格中原气派的电视剧精品力作，实现了河南电视剧在进军“高原”、勇攀“高峰”征途上的历史性突破。入选庆祝中国共产党成立 100 周年优秀电视剧展播剧目、展现乡村振兴战略的电视剧《花开山乡》，以及传承弘扬红旗渠精神的电视剧《红旗渠》，分别于 2021 年 8 月 29 日和 10 月 17 日在总台央视一套黄金档播出。由河南、西藏两地联合打造的广电总局脱贫攻坚重点电视剧《雪线》和近代革命题材电视剧《红星 1934》也已进入发行阶段。这都是讲好河南故事、传播河南“好声音”的重要载体，必将使“奋勇争先、更加出彩”的河南强音更加昂扬。

（三）广播电视和网络视听媒体深度融合，不断为文旅文创融合释放新动能、培育新业态

为深入贯彻落实习近平总书记“坚持以文塑旅、以旅彰文，推动文化和旅游融合发展”的重要指示，河南省委作出“实施文旅文创融合战略”部署。河南广电找准定位、主动介入，在文旅文创融合战略中展示了新担当、新作为。河南局实施加快推进广电媒体深度融合发展三年行动计划，支持各级广电播出机构更名或增设文旅频率频道，组织开展老家河南、天下黄河、华夏古都、中国功夫等品牌宣传推介，引导广电视听媒体贯通文旅文创资源端、创意研发端、生产经营端，着力释放新动能、培育新业态。河南台推动“中国节日”系列节目融合化传播、社交化互动、IP 化运营，不仅其自主开发的文创产品圈粉热卖，还带动了全省文化旅游消费。据携程数据统计，2021 年《端午奇妙游》播出后，郑州首次入围端午热门旅游目的地前十；《中秋奇妙游》播出后，河南成为国庆期间热度提升最快的旅游目的地，在携程平台的相关预订量较上年同期提高 127%。郑州、开封、洛阳三市广播电视台联手打造“三座城 三百里 三千年”大型直播活动，累计播放量达到 4.5 亿次，为建设郑汴洛国际文化旅游目的地和黄河文化旅游带，发挥了重要的引流作用。洛阳台开展“云赏牡丹 花开满屏”、乡村旅游文化节、汝阳杜鹃文化节系列直播，形成了“古今辉映 诗和远方”的文旅品牌。

十七、湖北广电：聚焦主责主业　打造工作品牌

湖北省委宣传部副部长，省广播电视局党组书记、局长　张世华

2021年，湖北广电系统围绕中心、聚焦主业，奋力推进湖北广电“123”工作品牌落地见效，取得显著成效。

（一）主题宣传浓墨重彩

深入宣传习近平新时代中国特色社会主义思想，精心打造《春风习习 民心依依》《向总书记汇报》《答好必答题 湖北全力以赴！》《对话长江 看见中国》等重要报道和创意产品，全网总点击量达10亿人次。准确阐释党的十九届六中全会精神，及时报道各地贯彻落实的特色举措和生动实践，协调安排100场基层宣讲，成功举办“村村讲村村响 六中全会亮心堂”示范宣讲暨湖北广电“红色文艺轻骑兵”走进蕲春活动，受到中宣部《每日要情》重点推介。精心组织“奋斗百年路 启航新征程·荆楚风采”主题采访，全省播发相关消息9200多条，系列报道3500多篇，专题片400余个，融媒体传播超13.7万项。大力实施“理想照耀中国——网络视听全媒体传播行动”，创建党史学习教育新场景，全网点击量达8亿人次；成功举办建党百年网络视听系列分享活动。认真开展“村村讲村村响 七一讲话亮心堂”等系列活动，制作100期党史节目和100首红歌音频供102个市、县“村村响”平台播出，指导开办党史专栏150个、特色节目3000个。中宣部、广电总局重点推介相关经验做法。

（二）精品创作日趋繁荣

政策扶持持续优化，出台《湖北省电视剧高质量发展专项资金暂行管理办法》《关于促进全省网络视听产业繁荣发展的实施意见》，统筹争取1300万元扶持1部电视剧和4个剧本项目，协调安排600万元扶持244件广电视听节目及公益广告。重点项目压茬推进。《功勋》《不惑之旅》等5

部电视剧在多家一线卫视黄金档和主要网络平台播出；广播剧《毛泽东与武昌红巷13号》、文献纪录片《风云江城——1927中共中央在武汉》登陆总台中国之声、央视纪录频道。精品创作出圈出彩。全省7件作品荣获第31届中国新闻奖，其中《复苏之路》等3部精品荣膺一等奖；《百桥飞架新跨越》等3个节目栏目荣获中国广播电视大奖；《思想的田野（第三季）》《红色江山之黄麻烽火》《新月读书会》《青春创业手册》等20多部广播电视和网络视听节目作品入选广电总局年度推优、重点项目、重要奖项，创历史新高。

（三）改革发展势头良好

年度重点改革项目均按时结项。圆满完成全省69个县级播出机构和频道频率设置工作。中国（湖北）网络视听产业园建设发展纵深推进，2021年新增引进企业50多家，实现营收206亿元、同比增长40.1%。中国（湖北）广播电视媒体融合发展创新中心建设稳步推进。开展全省媒体融合创新案例评选，承办2021年度全国广播电视媒体融合先导单位、典型案例、成长项目终评活动，湖北台、武汉台、恩施台3个项目分获先导单位、典型案例，位居全国前列；制定媒体融合三年行动计划，组建27人专家库，筹措140万元经费，开展首批7项课题研究，其中2项入选广电总局重点课题。“5G+智慧广电”建设有序推进。发布全省广播电视和网络视听“十四五”发展规划、科技发展规划、智慧广电发展实施意见，历史性完成“全省一网”，筹建5G移动广播与信息服务国家广电总局实验室，推动落实11个新基建项目，总投资153亿元、已开工3个，湖北省台所有电视频道、市州台主频道均实现高标清同播。对外交流和国际传播能力建设扎实推进。创建“四库”“五云”平台，举办湖北传媒周，吸引中外120家机构参与，达成8项合作意向，20多部作品落地法国、德国等，6个项目入选重点工程，获中宣部和广电总局扶持。

（四）公共服务提质增效

大力推进重点项目工程，完成省级无线覆盖工程，建成应急广播省级平台，完成11个国家级深度贫困县应急广播系统建设，实现与省应急平台数据对接；支持1965个美丽乡村村村响终端“电改”，建成村村响省级融合共享和监管平台。持续提升政务服务质效，行政审批减时限62项、减材料33个，“高效办成一件事”考核连续排名省直前列，政务服务“一张网”建设进展位列全省第三。稳步推进法治政府建设，强化“互联网+监管”“双随机一公开”，开展“立改废释”清理，省人大常委会充分肯定《湖北省广播电视条例》贯彻落实情况。有效衔接乡村振兴战略。投入160万元支持驻村帮扶项目5个，湖北局连续五年获评“工作突出的省驻村工作队支持单位”。

（五）意识形态责任压紧压实

完善意识形态工作机制，修订湖北局意识形态工作责任制实施方案，及时防范化解处置各类风险隐患。严守安全生产底线红线，落细落严疫情防控和安全生产要求，组织全省系统安全生产和安全播出大排查，完善应急预案，开展应急演练，有力确保庆祝建党百年重要保障期广播电视意识形态安全、播出安全和网络安全。深化行业治理阵地管理，开展“双减”专项清理和文娱领域综合治理，处置违规节目和广告13起，关闭违规网站8个，取消擅增节目10套，清除非法传送频道4个，组织查处“万象直播”等典型案件，就境外卫视专项整治工作在全国作经验交流，连续6年获国家考评满分。

（六）党的建设坚强有力

持续深化思想政治建设，学深悟透习近平新时代中国特色社会主义思想，有效开展党史学习教育。创新组织“百名党员下基层、我为家乡讲党史”等特色活动，着力解决群众“急难愁盼”问题，党组班子领办6项实事均落地见效，1个创新案例、4个经验做法分别在中央和省《党史学习教育简报》刊发。纵深推进全面从严治党，广泛开展红旗党支部创建活动，精心打造广电党建工作品牌，认真开展基层党建“大调研、大督导”，扎实推进基层纪检监察规范化、法治化、正规化建设，取得明显成效；抓实抓细巡视整改，完成 4 个方面 56 项整改任务。大力实施干部人才队伍强基工程，时隔 16 年表彰全省系统“双先”，54 人入选广电总局“两个人才工程”。

十八：湖南广电：书写高质量发展的广电答卷

湖南省委宣传部副部长，省广播电视局党组书记、局长　张　严

习近平总书记考察马栏山视频文创产业园发表重要讲话，为湖南文化产业建设指明了方向、带来了机遇。一年多来，在湖南省委省政府的正确领导下，全省广电系统认真学习贯彻习近平总书记重要讲话指示精神，积极助力“三高四新”战略实施，推动湖南广电高质量发展不断取得新成效，实现新突破。

（一）紧盯“北有中关村，南有马栏山”战略目标，推进马栏山视频文创产业园加快打造“中国V谷”

习近平总书记指出，文化和科技融合，既催生了新的文化业态、延伸了文化产业链，又集聚了大量创新人才，是朝阳产业，大有前途。2021年，马栏山视频文创产业园实现企业营收500亿元，同比增长25%，相比建园之初增长168亿元；完成企业税收30亿元，同比增长19.5%。

一是加快产城融合。围绕“打造成为全省经济高质量发展的示范区，全国领先、全球具有核心竞争力的媒体融合新地标”的使命任务，加快产城融合，对标“五好园区”要求，率先在全省创建近零碳示范园区。

二是聚焦头部企业。2021年全区共805家企业注册落户，累计新注册企业2400余家，企业总量超3600家，中科睿芯、中电港等24家头部企业落地。

三是加快技术研发创新。加快云网一体化建设，推进5G高新视频多场景应用国家广电总局实验室加紧申报全国重点实验室，优化中国“V”链系统，成立马栏山华为云音视频产业创新中心，自主研发经典影视4K修复技术、“5G智慧电台”4.0、人工智能手语电视播报系统。

四是优化政策环境。省市各级政府以企业需求为导向，增强园区综合

服务能力。“部省共建”推进会从5个方面深化巩固合作成果；湖南省政府推出“8条”政策干货，进一步支持园区发展；湖南局等多部门联合制定优化营商环境的若干措施，给予园区更大支持。

（二）着眼媒体深度融合和两个效益相统一，推进湖南广播影视集团加快建设主流新媒体集团

全力推进湖南广播影视集团建设主流新媒体集团，以守正创新、开拓创新为根本方法论，扛起党媒职责使命，实现社会效益与经济效益双丰收。在“中国500最具价值品牌”中，湖南广电排名第67位，稳居省级广电第一；在“亚洲品牌500强”中排名第92位，位列亚洲广播电视行业第二。

一是筑牢主流价值阵地。持续深化广播电视媒体“头条”建设和网络视听新媒体“首页首屏首条”建设，深度阐释习近平新时代中国特色社会主义思想和党的十九届六中全会精神，浓墨重彩讲好党的百年故事，推出《理想照耀中国》《百炼成钢》《党史上的今天》等精品力作，主流阵地版图不断巩固扩张。

二是推进媒体深度融合。不断完善媒体深度融合的顶层设计和体制机制，推动核心竞争力向新媒体赛道全面转移。成立融创中心，探索媒体深度融合的产业模式。湖南卫视、芒果TV建立双平台共创共享机制，打破壁垒，加速融合。

三是提升资本运营能力。大力推动芒果超媒、电广传媒、潇影集团市场化运作与市场资源配置，以管控资本、服务媒体融合为原则，不断提升自主可控的资本运营能力，市场竞争力不断增强。芒果超媒打造“平台+内容+资本”融媒新样态，电广传媒加快“文旅+投资”战略转型，潇影集团优化影城布局营收同比增长65%。

（三）科学谋划“十四五”发展，进一步巩固提升广电强省地位

“十四五”时期，广播电视发展进入网络化、数字化、智能化决战决胜阶段，湖南广电以习近平新时代中国特色社会主义思想为指导，服务“三高四新”战略，力争把湖南打造成全国广播电视媒体融合发展新高地、精品创作传播新高地、高新视听产业发展新高地。

一是高扬思想旗帜，构建主流舆论引导新格局。围绕党的二十大召开、抗战胜利 80 周年等重要时间节点和重大活动，抓好党的创新理论和主题主线宣传，进一步提升正面宣传质量和水平，形成网上网下一体、内宣外宣联动的主流舆论新格局。

二是深化媒体融合，加快构建智慧广电生态体系。媒体融合实现跨越式发展，纵向衔接、横向合作的省市县融合发展布局和全媒体传播体系基本建成。到 2025 年，争取形成 1—2 家全国一流新型主流媒体集团，5G 高新视频多场景应用国家广播电视总局实验室、国家广播电视网工程技术研究中心马栏山分中心争取成为行业内具有国内国际重大影响力的一流创新高地。

三是坚持创新创优，打造精品创作高地。扶持精品创作生产的长效机制不断健全和优化，精品栏目节目不断推陈出新。到 2025 年，争取电视剧、纪录片、动画片、网络视听节目各有 10 部以上在全国产生较大影响，在国家级评奖和推优项目数量上保持全国领先。

四是实施惠民工程，推进公共服务提质增效。广播电视基本公共服务标准化、均等化、便利化、智慧化程度进一步提升。有线无线卫星融合覆盖的智慧广电综合覆盖网体系基本建成。到 2025 年，争取基本建成覆盖城乡、优质均衡的现代广播电视公共服务体系。

五是加强行业管理，推进治理现代化。严格落实意识形态工作责任制，守住守好意识形态阵地。持续开展文娱领域综合治理和网络视听内容治理，直面问题、重拳整治，以坚决有力的实际行动让人民群众看到变化、见到效果。

十九、踔厉奋发谋发展　笃行不怠开新局　乘势而上再创广东广电新辉煌

广东省广播电视局党组书记、局长　刘小毅

2021年，广东广电战线在波澜壮阔的大战大考中，带头举旗帜、鲜明讲政治、准确把方向，统筹推进疫情防控和事业产业高质量发展，实现主流价值向上向善、精品佳作出新出彩、行业监管有力有效、意识形态严管严控、产业发展求质求新。

（一）宣传管理和舆论引导工作卓有成效

高举旗帜、紧跟核心，组织行业深化“头条”和“首页首屏首条”建设，用心用情用功做好习近平总书记重要思想、重要活动、重要会议的宣传阐释，围绕主题主线大事要事组织报道，有力推动党的创新理论“飞入寻常百姓家”。开展全省行业安全大检查，出色完成庆祝中国共产党成立100周年安全播出任务。全面落实意识形态责任制不松懈、抓重点、严管控，组织修订贯彻意识形态工作责任制实施方案，全年紧盯关键领域和痛点难点，有力打击行业违规行为，顺利完成落地境外电视监控处理机构调整。针对文娱领域综合治理出重拳、拿硬招、见实效，组织成立专项治理工作小组，召开8个行业专项会议，共清查341个广播电视节目，下架5个播出机构21个问题节目，下架违规网络视听节目共计731万部（条）。

（二）文艺精品创作呈现蓬勃发展的景象

实施“新时代精品”工程，在深化内涵、提升品质上下功夫，深入推出体现广东优秀历史文化、反映鲜明时代精神、具有一流水准的文化精品力作。全省制作机构获准发行动画片69部，产量居全国前列；全省广电播出机构创作纪录片267部、播出纪录片1520部，创作、播出数量均为历

年之最。广东台《成峰观点》等4件新闻作品获中国新闻奖，珠海台《60万澳门居民用水再添重要保障》等5件作品获评中国广播电视大奖。广东台《流淌的歌声》等2个创新创优节目和《童诗童心》等3个少儿节目、广州台《海上来客》等6个纪录片、华强方特公司《熊熊乐园4》等5个动画片获评广电总局年度优秀作品，深圳广电集团《课间十分钟》等3件作品入选“中华文化广播电视传播工程”重点项目，梅州台《从三河坝到井冈山》等10部作品列为庆祝建党100周年重点项目。《扫黑风暴》《夺金》等25部粤产电视剧在总台央视和各省卫视播出。《九龙关起义》入选“国家广电总局电视剧引导扶持专项资金剧本扶持项目”。广东特色情景短剧《七十二家房客》已播出13年，突破2000集，《外来媳妇本地郎》已播出21年，突破4000集。38部优秀网络视听作品获得广电总局专项扶持奖励和评优奖项，广东省上报备案审查的重点网络影视剧，在通过率和通过总数上均位居全国重点省（市）前三位，网络综艺、网络直播类节目审核量居全国首位。

（三）电视频道高清化建设走在全国前列

自全省地级以上播出机构自办频道在全国率先全部实现高清化后，38个县级台已具备高标清同播能力。3个市台公共频道获广电总局批准调整为专业频道，另有18个台公共频道申报调整为专业频道。广州台广播电视技术系统高质量完成五套自办频道的高标清同播改造和开播一套4K超高清频道，成为全国率先实现超高清+全高清播出的广电媒体。

（四）智慧广电建设和5G发展驶入快车道

坚持新发展理念，积极开展智慧广电5G建设，构筑智慧广电生态。建设乡村振兴公共服务平台，完成“智慧广电·乡村振兴”省级电视门户搭建，全省21个地市的试点村的村级门户已全部上线。建成5G核心网1套及53个广电5G试验基站，累计投资约3000万元。组织筹集资金228万元，主动完成广东局担负的地面数字电视700兆频率迁移任务。

（五）超高清视频产业发展保持领先地位

坚持高起点开局、高标准落地、高质量推进，不断突破发展难题，逐步积累发展优势，巩固广东省超高清视频产业在全国的领先地位。2021 年，安排 4000 万元补助 9 家 4K 节目制作单位，全省 4K 机顶盒用户数累计达 2527 万户，占总电视用户 76%，较 2020 年增加 180 万户。全省可提供符合 HDR、50 帧以上标准的 4K 节目量达 20426 小时，较 2020 年底增加 5266 小时。广东台 4K 节目生产发行南方中心挂牌。

二十、推动广西广电“十四五”开好局 蹚新路

广西壮族自治区广播电视局党组成员、副局长、
一级巡视员（主持工作） 韦凤云

2021年，广西广电系统围绕“建设新时代中国特色社会主义壮美广西”这一总目标，以庆祝中国共产党成立100周年为主线，系统推进“六大工程”，七大方面取得新的成果，实现“十四五”良好开局。

（一）主题主线宣传取得新成效

紧扣庆祝中国共产党成立100周年这一工作主线，在学懂弄通做实习近平新时代中国特色社会主义思想上下足功夫，圆满完成习近平总书记“七一”重要讲话精神报道解读等各项广播电视和网络视听重大主题宣传，制作播出《我们的父辈先烈》《党史故事大家讲》等一大批反映党史、新中国史、改革开放史、社会主义发展史，讴歌社会主义建设和全面建成小康社会伟大成就的广电视听作品和节目、栏目，为庆祝建党百年营造了浓厚的社会氛围。

（二）服务国际传播实现新突破

围绕服务“一带一路”国家战略，聚焦中国—东盟视听合作新趋势，创新举办第三届中国—东盟电视周活动，打造了中国—东盟媒体领域互联互通、互学互鉴的机制性平台。实现了“五个首次”，首次邀请到时任中宣部副部长，广电总局局长、党组书记聂辰席在开幕式上进行视频致辞，首次邀请到东盟国家老挝新闻文化旅游部共同主办，首次制作了纪念回顾中国—东盟建立对话关系30周年的专题片《三十而立》，首次与老挝国家电视台和印尼国家电视台签订协议举办展播周，首次策划开展“中国—东盟青年主播创造营”。中国—东盟电视周获认定为2021—2022年度国家文化出口重点项目。

（三）智慧广电建设取得新进展

全面对接乡村振兴战略，持续有效推进“壮美广西 · 智慧广电”工程建设，争取和统筹资金6129万元，为赋能广西经济社会发展提供新样板。“壮美广西 · 智慧广电”工程累计新增农村有线数字电视用户33.78万户，建成100个村级全媒体信息站，建成6633个行政村“一村一屏”综合信息传播系统；争取广电总局批复同意自治区开展固边工程龙州、东兴试点建设，广电光缆联网实现“四通”；广电南宁塔项目建设筹建工作方案经自治区领导审定并印发；广西数字网络图书馆（数字农家书屋）的使用体验和内容数量品质得到全面提升。“一村一屏”平台基本覆盖广西全部行政村，覆盖农村用户超过600万户，超额完成任务。

（四）科技创新获得新成果

坚持行业核心技术的自主研发，在全国率先建成覆盖全区的无线、监测和应急广播三张网。建成了技术体系处于全国前列的应急广播云平台，有效打通了公共文化服务“最后一公里”。2021年5月，广西局受广电总局推荐，首次在2021年“亚广联”技术峰会上作报告。广西台率先在国内引入3D建模技术，实现传统广播与新媒体的融合直播。“广播电视无线电秩序智慧监管系统”“基于CPCI的地面数字电视监测系统”“广西边境和极度贫困地区广播电视节目村级无线覆盖工程”等项目，分获王选新闻科学技术奖二、三等奖。

（五）行业治理能力得到新提升

编制印发《广西壮族自治区广播电视和网络视听“十四五”发展规划》，从顶层设计强化行业治理能力。坚持网上网下“同一标准、同一尺度”，指导广播电视和网络视听机构依法依规开展经营活动，审批136家广播电视节目制作机构，完成19家国有广电企业社会效益评价。开展境外电视传播秩序专项整治等行动，推动广西IPTV进一步实现规范对接，推进“证照分离”改革。建成全区广播电视无线发射台站远程智能监控系统、广播电视与新媒体监测监管云平台，实时监测1549个频率频道、7万多个互联网站，不断强化意识形态阵地建设和监管。

（六）精品创作注入新活力

首部反映民族团结的音乐纪录片《山歌好比春江水》入选中宣部2022年度“文化产业发展专项资金推动影视产业发展项目”和广电总局“庆祝中国共产党成立100周年重点纪录片作品目录”；电视剧《铁道风云》在总台央视黄金时段播出；网络剧《黄文秀》入选广电总局2021年“弘扬社会主义核心价值观 共筑中国梦”主题优秀网络视听节目，在爱奇艺、优酷等视听平台点击量突破2200万；首部反映毛南族脱贫攻坚主题的网络电影《山的那边有条河》上线播出，讲好广西巩固拓展脱贫攻坚成果与乡村振兴有效衔接的故事。据统计，2021年全区广电视听作品累计获得广电总局专项扶持资金342.32万元，同比增长77.9%；累计获得广电总局奖励扶持作品为9个；3件作品入选第31届中国新闻奖和2019—2020年度中国广播电视大奖。

（七）助力疫情防控彰显新担当

建成自治区、市、县、乡、村五级贯通的应急广播体系及其运营管理机制，覆盖全区50%以上的县（区）、669个乡镇、8106个行政村，为基层社会治理提供便捷的信息服务平台。利用应急广播系统、覆盖全区的“一村一屏”、数字网络图书馆、数字电视“空中课堂”、全媒体信息站等平台及时发布疫情防控信息，在广电网络开设“众志成城、抗击疫情”电视专区，确保党和政府的声音传到千家万户，有效打通疫情防控宣传的“最后一公里”，在新冠肺炎疫情联防联控宣传工作中发挥了巨大作用，彰显广电的使命担当。

二十一、坚持守正创新　忠实履职尽责　推动海南广播电视高质量发展

海南省旅游和文化广电体育厅党组书记　林光强

2021 年，海南广电系统紧密围绕海南省委省政府中心工作，稳中求进、开拓进取，广播电视高质量发展迈出新步伐。

（一）扎实开展党史学习教育等活动

党史学习教育、作风整顿建设年和“查堵点、破难题、促发展”活动开展以来，海南厅认真贯彻落实中央和海南省委的部署要求，坚持党建引领，多措并举，服务群众，惠及民生，广电工作取得显著成效。

“优化边远地区广播电视覆盖效果”列入党史学习教育“我为群众办实事”事项，解决了 2541 户群众“急难愁盼”问题，在全省第二期“我为群众办实事”实践活动十大典型案例评选中名列第一，先后 6 次在全省相关会议上介绍经验，人民日报、学习强国等媒体多次报道；直面问题，揭短亮丑，查摆上报的作风建设问题全部整改完成，有力推动作风整顿建设走深走实；“查堵点、破难题、促发展”活动成效明显，堵点问题全部解决，办结率达 100%，在全省活动动态评估中各三轮排名第一、二名，有力推动各项工作高质量开展。

（二）围绕主题主线，精品力作创优出新

全省广电播出机构精心组织建党百年主题宣传活动，推出了《奋斗百年路 启航新征程》《沿着初心的方向》《百年壮阔海南潮——庆祝中国共产党成立 100 周年》等一批重头报道。《乡村振兴电视夜校》栏目组荣获中共中央、国务院颁发的“全国脱贫攻坚先进集体”称号，入选“激情・奉献・廉洁——2021 年全国广播电视和网络视听先进事迹报告会”先进集体；《追寻・不忘初心牢记使命》入选 2021 年广电总局第一季度创新创优节目，

《光荣的追寻（第四季）》获评2021年广电总局第二季度广播电视创新创优节目；《全球国货之光》自2021年9月开播以来，先后有33个国家驻华大使参与节目录制，开创了驻华大使参加节目的最高纪录，得到外交部和各国驻华使团的高度认可，人民网等80余家媒体报道，广电总局两次专题点赞。纪录片《我在海南挺好的》永久入藏国家图书馆。

（三）打造智慧广电，媒体融合创新出彩

海南省5G+4K/VR智慧广电产业平台成功入选2021年全国广播电视媒体融合成长项目；视听海南APP获2021传媒中国年度融合传播广电优秀融媒平台10佳；海南台“5G+8K+VR水下直播秀——探秘海南首个国家级海洋牧场示范区”“5G+4K/VR智慧广电产业平台”和中国有线海南分公司“蓝莓智家智能融合终端全屋智能应用”等智慧广电项目获广电总局相关奖项；组织参加2021年全国广播电视技术能手竞赛决赛获团队二等奖，参赛选手取得近年来最好成绩；交通广播“2021温暖回家路 爱在海南”港口大直播得到业界肯定。

（四）创新传播路径，提升国际传播能力

海南广电国际传播融媒体中心、三沙卫视等在CGTN、China Plus等对外传播平台共发稿4000余条、总阅读量突破1.4亿，其中超过100条稿件在全球107个国家和地区的325家主流媒体播出，获中宣部新闻局《新闻阅评》专题介绍；三沙卫视在紫金国际台境外付费电视频道每周五固定打造一小时黄金时段，播出《你好自贸港》《海南方志》等节目，覆盖中国香港、马来西亚、新加坡、泰国；《坐着高铁看海南》系列短视频中英版在美国中文网各平台以及葡萄牙、马来西亚、柬埔寨等国主流平台播出；《星辰大海——2021三沙卫视新春歌会》登录马来西亚、中国澳门、美国等地电视娱乐频道，覆盖东南亚、北美等多个地区，“国家广电智库”刊发专题评论；“同根同梦”网络春节联欢晚会在海外社交平台Facebook传播，覆盖全球6亿人口，浏览量超1亿次，得到中国侨网、《中国新闻报》等多家媒体点赞关注，入选广电总局2021年度“丝绸之路视听工程”项目库。

（五）坚持依法依规，阵地管理坚决有力

严格落实意识形态责任制，压实主体责任，完善工作机制，创新监管手段。深入开展安全播出大检查，强化重要保障期间值守，圆满完成庆祝中国共产党成立 100 周年等安全播出保障任务；境外卫星电视管理考评连续五年获评“优秀”，全国首创委托第三方暗访调查与联合督导检查相结合，有效推动了专项整治工作向常态化发展；建立健全全省广播电视技术维护公共服务长效机制，建设省、市（县）、乡镇、村四级广播电视公共服务技术维护站 301 个，初步形成了“市（县）级及以上有机构管理、乡镇有网点支撑、村有专人负责”的公共服务长效运维体系，获广电总局《广播电视公共服务动态》专题介绍。

二十二、高举旗帜　守正创新　推动重庆广电高质量发展

重庆市文化和旅游发展委员会党委书记、主任　刘　旗

2021年，重庆广电系统紧扣庆祝中国共产党成立100周年工作主线，坚持稳中求进、守正创新，推动全市广播电视和网络视听高质量发展，实现“十四五”良好开局。

（一）聚焦唱响主旋律，讴歌伟大新时代

一是主题宣传浓墨重彩。围绕庆祝中国共产党成立100周年，策划推出《庆祝建党百年成就巡礼》《中国共产党百年瞬间》《奋斗百年路 启航新征程》等主题报道，组织开展“庆祝建党100周年”视听艺术作品展播活动，集中展播庆祝中国共产党成立100周年主题公益广告1万余条次，营造共庆百年华诞的浓厚氛围。二是重大宣传形成声势。策划推出一批广播电视和网络视听节目，特别策划《百年芳华 初心传承》获中宣部点名表扬，5个广电和网络视听节目入选广电总局2021年季度评优节目，2件作品获第31届中国新闻奖。三是交流合作扩大影响。川渝联合拍摄制作专题节目《奔腾之歌——重走成渝线》，联合举办沉浸式剧本杀全国交易大会、川渝两地广电十佳播音员主持人红色文化传播活动，助推成渝地区双城经济圈建设；重庆广电集团与白俄罗斯首都电视台合作译制、集中展播5集人文风光纪录片，重庆国际频道与白俄罗斯首都电视台互办电视周，深化与“一带一路”沿线国家、地区的交流合作。

（二）匠心打磨出精品，视听文艺创作迈向新境界

一是扶持打造一批文艺精品。大力实施“新时代精品”工程，审查发行电视剧3部64集、电视动画片5部1730分钟，完成网络影视剧（动画片）成片上线备案17部、通过12部，《云讲自然博物馆》等8部作品获得广电总局项目扶持。二是创优获得一批重要奖项。《夏芳的暑假》《破晓——

重庆解放密档》《梦圆千年脱贫路——重庆市打赢脱贫攻坚战纪实》《敦煌守卫者》《剃头匠》《点亮红色旅游传承红岩精神》《全国脱贫攻坚楷模——毛相林》等作品获得全国性奖项。三是推优展播一批精品力作。《英雄的守护》入选中宣部庆祝建党百年优秀广播剧展播活动名单，《黄葛树下》入选全国“百年百集”广播剧精品展播，《绝密使命》《英雄的守护》等多部电视剧、纪录片登陆总台央视或省级卫视播出。

（三）科技赋能促发展，融合创新迈出新步伐

一是推进媒体深度融合。编制出台《重庆市“十四五”广播电视和网络视听发展规划》，制定实施《重庆市加快推进媒体深度融合发展实施方案》，推动重庆广电集团深化“8+1”集群化架构改革，IPTV集成播控分平台“双认证、双计费”系统通过广电总局验收，打造“两江云”融合媒体云平台，以江津、潼南融媒体中心为代表的区县融媒体建设取得长足进步。二是推进智慧广电建设。10个市级专业频道、18个区县融媒体中心综合频道实现高清播出；中国广电重庆公司智慧广电数据中心项目一期工程推进加快，云游戏平台、重庆云课堂、4K演唱会等3个项目分别获得全国首届高新视频创新应用大赛二等奖、三等奖及优秀奖；推进智慧广电乡村建设，有线电视干线光缆累计达6700公里，实现7100个行政村光纤到村，覆盖用户规模1033.36万户，宽带用户190.89万，智能终端用户208.95万户；完成4个民族地区15500户有线高清交互数字电视机顶盒推广普及建设。

（四）奋楫争先求质效，事业产业发展新提升

一是公共服务提质增效。全市广播电视综合人口覆盖率分别达99.49%、99.56%。投入4598万元推进重庆广播电视发射新塔一期建设，投入600万元开展重庆浮图关广播电视发射塔大修排危，34个区县48个台站完成重庆本地电视无线数字化升级改造。争取专项资金1000万元推进市级应急广播系统建设，4个国家乡村振兴重点帮扶县完成应急广播系统建设，35个区县建成县级应急广播平台，应急广播终端布设5.86万组，覆盖 8618 个行政村（社区）。二是产业发展不断壮大。推动建设满足电视剧、电影、网络影视剧、纪录片取景需求的影视拍摄一站式服务平台，加快打造“纪录片之都”，挂牌成立重庆沉浸式“剧本杀”测本中心，成功举办第十三届中国西部动漫文化节，8 个产业项目入选国家广播电视和网络视听产业发展项目库。引导全市广播电视和网络视听机构积极克服疫情影响，勇于应对风险挑战，2021 年全市广播电视服务业保持高位增长的发展态势，实现总收入 86.74 亿元、同比增长 25.13%，实现创收收入 63.84 亿元、同比增长 22.14%。

（五）严格管控守阵地，行业发展保障新加强

一是强化安全播出保障。围绕重保期，组织开展全市广播电视行业安全播出大检查、大整治，有效开展指挥调度、系统运维、应急处置等工作，圆满完成安全播出任务。二是强化文娱领域治理。加强电视、网络视听、综艺节目、网络视听平台的监管，大力整治网络视听领域不良娱乐倾向，严肃整治炒作低俗娱乐信息和艺人信息、“娘炮”畸形审美，下架违法失德艺人相关节目（剧）共 2242 个（部），净化行业生态。三是强化重点领域监管。组织开展“净网”集中行动，移交查处 4 个违规视听网站，下线违规影视剧 50 部；持续开展广播电视养生类节目专项整治，责令停播和整改养生类广告 112 条、养生类节目 6 档；境外卫星电视专项整治和创建无“小耳朵”小区活动等取得明显成效并形成长效机制。四是强化人才队伍建设。选派 130 余人参加广电总局相关培训，通过“以赛代评”等政策加强广电技术人才培养，42 人获评高级职称，1 人入选“重庆英才计划 · 名家名师”，重庆市文化旅游委获评 2021 年全国广播电视技术能手竞赛团体一等奖。

二十三、四川广电：砥砺奋进“十四五” 建党百年谱新篇

四川省委宣传部副部长，省广播电视局党组书记、局长 李晓骏

2021 年，四川广电系统保持“守底线、促发展”的战略定力，奋力完成改革发展艰巨任务，实现“十四五”良好开局，为建党百年增光添彩。

（一）高举旗帜抓宣传，赓续红色血脉，唱响全媒时代最强音

坚持把核心宣传作为首要政治任务，把庆祝建党百年、营造浓厚氛围作为贯穿全年的主题主线，统筹联动广播电视、视听新媒体和应急广播，精心策划新闻报道、特别节目和融合传播产品，实施“百人经典诵读 庆祝建党百年”暨播音主持融合传播作品推优、“精彩短视频 百年映初心”短视频创作传播、庆祝中国共产党成立 100 周年优秀电视剧和主题公益广告集中展播、乡村文化振兴魅力乡镇竞演大赛等活动，生动展现党的百年奋斗重大成就和历史经验，同步开展全国全省两会、全面建成小康社会、西藏和平解放 70 周年、辛亥革命 110 周年、疫情防控、森林草原防灭火、涉藏等宣传报道，以丰富的内容，多样的形式，营造了奋斗“十四五”、奋进新征程、建功新时代的浓厚氛围。

（二）高位引领促创作，强扶持推精品，打赢创作播出翻身仗

聚力振兴四川影视，推动省政府重磅出台《四川省重大文艺项目扶持和精品奖励办法（试行）》，引领全年 9 部影视作品登陆总台，取得良好收视收听率，实现创作播出双丰收。其中，电视剧《火红年华》在总台央视一套、《紧急公关》在总台央视八套热播；广播剧《绿水青山》入选中宣部、广电总局建党百年优秀广播剧并 3 次在总台央广中国之声展播；《前进吧，少年》等 4 部纪录片登陆总台央视纪录频道，《外国作家笔下的百年成都》入选广电总局第二季度优秀国产纪录片，专题片《百年风华正茂》、纪录片《逐梦前行》《青春红》《党旗引征程——中国共产党一百年四川印记》

反响良好。5件公益广告获得广电总局扶持。短视频《有一种生活美学叫成都》被评为年度优秀海外传播作品，《说“彝”解字：这间“房”有丝也有粮》获第31届中国新闻奖。

（三）高点定位谋发展，锐意攻坚克难，取得事业产业新突破

把发展作为第一要务，编制出台四川广电“十四五”规划，储备项目40个，一批事关行业未来的好政策、大项目纳入国家和省级规划，川渝合作更加紧密，产学研加速一体，创新链产业链不断延伸。广电总局批复四川开展全国应急广播试点示范，全国广播电视基本公共服务标准化建设在简阳、恩阳试点，走在全国前列。智慧广电示范区、乡村振兴信息化治理平台等取得新进展。涉藏州县广播电视节目覆盖工程、寄宿制学校全覆盖工程惠及三州群众。全面完成广播电视户户通运行维护民生实事。第二届“广电惠民服务月”活动成效显著。有线电视“全国一网”“全省一网”整合和广电5G建设取得突破。广电媒体深度融合发展三年行动计划出台，省市县媒体融合加快推进。组建第八届科技委。7个项目获广电总局首届高新视频、人工智能大赛奖项。12个项目获“王选新闻科学技术奖”。全国第二块5G+8K户外大屏落户成都。CCBN2021、深圳文博会首设“智慧广电 视听四川”专区。两个国家级产业基地示范引领，应急广播、超高清、影视联盟作用凸显，创建国家超高清视频科技创新中心。成功举办第九届中国网络视听大会。

（四）高质高效促规范，严监管优服务，开创阵地管理新局面

认真落实意识形态工作责任制，圆满完成重保期安全播出任务。修订《关于执行上级重大宣传指令工作的实施办法》《广播电视和网络视听媒体违反重大宣传指令约谈制度》。加强文娱领域综合治理，开展节目传播秩序整治，关停非法频率频道45个，新批州县频点200余个。专项整治非法卫星地面接收设施。突出广告导向监管，组建广告专家评审小组和群众监督员队伍，规范广告播出，加强医疗养生类节目和电视购物短片广告管理。推进涉藏中短波台“坚强阵地 美丽台站”建设，实施无线发射传输台站“三化”建设，广电阵地进一步巩固。深化法治广电建设，动态调整行政权力和责任清单。向成都市和 7 个区域中心城市委托行政许可 2 项、行政处罚 2 项，下放行政检查 1 项。181 家县级融媒体中心取得《信息网络传播视听节目许可证》。推进“互联网 + 监管”，完善实施清单 85 项。推动审批事项网上办、一次办，“一网通办”能力进一步提升。

（五）高风峻节强党建，着力夯基固本，焕发人才队伍新风貌

坚持立德立心、培根铸魂，抓班子带队伍，扎实开展党史学习教育，组织宣讲会、读书班、青干班，赴红色基地开展革命传统、理想信念、对党忠诚教育，从党的百年历史中汲取智慧力量，举办“我为广电强省建设献策出力”征集活动和“信仰的力量”演讲比赛，推进“我为群众办实事”实践活动和乡村振兴定点帮扶。认真配合四川省委第九巡视组开展巡视及整改工作。严格选人用人，开展事业单位领导班子考核，分类推进事业单位岗位统筹设置工作。实施行业名家工程、优秀人才培养工程，开展全省影视艺术、播音主持、广电工程、广电新闻、民族语言翻译专业中高级职称评审，克服疫情影响，有序完成全国广播电视编辑记者、播音员主持人资格考试，为行业发展提供人才支撑。

二十四、围绕“四新” 服务“四化” 奋力推动贵州广电高质量发展

贵州省委宣传部副部长，省广播电视局党组书记、局长 耿 杰

2021年，贵州广电系统紧扣庆祝中国共产党成立100周年工作主线，突出党的建设和高质量发展两个关键，牢牢把握“人民至上”“融合创新”“系统推进”三个工作理念，围绕“兴事业、促产业、强服务、防风险”四个方面，高质量推进各项工作取得显著成效，实现了“十四五”良好开局。

（一）做亮主题宣传，做优精品创作

一是强化理论学习。把学习贯彻习近平总书记重要讲话精神和重要指示批示精神作为第一政治要务，坚持党组扩大会第一议题传达学习和部署贯彻工作，实施闭环管理，建立工作台账，加强工作调度，狠抓贯彻落实。二是做亮主题宣传。聚焦学习宣传贯彻习近平新时代中国特色社会主义思想和习近平总书记视察贵州重要讲话精神，聚焦主题主线，深化广播电视媒体“头条”建设和网络视听平台“首页首屏首条”建设，开设专题专栏，做优主题节目，深入宣传全省上下牢记嘱托感恩奋进、围绕“四新”主攻“四化”的生动实践。三是做优精品创作。深入实施新时代精品工程，加强扶持引导。《水乡之子邓恩铭》《千年梦想·决胜今朝》《血染黔山换春来》《地震瞬间，她们抱出26个新生儿：要把孩子的安全置于我们之上！》《今天的约谈不过关》《移民安置点的孩子们》《与梦想合拍》《第一线》《红帆船》《萌趣星人小鬼大》等一批作品在全国获奖评优，中宣部、广电总局跟踪指导的精品电视剧《看万山红遍》拍摄制作完成。

（二）巩固深化中国（贵州）智慧广电综合试验区建设成效

一是联合中国（贵州）智慧广电综合试验区建设联席会议29家成员

单位，共同商定全年工作重点，全力推进智慧广电与政务民生、公共服务、社会治理、乡村振兴、产业发展融合，“阳光校园·智慧教育”、智慧农业、智慧社区、智慧养老等智慧广电融合运用项目成效明显。广电总局举办全国广播电视媒体人工智能应用创新大赛、高新视频创新应用大赛，贵州有5个项目获奖。二是编制《贵州省广播电视和网络视听“十四五”发展规划》，建立产业发展省级项目库，入库项目18个。贵州台和各市（州）台分别制定实施“媒体融合三年工作行动计划”。三是鼓励支持引导国有广电企业深化改革，制定《贵州省国有企业社会效益评价考核实施细则（试行）》，推进“规上”和“准规上”文化企业加快发展。

（三）大力提升广播电视公共服务均等化水平

一是基层应急广播体系建设成效显著。广电总局将贵州省25个脱贫县纳入“老少边及欠发达地区县级应急广播体系建设”范围，获得补助资金1.01亿元。贵州省政府将行政村应急广播系统建设工作列为十件民生实事，全省应急广播系统建设现场推进会成功召开，有力有效助推应急广播体系建设。截至2021年年底，贵州全省共建成县级平台68个，遵义市和铜仁市已建成市级应急广播平台，共建成应急广播终端点位22.82万个，覆盖了11700多个行政村，省级有线应急广播指挥调度平台建成并投入使用。二是实施完成民族地区高清电视机顶盒推广普及项目，为贵州民族地区15.8万户民族群众免费升级高清智能互动机顶盒。三是国家气象预警信息应急广播播发试点工作高效有序开展，实现了气象预警信息“发得出、送得到、听得清、叫得应”的目标，在群众及时转移避险中发挥了重要作用。四是服务乡村振兴专项行动扎实开展。充分发挥资源优势，加强乡村振兴宣传引领，充分运用广告资源和电商平台助推“黔货出山”。

（四）扎实加强自身建设和行业管理

一是扎实开展党史学习教育和“牢记殷切嘱托、忠诚干净担当、喜迎建党百年”专题教育，取得显著成效，达到了“学党史、悟思想、办实事、开新局”的目标。注重理论武装，学习百年党史汲取智慧力量。注重实事办实，贵州局31项实事全部完成，各地广电部门解决了一批群众急难愁盼问题，省内外多家媒体对贵州广电办理民生实事进行宣传报道。注重发挥行业优势，开设专题专栏强化舆论引导，围绕贵州重要党史人物和重要党史事件创作生产精品力作，持续开展建党百年优秀作品展播活动，组织省市县广电媒体百名优秀播音员主持人诵读100篇党史中的经典篇目和人物故事。二是压紧压实意识形态工作责任，严格执行审查、备案、巡查等制度机制，加强广播电视监测监管，扎实开展文娱领域综合治理，强化行业管理，切实防范化解重大风险，确保重要保障期广播电视内容安全、网络安全、播出安全。三是深入学习贯彻习近平法治思想，加强法治建设，不断提升依法行政能力。贵州局荣获2016—2020年贵州省普法工作先进单位。四是切实履行主体责任、第一责任和“一岗双责”，将全面从严治党和党风廉政建设工作与业务工作同谋划、同部署、同推进、同考核。制定“年初定责、年中督责、年底述责”工作机制，抓部署明确责任清单，抓重点加强工作调度，抓对账听取述责报告，抓预防开展警示教育，维护了风清气正的政治生态。

二十五、云南广电：全面推动广电跨越式创新性发展

云南省广播电视局党组书记、局长 盛高举

2021年，云南广电系统紧紧围绕云南省委省政府中心工作，聚焦主责主业，守正创新、开拓奋进，深入实施“六大工程”，全力抓好各项工作落实，实现“十四五”良好开局。

（一）巩固壮大主流宣传

聚焦“举旗帜、聚民心、育新人、兴文化、展形象”的使命任务，突出以工作一盘棋、管理一体化、发展一条心、服务一条龙的“四个一”举措，强化广播电视宣传管理。一是主题宣传氛围浓厚。每周召开宣传工作例会，印发宣传工作提示，指导广电媒体深入宣传阐释习近平新时代中国特色社会主义思想和考察云南重要讲话精神。通过开设专题专栏等，大力开展建党百年和党史学习教育主题宣传，持续开展乡村振兴、生态文明建设等重大宣传，全方位、多层次、立体化展现习近平新时代中国特色社会主义思想实践成果。二是对外宣传有力有效。持续推动中国标准DTMB在南亚、东南亚国家的落地实施，云南台充分利用在老挝、柬埔寨已建成的平台，持续播出60余套节目。承办2021年澜湄电视周暨老挝主题日和系列文化活动，讲好新时代中国故事、云南故事。三是精品力作不断涌现。积极争取省级财政专项资金，用于激励文艺精品创作生产，先后扶持134件广播电视和网络视听文艺作品和23家文艺创作单位，打造了一批聚焦现实、聚焦新时代、聚焦“四个讴歌”的精品力作。

（二）有力保障播出传输安全

牢牢把握“字字千钧、秒秒政治、天天考试”总要求，以庆祝建党百年为重点，压实工作责任，一体推进安全播出、网络安全、设施保护工作。一是扛牢政治责任。把做好庆祝建党百年安全保障工作作为对全省广播电

视战线政治能力、工作水平、担当意识的集中检验和实践展现。与云南省委宣传部联合制定建党百年安全播出保障专项工作方案，全面开展动员培训、安全检查、实操演练等，协调省直 9 家单位配合做好相关保障，压实各级责任。二是落实安全责任。组织全省近 600 家广播电视机构开展自检自查，线上填报数据 6 万余条，填报任务量位列全国第二。抽调数十名技术骨干组成 6 个检查组，对省、州（市）、县三级 155 家安全播出责任单位进行实地检查，提出整改意见，督促限期完成。三是压实工作责任。加强值班值守和应急处置，重保期间，全省各级广电部门全力以赴、团结协作，1.6 万余人坚守一线，确保建党百年庆祝活动实况安全优质传送到千家万户。

（三）全力提升公共服务

围绕广播电视公共服务均等化目标，持续推进城乡公共文化服务体系一体建设，充分保障人民群众看好用好广播电视权益。一是加快推动公益工程建设。完成 56 个民族县 8.27 万套有线高清交互数字电视机顶盒的推广使用。启动省级节目无线数字化覆盖工程一期建设，完成 10 个州（市）21 座广播电视无线发射台站建设，免费提供 4 套省级电视节目。抓实沧源县、维西县国家基本公共服务标准化试点项目建设。持续推进州（市）以上电视频道高清化建设，全省州（市）以上电视频道高清化建设完成率达到 91.4%。二是加大强边固防建设。争取并获批 25 个边境县在“十四五”期间实施智慧广电固边工程，抓好智慧广电固边工程沧源试点，圆满完成 13 项试点任务。联合云南省边检总站完成西双版纳州景洪市 15 个抵边警务室公共广播覆盖试点建设，助力开展疫情防控、打击跨境违法犯罪宣传。三是深入推进应急广播体系建设。完成中央财政补助的 35 个县建设任务，推动各级自筹资金建设，全省已建成 2 个市级平台和 43 个县级系统，应急广播主动发布终端覆盖 6658 个行政村、705 个社区、38289 个村民小组、549 个易地扶贫搬迁集中安置点和 879 个公共场所。

（四）稳步推进智慧建设

一是推进智慧广电发展。率先出台省级“十四五”智慧广电发展规划，统筹推进智慧广电项目建设，全面提升广播电视业务能力和服务能力。印发《云南省智慧广电服务乡村振兴专项行动方案》。二是推进媒体融合。会同省委宣传部完成全省 129 个县级融媒体中心建设和验收，指导省、州（市）两级广播电视媒体制定融合发展三年行动计划，探索建立融媒体中心传播力影响力综合评价体系。三是推进广电 5G 建设。积极参与推动全国有线电视网络整合发展，中国广电云南网络有限公司挂牌成立。加快拓展“智慧广电 + 服务”，在智慧家庭、智慧社区等方面取得积极成效。广电 5G 发展步伐加快，建成 6742 座 700 兆赫 5G 基站。

（五）规范和治理行业运行

强化行业管理，规范运行秩序，夯实意识形态阵地安全基础。一是综合治理深入推进。落实文娱领域综合治理部署，从严整治本领域艺人违法失德、天价片酬等问题。建立剧集全流程质量管理体系，加强剧集题材和内容审核把关，坚决治理“注水”、跟风创作等问题。组织开展全省广电领域新闻“打假治敲”专项行动。二是监管规范有序。坚持政治统领、严字当头、实字托底，不断完善协调联动工作机制，印发《云南省广播电视和网络视听内容监测监管工作方案（试行）》，加强监听监看，着重把好“五关”。三是依法行政持续深化。制定《云南省广播电视系统法治宣传教育第八个五年规划（2021—2025 年）》，持续深化“放管服”和“证照分离”改革，抓好国产电视剧、网络影视剧等的规划备案和完成片审查，加强播出机构和网络视听节目服务持证机构管理。

二十六、西藏广电：聚焦服务大局　聚力主责主业　奋力展示新作为

西藏自治区广播电视局党组副书记、局长　游胜苗

2021年，西藏广电战线广大干部职工团结奋斗、共同努力，宣传、改革、发展、服务、管理各项工作取得重要进展和显著成效，实现“十四五”良好开局，在服务全区稳定发展大局中展示了新作为。

（一）舆论宣传强劲有力

深化广播电视媒体“头条”建设和网络视听媒体“首页首屏首条”建设，推出《奋斗百年路 启航新征程·感恩前行》《习近平总书记：扎西德勒！》等节目栏目。聚焦庆祝中国共产党成立100周年和西藏和平解放70周年主线，开展“奋斗百年路 启航新征程”重大主题宣传，推出《红旗漫卷高原》《墨竹儿女再唱山歌给党听》等节目栏目、系列报道、新媒体作品。围绕全国全区两会、自治区第十次党代会等重要会议，开辟《珍贵！定格70年新西藏》等专题专栏，推出《边境线上的幸福守望》《两会会客厅》等节目报道，开展优秀电视剧、纪录片创作展播活动，推荐展播电视剧59部、广播电视节目32部、纪录片86部，各频道频率推出300多条主题新闻报道、1000余条短视频。

（二）精品创作出新出彩

制定《西藏自治区关于电视剧创作生产全流程质量管理体系的实施方案》，完成新闻作品、国产纪录片、国产动画片、少儿节目及创作人才扶持项目申报，完成《拉萨大院》等17部重点电视剧、纪录片选题报送工作，《漫寻拉萨》等10部网络剧填补了西藏重点网络剧规划备案空白，录制播出大型文艺演出《西藏儿女心向党》等作品。制定《自治区广播电视公益广告扶持项目评审办法实施细则》，25部广播电视公益广告获得扶持。网

络短视频《70 年新西藏珍贵的瞬间》在全国 20 多家新媒体平台播出。少儿演出“热巴舞”登上总台央视“花儿向阳 童心向党——庆祝中国共产党成立 100 周年全国少儿晚会”。

（三）公共服务提质增效

巩固脱贫攻坚成果与乡村振兴有效衔接，免费向有线电视未通达的农牧区群众发放 4.19 万套新一代直播卫星户户通接收设备，全区广播电视综合人口覆盖率分别达到 99.24%、99.39%。全区 68 个县应急广播体系建设工程投入运行。落实 802 万元为抵边搬迁安置点群众购置 1.5 万余套户户通接收设备，协调落实前期资金 609 万推进森布日极高海拔搬迁安置区广播电视覆盖工作。藏语版电视剧《山海情》以精品剧标准，率先完成全国少数民族语言译制并播出。协调广电总局捐赠 37 部 1625 集电视剧译制片源，为地市台提供 200 小时共享译制成片。申报下达 2021 年中央补助地方公共文化服务体系建设广播电视重点项目专项资金 2849.24 万元和 2021 年度中央少数民族地区和边疆地区文化安全专项资金 1.77 亿元、地方配套资金 1.55 亿元。

（四）行业发展繁荣兴盛

编制《西藏自治区“十四五”时期广播电视和网络视听发展规划》，出台《西藏自治区“智慧广电”规划》。参与县级融媒体中心建设，打造《世界屋脊的光明记忆》《美丽新西藏》等一大批融媒产品。推进自治区、地市台高清化升级改造，加快发展有线数字电视，覆盖用户达 37 万户。制定《西藏国有广播电视节目制作经营企业社会效益评价考核办法》，广播电视节目制作经营许可证核发到 251 号。“放管服”改革扎实推进，更新 41 项权责清单，优化“一网通办”政务服务。办好《故乡云》《圣地西藏》对外节目，藏语卫视在周边国家部分落地效果保持良好。推荐 20 部作品参加 2021 年第三届北京国际公益广告大会展览展示活动。协助广电总局国际合作司开展“美好生活 走进西藏”短视频内容创作活动，协助拍摄《中国最美景观大道》优秀对外传播作品。

（五）行业管理全面提升

制定《关于建立健全电视剧创作生产全流程质量管理体系实施方案》《关于网络原创视听节目全流程的管理规定》。编印《视听评议》24期、《监听监看快报》30期、专刊5期，“地市评议周”活动效果良好。完成纪录片《拉萨河》、引进剧《你是我心中的太阳》等审查工作，备案拍摄《社会主义核心价值观系列纪录片》《新时代·幸福美丽新边疆——庆祝西藏和平解放70周年》等纪录片。开展全区广播电视系统安全保障专项行动，庆祝中国共产党成立100周年大会、庆祝西藏和平解放70周年大会实况直播转播期间，全系统2200人/次坚守在节目播出、传输、监测一线，把大会盛况传遍西藏大地、送进千家万户。

（六）管党治党全面加强

健全习近平总书记重要指示批示精神、区党委政府重大决策部署学习贯彻机制，扎实开展党史学习教育和“三更”专题教育，创新“六学”和“1+1+1”学习模式，制定并推进落实25项“我为群众办实事”实践活动举措，惠及群众130万人。加强党风廉政建设，召开6次党风廉政建设专题会议，调整充实56名党风廉政建设监督员。推进支部标准化建设，推进231名“三包”对象对接服务工作，西藏局033台党支部荣获全区先进基层党组织和全区基层党建示范点称号。

二十七、陕西广电：守正创新抓发展 服务大局谱新篇

陕西省广播电视局党组书记、局长 王 刚

2021年，陕西广电系统坚持守正创新，抓导向、强监管、促发展，整体工作有提升、重点工作有突破、亮点工作有影响，全省广电事业产业发展迈上新台阶。

（一）聚焦主题主线，唱响新时代最强音

全省广电媒体始终保持对习近平总书记重要思想和领袖形象宣传高光聚焦，庆祝建党百年主题宣传浓墨重彩，陕西省委省政府中心工作宣传持续深入，全年在总台央视新闻联播播发201条，发稿数量居省级前列，2件广播电视作品获得2019—2020年度“中国广播电视大奖”；3件作品被陕西省委宣传部评为“2021年度全省优秀外宣品”，新闻宣传和舆论引导能力显著提升。

一是围绕学习贯彻习近平总书记来陕考察重要讲话重要指示抓宣传。聚焦学习宣传贯彻习近平新时代中国特色社会主义思想首要政治任务，深化广播电视媒体“头条”建设和网络视听平台“首页首屏首条”建设，优化节目编排，开设专题专栏专区，精心做好宣传阐释。理论节目《追赶超越谱新篇》获评广电总局“广播电视创新创优特别节目”。

二是围绕庆祝建党百年抓宣传。党史节目《歌声里的延安情》列入广电总局庆祝建党百年重点项目。深入开展“百年奋斗·铸就辉煌”短视频大赛、《唱支歌儿给党听·一首歌一座城》全媒体活动视频作品及大学生广播电视公益广告作品征集活动，10部网络视听作品被广电总局采用并在中国IPTV平台展播；组织121部优秀广播电视和网络视听节目展播，为庆祝建党百年营造浓厚氛围。

三是围绕学习贯彻党的十九届六中全会精神抓宣传。策划推出特别节

目、系列报道和新媒体作品，理论融媒节目《核心引领启新程》受到广电总局和陕西省委宣传部肯定。

四是围绕“十四运”抓宣传。圆满完成国内首次全运会高清直播、转播，精心策划系列专题、长短视频和融媒体作品，掀起了宣传陕西新高潮。

五是围绕疫情防控抓宣传。组建专班，组织陕西局、台值班值守，广大记者编辑冒着危险日夜奋战，有效引导社会舆论，推动疫情防控有力有效开展。

（二）精品生产再上台阶，高质量发展开新局

一是精品生产再上新高度。电视剧生产在新华社内参上予以报道并得到赵一德省长批示肯定。电视剧《逐梦蓝天》在总台央视一套黄金时段播出；《号手就位》在浙江、江苏、广东卫视和优酷同步播出，并作为首播剧在香港电台电视 31 频道“国剧 830”专区播出；《啊摇篮》在北京、东方、广东等五家卫视和三大视频网站同步热播并获中美电视节“金天使奖”；《风起霓裳》在湖南卫视、优酷同步播出；《装台》荣获“白玉兰奖”最佳编剧奖。《国家至上》等 33 部广播剧在总台央广主频率播出。《千年陕菜》《瓜熟蒂落》《黄河石城》3 部纪录片在总台央视播出，《瓜熟蒂落》获得第十一届“光影纪年”中国纪录片学院奖最佳长纪录片奖。《延安童谣》《乐比悠悠之天天向上》两部动画片在总台央视播出，《梦幻镇之魔法世界》在上海哈哈炫动卫视播出。《红星耀陕甘》等 3 部作品入选广电总局庆祝建党百年重点纪录片动画片，《大唐帝陵》入选优秀国产纪录片。1 个项目入选广电总局优秀网络视听节目，5 部广电文艺作品入选优秀精品项目和创优节目，4 件公益广告作品、2 家机构获奖励扶持。

二是事业产业发展迈开新步伐。“十三五”重点惠民工程顺利收官，“十四五”重点惠民工程有序推进，应急广播作用发挥出色，争取中央财政专项资金 6890 万元，实施 15 个县区应急广播体系项目建设。出台“十四五”规划，建立中国（陕西）广播电视媒体融合发展创新中心、陕西省网络影视产业基地、陕西省丝路之声网络音频产业基地、网络视听节目创作生产信息“四方平台”，以“十四运”为契机，加快发展高清超高清电视，全省高标清电视频道由 3 个增至 24 个。

三是对外交流实现新跨越。《视听中国 陕西时间》落地阿拉伯地区，对外交流活动精彩纷呈，作品走出去成果丰硕，陕西局提升国际传播能力建设项目获得全省宣传思想文化工作创新竞赛一等奖。

（三）全力保障安全播出，意识形态阵地更牢固

一是严格落实意识形态工作责任制。建立了广播电视、网络视听热点敏感舆情处置等机制，加强导向管理全覆盖，全面落实意识形态责任制。

二是安全保障坚实有力。围绕重要保障期，制定方案预案，深入开展安全播出大检查、应急演练和网络安全演习，圆满完成安全播出工作；实施无线数字电视监测分系统一期项目、省级广播电视卫星和有线电视监测系统项目建设，增强了监测能力。

三是综合治理深入推进。发扬斗争精神，严防政治有害内容渗透传播，加强行政执法检查，严厉打击关停非法违规视听网站，开展违规接收电视节目和违规广告专项整治，阵地管理更加坚强有力，行业秩序更加规范，治理体系和治理能力进一步提升。

（四）强基固本，锻造过硬广电人才队伍

深入开展党史学习教育，梳理完成“我为群众办实事”12 件，着力解决行业单位和群众的急难愁盼问题。大力加强政治建设，严格落实党风廉政建设各项制度，不断推进作风转变，全面从严治党向纵深发展。坚持加大行业培训，送培训至市县，2021 年新增中高级技术人才近 2000 名，8 家单位荣获全国新闻出版广电行业先进集体、5 名同志荣获先进工作者和劳动模范称号，27 名同志入选全国广播电视和网络视听行业领军人才和青年创新人才工程。

二十八、甘肃广电：高擎旗帜奋楫扬帆　守正创新勇毅前行

甘肃省委宣传部副部长，省广电局党组书记、局长　彭鸿嘉

甘肃广电系统突出抓导向、优内容、管阵地、保安全、促发展、强队伍，深入实施“五大工程”，有力推动全省广播电视和网络视听高质量创新性发展。

（一）政治建设深入有效

高起点开局、严要求开展党史学习教育。党史学习教育突出抓理论武装、抓党课讲授、抓现场践学、抓组织生活、抓兴办实事、抓示范带动。聚焦群众急难愁盼，着眼于公共服务提质增效、优化营商环境、事业产业发展帮办实事37项，让群众感受到新气象新成效。甘肃局无线传输中心玛曲广播转播台党支部被中共中央授予“全国先进基层党组织”荣誉称号。

（二）舆论引导浓墨重彩

深入实施“舆论引导能力提升”工程。持续深化广播电视媒体“头条”建设和视听新媒体“首页首屏首条”建设，深度阐释习近平新时代中国特色社会主义思想，紧紧围绕习近平总书记重要活动、重要讲话、重要部署开展宣传，开展系列论述6期，举办政论专题4期，开展“奋斗百年路　启航新征程”重大主题宣传和“辉煌100年”“小康走起”等专题宣传，制播《思想的田野（甘肃篇）》《今日中国（甘肃篇）》节目栏目，形成大小屏互动、长短视频互补的报道声势。全省广电机构积极开展献礼建党百年大型全媒体主题宣传活动。推出“新思想引领新征程·时代答卷”“认真学习党的十九届六中全会精神”等专栏，连续播出党史学习教育和“四史”宣传系列公益选片、公益广告。市（州）和县（区）融媒体中心接续推出一批生动鲜活、有分量、接地气的成就报道，唱响新时代主旋律最强音。

（三）打造精品讲好故事

深入实施“新时代精品工程”和“陇原文艺高峰攀登工程”。着眼于展示敦煌文化、弘扬敦煌精神，创作的广播剧《我心敦煌·挚爱之疆》《青春敦煌》分别获第31届中国新闻奖一等奖、中国广播电视大奖；着眼于宣传传统文化、展示自然风貌，推进纪录片大省建设，《祁连山》《放羊的画家》分别入选广电总局重点纪录片扶持项目和季度推优名录，《新时代的我们》《南梁星火》《青春丰碑》入选庆祝建党100周年重点纪录片目录，《河西走廊》实现海外销售，《莫高窟与吴哥窟的对话》《扁都口》《阴平古道》《八坊十三巷》《敦煌乐器》等陆续在东南亚、中东欧国家多家电视台播出；助力实施乡村振兴战略，助推甘味农产品发展，拍摄现实题材电视剧《红果果 金担担》；着眼于传承红色文化、反映陇原大地推动经济社会发展生动实践，打造电视剧《英雄的旗帜》《绿色誓言》《那年那月》《一碗沧桑》。《黑河鸟鸣》《放羊的画家》等13部纪录片、1部电视剧、1部动画片、1部广播剧、1部网络电影入选甘肃省第十届敦煌文艺奖，广播电视文艺宣传作用得到充分发挥。

（四）公共服务提质增效

深入实施“如意甘肃·智慧广电”建设工程。编制印发《甘肃省“十四五”广播电视和网络视听发展规划》《甘肃省广播电视基本公共服务实施标准》。落实中央和省级公共文化补助和项目投资等2亿多元；投入1.65亿元在36个县建成应急广播体系；投入2453万元建成甘肃卫视高清频道上星传输系统，实现高清信号上星传输；14个市（州）级台电视频道获批高标清同播；投入764万元对民族地区3.32万电视用户，配置有线高清交互数字机顶盒；投入1800万元的“三区三州”市级广电融合项目有序推进；启动实施投资1500万元的肃北县智慧广电固边工程项目；投资2960万元建成广播电视和网络视听省级监测监管平台，实现了对传统广播电视、IPTV、互联网电视、网络视听节目、节目内容评议、舆情、广告、两微一端、应急广播的全覆盖监测；省级IPTV集成播控分平台用户达到469.52

万户；发展“甘小果”智能终端用户 3.13 万户，建设 700M 5G 基站 2569 座；玉门融媒体中心、合作广播转播台荣获全国服务基层、服务农村先进单位。广播电视传播覆盖水平和公共服务能力大幅提升。

（五）行业治理规范有序

深化拓展“管理优化”和“安全播出”工程。督促落实播前三审和重播重审制度，监评省、市广播电视台自办栏目 180 个，巡查网站 121 家。组织开展“净网”“清朗”、涉军网络环境、非法卫星地面接收设施、保健食品广告、校外培训机构广告等专项整治活动，责令下架涉军事类视听节目 135 条，删除新闻类视听节目 896 条，坚决滤除杂音噪音，荧屏声频更加清朗、网络视听更加安靖。着力规范日常监管，做好公益广告播出，严格商业广告播出治理，督导处理 5 家机构违反宣传规定的问题，处理违规广告 27 起 90 条。综合整治天价片酬、阴阳合同、偷税漏税等文娱领域突出问题，及时排查清理节目库，维护行业发展秩序。健全完善应急预案，强化安全播出监测管理，圆满完成国庆、庆祝中国共产党成立 100 周年等重要保障期传输播出任务，确保导向安全、播出安全、网络安全、传输安全、设施安全。

二十九、守正走深 创新走实 谱写青海广电事业发展新篇章

时任青海省广播电视局党组书记、局长 申红兴

2021年，青海广电系统深入实施广电发展“五大工程”，各项工作取得新成效。

（一）主题主线宣传浓墨重彩

一是积极深化广播电视媒体“头条”建设和网络视听媒体“首页首屏首条”建设，全省各级广电媒体全面深入宣传报道各地各单位学习贯彻落实习近平总书记考察青海时重要讲话精神的成效，全面启动全省各县应急广播“大喇叭”系统，扎实做好习近平总书记对青海重大工作要求的宣传，充分扩大宣传覆盖面，确保重要讲话精神及时准确传播到田间地头。二是开展“奋斗百年路 启航新征程”重大主题宣传，拍摄制作《打卡青海红色地标》系列短视频，组织开展全省庆祝建党100周年广播电视和网络视听作品及公益广告展播活动，开展“百年潮·看青海”短视频大赛，各级广播电视机构播出主题公益广告8.5万条（次）。加强影视节目译制，2021年译制各类影视节目1429集，为青海省6州19县广播电视台及甘肃、四川等共30家州县级电视台免费提供影视译制节目1300集，为安多卫视供片1000集，进一步丰富农牧区群众精神文化生活。

（二）精品创作取得新突破

策划创作的生态文明主题纪录片《青海·我们的国家公园》，作为庆祝建党百年首部纪录片在总台CCTV–9、CCTV–2和上海东方卫视、浙江卫视等25家上星频道及近百家新媒体平台全年持续播出，并于联合国生物多样性大会期间在境外播出，传输范围覆盖全球200多个国家和地区。该片荣获第十七届中美电视节“中华文化国际传播力”金天使奖等多项大奖。策划推出的《跑马溜溜的云上》被总台央视纪录片频道选为“春节特

别节目”，社会反响热烈。此外，完成22部网络影视剧的规划备案审核，6部网络电影取得发行许可。2021年，青海局宣传处（电视剧处）被广电总局评为优秀组织机构，这是青海局历史上首次获得该奖项。同时，青海省推荐15件作品参加中国广播电视大奖评选，4件荣获中国新闻奖，为全省广电系统历年获中国新闻奖数量最多的一年，特别是国际传播类和电视新闻节目编排类获奖作品，填补了青海该类奖项获奖空白。

（三）主动作为助力推进全省高质量发展

一是积极推进智慧广电建设，推进电视频道高清化进程，全部省级电视频道和西宁市广播电视台等7个市（州）级电视频道实现高清播出，高清播出率达到85.7%。落实项目建设资金6882万元，实施青海广播电视综合监管智慧服务能力提升项目、州级广播电视台广电融合提升项目、6州和东部5县应急广播体系建设项目、民族地区有线高清交互数字电视机顶盒更新改造项目。落实重大项目运行维护资金2.14亿元，确保了全省广播电视设施设备正常运转。二是网络整合有序推进，青海省广播电视信息网络股份有限公司已更名为“中国广电青海网络股份有限公司”，稳步迈入“全国一网”。三是组织利用全省近5万个应急广播及大喇叭终端，采取群众喜闻乐见的形式，宣讲党和政府的声音，尤其是在政策宣传、抗击疫情、地震救援、防灾抗汛工作中发挥了重要作用，把党和政府的声音传入寻常百姓家，真正打通信息传播的“最后一公里”。

（四）标本兼治强化安全播出和行业治理

出台《青海省广播电视局安全生产管理办法》《青海省广播电视安全播出应急预案》《青海省广播电视局突发事件总体应急预案》等制度，筑牢制度防线。组织开展全省广电行业迎接建党100周年安全播出大检查和安全防范督查“回头看”工作，圆满完成广电总局安全播出大检查和发现问题整改工作，开展安全播出应急演练，对玉树州、大通县等误播行为进行约谈，避免了重大事故的发生。坚持日常监管与专项整治相结合，印发《青海省广电局关于贯彻落实加强和规范事中事后监管的通知》，核发37

家县级广播电视播出机构频道许可证、154家节目制作机构经营许可证和25家县级融媒体中心、3家州级广播电视台《信息网络传播视听节目许可证》，联合青海省网信办等单位查处34家网络视听违法违规平台，依法查缴非法卫星电视地面接收设施850套，查处虚假违规广告33条，开展文娱领域综合治理，加强文艺节目及其人员管理，营造了青海广电领域的“绿水青山”。

（五）全面从严治党，强化广电队伍建设

青海广电系统始终坚持以政治建设为统领，扎实推进党史学习教育，推动党的建设、党风廉政建设和全面从严治党进一步深化。配合完成青海省委第九轮巡视第一巡视组巡视省广电局各项工作，通过“一书一图三表四卡”压紧压实党风廉政建设主体责任。加大广电人才培训力度，举办全省广播电视高新技术业务培训班、公共服务能力提升培训班和广播电视系统技能竞赛，举办区块链知识辅导讲座，提高广电人才专业技术水平，2021年累计培训各类人员1800余人（次），在行业内形成了“比学赶帮超”的学习氛围。

三十、奋力开创宁夏广播电视高质量发展新局面

宁夏回族自治区广播电视局党组书记、局长　高瑞莉

2021 年，宁夏广电系统紧紧围绕庆祝中国共产党成立 100 周年这条主线，立足新发展阶段、贯彻新发展理念、服务新发展格局，着力推动广播电视高质量发展，取得新成效、实现新发展。

（一）抓舆论宣传，着力营造建党百年浓厚氛围

大力推进广播电视媒体“头条”建设和网络视听媒体“首页首屏首条”建设。全区各级广播电视和网络视听媒体组织开展“庆祝中国共产党成立 100 周年——奋斗百年路 启航新征程”主题宣传活动，大力弘扬伟大建党精神。紧紧围绕乡村振兴、“九个重点产业”“十大工程项目”“四大提升行动”等自治区党委政府中心工作，推出《宁夏不会忘记》《共产党好，黄河水甜》等系列主题报道，拍摄纪录片《黄河谣》，开办《纪录宁夏》等栏目，为黄河流域生态保护和高质量发展先行区建设营造良好舆论氛围。

（二）抓精品创作，广播电视内容供给不断扩大

全力支持和参与电视剧《山海情》创作拍摄，该剧在第 27 届上海电视节白玉兰奖评选中，获得最佳中国电视剧、最佳女配角、最佳男配角和最佳摄影奖。由广电总局指导，福建、宁夏两省区宣传部、广电局等单位联合摄制的纪录片《闽宁纪事》，荣获第三十一届中国新闻奖电视新闻专题一等奖。纪录片《宁夏明长城》《塞上江南》获评 2020 年第四季度、2021 年第一季度优秀国产纪录片。网络电影《那片沙那片海》获评 2020 年“弘扬社会主义核心价值观 共筑中国梦”主题原创网络视听节目征集推选和展播活动优秀节目。创作拍摄 12 集公益宣传系列短视频《宁夏故事 2021》，在腾讯视频、今日头条等全网 50 多个主流平台投放播出，宣传效果显著。策划推出《入党那一天》《驻村第一书记讲党课》《小杞宣——百

年回望》《党史故事我来讲》《青年说》《Vlog：唱支红歌给党听》等短视频。精心筹办第六届宁夏公益广告大赛，共征集作品2226件，《平凡中的不平凡》《新生活 新奋斗 伍六十的幸福生活》分别获评公益广告扶持项目优秀广播作品、优秀电视作品。

（三）抓安全播出，安全保障能力稳步提升

深入实施“安全播出工程”，扎实开展献礼建党百年安全播出保障专项行动，深入开展迎接中国共产党成立100周年广播电视安全保障应急演练。宁夏局分5组对五市进行检查，督导宣传和安全播出工作，圆满完成重保期安全播出工作，建党百年广播电视安全播出保障专项行动经验被中宣部《每日要情》转载并向全国推广。接受国务院安委会第七考核巡查组对安全生产和消防工作的巡查考核，安全生产和消防工作得到巡查组肯定。

（四）抓广电惠民，公共服务能力不断增强

以实施惠民工程为抓手，建成“宁夏广播电视高质量发展项目库”，共收集高质量发展项目23个，项目总投资规模1.9亿元。印发实施《宁夏广播电视服务乡村振兴专项行动方案》，发挥广电行业优势，助力乡村振兴和农民富裕。积极推进700兆赫频率迁移工作和宁夏广播电视监测监管平台系统升级改造项目。在8个脱贫县（区）实施有线高清交互数字机顶盒推广普及项目。积极推进网络整合发展工作，2021年5月28日，原宁夏广播电视网络有限公司更名为中国广电宁夏网络有限公司，有线电视网络整合发展工作基本完成。着力推进县级融媒体中心建设，县级融媒体省级技术支撑平台和县级融媒体平台建设2021年12月完成竣工验收。

（五）抓阵地管理，行业治理能力有效提升

全面落实意识形态工作责任制，开展“大排查、大起底、大检视”，意识形态工作基础深厚坚实、态势平稳向好。持续深化“放管服”改革，梳理行政职权和公共服务事项41项，全年办理行政审批和行政许可48项，完成16个电子证照模板报送录入工作。加强广播电视监听监看监测，坚决查处问题节目，大力整治违规广告，深入开展境外卫星电视传播秩序专项整治。完成银川广播电视台合并、惠农区广播电视台撤销工作，推动频道频率专业化、融合化、特色化、品牌化建设。向 13 家县级融媒体中心颁发《信息网络传播视听节目许可证》。

（六）抓品牌塑造，对外宣传影响持续扩大

深入实施“视听中国播映工程”，强化内容、渠道、品牌建设和主体培育。深入推进“一带一路（中阿）广播电视交流合作项目”，国产电视剧《双城生活》（阿拉伯语版）在黎巴嫩 LBC 电视台播出，受到中国驻黎大使馆高度评价。在第五届中阿博览会期间，该剧通过 YouTube 宁夏卫视官方频道和 2 个客户端进行多语言网络直播。授权 Sinow 平台播放《宁夏明长城》《变迁》《温暖有光放映队》《故事》。《品牌宁夏》《故事》《解码一带一路》等节目通过与中阿卫视合作的《宁夏时间》，走进中东和北非地区。

（七）抓自身建设，高素质人才队伍进一步壮大

以深入实施干部政治能力和专业能力提升工程为统揽，推动广播电视队伍政治能力过硬、理论功底过硬、本领素质过硬、担当作为过硬、纪律作风过硬。承办陕甘宁青四省（区）播音系列高评会，四省区 17 人获播音系列副高级职称任职资格。开展“激情奉献廉洁——2021 年全国广播电视和网络视听先进事迹报告会”人选和集体推荐工作，向广电总局推荐 1 名先进个人和 1 个先进集体。

三十一、守正创新 踔厉奋发 新疆广播电视事业再创辉煌

新疆维吾尔自治区广播电视局党组书记、副局长 刘月星

2021年，新疆局深入贯彻落实第三次中央新疆工作座谈会精神，贯彻落实习近平总书记关于新疆工作的重要讲话和重要指示批示精神，贯彻新时代党的治疆方略，牢牢扭住社会稳定和长治久安总目标，围绕中心、服务大局，守正创新、真抓实干，稳步推进广播电视和网络视听高质量创新性发展，取得显著成效。

（一）把握正确方向导向，为党的新疆工作凝心聚力

坚持团结稳定鼓劲、正面宣传为主，持续深化广播电视媒体“头条”建设和网络视听平台“首页首屏首条”建设，全方位宣传习近平总书记重要思想和领袖形象。统筹网上网下，加强指导协调，全力抓好建党百年、党史学习教育、党的十九届六中全会、自治区第十次党代会等主题宣传，全方位宣传党的丰功伟绩，多角度展现新时代党的治疆方略的成功实践。对重大题材电视剧、重大理论文献电视片和电视公益广告实行备案播出管理，提升了导向安全系数。新疆广播电视“走出去”工程在吉尔吉斯斯坦等4国落地见效，中国故事新疆篇章在海外有效传播。

（二）加强服务扶持管理，繁荣广电精品创作

组织召开精品创作座谈会，加强正面引导力度，用好推优奖扶机制，原创力和创新力不断提升。2021年共审核受理电视剧（动画片）备案申请18部617集，重点网络影视剧规划备案95部，受理上线备案11部。电视剧《大昆仑之丝路宝藏》、电视专题片《山河新疆（第二季）》、纪录片《文游新疆》、电影《在水一方》、动画片《中国字的故事》，首部新疆题材网络剧《邻里一家人（第一季）》等一批优秀作品创作完成。115部广播电视和网络视听作品获广电总局和自治区推优奖扶。少数民族语言影视作品译

制成果丰硕，译制完成5352集电视剧、动画片，70部农村公益故事片和30部科教片。

（三）落实意识形态工作责任制，坚决管住守好阵地

围绕建设广电姓党、绝对忠诚的宣传文化阵地，深入实施“管理优化”工程。强化事前、事中、事后管理，督促广播电视播出机构和视听节目网站严格落实审核机制和制度，做好各类节目的监看审查工作，处理1家无证视听网站，删除2家网站省级落马官员画面，举报关停7家违法网站，停播3部问题纪录片、电视剧和12条违法违规内容、12条虚假违法广告、5个养生类节目。依法做好行政审批，新审批122家广播电视节目制作经营机构，为85家县级融媒体中心办理更名手续并发放许可证，为7家持证机构、57家有线电视传送机构、697家制作经营机构和11家持证酒店换发许可证，注销9家制作机构资质。收缴、拆除非法卫星地面电视接收设施2202套。开展调频频率专项整治行动。圆满完成迎接建党100周年“安全播出季”保障专项工作任务。建立全疆各级播出责任单位与供电部门合作工作机制，提高安全播出规范化管理水平。

（四）注重社会效益优先，推进事业产业转型升级

着眼“十四五”规划和文化润疆工程，21个规划项目已全部录入国家重点建设项目库。完成新疆有线数字电视监测系统、新疆IPTV融合监管系统、新疆广播电视信号监测项目建设。编制并上报“三区三州”市级广电融合提升工程项目可行性研究报告，编制完成智慧广电固边工程建设总体方案。与广电总局广播电视卫星直播管理中心、中国广电新疆网络股份有限公司签订三方战略合作协议，推进广播电视直播卫星公共服务扩容提质。建立防范5G干扰协调工作长效机制，积极推进700兆赫频率迁移工作。积极推进全疆县级广电网络整合，完成年度20个县市整合任务。依托“天山媒体云文化科技支撑基地”，积极推进国家文化大数据多语种区域中心建设。

三十二、新疆生产建设兵团：扎实推进安边固疆广播电视传播力补短板工程

新疆生产建设兵团文化体育广电和旅游局党组书记、局长 王子彬

党的十八大以来，以习近平同志为核心的党中央高度重视新疆生产建设兵团工作，要求兵团履行好安边固疆的稳定器、凝聚各族群众的大熔炉、发展先进生产力和先进文化示范区的“三大功能”。兵团党委高度重视广播电视事业发展，持续推动解决历史发展欠账，不断强基础、补短板，推进安边固疆广播电视传播力补短板工程，兵团广播电视事业得到迅速发展。

（一）围绕文化润疆新要求，启动安边固疆广播电视传播力补短板工程

第三次中央新疆工作座谈会以来，习近平总书记对深入做好意识形态领域工作，深入开展文化润疆工程提出了新的要求。兵团广播电视事业是兵团意识形态领域反分裂斗争的重要阵地。兵团广播电视事业发展历史欠账较多，主要表现在监测监管体系不完善、公共服务质量不高和传播力、影响力不足等方面，通过实施安边固疆广播电视传播力补短板工程，开展兵团广播电视监测监管、“三区三州”市级广电融合提升工程、智慧广电固边工程、兵团有线电视网升级改造和兵团广电5G建设等项目建设，着力改善兵团广播电视发展基础条件，推动优质文化资源向基层下沉，促进边境地区广播电视公共服务均等化，满足各族职工群众文化需求，建成宣传党的路线方针政策、宣传党中央治疆方略和自治区、兵团重要决策部署，传播先进文化、弘扬中华文化、有效抵御外来文化渗透、巩固意识形态阵地、丰富职工群众精神文化生活的重要载体，以及普及科技知识的重要窗口、信息集散的主渠道。

（二）着眼先进文化示范区建设，提高广播电视公共服务水平和传播能力

一是坚持规划引领。兵团高度重视广播电视事业发展，将安边固疆广

播电视传播力补短板工程纳入《新疆生产建设兵团“十四五”发展规划纲要》《兵团文化润疆工程规划（2021—2030）》《环塔里木文化传播与共建共享工程规划（2021—2030）》《边境文化长廊工程规划（2021—2030）》，为兵团安边固疆广播电视传播力补短板工程提供长期保障。

二是争取援疆支持。第三次中央新疆工作座谈会以来，为解决兵团广播电视行业存在的困难和问题，抓住对口援疆工作会契机，积极汇报兵团广播电视行业发展情况和存在短板弱项，主动请教解决问题的方法途径，得到广电总局和对口援疆省市的大力支持，收到《国家广播电视总局规划财务司关于新疆自治区和兵团广电局申请总局帮助和支持解决事项相关意见的函》，支持兵团开展应急广播体系、广播电视监测系统、“智慧广电固边工程”及广播电视制播能力提升工程等建设，支持力度在兵团广播电视发展史上前所未有。

三是推进项目建设。2021 年，在广电总局的大力支持下，兵团加大广播电视基础设施建设投入，推进第一师阿拉尔市、第三师图木舒克市、第十四师昆玉市纳入广电总局“三区三州”市级广电融合提升工程，促进团场广播电视公共服务提质升级；全面启动智慧广电固边工程，推动智慧广电助力兴边富民、服务乡村振兴；开工建设广播电视和网络视听监测监管平台，填补了兵团广播电视监测监管空白。

四是实施广电精品润疆工程。通过积极寻找契合点，共同打造反映新疆和兵团历史、具有中华文化底蕴、彰显优秀民族文化特色、符合现代文明理念、反映各族群众现实生活的精品力作。创作推出庆祝中国共产党成立 100 周年五集纪录片《永远的旗帜》《祖国重托——兵团百团百人创业口述史影像档案》。开办 40 集党史教育类电视栏目《党课开讲啦》，其中《兵团精神》等 6 个章节被中组部选入《中国共产党网》展播。创作推出《红色记忆——兵团博物馆馆藏文物、历史遗迹背后的故事》《飞阅兵团（第二季）》等纪录片，《西行漫记》《我的兵团岁月》等栏目，《告诉你一个真实的新疆生产建设兵团》等外宣片。纪录片《飞阅兵团》获“中国广播电视大奖2019—2020年度广播电视节目奖”。开展“永远的旗帜”纪录片展播和“爱在兵团——我身边的变化”微短视频征集活动。推动电视纪录片《兵团故事》拍摄工作。

（三）迎接新起点新挑战，全面提升广播电视事业发展水平

站在新的历史起点上，兵团广播电视行业更要紧紧围绕“文化润疆”和推进兵团先进文化示范区建设，不断强基础、补短板，继续推进安边固疆广播电视传播力补短板工程。一是深入实施“舆论引导能力提升”工程，做强主题主线宣传，唱响新时代主旋律，增强广电媒体的传播力、引导力、影响力、公信力。二是深入实施“新时代精品”工程，打造精品力作。聚焦新时代新思想，强化价值引领，突出创新创造，讲好兵团故事、传播好兵团声音，打造展现兵团精神、兵团价值、兵团力量的原创精品力作。三是深入实施“智慧广电”建设工程，推动兵团广播电视从功能业务型向创新服务型转变，从数字化网络化向智慧化发展，满足兵团职工群众精神文化需求。四是深入实施“安全播出”工程，守住底线、筑牢防线，确保万无一失。全力确保重要保障期安全播出，加快完善行业监测监管技术系统，不断提高安全保障能力。

附　录

附录一 2021年广电全媒体发展大事记

1月

1月6~7日 2021年全国广播电视工作会议在北京召开。会议提出，2021年广播电视工作要突出庆祝中国共产党成立100周年，继续深入实施“六大工程”，着力构建“一五一”工作格局。

1月14日 人力资源和社会保障部、国家广播电视总局《关于深化播音主持专业人员职称制度改革的指导意见》，部署深化播音主持专业人员职称制度改革工作，包括将主持专业人员纳入新的职称制度，坚持把政治品德和职业道德放在评价首位等。

1月14日、21日 广电总局先后召开两场重点电视剧创作工作调研座谈会，要求紧扣党和国家重要时间节点，聚焦党的十八大以来党和国家各项事业发生的历史性变化、取得的历史性成就，推动迎接党的二十大和北京冬奥、乡村振兴题材电视剧创作生产。

1月26日 中国广电与中国移动在北京签署5G战略合作协议，正式启动700MHz 5G网络共建共享。

1月27日 广电总局在北京召开《山海情》创作座谈会，该剧系广电总局全程策划指导的重点电视剧，1月12日在多家卫视和重点视频网站上线播出。

1 月 28 日　广电总局同意在北京体育大学设立“5G 高新视频体育融合创新应用国家广播电视总局实验室”。

2月

2 月 1 日　中央广播电视总台 8K 超高清电视频道试验开播。

2 月 3 日　广电总局举行纪录片《闽宁纪事》开播仪式。

2 月 23 日　广电总局公布 2020 年度优秀海外传播作品，《在一起》等 20 部作品入选。

2 月 26 日　“京津冀之声”开播仪式在京举行。开播仪式上，发布了组建“京津冀之声——协同发展智库”和“京津冀之声”全域覆盖计划，签署了京津冀广电媒体合作协议等。

3月

3 月 3 日　广电总局召开重大革命历史题材电视剧创作工作调研座谈会，要求持续推出可作为党史学习教育可视化教材的精品力作。

3 月 16 日　广电总局起草的《中华人民共和国广播电视法（征求意见稿）》向社会公开征求意见。

3 月 23 日　广电总局指导全国 50 家电视台联合推出《理想照耀中国——庆祝建党百年“双 100”系列融媒报道》，全方位、多角度、立体化呈现中国共产党百年奋斗历程。

3 月 26 日　由国家广播电视总局、中央党史和文献研究院、中共江苏省委联合出品的《百炼成钢：中国共产党的 100 年》上线开播仪式在北京举行。

4月

4 月 1 日　广电总局召开 2021 年全国广播电视宣传工作会议暨建党百年重点作品推进会，总结了 2020 年广播电视宣传工作，部署 2021 年广播电视宣传重点工作，调度了建党百年主题重点节目、纪录片、动画片。

4 月 2 日 广电总局印发《关于发布基于区块链的内容审核标准体系（2021 版）的通知》，基于区块链的内容审核标准体系分为系统、业务、安全和管理等 4 大类，共 13 项标准。

4 月 24 日 国家广播电视总局、湖南省人民政府在长沙共同召开 2021 年中国（长沙）马栏山视频文创产业园部省共建推进工作会议。期间，广电总局与湖南省签署了相关合作协议。

4 月 25 日 由广电总局主办的“打造智慧广电媒体、发展智慧广电网络”为主题的智慧广电馆，亮相第四届数字中国建设峰会成果展览会。

5月

5 月 9 日 2021 世界超高清视频（4K/8K）产业发展大会在广州开幕。

5 月 12~14 日 2021 中国视听创新创业大会在中国（之江）视听创新创业基地召开。

5 月 26 日 由国家广播电视总局组织，中央党史和文献研究院等参与指导的建党百年主题大型电视节目《时间的答卷》，在上海中国一大会址举行开播仪式。

5 月 27 日 广电总局公布首届广播电视和网络视听人工智能应用创新大赛（MediaAIAC）结果，共评选出智能内容审核、智能效果评估、智能推荐、智能剪辑、视频修复、智慧广电终端等 6 类 123 个优秀项目。

5 月 27 日 广电总局公布首届高新视频创新应用大赛获奖结果，共评选出互动视频、沉浸式视频、虚拟现实视频、云游戏、超高清视频等 5 类 96 个优秀项目。

5 月 28 日 广电总局分别批复上海局、江苏局、浙江局，同意设立“智慧广电网络安全生态创新研究国家广播电视总局实验室”“5G 融合接入应用创新国家广播电视总局实验室”和“智慧家庭创新研究与应用国家广播电视总局实验室”。

5月28~30日　第二十八届中国国际广播电视信息网络展览会（CCBN2021）在北京举行。CCBN2021以“智慧全媒体 5G新视听”为主题，采取线上线下联动方式。

6月

6月1日　新修订的《中华人民共和国著作权法》正式施行。该法将“广电作品”改为“视听作品”，并将“视听作品”按照“电影、电视剧作品”及“其他视听作品”予以分类，创设不同的权属规则。

6月2~17日　电视剧《在一起》在迪士尼旗下卫视国际台播出，覆盖新加坡、马来西亚、印度尼西亚、泰国、菲律宾、柬埔寨、缅甸、文莱等8个东南亚国家和中国香港特别行政区。11月17日，《在一起》获亚洲—太平洋广播联盟节目奖电视剧大奖。

6月3日　第9届中国网络视听大会在成都举行，时任中宣部副部长，广电总局局长、党组书记聂辰席发表题为《牢记初心使命 传承红色基因 推动网络视听奋进新征程 实现新跨越》主旨演讲。开幕式上，举行了“网络视听业庆祝中国共产党成立100周年特别活动”。

6月8日　2021年上海国际电影电视节互联网影视峰会举行主旨论坛。论坛上，《中国视听新媒体发展报告（2021）》《2020网络原创节目发展分析报告》以及《中国网络视频精品研究报告（2021）》3份报告正式发布。

6月22日　广电总局发布《关于进一步做好庆祝建党100周年纪录片创作播出工作的通知》，确定了《敢教日月换新天》《风华正茂百年青》等86部重点片目。

6月23日　由国家广播电视总局、国家文物局联合出品的《红色文物100》上线开播仪式在北京举行。

6月28日　在庆祝中国共产党成立100周年大型文艺演出《伟大征程》上，中国移动首次采用基于5G的即时电影拍摄技术，实现了全球首次大型舞台剧的“即时摄影、瞬时导播、实时投屏”。

6 月 30 日　广电总局公布 2020 年度全国广播电视和网络视听行业领军人才工程、青年创新人才工程入选名单。其中，领军人才工程入选人才 437 名，青年创新人才工程入选人才 740 名。

7月

7 月 1 日　庆祝中国共产党成立 100 周年大会在北京隆重举行。中央广播电视总台对庆祝大会进行现场直播，全国 436 个地级以上广播电视台，2106 个县级广播电视台和 36 个教育电视台的主频道、主频率，央视网、人民网、新华网等中央重点新闻网站，芒果 TV 等 31 个省级网络广播电视台，爱奇艺、优酷、腾讯视频、抖音等 600 余家网络视听平台，IPTV 集成播控总分平台对庆祝大会实况进行转播。

7 月 8 日　2020 年度媒体社会责任报告正式对外发布，这是媒体社会责任报告制度工作开展以来第 8 次发布有关报告，发布报告的媒体数量同比增加一倍以上。

7 月 16 日　广电总局在河南郑州召开“中国节日”系列节目暨文化节目创作座谈会。

7 月 21 日　广电总局在北京举办全国精品电视剧创作经验交流培训班。时任中宣部副部长，广电总局局长、党组书记聂辰席发表开班动员讲话。

8月

8 月 2 日　中宣部、文旅部、广电总局等 5 部门联合印发《关于加强新时代文艺评论工作的指导意见》。

8 月 3 日　广电总局启动为期一个月的网络综艺节目专项排查整治。

8 月 18 日　广电总局公布 2021 年“中华文化广播电视传播工程”重点项目，《“中国节日”系列节目》等 24 个项目入选。

8 月 19 日　中宣部、广电总局从 2021 年起，将联合实施中国纪录片对外传播推优扶持项目，每季度对取得较好国际传播效果的优秀国产纪录片予以扶持奖励。

8月27日　中央网信办发布《关于进一步加强“饭圈”乱象治理的通知》，要求取消明星艺人榜单、优化调整排行规则、严管明星经纪公司、规范粉丝群体账号等。

9月

9月2日　中宣部发布《关于开展文娱领域综合治理工作的通知》，针对流量至上、“饭圈”乱象、违法失德等文娱领域突出问题部署综合治理工作。

9月2日　广电总局发布《关于进一步加强文艺节目及其人员管理的通知》，要求坚决抵制违法失德人员，坚决反对唯流量论，坚决抵制泛娱乐化，坚决抵制高价片酬，切实加强从业人员管理，开展专业权威文艺评论，充分发挥行业组织作用，切实履行管理职责。

9月6日　广电总局公布第2批国家广播电视和网络视听产业发展项目库遴选入库项目，共计5大类、58个项目入选。

9月7日　广电总局召开广播电视和网络视听文艺工作者座谈会，会议以“爱党爱国、崇德尚艺”为主题，深入贯彻落实习近平总书记关于文艺工作的重要论述，交流思想、凝聚力量。

9月14日　中共中央办公厅、国务院办公厅发布《关于加强网络文明建设的意见》，强调要深入推进“清朗”“净网”系列专项行动，深化打击网络违法犯罪，深化公众账号、直播带货、知识问答等领域不文明问题治理，开展互联网领域虚假信息治理。

9月15日　第16届中国传媒年会在长沙举行，会上发布的由广电总局发展研究中心编撰的《中国广播电视全媒体发展报告（2021）》显示，2020年网络视听收入在全国广播电视行业总收入中的比重达到31.95%，呈现蓬勃发展态势。

9月16日　广电总局召开贯彻落实文娱领域综合治理部署、推动电视剧事业高质量发展座谈会。

9月17日 国家网信办、中宣部、教育部、科技部、工信部、公安部、文旅部、市场监管总局、广电总局等9部委公布了《关于加强互联网信息服务算法综合治理的指导意见》。意见指出，利用3年左右时间，逐步建立治理机制健全、监管体系完善、算法生态规范的算法安全综合治理格局。

9月23日 由广电总局轮值主办的第17届中国（深圳）国际文化产业博览交易会首次以“线上线下双轨并进”的形式在深圳国际会展中心开幕。期间，广电总局主办首届广电视听产业高峰论坛。

9月29日 第17届中国国际动漫节在杭州开幕。

10月

10月8日 广电总局发布《广播电视和网络视听“十四五”发展规划》。

10月11日 “中国联合展台”亮相2021年线上法国秋季戛纳电视节，通过“云展台”“线上推介会”“在线论坛”“一对一洽谈会”等形式向国际市场展示中国视听节目和内容产业。

10月13日 中国广电媒体融合发展大会在北京开幕，首届新视听媒体融合创新创意大赛当日同步启动。

10月20日 广电总局发布《广播电视和网络视听“十四五”科技发展规划》。

10月22日 广电总局启动为期两个月的违规短视频节目和账号专项治理行动。

10月25日 商务部、中宣部、税务总局、广电总局等17部门印发《关于支持国家文化出口基地高质量发展若干措施的通知》。

10月25日 中央广播电视总台央视奥林匹克频道（CCTV-16）及其数字平台正式开播上线，这是国际上首个以4K超高清和高清标准24小时上星同步播出的专业体育频道。

10月25日 广电总局在北京召开重大题材电视剧《功勋》创作座谈会，

深入研讨“重大现实、重大革命、重大历史”题材主题创作工作。

10月27日 第3届中国—东盟电视周在广西南宁启动，电视周以“守望相助 融合创新”为主题，举办中国—东盟优秀视听节目海外展播、视听传播峰会暨视听（科创）产品展示交易会等活动。

10月29日 国家市场监督管理总局对《互联网平台分类分级指南（征求意见稿）》公开征求意见，将互联网平台分为3级：超级平台、大型平台和中小平台。

11月

11月1日 《中华人民共和国个人信息保护法》正式施行。

11月8~10日 中国广电完成全球首个5G NR广播技术商用场景系统能力验证。

11月16日 广电总局召开“我们的新时代”主题电视剧重点项目推进会，决定从2021年11月到2022年年底，开展“我们的新时代”主题作品创作展播活动。

11月22日 广电总局印发《关于开展智慧广电服务乡村振兴专项行动的通知》。

11月25日 2021年中非视听节目推介会暨中国电视剧《山海情》（法语版）开播仪式在北京和塞内加尔首都达喀尔同步举办。

12月

12月1日 广电总局印发《关于推动广播电视和网络视听企业坚持正确导向履行社会责任的实施办法》。同月，广电总局印发《关于建立新时代广播电视和网络视听精品创作引导机制的意见》等文件。

12月1日 2021年澜湄电视周在云南昆明正式启动，本届电视周以“睦邻惠邻、互联互通”等为主题，举办了澜湄媒体合作成果展、优秀视听节目展映展播等系列活动。

12 月 3 日　广电总局发布 2021 年度全国广播电视媒体融合先导单位、典型案例、成长项目征集评选结果，10 家先导单位、15 个典型案例、15 个成长项目入选。

12 月 6 日　第 5 届中国—阿拉伯国家广播电视合作论坛以线上线下结合方式在北京开幕。中共中央政治局委员、中宣部部长黄坤明作视频致辞。论坛通过了《第五届中国—阿拉伯国家广播电视合作论坛共同宣言》。

12 月 8 日　第 3 届北京国际公益广告大会在北京召开。

12 月 15 日　中国网络视听节目服务协会发布了《网络短视频内容审核标准细则（2021）》。细则结合文娱领域综合治理的新要求，对原有 21 类 100 条标准进行完善。

12 月 22 日　广电总局在北京召开广播电视和网络视听重大主题节目创作推进会，时任中宣部副部长，广电总局局长、党组书记聂辰席出席并讲话。会议聚焦迎接党的二十大胜利召开、奋进第二个百年奋斗目标新征程，部署推进 2022 年广播电视和网络视听重大主题节目创作。

12 月 31 日　广电总局发布《电视剧母版制作规范》，对电视剧母版时长、署名、图像、声音、字幕、封装格式、制作质量等进行了技术量化和统一规范。

12 月 31 日　北京广播电视台冬奥纪实 8K 超高清试验频道正式开播。

附录二　2021 年全国各省、自治区、直辖市广播电视发展基本数据一览表①

地区	2021 年发展基本数据
北京市	广播电视综合人口覆盖率均达 100%。完成了北京节目地面无线数字覆盖工程，实现了 12 套中央电视节目、8 套北京电视节目在远郊地区的覆盖。持《信息网络传播视听节目许可证》机构 133 家。办理电视剧发行许可证 37 部，播出京产电视剧 27 部。有线电视、有线数字电视实际用户数分别为 614.67 万、614.39 万，有线双向数字电视实际用户数 577.98 万。广播电视总收入 4448.87 亿元，实际创收收入 4022.27 亿元。
天津市	广播电视综合人口覆盖率均达 100%。持《广播电视节目制作经营许可证》机构 753 家，持《信息网络传播视听节目许可证》机构 18 家。电视剧备案公示 12 部，电视剧及电视动画片审查发证 5 部，受理重点网络影视剧立项申报 456 部，通过上线 38 部。有线电视、有线数字电视、有线双向数字电视实际用户数分别为 360.97 万、356.05 万、157.24 万。广播电视总收入 96.77 亿元，实际创收收入 89.94 亿元。
河北省	广播电视综合人口覆盖率分别达到 99.79%、99.86%。广播电视台 151 座。完成 19 个老少边及欠发达地区县应急广播体系建设。持《广播电视节目制作经营许可证》机构 603 家，持《信息网络传播视听节目许可证》机构 161 家。受理电视剧备案申请 26 部，备案公示 14 部。有线电视、有线数字电视、有线双向数字电视实际用户数分别为 627.80 万、599.02 万、190.56 万，户户通用户数 80 万。广播电视总收入 94.24 亿元，实际创收收入 57.95 亿元。
山西省	广播电视综合人口覆盖率分别达到 98.84%、99.22%。26 个县完成应急广播体系建设。持《广播电视节目制作经营许可证》机构 466 家，持《信息网络传播视听节目许可证》机构 68 家。完成电视剧 4 部、动画片 3 部、电视动画片 3 部。有线电视、有线数字电视、有线双向数字电视实际用户数分别为 398.68 万、332.67 万、40.87 万。直播卫星用户数 380 万，IPTV 用户数 550 万。广播电视总收入 67.06 亿元，实际创收收入 23.29 亿元。

① 本节数据来源于广电总局规划财务司、全国省级广播电视行政部门及部分播出运营机构所提供的材料。

续表

地区	2021 年发展基本数据
内蒙古自治区	广播电视综合人口覆盖率均达99.74%。持《广播电视节目制作经营许可证》机构270家，持《信息网络传播视听节目许可证》机构 85 家。完成 15 个深度贫困县的应急广播体系建设。有线电视实际用户数、有线数字电视实际用户数均为 216.91 万，有线双向数字电视实际用户数 111.91 万。IPTV 用户数 328 万。广播电视总收入 51.34 亿元，实际创收收入 19.16 亿元。
辽宁省	广播电视综合人口覆盖率分别达到 99.48%、99.46%。省级广播电视播出机构 1 个，市级机构 14 个，县级机构 50 个，广播节目 101 套，电视节目 99 套。持《广播电视节目制作经营许可证》机构 358 家，持《信息网络传播视听节目许可证》机构 53 家。电视剧备案公示 12 部，完成剧审查 5 部；国产剧发证 2 部，引进剧发证 2 部；电视动画片完成片 16 部，发证 14 部。有线电视、有线数字电视、有线双向数字电视实际用户数分别为 565.99 万、530.05 万、178.74 万。广播电视总收入 66.21 亿元，实际创收收入 38.72 亿元。
吉林省	广播电视综合人口覆盖率分别达到 99.51%、99.60%。现有频率 76 个、频道 76 个。共建设大喇叭系统终端数量 11816 个。持《广播电视节目制作经营许可证》机构 237 家，持《信息网络传播视听节目许可证》机构 51 家。生产完成并获准发行动画片 1 部，14 部网络视听作品完成成片制作。有线电视、有线数字电视实际用户数均为 621.59 万，有线双向数字电视实际用户数 404.30 万。户户通用户数 18.71 万，IPTV 用户数 370 万。广播电视总收入 52.39 亿元，实际创收收入 34.94 亿元。
黑龙江省	广播电视综合人口覆盖率分别达到 99.94%、99.93%。应急广播终端 8768 个。持《广播电视节目制作经营许可证》机构 214 家，持《信息网络传播视听节目许可证》机构 85 家。制作纪录片 51 部、制作广播节目 22.98 万小时、电视节目 10.45 万小时。有线电视、有线数字电视、有线双向数字电视实际用户数分别为 563.97 万、557.93 万、199.53 万。IPTV 用户数 178 万，户户通用户数 20.8 万。广播电视总收入 60.62 亿元，实际创收收入 32.04 亿元。
上海市	广播电视综合人口覆盖率均达 100%。广播电视播出机构 11 个，广播频率 21 套，电视频道 21 套。持《广播电视节目制作经营许可证》机构 2582 家，持《信息网络传播视听节目许可证》机构47家。核发电视剧发行许可15部599集，审核境外影视剧、动画片、纪录片 121 部，发行国产电视动画片 28 部。有线电视、有线数字电视、有线双向数字电视实际用户数分别为 753.56 万、738.72 万、736.74 万。OTT 用户数 48.18 万，IPTV 用户数 547.15 万。广播电视总收入 1267.83 亿元，实际创收收入 1070.23 亿元。
江苏省	广播电视综合人口覆盖率均达100%。累计建成15360个行政村123773组应急广播终端。持《广播电视节目制作经营许可证》机构 1783 家，持《信息网络传播视听节目许可证》机构87家。生产完成并获准发行电视剧12部、电视动画片26部、上线网络影视剧52部。有线电视、有线数字电视、有线双向数字电视实际用户数分别为 1335.45 万、1332.23 万、626.81万。IPTV用户数1211万。广播电视总收入448.59亿元，实际创收收入412.59亿元。
浙江省	广播电视综合人口覆盖率分别达到 99.79%、99.86%。持《广播电视节目制作经营许可证》机构 3000 余家，持《信息网络传播视听节目许可证》机构 132 家。生产电视剧 30 部，制作电视动画 45 部，纪录片题材备案 165 部。有线电视、有线数字电视、有线双向数字电视实际用户数分别为 1304.10 万、1290.62 万、597.56 万。IPTV 用户数 667.61 万。广播电视总收入 666.37 亿元，实际创收收入 561.77 亿元。

续表

地区	2021 年发展基本数据
安徽省	广播电视综合人口覆盖率分别达到99.94%、99.92%。持《广播电视节目制作经营许可证》机构 104 家，持《信息网络传播视听节目许可证》机构 72 家。获准发行电视剧 2 部 76 集，电视动画片获得发行许可 16 部 391 集，上线备案网络视听节目 47 部。有线电视、有线数字电视、有线双向数字电视实际用户数分别为 789.91 万、614.77 万、199.48 万。广播电视总收入 136.38 亿元，实际创收收入 86.04 亿元。
福建省	广播电视综合人口覆盖率分别达到99.85%、99.87%。持《广播电视节目制作经营许可证》机构 1398 家，持《信息网络传播视听节目许可证》机构 108 家。生产完成并获批发行 11 部国产电视剧，上线重点网络影视剧 32 部。有线电视、有线数字电视实际用户数均为 733.45 万，有线双向数字电视实际用户数 332.25 万。IPTV 用户数超 500 万户，户户通用户数 173.42 万。广播电视总收入 314.26 亿元，实际创收收入 252.86 亿元。
江西省	广播电视综合人口覆盖率分别达到 99.23%、99.63%。广播电视播出机构 96 个，开办广播节目 116 套、电视节目 122 套。持《广播电视节目制作经营许可证》机构 282 家，持《信息网络传播视听节目许可证》机构 125 家。电视动画片生产完成并发行 7 部、电视剧 1 部。有线电视、有线数字电视、有线双向数字电视实际用户数分别为 525.56 万、500.77 万、187.63 万。IPTV 用户数 674.7 万。广播电视总收入 73.91 亿元，实际创收收入 37.80 亿元。
山东省	广播电视综合人口覆盖率分别达到 99.51%、99.65%。持《广播电视节目制作经营许可证》机构 1598 家，持《信息网络传播视听节目许可证》机构 123 家。审查国产电视剧完成片 5 部，审核发行 8 部动画片，通过广电总局备案公示剧目 32 部。有线电视、有线数字电视、有线双向数字电视实际用户数分别为 1549.97 万、1442.99 万、500.20 万。IPTV 用户数 1600 万。广播电视总收入 234.52 亿元，实际创收收入 166.15 亿元。
河南省	广播电视综合人口覆盖率分别达到 99.66%、99.64%。持《广播电视节目制作经营许可证》机构 801 家，持《信息网络传播视听节目许可证》机构 130 家。受理并备案公示电视剧 4 部，电视动画片 2 部。有线电视、有线数字电视、有线双向数字电视实际用户数分别为 666.08 万、642.22 万、166.43 万。IPTV 用户数 1923.70 万。广播电视总收入 79.61 亿元，实际创收收入 46.76 亿元。
湖北省	广播电视综合人口覆盖率分别达到 99.89%、99.85%。广播电视播出机构 86 个。持《广播电视节目制作经营许可证》机构 727 家，持《信息网络传播视听节目许可证》机构 84 家。备案立项电视剧 6 部，通过广电总局重点网络影视剧规划备案 67 部。有线电视、有线数字电视、有线双向数字电视实际用户数分别为 1257.10 万、1245.85 万、765.08 万。IPTV 家庭用户数 600 多万。广播电视总收入 196.68 亿元，实际创收收入 146.28 亿元。
湖南省	广播电视综合人口覆盖率分别达到 99.42%、99.75%。广播电视播出机构 108 个，开办电视节目 50 套，广播节目 37 套。村村响和应急广播累计建成 1691 个乡镇广播站。持《广播电视节目制作经营许可证》机构 698 家，持《信息网络传播视听节目许可证》机构 105 家。审批电视剧备案立项 20 部，获广电总局公示备案 14 部，生产完成并获准发行 14 部。有线电视、有线数字电视、有线双向数字电视实际用户数分别为 631.32 万、605.88 万、238.63 万。广播电视总收入 328.31 亿元，实际创收收入 300.66 亿元。

续表

地区	2021 年发展基本数据
广东省	广播电视综合人口覆盖率均达 99.98%。应急广播系统已覆盖 19 个地市。持《广播电视节目制作经营许可证》机构 2918 家，持《信息网络传播视听节目许可证》机构 138 家。经广电总局审查同意发行许可的国产电视剧 18 部，经广电总局备案公示的国产电视动画片 69 部。有线电视、有线数字电视、有线双向数字电视实际用户数分别为 1709.82 万、1642.01 万、737.68 万。IPTV 用户数 1967 万。广播电视总收入 1072.05 亿元，实际创收收入 966.87 亿元。
广西壮族自治区	广播电视综合人口覆盖率分别达到 98.56%、99.31%。全年累计建成县级应急广播体系 57 个。持《广播电视节目制作经营许可证》机构 459 家，持《信息网络传播视听节目许可证》机构 100 家。生产并获得发行许可证的电视剧 1 部、电视动画片 10 部。有线电视实际用户数、有线数字电视实际用户数均为 780.57 万，有线双向数字电视实际用户数 458.92 万。广播电视总收入 75.17 亿元，实际创收收入 40.18 亿元。
海南省	广播电视综合人口覆盖率分别达到 99.35%、99.39%。应急广播建设覆盖全省 63 个乡镇、745 个行政村。持《广播电视节目制作经营许可证》机构 680 家，持《信息网络传播视听节目许可证》机构 25 家。完成电视剧备案公示 18 部和动画片备案公示 2 部、国产电视剧和动画片审查各 1 部。有线电视、有线数字电视、有线双向数字电视实际用户数分别为 133.91 万、124.28 万、45.90 万。IPTV 用户数 186 万，户户通用户数 20.42 万。广播电视总收入 76.67 亿元，实际创收收入 66.81 亿元。
重庆市	广播电视综合人口覆盖率分别达到 99.49%、99.56%。广播电视播出机构 38 家，开办 47 个电视频道、31 个广播频率。应急广播终端 5.86 万组，覆盖 8618 个行政村（社区）。持《广播电视节目制作经营许可证》机构 721 家，持《信息网络传播视听节目许可证》机构 43 家。有线电视、有线数字电视、有线双向数字电视实际用户数分别为 610.60 万，545.83 万、410.91 万。IPTV 用户数 484.41 万，直播卫星用户数 192.97 万。广播电视总收入 86.74 亿元，实际创收收入 63.84 亿元。
四川省	广播电视综合人口覆盖率分别达到 99.17%、99.58%。播出机构 162 个，广播频率 156 个、电视频道 201 个。《持广播电视节目制作经营许可证》机构 1441 家，持《信息网络传播视听节目许可证》机构 181 家。有线电视、有线数字电视、有线双向数字电视实际用户数分别为 929.80 万、894.52 万、543.48 万。广播电视总收入 233.77 亿元，实际创收收入 119.61 亿元。
贵州省	广播电视综合人口覆盖率分别达到 95.96%、97.76%。持《广播电视节目制作经营许可证》机构 147 个，持《信息网络传播视听节目许可证》机构 54 个。19 部重点网络影视剧获得规划备案号，9 部获得上线备案号。有线电视实际用户数、有线数字电视实际用户数均为 869.08 万，有线双向数字电视实际用户数 571.67 万。IPTV 用户数 816 万。广播电视总收入 93.28 亿元，实际创收收入 73.03 亿元。
云南省	广播电视综合人口覆盖率分别达到 99.60%、99.63%。累计完成 2 个州（市）和 43 个县级应急广播系统建设。持《广播电视节目制作经营许可证》机构 318 家，持《信息网络传播视听节目许可证》机构 150 家。有线电视、有线数字电视、有线双向数字电视实际用户数分别为 409.29 万、384.47 万、141.37 万。IPTV 用户数 480 万。广播电视总收入 69.25 亿元，实际创收收入 37.49 亿元。

续表

地区	2021 年发展基本数据
西藏自治区	广播电视综合人口覆盖率分别达到 99.24%、99.39%。免费向有线电视未通达的农牧区群众发放 4.19 万套新一代直播卫星户户通接收设备。68 个县应急广播体系建设工程投入运行，建设 68 个县级平台、633 个乡镇平台、4847 个行政村终端，并完成应急广播系统上下对接能力测试。持《广播电视节目制作经营许可证》机构 251 家。有线电视、有线数字电视实际用户数分别为 28.14 万、26.50 万。广播电视总收入 23.22 亿元，实际创收收入 9.03 亿元。
陕西省	广播电视综合人口覆盖率分别达到 99.36%、99.66%。持《广播电视节目制作经营许可证》机构 1273 家，持《信息网络传播视听节目许可证》机构 69 家。许可发行电视剧 5 部，发行许可动画片 3 部，摄制合拍纪录片 2 部。有线电视实际用户数、有线数字电视实际用户数均为 758.71 万，有线双向数字电视实际用户数 276.44 万。IPTV 用户数 1142.6 万，户户通用户 31.55 万户。广播电视总收入 125.51 亿元，实际创收收入 69.85 亿元。
甘肃省	广播电视综合人口覆盖率分别达到 99.43%、99.49%。全年完成 16 个市县应急广播体系建设。持《广播电视节目制作经营许可证》机构 494 家，持《信息网络传播视听节目许可证》机构 82 家。受理国产电视剧备案 8 部，通过广电总局备案公示 3 部，核发电视剧发行许可证 1 部，受理网络影视剧备案 117 部，5 部通过成片审查取得上线备案。有线电视、有线数字电视、有线双向数字电视实际用户数分别为 161.97 万、122.62 万、67.08 万。IPTV 用户数 519.82 万，户户通用户数 548.85 万。广播电视总收入 34.95 亿元，实际创收收入 10.08 亿元。
青海省	广播电视综合人口覆盖率分别达到 99.10%、99.17%。广播电视播出机构 46 个，广播频率 50 个，电视频道 50 个。应急广播建设完成 32 个县。持《广播电视节目制作经营许可证》机构 154 家，持《信息网络传播视听节目许可证》机构 28 家。制作播出纪录片 2 部，生产完成并获准上线网络电影 6 部。有线电视、有线数字电视、有线双向数字电视实际用户数分别为 98.10 万、97.67 万、68.99 万。户户通用户数 108 万。广播电视总收入 13.80 亿元，实际创收收入 2.97 亿元。
宁夏回族自治区	广播电视综合人口覆盖率分别达到 99.93%、99.98%。广播电视播出机构 22 个，广播节目 13 套，电视节目 15 套。持《广播电视节目制作经营许可证》机构 189 家，持《信息网络传播视听节目许可证》机构 16 家。制作广播节目 5.98 万小时，电视节目 1.75 万小时。有线电视、有线数字电视、有线双向数字电视实际用户数分别为 122.27 万、120.15 万、38.06 万。IPTV 用户数 113.13 万，直播卫星用户数 86.22 万。广播电视总收入 14.36 亿元，实际创收收入 5.89 亿元。
新疆维吾尔自治区	广播电视综合人口覆盖率分别达到 99.15%、99.24%。广播电视播出机构 102 个，广播频率（节目）143 套，电视频道（节目）148 套。持《广播电视节目制作经营许可证》机构 933 家，持《信息网络传播视听节目许可证》机构 14 家。有线电视、有线数字电视、有线双向数字电视实际用户数分别为 280 万、279.34 万、128.40 万。广播电视总收入 162.62 亿元，实际创收收入 135.92 亿元。
新疆生产建设兵团	共建成 1639 个连队广播及“大喇叭”系统，开通广播及“大喇叭”14342 个终端，覆盖人群 279 万。兵团有线广播电视网络传输干线总长 1.31 万公里。完成兵团 90 家企业的《广播电视节目制作经营许可证》换证工作，18 家申请机构的发证工作以及 14 家县级融媒体中心的《信息网络传播视听节目许可证》办证工作。有线电视、有线数字电视实际用户数分别为 13.82 万、12.61 万。广播电视总收入 4.31 亿元，实际创收收入 1.93 亿元。

附录三　2021 年全国广播电视发展主要指标一览表 ①

2021 年全国广播电视发展主要指标一览表（一）

	宣传情况				覆盖情况				有线电视发展情况							
	广播节目播出时间	电视节目播出时间	广播节目制作时间	电视节目制作时间	广播综合人口覆盖率	电视综合人口覆盖率	无线广播综合人口覆盖率	无线电视综合人口覆盖率	有线电视实际用户数	有线数字电视实际用户数	有线双向数字电视实际用户数	有线电视缴费用户数	有线数字电视缴费用户数	有线双向数字电视缴费用户数	有线电视用户占本地区总户数比重	有线广播电视网络传输干线总长（不含县级前端以下）
	万小时	万小时	万小时	万小时	%	%	%	%	万户	万户	万户	万户	万户	万户	%	万公里
全国合计	1,589.49	2,013.99	812.71	305.96	99.48	99.66	98.26	97.59	20,423.18	19,634.49	9,700.83	11,792.48	11,398.14	6,192.46	46.37	220.63
国家广播电视总局	—	—	0.18	—	—	—	—	—	—	—	—	—	—	—	—	—
中央广播电视总台	18.01	24.27	26.00	22.42	—	—	—	—	—	—	—	—	—	—	—	—
其他部门所属单位	—	4.38	0.01	0.65	—	—	—	—	—	—	—	—	—	—	—	—
北京市	12.37	16.30	9.44	7.21	100.00	100.00	100.00	100.00	614.67	614.39	577.98	399.99	388.45	375.63	109.35	26.24
天津市	14.36	17.14	9.69	2.94	100.00	100.00	63.02	46.30	360.97	356.05	157.24	95.47	91.06	59.45	88.25	0.42
河北省	90.73	97.66	43.55	13.11	99.79	99.86	99.62	99.14	627.80	599.02	190.56	326.53	288.12	123.37	25.88	7.79
山西省	56.21	62.77	28.71	13.07	98.84	99.22	98.84	99.21	398.68	332.67	40.87	159.85	138.63	13.62	31.92	7.66
内蒙古自治区	68.51	68.93	30.87	7.97	99.74	99.74	99.49	98.87	216.91	216.91	111.91	194.84	194.84	65.98	23.42	1.26
辽宁省	68.56	77.07	41.53	13.61	99.48	99.46	99.40	98.49	565.99	530.05	178.74	476.05	464.87	168.62	41.14	2.91
吉林省	59.37	52.64	23.91	6.89	99.51	99.60	99.14	97.51	621.59	621.59	404.30	274.12	274.12	154.56	60.06	1.74
黑龙江省	57.18	62.18	22.98	10.45	99.94	99.93	99.93	99.90	563.97	557.93	199.53	486.36	484.25	178.75	39.42	9.72
上海市	13.58	12.99	10.01	4.01	100.00	100.00	100.00	100.00	753.56	738.72	736.74	374.74	370.32	369.25	135.09	9.36
江苏省	74.35	76.88	57.37	19.28	100.00	100.00	100.00	100.00	1,335.45	1,332.23	626.81	1,011.14	997.25	482.80	60.55	4.35
浙江省	77.23	72.41	50.92	14.37	99.79	99.86	99.35	99.10	1,304.10	1,290.62	597.56	1,007.92	986.36	505.31	77.09	4.11
安徽省	65.00	73.13	28.68	7.86	99.94	99.92	99.93	99.69	789.91	614.77	199.48	325.89	271.56	95.20	36.55	3.50
福建省	52.91	47.66	23.99	5.54	99.85	99.87	99.20	98.86	733.45	733.45	332.25	534.95	534.95	427.20	63.51	22.87

① 附录及全书主要数据由广电总局规划财务司提供，计算结果保留小数点后两位。

续表

	宣传情况				覆盖情况				有线电视发展情况							
	广播节目播出时间	电视节目播出时间	广播节目制作时间	电视节目制作时间	广播综合人口覆盖率	电视综合人口覆盖率	无线广播综合人口覆盖率	无线电视综合人口覆盖率	有线电视实际用户数	有线数字电视实际用户数	有线双向数字电视实际用户数	有线电视缴费用户数	有线数字电视缴费用户数	有线双向数字电视缴费用户数	有线电视用户占本地区总户数比重	有线广播电视网络传输干线总长（不含县级前端以下）
	万小时	万小时	万小时	万小时	%	%	%	%	万户	万户	万户	万户	万户	万户	%	万公里
江西省	39.15	65.54	18.01	8.01	99.23	99.63	99.05	99.41	525.56	500.77	187.63	254.27	247.61	96.34	41.68	10.98
山东省	102.92	147.91	58.17	19.26	99.51	99.65	99.41	99.33	1,549.97	1,442.99	500.20	939.04	888.30	395.39	47.89	44.15
河南省	72.55	94.02	33.48	13.56	99.66	99.64	99.66	99.31	666.08	642.22	166.43	289.62	277.56	78.49	22.66	5.12
湖北省	59.10	72.22	23.92	8.11	99.89	99.85	99.77	99.71	1,257.10	1,245.85	765.08	436.97	435.84	257.98	57.29	3.05
湖南省	53.39	79.78	24.79	10.33	99.42	99.75	98.71	98.79	631.32	605.88	238.63	357.98	298.75	145.08	31.72	10.93
广东省	82.87	85.88	64.81	20.20	99.98	99.98	97.55	96.51	1,709.82	1,642.01	737.68	1,504.33	1,453.13	619.67	66.57	21.81
广西壮族自治区	43.14	66.95	21.67	9.56	98.56	99.31	97.77	98.56	780.57	780.57	458.92	301.11	301.11	244.28	45.66	1.26
海南省	14.74	11.37	6.07	2.07	99.35	99.39	99.31	99.35	133.91	124.28	45.90	83.60	81.16	31.35	53.39	0.24
重庆市	20.81	29.62	10.29	5.72	99.49	99.56	95.17	93.92	610.60	545.83	410.91	242.59	242.00	227.93	48.81	0.67
四川省	73.74	121.50	29.65	14.05	99.17	99.58	98.03	97.40	929.80	894.52	543.48	514.09	503.99	390.57	29.92	3.23
贵州省	28.02	56.40	13.72	5.59	95.96	97.76	87.02	78.85	869.08	869.08	571.67	383.61	383.61	342.21	62.27	1.66
云南省	44.61	94.09	19.20	10.91	99.60	99.63	98.20	98.32	409.29	384.47	141.37	232.97	224.16	92.96	29.14	3.61
西藏自治区	15.90	39.40	4.54	2.72	99.24	99.39	98.18	97.70	28.14	26.50	—	13.67	12.24	1.59	29.08	0.50
陕西省	46.99	63.89	23.51	9.81	99.36	99.66	99.09	99.25	758.71	758.71	276.44	335.41	332.69	126.30	56.47	4.47
甘肃省	38.86	58.03	15.44	6.42	99.43	99.49	97.10	96.54	161.97	122.62	67.08	109.50	105.53	56.88	19.57	1.67
青海省	25.90	31.05	4.86	1.99	99.10	99.17	99.09	98.69	98.10	97.67	68.99	21.50	21.42	3.32	66.87	0.76
宁夏回族自治区	13.68	18.34	5.98	1.75	99.93	99.98	99.50	99.43	122.27	120.15	38.06	28.12	28.12	13.11	47.97	0.51
新疆维吾尔自治区	84.78	111.61	26.76	6.51	99.15	99.24	99.08	99.21	280.00	279.34	128.40	76.25	76.14	49.29	40.12	2.77
新疆生产建设兵团	—	—	—	—	—	—	—	—	13.82	12.61	—	—	—	—	—	1.31

2021 年全国广播电视发展主要指标一览表（二）

	从业人员	总收入	实际创收收入	广告收入	广播广告收入	电视广告收入	网络媒体广告收入	有线电视网络收入	有线电视收视维护费收入	落地费收入	有线电视机顶盒广告收入	付费数字电视频道收入	新媒体业务收入	网络视听节目服务收入	资产总额
	万人	亿元	亿元	亿元	亿元	亿元	亿元	亿元	亿元	亿元	亿元	亿元	亿元	亿元	亿元
全国合计	105.01	11,488.81	9,673.11	3,079.42	102.52	683.94	2,001.46	734.56	276.03	30.66	3.14	29.62	3,501.04	974.05	27,040.84
国家广播电视总局	0.95	69.51	35.10	0.22	—	0.01	0.10	4.14	—	—	—	—	9.16	0.03	825.67
中央广播电视总台	4.11	598.57	601.62	263.29	8.72	238.90	14.58	0.42	—	—	—	0.42	88.04	3.82	2,033.05
其他部门所属单位	0.53	51.08	33.44	16.61	—	11.51	3.94	—	—	—	—	—	2.41	2.18	141.14
北京市	12.59	4,448.87	4,022.27	1,393.42	7.82	58.47	1,157.27	23.44	9.09	3.38	0.30	0.52	2,160.90	320.19	6,005.64
天津市	0.91	96.77	89.94	9.37	2.75	5.96	0.11	5.58	2.50	0.75	0.04	0.60	20.04	10.98	322.99
河北省	3.48	94.24	57.95	12.44	3.18	8.09	0.25	25.72	6.91	1.29	0.12	0.44	8.73	0.01	268.89
山西省	2.58	67.06	23.29	7.24	1.44	4.28	0.29	6.59	4.06	0.54	0.00	0.40	2.44	—	130.99
内蒙古自治区	1.82	51.34	19.16	2.94	1.09	1.80	0.01	11.02	5.71	0.01	0.00	0.49	1.42	—	134.05
辽宁省	2.43	66.21	38.72	12.10	3.88	7.64	0.15	20.50	13.26	0.42	0.12	0.78	2.02	0.09	180.51
吉林省	2.01	52.39	34.94	8.87	2.12	6.57	0.03	17.40	7.68	0.85	0.04	0.30	2.29	0.03	344.30
黑龙江省	2.27	60.62	32.04	6.83	2.03	4.39	0.25	15.72	9.29	0.43	0.11	0.77	0.82	0.00	213.50
上海市	4.03	1,267.83	1,070.23	523.59	3.80	32.87	484.39	35.99	10.95	1.82	—	3.11	268.92	115.11	3,235.28
江苏省	6.30	448.59	412.59	92.88	9.32	37.62	27.23	74.87	29.83	1.17	0.58	2.78	50.25	31.78	1,991.94
浙江省	6.18	666.37	561.77	104.66	10.14	68.95	6.95	77.29	24.57	2.30	0.17	2.93	97.13	64.02	2,356.75
安徽省	2.73	136.38	86.04	36.52	3.82	14.04	11.49	16.31	5.64	0.92	0.03	0.44	4.77	0.04	269.89
福建省	3.58	314.26	252.86	93.56	2.14	7.77	72.36	39.62	8.15	1.25	—	2.47	14.06	3.15	416.75
江西省	2.08	73.91	37.80	10.64	1.70	7.82	0.44	16.17	5.54	0.37	0.02	0.22	2.34	0.01	127.64

续表

	从业人员	总收入	实际创收收入	广告收入	广播广告收入	电视广告收入	网络媒体广告收入	有线电视网络收入	有线电视收视维护费收入	落地费收入	有线电视机顶盒广告收入	付费数字电视频道收入	新媒体业务收入	网络视听节目服务收入	资产总额
	万人	亿元	亿元	亿元	亿元	亿元	亿元	亿元	亿元	亿元	亿元	亿元	亿元	亿元	亿元
山东省	5.88	234.52	166.15	48.82	7.21	25.29	9.10	42.27	15.33	1.68	0.11	1.85	30.53	0.67	640.84
河南省	3.85	79.61	46.76	17.00	3.54	8.10	0.68	8.48	5.42	1.09	0.08	0.41	7.35	—	246.32
湖北省	3.84	196.68	146.28	20.51	3.12	10.03	6.13	32.10	12.76	2.85	0.14	0.76	77.28	0.60	516.89
湖南省	4.71	328.31	300.66	111.93	3.82	49.53	54.32	20.45	8.08	1.44	0.14	0.71	76.33	45.87	1,052.54
广东省	7.99	1,072.05	966.87	192.94	6.68	23.64	144.10	88.24	37.90	2.65	0.69	3.62	480.23	339.03	2,631.54
广西壮族自治区	1.85	75.17	40.18	4.51	0.98	2.83	0.35	17.94	6.99	0.64	0.00	0.46	2.59	0.00	209.54
海南省	0.75	76.67	66.81	4.48	0.07	1.31	1.05	3.93	1.91	—	—	0.06	29.08	28.31	118.35
重庆市	1.53	86.74	63.84	8.39	1.14	5.50	0.18	20.21	5.78	1.05	—	0.63	6.46	3.86	168.46
四川省	4.96	233.77	119.61	22.29	3.53	8.15	1.16	39.49	13.00	1.61	0.01	1.18	31.61	0.22	574.50
贵州省	2.08	93.28	73.03	12.09	1.04	7.68	0.23	26.23	7.20	0.48	0.40	1.94	6.26	—	385.34
云南省	2.26	69.25	37.49	11.65	1.45	8.80	0.08	12.46	5.18	0.60	0.01	0.45	2.32	0.01	348.87
西藏自治区	0.50	23.22	9.03	4.74	0.00	4.08	0.62	0.22	0.20	0.00	—	0.00	0.00	0.00	39.84
陕西省	2.09	125.51	69.85	11.73	3.35	7.59	0.61	18.41	8.23	0.56	—	0.22	6.37	0.49	300.76
甘肃省	1.50	34.95	10.08	2.46	0.56	1.52	0.02	3.93	1.63	0.10	0.00	0.25	1.01	0.00	191.05
青海省	0.43	13.80	2.97	0.96	0.24	0.66	—	1.55	0.48	0.15	—	0.07	0.29	—	37.01
宁夏回族自治区	0.49	14.36	5.89	1.60	0.24	0.88	0.10	2.27	0.65	—	—	0.25	0.49	—	49.39
新疆维吾尔自治区	1.69	162.62	135.92	7.88	1.59	1.39	2.89	5.41	1.90	0.27	0.01	0.08	7.08	3.56	530.60
新疆生产建设兵团	—	4.31	1.93	0.28	—	0.28	—	0.20	0.20	—	—	—	0.02	—	—

附录四　2021 年全国广播电视总收入构成情况图表

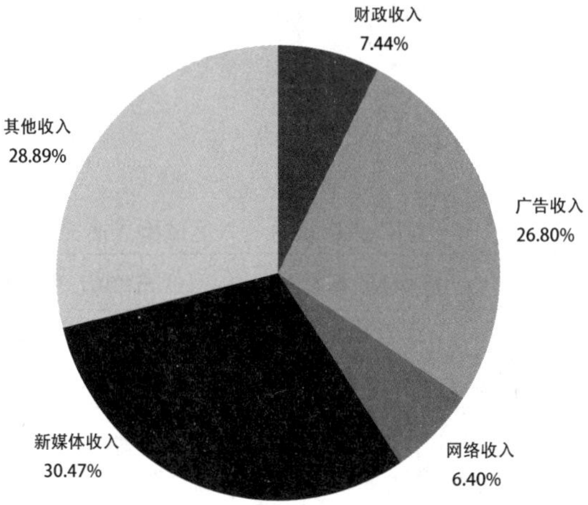

2021 年全国广播电视总收入分类构成情况

指标	总收入（亿元）	占全国广电总收入比重（%）
财政收入	855.02	7.44
广告收入	3,079.42	26.80
网络收入	734.56	6.40
新媒体收入	3,501.04	30.47
其他收入	3,318.77	28.89
全国总收入	11,488.81	100.00

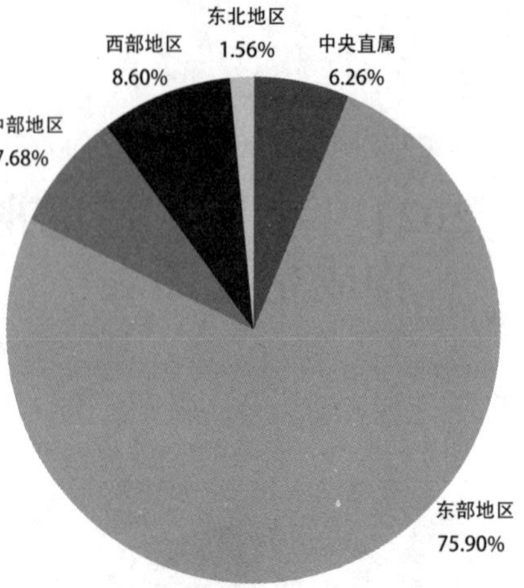

2021 年全国广播电视总收入区域构成情况 ①

地区	总收入（亿元）	占全国广电总收入比重（%）
中央直属	719.17	6.26
东部地区	8,720.16	75.90
中部地区	881.94	7.68
西部地区	988.33	8.60
东北地区	179.21	1.56
全国合计	11,488.81	100.00

① 本书附录中所指东部地区包括北京市、天津市、河北省、上海市、江苏省、浙江省、福建省、山东省、广东省和海南省等 10 个省（市）；中部地区包括山西省、安徽省、江西省、河南省、湖北省和湖南省等 6 省；西部地区包括内蒙古自治区、广西壮族自治区、重庆市、四川省、贵州省、云南省、西藏自治区、陕西省、甘肃省、青海省、宁夏回族自治区和新疆维吾尔自治区等 12 个省（区、市）；东北地区包括辽宁省、吉林省和黑龙江省等 3 省。

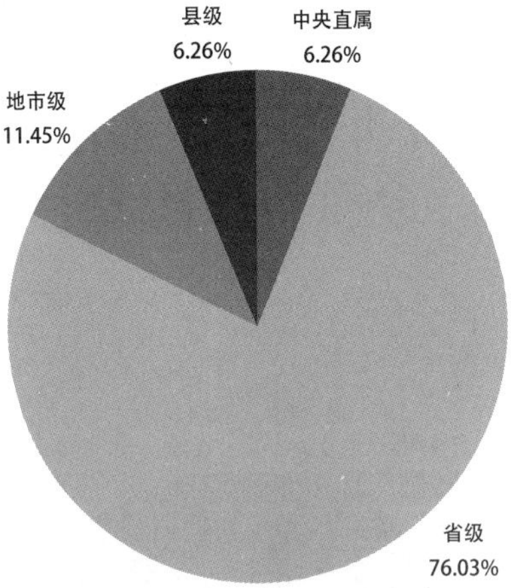

2021 年全国广播电视总收入分级构成情况

地区	总收入（亿元）	占全国广电总收入比重（%）
中央直属	719.17	6.26
省级	8,735.22	76.03
地市级	1,315.73	11.45
县级	718.69	6.26
全国合计	11,488.81	100.00

附录五　2021 年全国广播电视广告收入分布情况图表

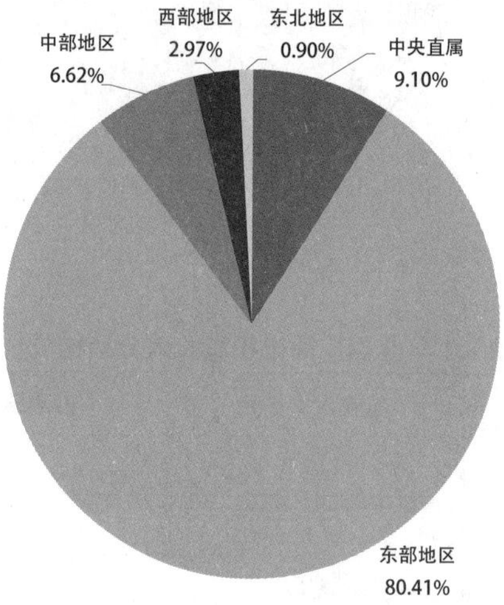

2021 年全国广播电视广告收入区域构成情况

地区	广告收入（亿元）	占全国广告总收入比重（%）
中央直属	280.12	9.10
东部地区	2,476.15	80.41
中部地区	203.83	6.62
西部地区	91.52	2.97
东北地区	27.80	0.90
全国合计	3,079.42	100.00

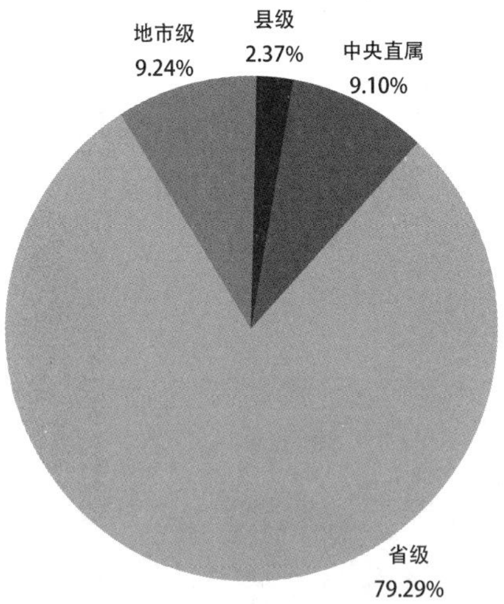

2021 年全国广播电视广告收入分级构成情况

地区	广告收入（亿元）	占全国广告收入比重（%）
中央直属	280.12	9.10
省级	2,441.52	79.29
地市级	284.66	9.24
县级	73.12	2.37
全国合计	3,079.42	100.00

附录六　2021 年全国广播电视新媒体业务收入分布情况图表

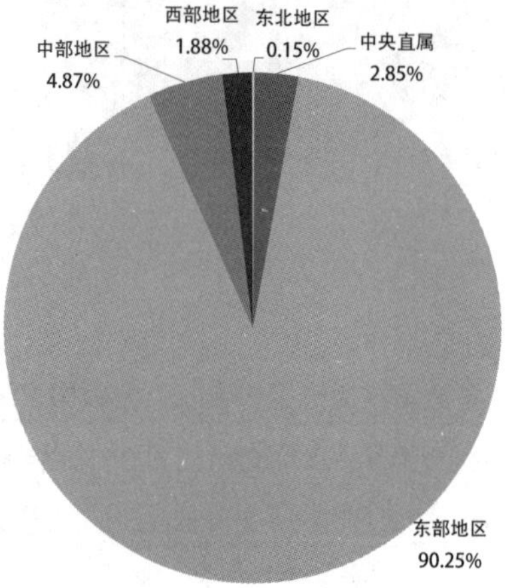

2021 年全国广播电视新媒体收入区域构成情况①

地区	新媒体业务收入（亿元）	占全国新媒体业务收入比重（%）
中央直属	99.61	2.85
东部地区	3,159.86	90.25
中部地区	170.52	4.87
西部地区	65.92	1.88
东北地区	5.13	0.15
全国合计	3,501.04	100.00

① 各网络视听平台收入按注册地计入各区域。

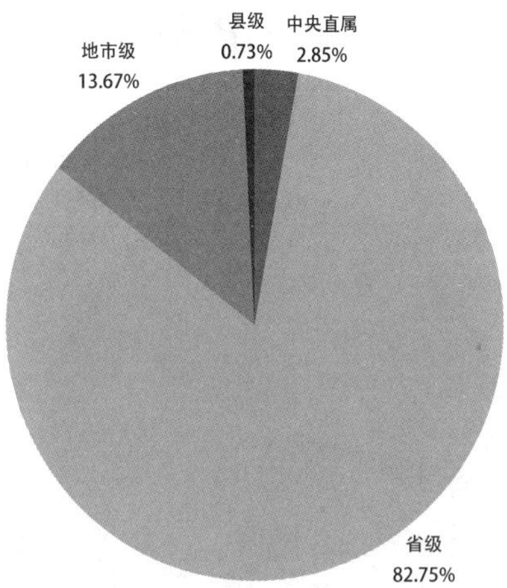

2021 年全国广播电视新媒体收入分级构成情况

地区	新媒体业务收入（亿元）	占全国新媒体业务收入比重（%）
中央直属	99.61	2.85
省级	2,897.19	82.75
地市级	478.62	13.67
县级	25.62	0.73
全国合计	3,501.04	100.00

附录七　2021 年全国公共广播电视制作、播出情况图表

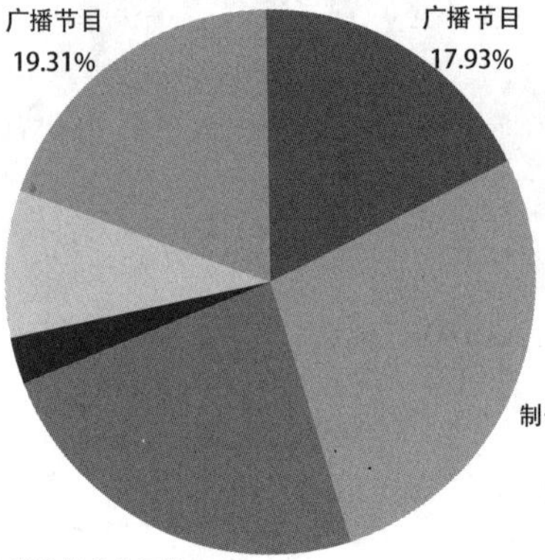

2021 年全国公共广播节目按类别制作时间情况

制作广播节目类别	时间（万小时）	占全年制作广播节目时间比重（%）	较 2020 年同比增长（%）
制作新闻资讯类广播节目	145.72	17.93	0.31
制作专题服务类广播节目	222.62	27.39	–0.70
制作综艺益智类广播节目	193.86	23.86	–1.98
制作广播剧类节目	22.39	2.75	2.42
制作广告类广播节目	71.22	8.76	4.12
制作其他类广播节目	156.90	19.31	–4.07
全年制作广播节目时间合计	812.71	100	–1.01

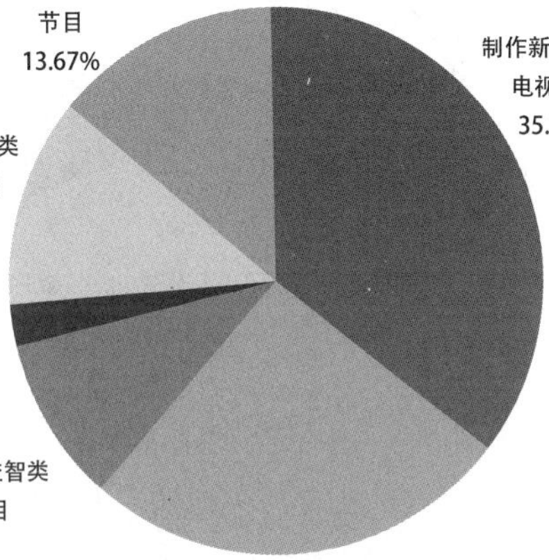

2021 年全国公共电视节目按类别制作时间情况

制作电视节目类别	时间（万小时）	占全年制作电视节目时间比重（%）	较 2020 年同比增长（%）
制作新闻资讯类电视节目	109.37	35.75	–0.35
制作专题服务类电视节目	79.27	25.91	–11.90
制作综艺益智类电视节目	30.02	9.81	–12.20
制作影视剧类电视节目	7.52	2.46	–21.17
制作广告类电视节目	37.95	12.40	–2.62
制作其他类电视节目	41.83	13.67	–8.69
全年制作电视节目时间合计	305.96	100.00	–6.79

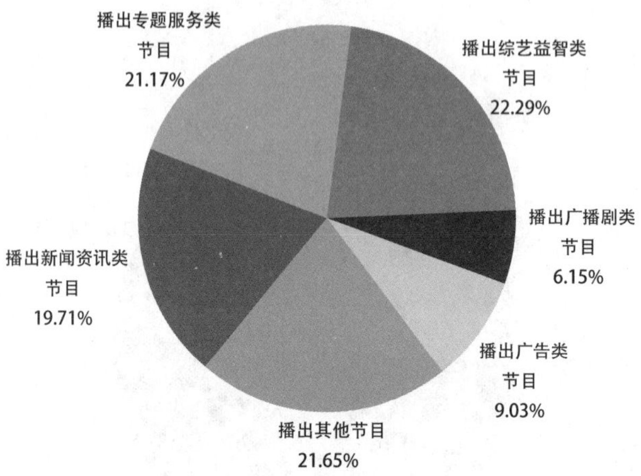

2021 年全国公共广播节目按类别播出时间情况

广播节目播出类别	时间（万小时）	占全年广播节目播出时间比重（%）	较 2020 年同比增长（%）
播出新闻资讯类节目	313.33	19.71	–0.07
播出专题服务类节目	336.47	21.17	0.77
播出综艺益智类节目	354.33	22.29	–2.72
播出广播剧类节目	97.78	6.15	0.35
播出广告类节目	143.44	9.03	1.44
播出其他节目	344.14	21.65	4.23
全年公共广播节目播出时间合计	1,589.49	100.00	0.55

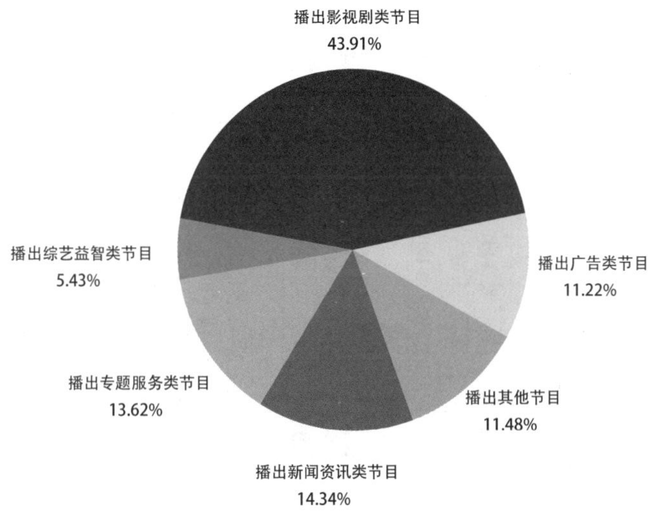

2021 年全国公共电视节目按类别播出时间情况

电视节目播出类别	时间（万小时）	占全年电视节目播出的比重（%）	较 2020 年同比增长（%）
播出新闻资讯类节目	288.84	14.34	1.15
播出专题服务类节目	274.22	13.62	4.66
播出综艺益智类节目	109.46	5.43	−5.57
播出影视剧类节目	884.33	43.91	1.28
播出广告类节目	226.03	11.22	0.47
播出其他节目	231.11	11.48	1.92
全年公共电视节目播出时间合计	2,013.99	100.00	1.29

附录八　2021 年全国广播电视人才队伍情况图表

2021 年全国广播电视行业从业人员情况一览表（一）

单位：人

	从业人员	从业人员按职业分类													
		长期职工	女	党员	县级融媒体中心人员	管理人员	专业人员	编辑、记者	女	播音员、主持人	女	工程技术人员	艺术人员	经营人员	其他人员
全国合计	1,050,050	981,067	446,799	330,817	143,756	173,671	536,967	180,175	92,569	30,120	18,365	149,828	32,208	70,732	339,412
国家广播电视总局	9,494	9,309	3,849	4,541	—	1,501	6,650	138	82	1	1	5,035	147	114	1,343
中央广播电视总台	41,097	38,039	20,466	10,694	—	5,161	20,826	8,230	5,230	546	313	4,319	1,574	1,528	15,110
其他部门所属单位	5,305	5,085	2,928	2,229	31	1,197	3,699	1,681	1,122	31	22	527	356	494	409
北京市	125,901	110,963	59,679	17,535	2,413	18,829	52,146	10,247	5,726	1,600	1,005	14,677	4,423	9,544	54,926
天津市	9,097	9,002	4,395	3,224	752	1,188	6,601	2,904	1,657	257	155	1,404	372	546	1,308
河北省	34,832	32,647	15,381	13,281	9,365	4,936	18,573	6,755	3,442	1,381	820	4,722	1,556	2,062	11,323
山西省	25,831	23,656	11,493	8,161	6,290	4,303	13,296	6,678	3,414	718	443	2,922	408	970	8,232
内蒙古自治区	18,239	15,775	7,861	6,995	3,519	2,081	11,763	5,232	2,563	855	506	3,219	295	583	4,395
辽宁省	24,284	23,345	9,941	11,657	3,007	4,243	13,723	4,680	2,349	1,061	645	4,292	1,054	1,532	6,318
吉林省	20,135	19,092	7,432	7,648	3,448	3,152	13,447	4,527	2,260	804	452	3,537	370	3,801	3,536
黑龙江省	22,707	22,133	8,513	9,445	3,994	4,365	11,978	5,035	2,608	736	452	3,756	443	1,064	6,364
上海市	40,277	38,762	18,406	8,184	1,014	6,209	18,113	3,891	2,445	612	368	4,754	2,520	3,522	15,955
江苏省	62,977	60,357	26,353	21,415	10,839	9,025	34,175	11,607	5,778	1,883	1,164	8,747	1,247	6,784	19,777
浙江省	61,800	56,779	26,231	18,132	10,121	10,681	30,847	9,381	4,855	1,594	962	9,482	2,743	4,580	20,272
安徽省	27,329	26,012	10,905	10,143	4,597	5,814	14,522	5,138	2,309	1,112	746	4,030	715	2,100	6,993
福建省	35,843	33,318	15,281	9,769	3,655	6,548	15,953	5,457	2,919	804	544	4,348	1,004	1,999	13,342

续表

	从业人员	从业人员按职业分类													
		长期职工	女	党员	县级融媒体中心人员	管理人员	专业人员	编辑、记者	女	播音员、主持人	女	工程技术人员	艺术人员	经营人员	其他人员
江西省	20,771	19,471	7,651	7,728	2,706	4,799	9,018	3,444	1,588	770	482	2,373	264	657	6,954
山东省	58,847	55,253	23,732	20,146	11,327	8,737	34,147	12,913	5,889	2,523	1,506	9,295	1,426	4,186	15,963
河南省	38,541	37,448	15,986	16,080	9,241	6,644	18,150	9,296	4,364	1,530	914	4,763	345	1,130	13,747
湖北省	38,421	37,103	15,572	15,474	5,747	6,654	20,736	6,546	3,198	978	609	5,566	945	5,032	11,031
湖南省	47,058	45,145	19,770	16,212	8,554	7,988	23,091	6,281	3,032	1,008	607	6,436	1,213	3,862	15,979
广东省	79,888	74,412	31,861	21,483	6,835	14,147	39,612	9,387	4,736	2,036	1,152	12,541	3,182	4,535	26,129
广西壮族自治区	18,520	17,381	7,162	7,485	2,698	3,503	10,126	3,722	1,894	654	417	3,273	643	526	4,891
海南省	7,536	7,149	3,191	2,100	904	1,174	3,582	1,403	809	289	179	1,131	309	224	2,780
重庆市	15,335	14,466	6,249	4,519	3,306	2,766	7,612	2,940	1,489	417	233	1,796	431	1,128	4,957
四川省	49,622	46,281	20,490	17,086	7,383	9,878	23,088	7,641	3,893	1,419	905	5,287	1,426	4,028	16,656
贵州省	20,759	19,283	8,498	6,243	3,924	4,232	9,934	4,073	2,020	622	387	2,998	182	866	6,593
云南省	22,554	21,188	8,962	8,385	4,381	3,022	14,011	5,969	3,061	838	492	4,644	503	897	5,521
西藏自治区	5,020	4,167	2,347	2,538	453	625	3,105	1,122	525	305	156	875	126	61	1,290
陕西省	20,909	19,634	8,695	7,597	4,640	3,221	10,284	4,122	2,153	725	469	2,244	658	544	7,404
甘肃省	14,997	13,844	5,984	6,238	2,912	3,410	7,611	3,472	1,703	640	409	1,909	142	812	3,976
青海省	4,290	3,915	1,811	1,215	935	555	3,061	1,013	560	320	174	866	216	384	674
宁夏回族自治区	4,926	4,580	2,056	1,766	730	830	2,962	1,373	747	208	128	866	115	155	1,134
新疆维吾尔自治区	16,908	16,073	7,668	5,469	4,035	2,253	10,525	3,877	2,149	843	548	3,194	855	482	4,130

2021 年全国广播电视行业从业人员情况一览表（二）

单位：人

	合计	按学历分			按年龄分			按专业技术职务分				按年收入分		
		研究生	本科及大专	高中及以下	35 岁及以下	36 岁至 50 岁	51 岁及以上	正高级	副高级	中级	初级	10 万元以下	10 万元（含）至 20 万元	20 万元以上
全国合计	1,050,050	69,273	827,023	153,754	471,821	440,131	138,098	10,541	44,400	154,547	433,848	629,260	297,947	122,843
国家广播电视总局	9,494	1,061	7,558	875	3,129	4,911	1,454	492	1,414	3,085	2,587	1,466	5,460	2,568
中央广播电视总台	41,097	6,461	29,274	5,362	18,760	17,623	4,714	1,043	2,915	9,239	19,439	10,370	10,623	20,104
其他部门所属单位	5,305	1,492	3,629	184	2,541	2,253	511	169	404	1,208	2,245	655	2,650	2,000
北京市	125,901	17,448	99,203	9,250	86,606	33,311	5,984	924	2,045	7,072	34,391	57,232	43,686	24,983
天津市	9,097	688	7,737	672	3,395	4,501	1,201	293	841	1,600	4,010	3,758	4,072	1,267
河北省	34,832	1,123	26,765	6,944	11,648	18,344	4,840	500	1,701	5,949	14,301	30,190	3,936	706
山西省	25,831	974	20,072	4,785	9,193	12,393	4,245	211	1,053	4,968	9,539	23,384	2,242	205
内蒙古自治区	18,239	744	15,647	1,848	5,918	8,778	3,543	541	1,993	4,421	7,550	14,600	3,487	152
辽宁省	24,284	1,047	19,278	3,959	5,510	13,401	5,373	339	1,417	5,545	10,372	20,549	3,432	303
吉林省	20,135	927	15,758	3,450	5,649	10,436	4,050	440	1,750	3,753	11,593	17,554	2,263	318
黑龙江省	22,707	773	17,942	3,992	5,202	12,822	4,683	590	2,180	4,417	8,852	19,956	1,410	1,341
上海市	40,277	6,849	30,444	2,984	24,721	12,946	2,610	274	879	4,696	11,783	10,419	16,089	13,769
江苏省	62,977	3,592	50,152	9,233	27,618	26,199	9,160	488	2,680	8,570	28,215	32,142	22,441	8,394
浙江省	61,800	2,775	50,594	8,431	30,288	23,941	7,571	439	2,340	9,966	29,750	27,290	25,914	8,596
安徽省	27,329	1,188	21,690	4,451	10,904	11,982	4,443	186	1,136	4,244	13,941	19,452	7,185	692
福建省	35,843	1,212	29,424	5,207	18,106	13,713	4,024	223	1,268	3,590	17,352	23,253	10,142	2,448
江西省	20,771	751	15,022	4,998	6,671	10,338	3,762	160	684	2,633	7,418	16,047	4,227	497
山东省	58,847	2,536	47,323	8,988	24,208	26,081	8,558	454	3,058	10,766	25,711	41,195	14,928	2,724
河南省	38,541	966	27,145	10,430	12,471	20,343	5,727	174	1,412	6,810	15,912	34,655	3,518	368

续表

	合计	按学历分			按年龄分			按专业技术职务分				按年收入分		
		研究生	本科及大专	高中及以下	35 岁及以下	36 岁至 50 岁	51 岁及以上	正高级	副高级	中级	初级	10 万元以下	10 万元（含）至 20 万元	20 万元以上
湖北省	38,421	1,757	29,304	7,360	14,206	17,333	6,882	215	1,021	6,268	19,542	25,943	10,361	2,117
湖南省	47,058	2,496	36,000	8,562	21,078	20,226	5,754	177	1,155	6,120	27,926	30,685	10,429	5,944
广东省	79,888	4,804	63,954	11,130	41,746	29,311	8,831	468	1,899	8,691	26,432	33,674	30,606	15,608
广西壮族自治区	18,520	953	15,496	2,071	6,796	8,437	3,287	99	879	3,766	9,576	12,564	5,257	699
海南省	7,536	329	5,979	1,228	3,682	2,825	1,029	46	173	669	2,983	5,176	2,042	318
重庆市	15,335	631	12,814	1,890	7,057	6,053	2,225	163	640	1,602	8,286	8,149	6,416	770
四川省	49,622	2,106	38,283	9,233	21,253	20,572	7,797	200	1,074	5,782	18,614	31,660	15,322	2,640
贵州省	20,759	448	16,335	3,976	9,762	8,722	2,275	94	745	2,497	10,916	13,898	6,091	770
云南省	22,554	752	18,695	3,107	8,368	10,999	3,187	356	1,819	5,045	7,861	14,991	6,924	639
西藏自治区	5,020	179	3,765	1,076	2,679	2,026	315	83	214	787	2,396	1,484	2,996	540
陕西省	20,909	953	16,861	3,095	7,557	10,100	3,252	162	901	3,416	5,877	16,903	3,358	648
甘肃省	14,997	455	12,099	2,443	5,242	7,096	2,659	132	759	2,324	6,487	12,957	1,970	70
青海省	4,290	113	3,630	547	1,855	1,838	597	68	258	666	2,115	2,478	1,690	122
宁夏回族自治区	4,926	215	4,314	397	1,814	2,252	860	105	335	881	2,452	3,062	1,729	135
新疆维吾尔自治区	16,908	475	14,837	1,596	6,188	8,025	2,695	233	1,358	3,501	7,424	11,469	5,051	388

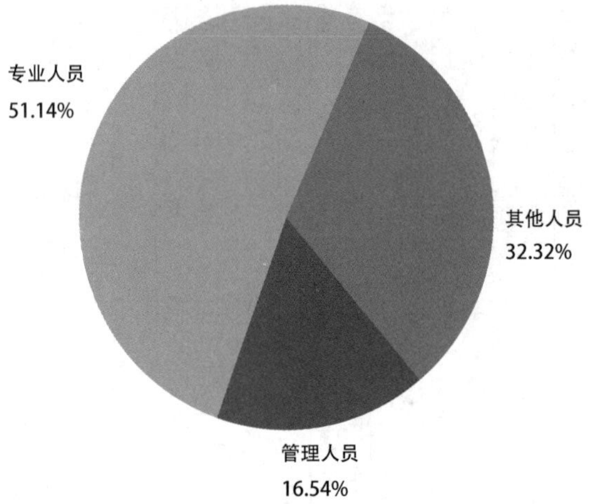

2021 年全国广播电视行业从业人员分类构成情况

类别	人数（万人）	占全国广电从业人员比重（%）
管理人员	17.37	16.54
专业人员	53.70	51.14
其他人员	33.94	32.32
从业人员总计	105.01	100.00

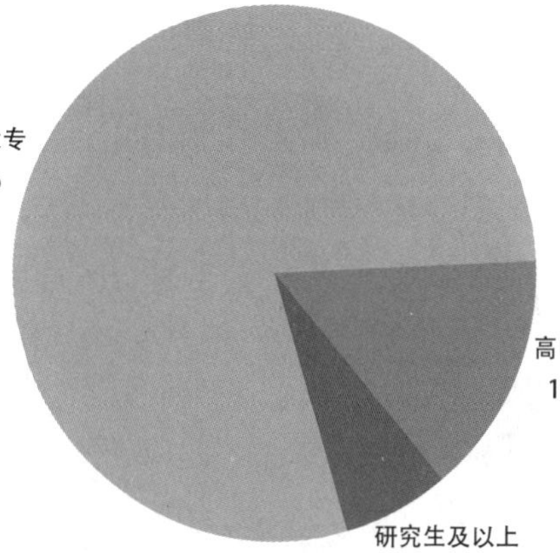

2021 年全国广播电视行业从业人员学历构成情况

各学历从业人员	人数（万人）	占全国广电从业人员比重（%）
研究生及以上	6.93	6.60
本科及大专	82.70	78.75
高中及以下	15.38	14.65
从业人员总计	105.01	100.00

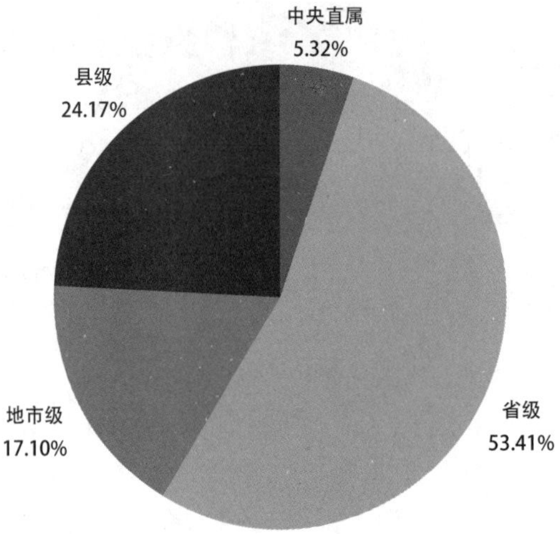

2021 年全国广播电视行业从业人员分级构成情况

地区	从业人员（万人）	占全国从业人员比重（%）
中央直属	5.59	5.32
省级	56.08	53.41
地市级	17.96	17.10
县级	25.38	24.17
全国合计	105.01	100.00

《中国广播电视全媒体发展报告（2022）》编写工作机构

编 审 组

祝燕南　杨明品　崔承浩

编 撰 组

赵　捷	吕岩梅	朱新梅	李秋红	陈　林	陈秀敏
张苗苗	彭　锦	贺　涛	莫　桦	戚　雪	张庆男
索　强	刘继生	王　羽	吉　京	索东汇	孙　晖
胡　祥	秦　煦	董潇潇	黄田园	丁　琪	赵京文
沈雅婷	姜　慧	顾　芳	周　菁	周述雅	靳　丹
高　星	王小溪				

编 辑 部

主　任：陈　林

副主任：戚　雪

成　员：张庆男　索　强

统计分析组

王学民　曹　森　贺利荣

保障组

宋　锋　李亚飞　李　岚　曹淑芹　王　东
王兴会　张司淼

《中国广播电视全媒体发展报告（2022）》提供材料单位

国家广播电视总局办公厅

国家广播电视总局政策法规司

国家广播电视总局宣传司

国家广播电视总局电视剧司

国家广播电视总局传媒机构管理司

国家广播电视总局网络视听节目管理司

国家广播电视总局媒体融合发展司

国家广播电视总局科技司

国家广播电视总局安全传输保障司

国家广播电视总局规划财务司

国家广播电视总局公共服务司

国家广播电视总局国际合作司（港澳台办公室）

国家广播电视总局人事司

国家广播电视总局机关党委

中央广播电视总台

中国广播电视网络集团有限公司

国家广播电视总局无线电台管理局

国家广播电视总局监管中心

国家广播电视总局广播电视卫星直播管理中心
国家广播电视总局广播影视发展研究中心
国家广播电视总局广播电视科学研究院
国家广播电视总局广播电视规划院
中广电广播电影电视设计研究院
中国电视艺术委员会
国家广播电视总局研修学院
国家广播电视总局广播影视人才交流中心
中国广播电视社会组织联合会
中国广播电视国际经济技术合作总公司
北京市广播电视局
北京广播电视台
天津市广播电视局
天津海河传媒中心
河北省广播电视局
河北广播电视台（集团）
山西省广播电视局
山西广播电视台
内蒙古自治区广播电视局
内蒙古广播电视台
辽宁省广播电视局
辽宁广播电视集团（台）
吉林省广播电视局
吉林广播电视台
黑龙江省广播电视局
黑龙江广播电视台
上海市广播电视局

上海广播电视台
江苏省广播电视局
江苏省广播电视总台（集团）
浙江省广播电视局
浙江广播电视集团
安徽省广播电视局
安徽广播电视台
福建省广播电视局
福建省广播影视集团
江西省广播电视局
江西广播电视台
山东省广播电视局
山东广播电视台
河南省广播电视局
河南广播电视台
湖北省广播电视局
湖北广播电视台（集团）
湖南省广播电视局
湖南广播电视台
广东省广播电视局
广东广播电视台
广西壮族自治区广播电视局
广西广播电视台
海南省旅游和文化广电体育厅
海南广播电视总台（集团）
重庆市文化和旅游发展委员会
重庆广播电视集团（总台）

四川省广播电视局
四川广播电视台
贵州省广播电视局
贵州广播电视台
云南省广播电视局
云南广播电视台
西藏自治区广播电视局
西藏广播电视台
陕西省广播电视局
陕西广电融媒体集团
甘肃省广播电视局
甘肃省广播电视总台
青海省广播电视局
青海广播电视台
宁夏回族自治区广播电视局
宁夏广播电视台
新疆维吾尔自治区广播电视局
新疆广播电视台
新疆生产建设兵团文化体育广电和旅游局
新疆生产建设兵团广播电视台